CURSO DE FILOSOFIA - 3

Coleção Filosofia

- *O homem, quem é ele? Elementos de antropologia filosófica*, Battista Mondin
- *Introdução à filosofia: problemas, sistemas, autores, obras*, Battista Mondin
- *Curso de filosofia – vol. 1*, Battista Mondin
- *Curso de filosofia – vol. 2*, Battista Mondin
- *Curso de filosofia – vol. 3*, Battista Mondin
- *Filosofia da religião*, Urbano Zilles
- *Os sofistas*, William Keith Chambers Guthrie
- *Quem é Deus? Elementos de teologia filosófica*, Battista Mondin
- *Os filósofos através dos textos: de Platão a Sartre*, VV.AA.
- *A educação do homem segundo Platão*, Evilázilo Francisco Borges Teixeira
- *Léxico de metafísica*, Aniceto Molinaro
- *Filosofia para todos*, Gianfranco Morra
- *Filosofia, encantamento e caminho: introdução ao exercício do filosofar*, Vanildo de Paiva
- *Metafísica: curso sistemático*, Aniceto Molinaro
- *Corpo, alma e saúde: o conceito de homem de Homero a Platão*, Giovanni Reale
- *Teoria do conhecimento e teoria da ciência*, Urbano Zilles
- *Direito e ética: Aristóteles, Hobbes, Kant*, Maria do Carmo Bettencourt de Faria
- *Estética: fundamentos e questões de filosofia da arte*, Peter Kivy (org.)
- *Ética em movimento*, VV.AA.
- *Por que São Tomás criticou Santo Agostinho. Avicena e o ponto de partida de Duns Escoto*, Étienne Gilson
- *Filosofia da linguagem*, Alexander Miller
- *O problema do ser em Aristóteles*, Pierre Aubenque
- *Antropologia filosófica contemporânea: subjetividade e inversão teórica*, Manfredo Araújo de Oliveira
- *Metafísica: antiga e medieval*, Luciano Rosset; Roque Frangiotti
- *Modelos de filosofia política*, Stefano Petrucciani
- *A ontologia em debate no pensamento contemporâneo*, Manfredo Araújo de Oliveira
- *Panorama das filosofias do século XX*, Urbano Zilles
- *Filosofia: Antiguidade e Idade Média – vol. 1*, Giovanni Reale; Dario Antiseri
- *Filosofia: Idade Moderna – vol. 2*, Giovanni Reale; Dario Antiseri
- *Filosofia: Idade Contemporânea – vol. 3*, Giovanni Reale; Dario Antiseri

B. MONDIN

CURSO DE FILOSOFIA

Os Filósofos do Ocidente

Vol. 3

Dados Internacionais de Catalogação na Publicação (CIP)
(Câmara Brasileira do Livro, SP, Brasil)

Mondin, Battista, 1926-2015
Curso de filosofia : os filósofos do Ocidente / Battista Mondin;
v. 1-3   [tradução do italiano de Benôni Lemos; revisão de João Bosco
de Lavor Medeiros]. — São Paulo: Paulus, 1981-1983.
Coleção Filosofia.

Bibliografia.
1. Filosofia 2. Filosofia — História I. Título. II. Título: Os filósofos
do Ocidente.

Título original: *I Filosofi dell'Occidente*

ISBN 978-85-349-1292-1
Bibliografia.
1. Filosofia política I. Título. II. Título: Os filósofos do Ocidente

82-1679   CDD-100
                                                                        -109

Índices para catálogo sistemático:
1. Filosofia 100
2. Filosofia: História 109

Título original
I Filosofi dell'Occidente
© Editrice Massimo, 3ª ed., 1977

Tradução
Benôni Lemos

Revisão
Honório Dalbosco

Editoração, impressão e acabamento
PAULUS

Seja um leitor preferencial **PAULUS**.
Cadastre-se e receba informações sobre nossos lançamentos
e nossas promoções: **paulus.com.br/cadastro**
Televendas: **(11) 3789-4000 / 0800 016 40 11**

1ª edição, 2005
13ª reimpressão, 2023

© PAULUS – 2005
Rua Francisco Cruz, 229 • 04117-091 – São Paulo (Brasil)
Tel.: (11) 5087-3700
paulus.com.br • editorial@paulus.com.br

ISBN 978-85-349-1292-1

INTRODUÇÃO

A filosofia contemporânea abrange o período que se estende do fim do século XVIII até os nossos dias.

Muitos são os acontecimentos políticos, sociais, econômicos, literários, religiosos etc., que a animaram e sobre os quais exerceu, por sua vez, influência decisiva.

Na *esfera política*, os acontecimentos sobre os quais ela exerceu grande influência e dos quais recebeu importantes estímulos são:

— a Revolução Francesa. A ela se deve a difusão pelo mundo de profunda ânsia de liberdade e forte sentimento de justiça e igualdade entre as várias classes sociais;

— as guerras nacionais pela conquista da independência, primeiro na Europa (Itália, Grécia, Bélgica, Polônia, Irlanda etc.), depois na América Latina, e mais recentemente, na África e na Ásia.

— o domínio colonial europeu nos outros continentes e a cessação rápida deste domínio depois da segunda guerra mundial, com o consequente declínio da importância política da Europa.

— os dois conflitos mundiais, especialmente o segundo. Com seu horroroso séquito de vítimas e destruições, provocaram na humanidade agudo sentimento de angústia a respeito do próprio destino, especialmente depois que a descoberta da energia atômica colocou algumas nações em condições de destruírem continentes inteiros. As duas guerras mundiais fizeram sentir ao mesmo tempo a necessidade de todos os governos manterem entendimentos mútuos constantes a fim de encontrarem soluções pacíficas para suas divergências.

Na *esfera social* registra-se, neste período, o fim do individualismo e a afirmação de socialização cada vez mais extensa. Já não é possível aos indivíduos, às cidades ou aos estados viverem no isolamento. Um acontecimento político, econômico, artístico, religioso que se verifique em qualquer parte da terra pode ter reflexos profundos em toda a humanidade. Manobra rápida dos países produtores de petróleo pode pôr em situação crítica a prodigiosa máquina da produção industrial de continentes inteiros.

Um breve diálogo entre o presidente dos Estados Unidos da América e o líder da União Soviética pode decidir a sorte do mundo todo. Concomitantemente, em decorrência do desenvolvimento rápido dos meios de transporte (ferrovias, rodovias, aviões e agora astronaves) e de comunicação, os chamados *mass-media* (jornais, telefone, cinema, rádio e televisão cibernética etc.), a humanidade inteira, que antes vivia isolada e estática em pequenos núcleos (vilas e cidades), atingiu rapidamente um nível de socialização excepcional. Hoje qualquer um pode transferir-se de uma extremidade a outra da terra no espaço de poucas horas, e desta possibilidade aproveita-se número cada vez maior de pessoas. Além disso, com os *mass-media,* qualquer um pode estar presente e assistir como testemunha ocular a tudo o que acontece em qualquer parte do mundo e até fora dele.

No *mundo cultural* assistiu-se, neste período, a crise cada vez mais vasta e profunda de tudo o que durante séculos vinha constituindo o patrimônio admirado e altamente fecundo da Europa cristã na arte, na literatura, na moral, na filosofia, na pedagogia, na religião etc. Um depois do outro foram postos sob acusação e condenados os cânones da arte, da literatura, do teatro; foram rejeitados os critérios da educação e repudiados os princípios da moral e da religião. Tudo foi submetido a crítica minuciosa e radical. Tentou-se ao mesmo tempo descobrir e introduzir novas formas de arte, literatura, cinema, teatro, educação, moral, religião etc. Só a ciência e a técnica, graças aos seus resultados espetaculares e ao seu contínuo aperfeiçoamento, conseguiram salvar-se desta fúria devastadora.

Nascimento de um novo tipo de humanidade

Antes ainda da filosofia, estes múltiplos acontecimentos plasmaram o homem do nosso tempo, dando lugar a um *novo tipo de humanidade,* o qual se distingue dos tipos das épocas anteriores. A humanidade contemporânea se caracteriza por um conjunto de qualidades, que aqui não nos é permitido examinar, mas que procuraremos ilustrar rapidamente. As principais são as seguintes:

— *Instabilidade* e *mutabilidade:* o ritmo vertiginoso no qual a ciência e a técnica mudaram a face da terra nos últimos dois séculos prendeu em suas engrenagens o seu artífice e o arrasta para modos sempre novos de ver e agir.

— *Antidogmatismo:* do iluminismo em diante, a humanidade se tornou sempre mais contrária a aceitar afirmações e verdades que não venham dela ou que pelo menos não possam ser compreendidas e verificadas experimentalmente e demonstra uma aversão profunda por tudo o que lhe foi transmitido e por toda forma de tradição.

— *Secularização:* o homem moderno acredita que pode resolver seus problemas sozinho, prescindindo de Deus. Com isso a religião se tornou supérflua e se vê afastada da vida prática como também da teoria da humanidade atual. O ateísmo é, sem dúvida, um dos seus traços dominantes e característicos.

— *Ativismo:* o homem moderno é orientado para a ação. Fazer, produzir, trabalhar, agitar-se é o que o fascina e absorve completamente. Ele não tem mais tempo para pensar, meditar, contemplar; e o que é mais, essas atividades perderam o interesse para ele.

— *Utopia:* levado pelo progresso técnico e científico e por prosperidade cada vez maior, o homem moderno chegou a uma visão confiante e otimista do futuro e sonha com a plena e perfeita felicidade para todos em dias não muito distantes.

— *Socialidade:* econômica, política e moralmente a vida diária da humanidade se ressente do que acontece em qualquer parte do mundo.

— *Historicidade:* o homem moderno tem forte sentido da historicidade do seu ser, isto é, do fato de que o seu ser, a sua cultura, os seus projetos e os seus ideais não são produto da natureza nem de Deus, mas o resultado de sua ação através dos séculos. *Consequência* desta consciência histórica é a exigência de pôr continuamente em discussão toda doutrina, toda especulação, toda estrutura, toda tentativa de estabilizar e fixar no tempo o que é e deve permanecer em perpétuo movimento. Daqui o sentimento de constante incerteza e instabilidade. Segue disso outra característica típica do homem moderno, a *desorientação.*

O homem moderno é *desorientado* e *inseguro;* perdeu a referência que lhe servia de orientação e não consegue mais encontrar parâmetros válidos sobre os quais fundar seus juízos. Não sabe mais distinguir entre o bem e o mal, entre o verdadeiro e o falso, entre o belo e o feio, entre o justo e o injusto, entre o útil e o prejudicial, entre o lícito e o ilícito, entre o decente e o inconveniente etc. Não sente mais segurança em nada! Não tem mais nenhum ponto de apoio; vive como que suspenso no vazio. As antigas certezas culturais e morais jazem por terra; os valores sobre os quais se fundava a nossa civilização foram como que esmagados e dissolvidos; os pontos de referência do progresso e da ação perderam sua consistência.

Como acenamos acima, os acontecimentos dos últimos dois séculos não só plasmaram a humanidade contemporânea, conferindo-lhe características próprias, mas deixaram também sinais inconfundíveis na especulação filosófica do nosso tempo. E não poderia ser de outro modo, uma vez que a filosofia, por força de sua própria natureza, é sempre a autocompreensão explícita e crítica que a humanidade alcança em determinado momento de sua história. Assim, as características que encontramos no homem contemporâneo (instabilidade, antidogmatismo, secularização, ativismo, utopia, angústia, socialidade e historicidade) aparecem também na especulação filosófica do nosso tempo.

Dentre estas características julgamos oportuno sublinhar a do *ativismo* e a da *socialidade*.

Reviravolta antropológica na pesquisa filosófica

A especulação grega, como sabemos, voltava sua atenção principalmente para a natureza; a medieval, para Deus. A filosofia contemporânea se interessa especialmente pelo homem. O homem fora o objeto também principal da filosofia moderna: é com Descartes que começa a reviravolta antropológica na pesquisa filosófica. Mas a filosofia moderna considerava o homem mais como indivíduo do que como ser social; e houve até um autor (Leibniz) que o julgou tão autossuficiente que fez dele uma mônada sem portas e sem janelas; outro (Rousseau) acreditou-o tão perfeito ao ponto de poder, por si mesmo, levar a bom termo a própria educação. Em segundo lugar, a filosofia moderna, considerando o homem essencialmente como ser pensante, privilegiara tudo o que diz respeito ao conhecimento, reservando-lhe o melhor de suas pesquisas. Uma vez resolvido o problema gnosiológico e indicado o método mais apropriado para o reto funcionamento da razão, o filósofo julgava ter cumprido sua missão e aplainado para a humanidade o caminho para um progresso impossível de ser detido.

A filosofia contemporânea, por sua vez, considera o homem como ser social e explora, mais que a sua atividade especulativa, as suas atividades práticas (política, economia, técnica, trabalho etc.). Ela atribui, além disso, grande importância ao estudo da linguagem e de outras dimensões humanas quase sempre descuradas pela filosofia dos períodos precedentes, como a cultura, a ciência, o esporte, o mito etc.

Os principais movimentos filosóficos dos últimos cinquenta anos

Dividir e classificar de modo adequado e exaustivo os autores e as correntes da filosofia contemporânea não é trabalho fácil por causa do modo confuso e desarticulado com que eles se apresentam. No pluralismo de ideias dos últimos dois séculos, os movimentos filosóficos não se apresentam um depois do outro, como acontecia no passado, mas se desenvolvem simultaneamente, um ao lado do outro, em diversas partes do mundo e, às vezes, na mesma nação, cruzando-se e entrelaçando-se uns com os outros.

Do alto, contudo, e de certa distância, podem-se distinguir no panorama filosófico alguns movimentos mais significativos, interligados ora pela dialética da antítese, ora pela da síntese.

Em continuação direta com a especulação transcendental de Kant, encontramos em primeiro lugar o *idealismo* alemão (Fichte, Schelling, Hegel). Ele leva às últimas consequências e encerra a linha imanentista da filosofia moderna, iniciada por Descartes.

Ao idealismo sucede toda uma cadeia de reações, surgidas em defesa de atividades e valores que foram ignorados ou sufocados pelo idealismo ou que na perspectiva idealista não encontraram a atenção merecida. As reações mais importantes são as de Schopenhauer e de Nietzsche (em nome dos direitos da vontade), de Feuerbach, Marx e Engels (em nome da *práxis*, do *fator econômico*, da *matéria*), de Kierkegaard (em nome da *interioridade* e da *existência individual*), de Rosmini e Gioberti (em nome do *ser*), de Comte, Spencer, Stuart Mill e Ardigò (em nome do *método científico* ou *positivo*).

De todas estas reações a que conseguiu, na segunda metade do século passado, os maiores consensos foi o *positivismo* (de Comte): reflete, do ponto de vista especulativo, a situação histórica dos sucessos espetaculares da ciência e da técnica e constitui a teorização de modelo de vida que tem como critérios fundamentais os critérios precisos e rigorosos das ciências naturais.

Mas no fim do século passado a perspectiva positivista já parece muito estreita e incapaz de interpretar e explicar alguns aspectos fundamentais da existência humana e do mundo (como a vida, a evolução, a consciência, a memória, o sentimento religioso etc.). Surgem assim as *filosofias antipositivistas* e *espiritualistas* de Bergson, Boutroux, Blondel, James, Maritain, Scheler, Husserl, e as *neo-idealistas* de Alexander, Moore, Whitehead, Croce e Gentile.

Como dissemos acima, as duas guerras mundiais, com seu horrendo espetáculo de massacres e ruínas, abalaram a confiança da humanidade em si mesma e em qualquer ordem de valores espirituais e sobrenaturais e a precipitaram num estado de terror, angústia e desespero. Surgiu assim novo modo de ver as coisas, o qual encontrou expressão filosófica no *existencialismo* (Heidegger, Sartre, Jaspers, Merleau-Ponty, Marcel).

Mas o progresso da ciência e o desenvolvimento extraordinário dos meios de comunicação exigiram aprofundamento da função da ciência e da natureza da linguagem. Constituíram-se assim as várias *epistemologias* (Russel, Popper) e as filosofias linguísticas do *neopositivismo* (Wittgenstein, Carnap) e do *estruturalismo* (Lévi-Strauss, Foucault).

Depois da década de cinquenta, superada a fase de crítica e de angústia que a atormentara por cerca de um decênio, a humanidade retomou confiante o seu caminho. Agora está à procura de um plano geral de desenvolvimento, capaz de eliminar a miséria e de satisfazer as necessidades e os desejos de todos. A esta instância desejam dar sua contribuição também os filósofos, propondo interpretações da história que preveem, em futuro mais ou menos distante, uma época de paz, justiça e felicidade para todos os homens. É este o sentido das *filosofias utopísticas* de Teilhard de Chardin, Marcuse, Bloch e Garaudy.

I
OS ROMÂNTICOS

1. As condições políticas, sociais e culturais do começo do século XIX

No começo do século XIX, deixadas definitivamente para trás, especialmente no seu aspecto socioeconômico, as estruturas da civilização agrícola e artesanal e a visão medieval do mundo, a humanidade se encaminha para um desenvolvimento industrial rápido e para transformações socioeconômicas profundas, que trarão bem-estar, mas também graves problemas e profundos conflitos.

No setor político, a Revolução Francesa assinala uma reviravolta decisiva, não só abatendo instituições políticas, sociais e religiosas, que pareciam intocáveis, e abolindo privilégios inveterados, mas também e principalmente propagando os princípios que, preparados e elaborados através do longo trabalho da Idade Moderna, tiveram sua mais perfeita formulação na consciência iluminista do século XVIII. Estes princípios eram, em particular, os de liberdade, igualdade e fraternidade, destinados a transformar as relações entre governados e governantes, entre classes dirigidas e dirigentes e também as relações dos cidadãos entre eles.

Com referência ao pensamento, o iluminismo, que imperou incontrastado no século XVIII, mostra agora claramente os seus limites e começa a ceder o lugar às instâncias espirituais que ignorara ou reprimira. Já na segunda metade do século XVIII a força da tradição recomeça a exercer o seu fascínio, e a história a revelar valor novo; a beleza e o fascínio da religião reacendem o sentimento e o culto do divino. Em poucas palavras, exalta-se o que há de irracional e de espontâneo no espírito humano, a imediação e o poder dos sentimentos e a força da tradição, valores que haviam sido renegados pelo iluminismo.

Tais instâncias são acolhidas, expressas e patrocinadas pelo romantismo, movimento que se inspira nos seguintes princípios:

a) o reino da natureza é maior e mais autêntico do que o da cultura. Transborda de esplendor e brilho, enquanto o da cultura é cheio de misérias e iniquidades. O reino da natureza é tranquilo, sereno, imperturbável, enquanto o da cultura é inquieto, angustiado, acossado pela exigência de progresso; o reino da natureza é sempre inocente, repousante, restaurador; o da cultura é sempre sujeito ao erro e à dor. Em decorrência deste princípio, os românticos substituem a concepção mecanicista da natureza, própria do iluminismo, pela imagem de universo animado por substância viva, que se desdobra nas múltiplas formas naturais de poder criativo inesgotável;

b) o sentimento e a fantasia estão em condições de perceber dimensões (religiosas, morais e estéticas) da realidade que escapam à razão. Além disso, o sentimento é de capital importância por ser a mola que leva o homem a praticar as ações mais heróicas e a tomar as atitudes mais generosas;

c) o indivíduo não é ilha nem satélite vagando sozinho pelo mundo, mas é parte de grande organismo (a nação, o povo, a pátria), e a sua ambição maior deve ser a de contribuir para a realização dos destinos de sua pátria. Cada nação, cada povo tem história própria, destino próprio. Deste princípio nasce o interesse dos românticos pelo passado. Em primeiro lugar, pelo mundo clássico como realização máxima do ideal do homem, ideal que consiste na formação da *alma bela,* segundo a expressão cara a Schiller. O seu significado é: a alma, forjada pela lei moral, impregnou de si mesma o fundo sensível de nossa individualidade a tal ponto que age nela sem ser percebida como constrição, como se se tratasse de disposição natural. O interesse dos românticos se volta, em segundo lugar, para o mundo medieval, para a época na qual, por mérito de alguns grandes espíritos, dispostos a pagar qualquer preço pela conquista da liberdade, começaram a diferenciar-se os povos e se formarem as nações.

Estes três princípios dão a chave para a compreensão do espírito de toda a literatura romântica, a qual é sempre e principalmente exaltação da natureza, das paixões e da história.

2. Evolução do romantismo

O romantismo, já o dissemos, nasceu como reação espontânea e lógica contra o iluminismo.

As primeiras críticas de inspiração romântica à visão iluminista da realidade já haviam partido de Rousseau, o qual sustentara corajosamente, na época em que o iluminismo dominava em toda parte, que o radicalismo racionalista professado pelos seus defensores, longe de assegurar ao homem a prosperidade, a felicidade e o conhecimento de todas as coisas, produzia, no espírito humano, aridez que destruía as mais preciosas energias, e orgulho que era a causa principal da degeneração da sociedade. Para alcançar a felicidade, para curar a sociedade, para compreender a realidade, o homem — afirmava Rousseau — deve guiar-se não pela razão, mas pelo sentimento, pela intuição, pelo instinto.

As críticas de Rousseau tiveram ampla repercussão, especialmente na Alemanha, por mérito de muitos nomes ilustres como Schiller, Goethe, Hamann, Jacobi, Novalis, Mendelssohn, Schlegel, Lessing, Herder, Humboldt. Estes autores, por motivos diversos (religiosos, estéticos, históricos, filosóficos), julgavam inaceitável a visão nacionalista e otimista que os iluministas haviam formado do mundo, e se decidiram, por isso, por nova visão, deixando-se guiar pelos três princípios inspiradores, apontados acima.

Apesar de suscitar interesse em toda a Europa (com representantes notáveis na França, na Itália, na Inglaterra e na Rússia), o romantismo foi um fenômeno eminentemente alemão. Pode-se dizer, por isso, que, como o humanismo e o iluminismo, embora sejam europeus, pertencem, o primeiro à Itália, e o segundo à França, o romantismo é movimento acima de tudo alemão.

Entre os que mais contribuíram para a superação do iluminismo e para o lançamento das bases do romantismo merece menção especial Johann Gottfried Herder. Depois dele recordaremos Wilhelm von Humboldt, o qual, graças às suas teorias sobre a origem e a natureza da linguagem, ocupa na história da filosofia posição merecedora de todo o respeito.

3. Johann Gottfried Herder

Johann Gottfried Herder (1744-1803) era dotado de engenho portentoso, mas inconstante e desordenado. Os campos aos quais se dedicou com maior sucesso foram os da estética, da história e da linguagem.

Na *estética*, à qual os iluministas haviam dado pouca atenção, Herder ensina, entre outras coisas, a relatividade da noção do belo. Divergindo de Kant, afirma que não existe no homem faculdade especial para a percepção do belo, encarregada de formar juízos estéticos universais. Os juízos estéticos e a noção de belo variam de povo para povo e de época para época. Em vista disso, somente estudo histórico acurado e aprofundado pode fornecer a chave para a compreensão da concepção estética de um povo em determinado momento da história.

Com referência à *história*, destaca-se a tese herderiana segundo a qual seria revelação divina. Herder pensa que não é somente a natureza que é uma manifestação de Deus (como afirmavam os humanistas), mas também a história. Isto é evidente especialmente no caso da religião, a qual merece, por isso, consideração bem diferente da que lhe dispensaram os iluministas.

Segundo Herder, tanto a natureza como a história trabalham para a educação da humanidade. Esta, a *humanitas*, é o ideal proposto por Deus ao homem: "Não conhecemos, nos homens, nada mais alto do que a humanidade, pois, ainda que nos pensemos anjos ou deuses, pensamo-nos tais apenas como homens ideais e mais elevados. É para este escopo evidente que é organizada a nossa natureza; por causa dele é que nos foram dados sentidos e impulsos mais refinados, a razão e a liberdade, constituição delicada e durável, a linguagem, a arte e a religião. Em qualquer condição e em qualquer sociedade o homem não pode desejar construir outra coisa que não seja a humanidade como a pensa em si mesmo". A realização do ideal de humanidade varia de povo para povo, de indivíduo para indivíduo, mas não cessa de progredir até o fim dos tempos.

Pela exigência de descobrir a ordem e as leis do mundo e da história, a especulação de Herder se aproxima da de Vico e se distancia das preocupações metafísicas e cosmológicas dos pensadores precedentes. Mas, para Vico, ao contrário do que para Herder, não existe progresso contínuo e inevitável do gênero humano, comparável ao curso fatal da natureza.

Nestes últimos tempos, em decorrência da importância capital atribuída à filosofia linguística, o pensamento de Herder sobre a origem e a natureza da *linguagem* adquire interesse particular. Neste campo o seu pensamento se reveste de significado excepcional por ser profundamente inovador em relação às teorias elaboradas na Antiguidade, na Idade Média e até nos primeiros períodos da Idade Moderna, teorias que consideravam na linguagem unicamente o seu conteúdo teorético, em outras palavras, a sua posição no conjunto do conhecimento e os resultados que ela fornece para que o conhecimento se realize. Todos os filósofos anteriores, de Platão a Aristóteles, de Agostinho a Tomás, de Descartes a Leibniz, de Hobbes a Locke, consideraram a palavra como sinal da ideia. Mas, quanto mais a filosofia contemporânea aprofunda o conceito de "subjetividade" e desenvolve nova concepção de espontaneidade do espírito, que se manifesta igualmente como espontaneidade do sentimento, da vontade e da consciência, tanto mais se faz notar a exigência de que tal espontaneidade encontre aplicação também no caso da linguagem. Descobre-se assim que a linguagem não é o resultado de pura convenção, como quase sempre afirmaram as filosofias grega, medieval e moderna, mas fenômeno tão necessário e natural como a própria sensação imediata.

Em sua filosofia linguística, Herder parte precisamente da consideração da linguagem como expressão espontânea da subjetividade. A linguagem é antes de tudo manifestação da sensação e do sentimento. Mas Herder sublinha com insistência que ela não é somente isso. De fato, se é verdade que a linguagem tem sua raiz na sensação e no sentimento e, portanto, nas manifestações diretas e instintivas destes, e que tira sua origem não da necessidade de comunicação, mas de gritos, sons, vozes selvagens articuladas, é também verdade que tal conjunto de sons não constitui a essência e nem a verdadeira "forma" espiritual da linguagem. Esta forma nasce somente quando se mostra ativa nova "faculdade fundamental da alma", a qual, desde o princípio, distingue o homem do animal. A esta faculdade Herder dá o nome de *reflexão*. "O homem demonstra reflexão quando a faculdade da sua alma age tão livremente em todo o vasto oceano das sensações que a penetra através de todos os sentidos; quando sabe isolar, se assim me posso exprimir, uma onda, detê-la, dirigir a ela a sua atenção e ter consciência desta atenção. O homem demonstra reflexão quando, partindo do sonho incerto das imagens que passam pelos seus sentidos, sabe recolher-se em momento de atenção, deter-se voluntariamente numa imagem e torná-la objeto de consideração clara e mais calma, e quando sabe isolar caracteres de modo que o resultado seja isto, este objeto, e não outro. Ele demonstra, pois, reflexão quando é capaz não só de conhecer todas as características de modo claro e vivo, mas também de reconhecer em si uma ou mais características como distintivas: o primeiro ato deste reconhecimento produz conceito claro: é o primeiro juízo. E por meio de qual coisa se dá este reconhecimento? Por meio do caráter que aquele ato teve necessariamente de distinguir e que se manifestou claramente nele como caráter da reflexão. Pois bem! Deixai-me exclamar: heureca! Este primeiro caráter da reflexão foi a primeira palavra da alma! Com ela teve início a linguagem humana".¹

Daí que, para Herder, a linguagem pode ser entendida como produto tanto da sensação imediata como da reflexão, isto porque a reflexão não é algo externo acrescentado ao conteúdo da sensação, mas algo que faz parte dela como elemento constitutivo. É a reflexão que, pela primeira vez, faz da impressão sensível fugaz algo determinado e distinto e, portanto, "conteúdo" verdadeiramente espiritual. A linguagem não é, pois, algo simplesmente feito, mas algo que se tornou interior e necessariamente. Ela é fator na construção sintética da consciência, fator em virtude do qual as percepções sensíveis formam, pela primeira vez, o mundo da intuição; ela não é, portanto, coisa produzida, mas ação específica e determinada da atividade criadora e formadora do espírito. Deste modo, para Herder, o conceito formal geral, no qual a linguagem se inclui, sofre transformação decisiva: o lugar das categorias da imaginação e da convenção passa a ser ocupado pelas da atividade criadora e da expressão do espírito.

4. Wilhelm von Humboldt

As pesquisas linguísticas iniciadas por Herder foram continuadas, de forma mais sistemática e aprofundada, por Wilhelm von Humboldt (17671835) em duas obras de grande importância: *Uber die Verschiedenheiten des menschlichen Sprachbaues* ("Sobre as diferenças da estrutura linguística humana") e *Uber das vergleichende Sprachstudium in Beziehung auf die verschiedenen Epochen der Sprachentwicklung* ("Sobre o estudo comparado da linguagem em relação com as diversas épocas da sua evolução").²

---

¹HERDER, J. G., *Uber den Ursprung der Sprache* in Gesammelte Werke, Ed. Suphan, V, 34ss.
²"Wilhelm von Humboldt foi um dos mais profundos pensadores do século XIX no que se refere aos problemas de linguística geral; e, se o seu estilo fosse menos prolixo e as suas ideias fossem melhor elaboradas e mais apoiadas em exemplos, se as suas volumosas obras fossem

Como Herder, também Humboldt desenvolve suas teorias linguísticas à luz de algumas hipóteses de Kant, Leibniz e Vico, transferindo-as do plano — gnosiológico, metafísico ou histórico — no qual tinham sido inicialmente elaboradas — para o da linguagem.

De Kant, Humboldt retoma a hipótese de que o objeto, enquanto "fenomênico", não se contrapõe ao conhecimento como algo estranho e transcendente, mas "é tornado possível", condicionado e constituído pelas categorias próprias do conhecimento e por elas somente. Aplicando esta hipótese à linguagem, Humboldt pode afirmar que a linguagem não provém do objeto (e por objeto pode-se entender tanto a *coisa* como a *ideia*) como simples representação dele, mas que ela encerra em si um modo espiritual de agir que intervém como elemento decisivo em toda nossa representação do que é objetivo: "A palavra, que é a primeira a fazer do conceito um indivíduo do mundo do pensamento, confere-lhe muito de sua própria natureza e, uma vez que a ideia recebe dela a sua determinação, ela é, ao mesmo tempo, conservada dentro de certos limites. Dada a interdependência do pensamento e palavra, torna-se claro que as línguas são meios não propriamente para representar a verdade já conhecida, mas para descobrir a verdade ainda não conhecida. As diferenças entre elas não são somente de sons e sinais, mas também de modos de ver o mundo".[3]

De Leibniz, Humboldt aproveita a hipótese de que cada mônada, cada indivíduo é espelho do universo, e o universo é conhecido somente pelo refletir-se das mônadas nele. Aplicando esta hipótese à linguagem, Humboldt sustenta que cada língua é representação individual do mundo, e que a objetividade forma-a o conjunto desses pontos de vista. Segue que a subjetividade das várias línguas não se opõe à objetividade, sendo, ao contrário, a condição imprescindível para a sua realização. Cada língua é, na verdade, ressonância da natureza universal do homem: "a subjetividade da humanidade inteira se torna em si mesma algo objetivo".

Da fusão dos dois princípios precedentes — linguagem como síntese de dados objetivos e de elementos subjetivos, e reflexo parcial da

---

mais conhecidas e mais lidas, poder-se-ia perguntar se não seria o caso de se conceder a ele, como a um dos fundadores do pensamento linguístico moderno, em lugar mais próximo do de Saussure" (ROBINS, R. H., *Storia della linguistica*, Bolonha, 1971, 218-219).

[3] VON HUMBOLDT, W., *Uber das vergleichende Sprachstudium* in *Gesammelte Schriften*, Berlim, 1904, IV, 19ss.

totalidade objetiva nas línguas particulares — Humboldt tira a seguinte conclusão: "Os homens se entendem não porque se comuniquem realmente os símbolos das coisas, nem porque se determinem mutuamente para produzirem exata e perfeitamente o mesmo conceito, mas porque tocam, uns nos outros, no mesmo elo da corrente de suas representações sensíveis e de suas representações conceituais e batem nas mesmas teclas do seu instrumento espiritual e, em consequência disso, em cada um deles brotam conceitos correspondentes, mas não iguais. (...) Quando é tocado o elo da corrente, a tecla do instrumento, todo o complexo vibra, e aquilo que brota da alma como conceito se encontra de acordo com tudo aquilo que circunda cada elo até a distância mais remota".[4]

O que constitui a base segura e a garantia da objetividade é o acordo na infinitamente variada produção dos termos linguísticos e conceituais, e não a simples reprodução nele de alguma coisa já existente. Por isso, o verdadeiro portador do sentido linguístico não é o vocábulo, e sim a frase: somente nela, de fato, se revela a faculdade original da síntese na qual se apoia tanto o ato de falar como o de compreender. Esta concepção geral tem sua expressão mais sintética e precisa na conhecida fórmula de Humboldt segundo a qual a linguagem não é obra completa (*érgon*), mas atividade (*enérgeia*) e por isso a sua definição só pode ser definição genética.

Finalmente, de Vico, Humboldt toma o princípio segundo o qual a língua constitui documento importante para a identificação dos traços característicos de um povo, de uma nação. A nação é forma espiritual da humanidade, caracterizada por determinada língua, individualizada em relação à totalidade ideal. "A individualidade divide, mas de modo tão maravilhoso que justamente pela divisão ela desperta o sentimento da unidade ou, melhor, faz aparecer o meio para a constituição desta unidade, pelo menos na ideia. (...) De fato, lutando profundamente no seu íntimo por tender para aquela unidade e totalidade, o homem desejaria transcender os limites de sua individualidade; mas como, à semelhança do gigante cuja força vem toda do contato com a mãe-terra, também ele tem poder somente sobre esta, é obrigado justamente por isso a aumentar a sua individualidade nesta luta superior. Ele faz progressos cada vez maiores, num esforço em si impossível. Aqui vem em seu auxílio, de

[4] *Id., ibid*, 27ss.

modo realmente maravilhoso, a linguagem, que une até quando isola e que, nas vestes da expressão mais individual, encerra a possibilidade de compreensão universal. O indivíduo, onde, quando e como vive, é fragmento separado da estirpe considerada em sua totalidade, e a linguagem manifesta e mantém este nexo eterno, o qual guia o destino do indivíduo e a história do mundo".[5]

A influência de tais ideias relativas à linguagem, oriundas de hipóteses filosóficas bastante conhecidas e amplamente aceitas nos primeiros anos do século XIX, não foi logo notada; somente nos últimos anos do século XIX e no século XX foi que Wilhelm Wundt usou as ideias de Humboldt para desenvolver a sua psicologia dos povos (*Vólkerpsychologie*); e a ele recorreram as escolas estética e idealista para os conceitos de individualidade, criatividade e potencialidade artística em todas as línguas. Mais recentemente, a "nova hermenêutica" (Gadamer, Ricoeur), partindo das ideias de Humboldt, elaborou a teoria da *pluralidade de aspectos* da experiência histórica e afirmou o papel capital da linguagem como garantia da "fusão dos vários horizontes" históricos.

CONCLUSÕES SOBRE O ROMANTISMO

O romantismo tem inegavelmente o mérito de ter revalorizado algumas dimensões do homem que, na perspectiva iluminista, tinham sido negligenciadas ou até negadas. Dando novamente importância ao sentimento, à fantasia, à linguagem, à tradição, o romantismo desloca a reflexão filosófica das esferas da metafísica, da gnosiologia, da cosmologia, da ciência, para as da estética, da história e da linguística. E, enquanto o interesse pelo abstrato e pelo universal trouxera ao racionalismo e ao iluminismo o conceito de ciência, o interesse pelo singular, pelo particular concreto, traz ao romantismo o conceito de arte, de história e de linguística.

Outra importante conquista do romantismo é a interioridade da pesquisa e da verdade. O racionalismo, o mecanicismo científico e o iluminismo haviam atenuado ou perdido este sentido de interioridade: a verdade era considerada como dado externo, objeto universal, bem definido, igual para todos. O romantismo reconquista a exigência da

---

[5] *Id., Uber die Vercchiedenheiten des menschlichen Sprachbaues* in Gesammelte Schriften, Berlim, 1904, VI/1, 125ss.

interioridade da pesquisa e da verdade, interioridade que é própria da filosofia cristã e que tivera sua expressão mais alta em Agostinho e Pascal. Mas a interioridade do romantismo não é a cristã, e sim a idealista: a subjetividade absoluta da verdade, da qual o espírito é o criador.

Mas, se bem que o romantismo cultive interesses aparentemente antitéticos em relação aos do iluminismo, tem em comum com este último alguns princípios fundamentais: o primado da subjetividade sobre a objetividade, a criatividade do sujeito, o princípio da imanência. Com isso também ele dá sua contribuição, ao lado de outras correntes da filosofia moderna (racionalismo, empirismo, iluminismo), para o estabelecimento das bases do idealismo. Mas não é tudo: a visão idealista das coisas já está explícita em um ou outro expoente do romantismo. Significativo a este respeito é o que ensina Friedrich Schlegel, uma das maiores figuras do romantismo. O mundo, diz Schlegel, não somente o das "aparências", criado pela arte, mas também o que o senso comum chama mundo real, mundo da natureza, é real somente na interioridade da vida do sujeito. Cada um constrói livremente o seu mundo, sem outra preocupação que não seja a de gozar livremente desta livre atividade, de contemplar-se refletido no mundo que construiu para si. Nada e ninguém podem impor leis ao gênio; ele é a sua lei; não existe nenhuma realidade a não ser a que ele cria; não existe nenhuma natureza, exceto a que vive na sua fantasia e no seu sentimento.

Como se vê, estamos em pleno idealismo.

BIBLIOGRAFIA

A respeito do romantismo

FARINELLI, A., *Il romanticismo in Germania*, Bari, 1911; Idem, *Il romanticismo nel mondo latino*, Turim, 1927; VINCICUERRA, M., *Il romanticismo*, Bari, 1947, 2ª ed.; STRICH, F., *Classicismo e romanticismo tedesco*, Milão, 1953; WALZEL, O. F., *Deutche Romantik*, Lípsia, 1908; HAYM, R., *Die romantische Schule*, Berlim, 1928, 5ª ed.; RUPRECHT, E., *Der Aufbruch der romantischen Bewegung*, Munique, 1948.

Concernente a Herder

GENTILE, M., *Storicismo e sociologia nella filosofia del Settecento e dell'Ottocento*, Pádua, 1955; FICHERA, G., *Umanità e linguaggio nel pensiero di Herder*, Pádua, 1964: SIEGEL, K., *Herder als Philosoph*, Estugarda, 1907; MCECKRAN, F., *The Life and Philosophy of J. G. Herder*, Oxford, 1929; BRAENDLE, J., *Das Problem der*

Innerlichkeit: Hamman, Herder, Goethe, Berna, 1950; CLARK, R. T., *Herder: his Life and Thought,* Berkeley-Londres, 1955 (com ótima bibliografia); HEINTEL, E., *Johann Gottfried Herder,* Hamburgo, 1964.

Acerca de Humboldt

GAUDEFROY, J: DESMONBYNES, *L'oeuvre linguistique de Humboldt,* Paris, 1931; BROWN, R. L., *W. von Humboldt's Conception of Linguistic Relativity,* Mouton, 1967; SALUS, P. H., *On Language: From Plato to von Humboldt,* Nova Iorque, 1969.

II
OS IDEALISTAS

1. Origens do idealismo

Várias foram as formas de idealismo que apareceram no decurso da história. A primeira delas foi a "metafísica" de Platão: a celebérrima doutrina das Ideias. Depois veio o idealismo emanatista dos neoplatônicos; mais tarde, sob a influência destes últimos, apareceram elaborações sulcadas de idealismo também no seio do cristianismo: são célebres as de Agostinho e Boaventura de Bagnoregio. Trata-se, todavia, de idealismo metafísico, já que é atribuída às ideias solidez que ultrapassa a do pensamento e que tem as mesmas qualidades que o ser. Para todos os filósofos da Antiguidade e da Idade Média a raiz das coisas é sempre o ser, não o pensamento.

A partir de Descartes, desenvolve-se, na filosofia moderna, novo tipo de idealismo que — para distingui-lo do precedente — chamamos "noético". Ele procede da orientação da filosofia pós-renascentista, orientação crítico-epistemológica ou noética (e não mais metafísica). Descartes chega a concepção idealista do homem ao defini-lo como res cogitans ("coisa pensante"). A primeira forma de idealismo integral elabora-a Berkeley, graças ao princípio *esse est percipi* ("existir é ser conhecido"). O idealismo berkeleyano foi denominado "idealismo subjetivo" porque aprofunda suas raízes nas premissas empiristas e subjetivistas da filosofia inglesa. Outra forma de idealismo subjetivo é o idealismo estético de alguns autores românticos. Reelaboração interessante do idealismo metafísico, é finalmente, o idealismo de Leibniz.

Ao idealismo subjetivo de Berkeley e dos românticos Kant opõe o idealismo "transcendental"; nesta forma, o sujeito é criador não do mundo da experiência — e menos ainda de todo o real — mas somente das condições supremas do conhecimento (isto é, das formas e das categorias transcendentais). A restrição da criatividade do sujeito só aos aspectos transcendentais é considerada, contudo, ilegítima por seus discípulos Fichte, Schelling e Hegel, os quais, criticando o mestre, chegam ao idealismo absoluto, isto é, a concepção que põe o pensamento como realidade suprema e que vê em todos os fenômenos irradiação sua. Na verdade, o germe do idealismo absoluto já estava contido no sistema de Kant, o qual, porém, o bloqueara ao postular como causa dos estímulos das sensações a coisa em si (realidade independente do sujeito pensante). Mas este postulado fora introduzido ao preço de contradição grave: a da atribuição do conceito de causa também à coisa em si, quando, segundo os princípios da *Crítica da razão pura,* é aplicável somente aos fenômenos. Foi fácil, portanto, aos idealistas chegar ao idealismo absoluto: bastou-lhes livrar o criticismo da aplicação indébita do princípio de causalidade, omitir a coisa em si e levar até às últimas consequências o conceito kantiano do eu como atividade ordenadora e unificadora da experiência externa e interna. Com esta última operação o eu passou de unificador a criador de toda a realidade; ele não encontra mais nenhum limite nem no conteúdo sensível, nem no mundo numênico do suprassensível. Agora o eu é criador não só da forma, mas também do conteúdo da experiência, e não existe nenhuma realidade numênica fora dele; a autoconsciência se torna o princípio absoluto do real e de tudo o que é; qualquer limite ao pensamento só pode ser posto pelo pensamento, também pelo pensamento superado. Em poucas palavras, o eu penso é ao mesmo tempo o mundo de Deus, o fenômeno e o número, o sujeito e o objeto.

Tais princípios são componentes comuns do pensamento dos três grandes idealistas: Fichte, Schelling e Hegel, os quais os desenvolvem, contudo, de modo diferente: sob o aspecto ético o primeiro, estético o segundo, lógico o terceiro. Também aqui, porém, dependem de Kant, que nas suas três *Críticas* trata respectivamente do problema do saber (na *Crítica da razão pura*), do problema do agir (na *Crítica da razão prática*) e do problema do prazer (na *Crítica do juízo*). Fichte desenvolve o idealismo ético inspirando-se na segunda *Crítica;* Schelling desenvolve o idealismo estético inspirando-se na terceira; Hegel desenvolve o idealismo lógico inspirando-se na primeira.

2. Johann Gottlieb Fichte

Johann Gottlieb Fichte nasceu em Rammenau, na Saxônia em 1762. Fez o curso superior na Universidade de Iena. Conseguido o doutoramento, dedicou-se ao estudo da filosofia moderna, sobretudo kantiana, e escreveu um ensaio, *Crítica de toda revelação*, que publicou anônimo. A obra foi atribuída a Kant, que esclareceu o equívoco, não poupando elogios ao autor, que ganhou assim grande notoriedade. A Universidade de Iena lhe ofereceu, sob recomendação de Goethe, a cátedra de filosofia; Fichte aceitou, mas, em 1799, apenas cinco anos depois, acusado de jacobinismo e panteísmo, teve de abandonar a Universidade.

Novamente em cena em 1807, durante a invasão napoleônica da Prússia, com os famosos *Discursos à nação alemã*, foi nomeado professor de filosofia da Universidade de Berlim, criada naquele ano. Atacado de cólera, faleceu em 1814. As suas obras principais, além das já citadas, são: *A missão do douto*, a *Doutrina da ciência* e a *Prescrição para a vida feliz*.

Fichte foi o primeiro a notar as graves contradições do criticismo kantiano e a resolvê-las no sentido do idealismo, do qual é considerado o pai. O seu idealismo se distingue dos de Schelling e de Hegel pelo caráter prático e moral. A especulação fichtiana parte não de um problema especulativo, mas de uma interrogação prática, moral: "Qual é a missão do homem?" É somente em um segundo momento que se apresenta a questão "quais são as condições essenciais para que o homem, o eu, possa existir?" Acontece assim que em Fichte a metafísica e a teorética em geral são, por assim dizer, subordinadas à moral e à prática. O mesmo não se verifica em Aristóteles e em Kant: no primeiro, a moral e a prática são subordinadas à metafísica; no segundo, as duas ordens, especulativa e prática, são totalmente separadas.

O caráter ético da filosofia fichtiana evidencia-se por mais dois motivos: a essência do eu não consiste no conhecer, mas no querer ("a razão prática é a raiz de qualquer outra razão"); o mundo não é concebido como objeto do conhecimento, mas como obstáculo a superar: "Jamais encontramos o ser pelo prazer de contemplá-lo. O mundo se nos apresenta sempre como esfera dos nossos deveres. Um mundo diferente do atual não existe para nós".

ESCOLHA DO SISTEMA

Segundo Fichte, são possíveis apenas dois sistemas filosóficos: o *dogmatismo,* que afirma a existência da coisa em si, e o *idealismo,* que nega a existência da coisa em si. Não é possível nenhum outro sistema porque não existe nenhuma outra coisa fora do sujeito pensante e do objeto pensado. Ora, abstraindo do objeto pensado, temos a afirmação do eu em si; e abstraindo do sujeito pensante, temos a afirmação da coisa em si; no primeiro caso, o idealismo; no segundo, o dogmatismo.

O dogmatismo considera a coisa em si como realidade fundamental, realidade esta que existe independentemente do pensamento ou, melhor, que é a sua causa. O idealismo considera o eu em si como a realidade última, causa das ideias e, portanto também das coisas, as quais só existem enquanto pensadas.

Tanto o dogmatismo como o idealismo têm argumentos a seu favor, mas nenhum deles é decisivo; o filósofo tem, por isso, a liberdade de escolher um ou outro. Não se trata, porém, de escolha totalmente motivada. Ela é determinada, no parecer de Fichte, pela inclinação de cada um: "A espécie de filosofia que alguém escolhe depende da espécie de homem que ele é". O dogmatismo abraçam-no aqueles cuja consciência filosófica ainda é ingênua e considera a mente como espelho que reproduz a realidade das coisas externas. Uma consciência filosófica mais amadurecida escolhe o idealismo porque ele assegura melhor a liberdade e a independência do eu e, com isso, também a sua espiritualidade.

Fichte escolhe o idealismo e se justifica assim: quando dizemos que alguma coisa é, não queremos referir-nos ao ser em si, mas somente ao ser para nós, ao ser que é estabelecido por nós; o fundamento do ser objetivo não é o ser em si, mas a atividade em virtude da qual é posto, isto é, o pensamento. Esta atividade é o seu próprio fundamento. Trata-se de atividade originária, a qual, além de sujeito, é também objeto imediato de si mesma: ela se intui, sendo assim autointuição ou autoconsciência. Em outras palavras, o ser para nós (o objeto) é possível somente sob a condição da autoconsciência: a consciência é, pois, o fundamento do ser.

O FUNDAMENTO ÚNICO DA FILOSOFIA

"Uma ciência não pode ter mais do que um princípio básico; se tiver mais do que um, não será uma, mas serão várias ciências. As outras proposições que uma ciência pode conter tiram sua certeza de sua conexão com o princípio básico".

Também a filosofia, para merecer o nome de ciência, deve ser estruturada sobre princípio único. A propósito deste ponto, Fichte faz crítica cerrada a Kant, dizendo, entre outras coisas, que não conseguiu unificar a filosofia porque, atribuindo-lhe a tarefa de responder a três perguntas (que coisa conhecer, que coisa fazer, de que coisa gozar), chegou a reconhecer três absolutos não ligados entre si: a *natureza* (mundo do saber científico), a *liberdade* (mundo do dever moral) e *Deus* (mediador entre a natureza e a liberdade). A razão última desta pluralidade está no reconhecimento implícito da existência da coisa em si, reconhecimento gratuito, antes, contraditório. De fato, Kant afirmara primeiramente que a categoria da causalidade só pode ser atribuída ao fenômeno, mas depois atribuiu-a também à alma, ao mundo e a Deus, acabando assim por reconhecer a existência da coisa em si. Supera-se a dificuldade com a negação da existência da coisa em si. Deste modo Fichte restabelece a unidade da filosofia (restituindo-lhe o caráter de verdadeira ciência, que Kant pusera em dúvida) e, ao mesmo tempo, resolve o problema central da filosofia moderna, o da relação entre sujeito e objeto. O problema resolve-se com a eliminação do objeto. O criticismo kantiano já reconhecera ao sujeito parte preponderante da construção do mundo da natureza, mas sua ação era condicionada pelo númeno; agora o númeno desaparece, ocupando seu lugar a criatividade ilimitada do sujeito, do eu.

Esta solução tem ainda a vantagem de oferecer explicação unitária do universo, derivando toda a realidade de princípio único, o de identidade, que Fichte formula como identidade do pensamento consigo mesmo: "Se penso A, penso verdadeiramente A". Não é por acaso que Fichte escolhe a identidade do pensamento consigo mesmo para exemplificar o princípio de identidade; a escolha vale pela distinção entre filosofia e lógica. Também a lógica tem, como princípio fundamental, o princípio de identidade, mas atribui-lhe somente valor abstrato, formal, de modo que também ela tem somente valor formal, não de ciência do real. Ao contrário disso, a filosofia, definida por Fichte como "doutrina da ciência", é eminentemente ciência do real; os seus princípios não devem, por isso, ter somente valor formal, mas também real. O princípio de identidade, que lhe serve de fundamento, não pode ser princípio vazio, mas deve ter conteúdo, e o seu primeiro conteúdo não pode ser senão a identidade do pensamento consigo mesmo.

AS GRANDES LINHAS DO SISTEMA

A realidade primordial é, pois, o pensamento, e a sua atividade primária consiste na afirmação da identidade consigo mesmo. Mas, como legitimar afirmação tão pouco de acordo com os dados da experiência? Fichte julga poder fazê-lo tomando em consideração a natureza do homem, a qual, além de princípio empírico, compreende também princípio espiritual. A questão é saber qual é o fundamento último deste segundo princípio. O materialismo afirma que o fundamento é o *não-eu*. Ora, esta afirmação, segundo Fichte, é inegavelmente falsa: "É incontestavelmente falso que o eu puro seja produto do não-eu — entendendo com este último termo, como eu também entendo, tudo o que se pensa existir fora do eu, e que, por isso, se distingue do eu e se lhe contrapõe. Proposição deste gênero exprimiria *materialismo transcendental*, insustentável perante a razão".[1] O contrário é que é verdadeiro: o princípio espiritual do homem, o eu puro, constitui o fundamento também do não-eu. Eis o raciocínio com o qual Fichte procura provar este ponto: "É inegavelmente verdadeiro que o eu não pode ter consciência de si mesmo a não ser nas suas determinações empíricas, e que estas determinações empíricas pressupõem algo de *externo* ao eu. O próprio corpo do homem (que ele chama também de o *seu* corpo) é algo de externo ao eu. Fora desta ligação com o empírico externo, ele não seria sequer homem, mas *alguma coisa* que permaneceria para nós totalmente impensável, se é que pode ser *alguma coisa* o que não é sequer ser de razão. (...) Pertencem, pois, ao homem não só o ser absoluto, o ser puro e simples, mas também certas determinações particulares deste seu ser. Ele não somente é, mas também é *alguma coisa*. Ele não diz somente: *eu sou*, mas também: *eu sou isto ou aquilo*. (...) Isto acontece porque *alguma coisa* é fora dele. A consciência empírica de si (em outros termos, a consciência de qualquer determinação pessoal) não é possível a não ser que se pressuponha um *não-eu*. Este *não-eu* deve agir sobre a capacidade receptiva do homem, que é

---

[1] FICHTE, J. G., *La missione del dotto*, Turim, 1957, 78.

chamada *sensibilidade*. Por isso o homem, enquanto é *alguma coisa*, é *ser que sente*".[2]

O raciocínio com o qual Fichte deduz do eu puro a existência do eu empírico e do não-eu poderia ser formulado como segue. A realidade tem fundamento único, o qual só pode ser de natureza espiritual, isto é, só pode ser o pensamento. O pensamento, enquanto sujeito absoluto, sem fundamento em outro, e enquanto único objeto da própria atividade, é o eu puro. Mas, para a função de pensar não é suficiente a identidade do pensamento consigo mesmo: é necessário sujeito pensante e objeto pensado. Eis, pois, que o eu puro dá origem a estas duas realidades por meio de ação primordial, inconsciente e imediata do pensamento: o sujeito pensante ou "eu empírico" e o objeto pensado ou "não-eu". Entre os três: eu puro, eu empírico e não-eu existe distinção clara. Os motivos devem ser procurados na natureza diferente de cada um: o eu puro é identidade do pensamento consigo mesmo; o eu empírico é sujeito pensante; o não-eu é o objeto pensado. Logo, enquanto o eu puro existe por si mesmo, no seu pôr-se primordial e absoluto, sem contrapor-se a nada, o eu empírico existe como contraposto ao não-eu, e o não-eu como contraposto ao eu empírico. O eu puro tem prioridade absoluta (prioridade ontológica e não temporal) sobre o eu empírico e o não-eu. Finalmente, o eu puro é indivisível, enquanto, tanto o eu empírico como o não-eu, são divisíveis e multiplicáveis; a sua divisibilidade se origina do eu puro: "O eu indivisível põe em si mesmo um eu divisível e um não-eu divisível".

Em *A missão do douto*, depois de ter demonstrado que o fundamento último do eu empírico, isto é, do homem, é o eu puro, Fichte pode facilmente deduzir que o fim último do eu empírico consiste em atingir o eu puro e que, para atingi-lo, deve remover todos os obstáculos criados pelo não-eu: é somente anulando o não-eu que ele pode chegar à união perfeita com o eu puro. "Em outras palavras, tudo o que ele é deve ser referido ao seu eu puro, ao seu ser simplesmente como eu *ou egoidade*. Tudo o que ele é, ele deve sê-lo exclusivamente porque ele é um eu; e o que ele não pode ser, ele não deve absolutamente sê-lo por esta única razão".[3]

---

[2] *Id., ibid.*, 79-81.
[3] *Id., ibid.*, 81-82.

Sempre em *A missão do douto,* Fichte ilustra as que devem ser as tarefas principais da *doutrina*. Essas tarefas fundamentais são três: primeiramente, o estudo da natureza do homem, das suas aptidões e exigências; em segundo lugar, a identificação dos meios aptos para o desenvolvimento de tais aptidões e exigências; e, finalmente, a verificação do grau de cultura no qual a sociedade se encontra em determinado momento histórico, isto é, na determinação do grau de progresso já alcançado e do que ainda resta para ser alcançado. Ao estudo destas três tarefas dedicam-se respectivamente três disciplinas: *a filosofia pura,* a *ciência filosófico-histórica* e a *ciência histórica*. "A síntese destas três formas de conhecimento constitui o que se chama ou pelo menos o que deveria exclusivamente chamar-se *doutrina*".[4]

O homem está em constante progresso para a meta da sua "perfeita coerência consigo mesmo e de todas as coisas com a sua vontade". A *missão do douto* consiste em promover este progresso, especialmente mediante a promoção das ciências, porque delas "depende de modo imediato o progresso do gênero humano. Quem aceita aquilo, aceita isto".[5]

O PENSAMENTO FINAL DE FICHTE

No sistema de Fichte a transcendência do absoluto resta gravemente comprometida pelo fato de ele não ter existência autônoma em relação aos dois termos (eu empírico e não-eu) nos quais se realiza. Relativamente ao eu empírico, por exemplo, o absoluto não é mais do que *dever ser,* ideal a atingir.

A acusação de ateísmo e as críticas de Schelling e dos pensadores românticos, que antes o admiravam e apoiavam, induziram Fichte a reexaminar os problemas e a formulá-los em outra perspectiva. Esta reflexão deu origem à sua "segunda filosofia", na qual o absoluto é apresentado de outro modo: não mais simples ordem moral do mundo, não mais puro ideal ou dever ser, mas fundamento real do eu empírico; o absoluto adquire subsistência própria, readquire as propriedades de Deus. Para sermos precisos, não se trata do Deus-pessoa do cristianismo, porque, para Fichte, os caracteres da personalidade estão sempre em conexão

---

[4]*Id., ibid.,* 154-155.
[5]*Id., ibid,* 156.

com a finitude do eu, mas se trata de um Deus subsistente e, a seu modo, transcendente, comparável, sob certos aspectos, ao *uno* de Plotino. É marcante, com efeito, a influência de Plotino na última especulação de Fichte: pode-se notá-la especialmente na doutrina das relações entre o homem e Deus. Deus é totalmente inacessível ao homem: é incognoscível e inefável, está fora da esfera do saber, do conceito e da palavra; não há, em última instância, outra via de acesso a ele a não ser a mística.

3. Friedrich Wilhelm Schelling

Friedrich Wilhelm Schelling nasceu em Leonberg, no Wurttemberg, aos 21 de janeiro de 1775. Estudou no seminário teológico de Tubinga, onde teve como condiscípulos Hoelderlin e Hegel. Gênio eclético, não se contentou com as matérias teológicas, mas cultivou também as filosóficas e científicas. Em 1799 foi chamado a Iena, para substituir Fichte. Nesse tempo já era célebre graças a alguns escritos filosóficos, especialmente graças às *Cartas filosóficas sobre o dogmatismo e o criticismo,* de 1796, nas quais delineava o seu sistema filosófico, propondo idealismo que conciliava o determinismo absoluto de Spinoza com o idealismo defensor da liberdade humana de Fichte e graças à *Ideia de filosofia da natureza,* de 1797, na qual se destacava um aspecto essencial da sua filosofia, a exaltação da natureza. Na obra *Bruno ou o princípio natural e divino das coisas,* de 1802, teria defendido a identidade da natureza e do espírito no seio do absoluto.

Em 1803 deixou a cátedra de Iena e ensinou primeiro em Wurzburg e, mais tarde, em Munique. O aspecto mais interessante deste período, no qual Schelling, acusado de ateísmo e criticado por Hegel, suspendeu quase completamente sua produção literária, é seu interesse pela mística, alimentado pelos escritos de Jacob Bõhme. Fruto de suas reflexões místicas foram as *Pesquisas filosóficas sobre a essência da liberdade* (1808).

Em 1841 foi chamado a Berlim para suceder a Hegel, com o encargo preciso de criticar as doutrinas deste. Mas, já idoso e sem ascendência sobre os estudantes, abandonou pouco depois a cátedra e se retirou para Munique, onde reuniu suas críticas a Hegel na obra *Introdução à filosofia da mitologia.* Morreu aos 20 de agosto de 1854.

As suas obras mais importantes, além das já mencionadas, são: *Sistema do idealismo transcendental* (1800), *Sobre a relação das artes plásticas com a natureza* (1807), *Sobre a divindade de Samotrácia* (1812), *Filosofia da mitologia, Filosofia da revelação.*

Schelling é figura complexa: nele estão presentes os múltiplos fermentos de pensamento que aparecem na Europa na primeira metade do século XIX: a interioridade da pesquisa filosófica, a ânsia de absoluto, a confiança no progresso das ciências experimentais, o fascínio pela natureza, pela religião, pela arte e pela poesia. Ele recolhe em seus escritos todos esses impulsos e se esforça por sistematizá-los no quadro de filosofia do absoluto concebido como síntese de todos os opostos.

O PROJETO FILOSÓFICO DE SCHELLING

O ponto de partida da problemática de Schelling é o mesmo que o da de Fichte: a escolha entre idealismo (criticismo) e dogmatismo (materialismo). Mas, enquanto Fichte considera válidos os dois sistemas, para Schelling são inaceitáveis. Nem o dogmatismo nem o idealismo têm condições para resolver o problema da relação entre objeto e sujeito, entre o eu e o mundo, entre espírito e natureza, porque ambos suprimem um ou outro dos termos. Spinoza, com o conceito de "natureza", suprime o sujeito, o eu, o espírito; Fichte com o conceito do "eu puro", elimina o objeto, o mundo, a natureza. A filosofia autêntica deve, ao contrário, acolher ambos os elementos. Daqui a concepção schellinguiana do absoluto como síntese dos opostos, síntese do eu e da natureza, do sujeito e do objeto, do espírito e do mundo.

Schelling desenvolveu esta nova concepção do absoluto em duas obras: *Sobre a possibilidade de uma forma da filosofia* (1795) e *Cartas filosóficas sobre o dogmatismo e o criticismo* (1796). Mas, antes da publicação destas duas obras, já antecipara seus resultados a Hegel em longa carta, da qual julgamos útil apresentar um extrato, porque contém esplêndida síntese do pensamento do primeiro Schelling, síntese tanto mais preciosa porque feita pelo próprio autor.

" (…) para mim também os conceitos ortodoxos sobre Deus deixaram de existir. A minha resposta é, portanto, a seguinte: nós podemos ir *além* de um Deus pessoal. Pensarás, talvez, que entrementes me tornei spinozista! Não temas! Explicar-te-ei logo em que sentido. Para Spinoza é o mundo (o objeto, de modo absoluto, contraposto ao sujeito) que é *tudo;* para mim é o eu. A verdadeira diferença entre filosofia crítica e filosofia dogmática parece-me consistir no fato de a primeira partir do eu absoluto (que ainda não está determinado por nenhum objeto), e de a segunda partir do objeto absoluto, isto é, do não-eu. Desenvolvidas logicamente e em profundidade, a primeira leva ao sistema de Spinoza, a segunda ao de Kant. É do *incondicionado* que a filosofia deve partir. A única questão que se propõe é a de saber onde reside o incondicionado, se no eu ou no não-eu. Uma vez resolvida esta questão, tudo estará resolvido. Para mim, o princípio supremo de qualquer filosofia é o eu puro e absoluto, isto é, o eu enquanto é para mim, enquanto ainda não está condicionado pelos objetos, mas posto pela liberdade. O alfa e o ômega de qualquer filosofia é a liberdade. O eu absoluto encerra esfera absoluta de realidade absoluta; nesta esfera absoluta formam-se as esferas finitas, as quais nascem da limitação da esfera absoluta mediante um objeto (esfera da existência, *filosofia teórica*). Tais esferas são o reino do condicionamento puro; são o incondicionado levado a contradições. Mas nós devemos ultrapassar esses limites, isto é, devemos sair da esfera do finito e penetrar na do infinito *(filosofia prática)*. A filosofia prática exige, portanto, a destruição da finitude e nos introduz, assim, no mundo suprassensível (o que a razão teórica era incapaz de realizar, porque enfraquecida pelo seu *objeto,* a razão prática o realiza). Mas, no mundo suprassensível não podemos encontrar senão o nosso *eu* absoluto porque ele é a única realidade que a esfera infinita circunscreve. Para nós não existe outro mundo suprassensível a não ser o do eu absoluto. Deus não é senão o meu eu absoluto, isto é, o meu eu à medida que ele destruiu completamente o mundo teórico e se tornou igual a zero para a filosofia teórica. A personalidade nasce da unidade da consciência; ora, a consciência sem um objeto é impossível; mas para Deus, isto é, para o eu absoluto, não existe absolutamente nenhum objeto, porque, se existisse, o eu cessaria de ser absoluto; segue-se disso que não existe Deus pessoal e que o objetivo dos nossos esforços deve ser destruir a nossa personalidade e passar para a esfera absoluta do ser. Mas esta passagem permanece eternamente *impossível; o que nos é possível é somente aproximar-nos praticamente do absoluto...*".[6]

Neste escrito denso e significativo, Schelling toca em todos os pontos mais originais e importantes do seu pensamento: o conceito do absoluto, suas relações com o mundo e com o eu, a origem da realidade

---

[6]SCHELLING, F. W., *Briefe von und an Hegel,* Hamburgo, 1952, I, 21-23.

finita do absoluto e o seu retorno a ele, a liberdade, a noção de pessoa, a filosofia teorética e prática.

Três desses pontos exigem um aprofundamento ulterior para que a compreensão do pensamento schellinguiano seja mais exata; esses três pontos são: a natureza do absoluto, a alienação do absoluto na natureza mediante a filosofia teorética, o retorno ao absoluto mediante a filosofia prática.

O ABSOLUTO

Ao contrário do que parece sugerir a carta de Hegel, na qual ele fala constantemente do absoluto como eu puro, incondicionado, livre de qualquer mistura com o objeto, Schelling não concebe o absoluto como eu puro oposto ao não-eu, como puro pensamento, como autoconsciência absoluta. Para ele o absoluto é a fusão perfeita de todos os opostos, do eu e da natureza, do ideal e do real, do sujeito e do objeto, do pensamento e do ser etc., de modo tal que constitui uma indiferença absoluta. Schelling não pensa em atribuir predominância nem ao subjetivo, nem ao objetivo, mas em manter entre eles equilíbrio perfeito. O absoluto é identidade absoluta, unidade originária indiferenciada dos opostos, a qual se diferenciará somente com o aparecer da autoconsciência (donde a designação de idealismo *indiferenciado* dada ao pensamento de Schelling).

O fundamento originário, também chamado *não-fundamento*, "precede todas as antíteses; nele elas não podem ser distinguíveis e nem estar presentes. Ele não pode, por isso, ser indicado como identidade, mas apenas como *indiferença* absoluta... A indiferença não é produto da antítese, e os opostos não estão contidos nela *implicitamente;* ela é um ser próprio, separado de todas as antíteses; contra ela todas elas se rompem; ele tem como predicado ser desprovido de predicados, sem ser por isso um nada ou um inconsistente... O real e o ideal, as trevas e a luz, ou como quisermos designar os dois princípios, não podem ser predicados do não-fundamento *como opostos*. Mas isso não impede que sejam predicados dele como não-opostos, isto é, na disjunção e cada um por si, com o que se põe a dualidade (a duplicidade real dos princípios). No não-fundamento enquanto tal não há nada que o impeça. De fato, justamente porque se comporta em relação aos dois como indiferença total, é indiferente a ambos. Se fosse a identidade absoluta dos dois, só poderia ser os dois *simultaneamente,* isto é, os dois deveriam ser predicados dele como *opostos,* e por isso mesmo seriam novamente um. Do nem-nem, isto é, da indiferença, brota, pois, imediatamente a dualidade (que é totalmente diferente da antítese, embora, até agora, ainda não chegados a esse ponto da pesquisa, devêssemos usar os dois termos como equivalentes); e, *sem* indiferença, isto é, *sem* não-fundamento, não haveria duplicidade de princípios. Em vez, pois, de eliminar a distinção, como se pensava, a indiferença a põe e confirma. Assim a distinção entre o fundamento e o existente, longe de ter sido distinção puramente lógica, ou usada somente como expediente e tal que acabasse tornando-se artificial, aparece como uma distinção muito real e tal que somente do mais elevado ponto de vista pôde ser convenientemente convalidada e plenamente entendida".[7]

Tal é a realidade original do absoluto. Mas, que acontece a ele no momento em que "na esfera absoluta se formam esferas finitas"? E como se formam tais esferas?

Para explicar como as realidades finitas se originam do absoluto, Schelling rejeita tanto o conceito cristão de criação como o neoplatônico de emanação, porque tais conceitos parecem-lhe comprometer a unidade do real. Para ele, a origem é fruto do pensamento, mais precisamente, do pensamento teórico: ela é um ponto de vista de tal pensamento. Trata-se, portanto, de posição de limites conceitual no seio da esfera infinita. A realidade finita não é multiplicação real do absoluto, o qual permanece sempre inalterado e indiviso. O infinito, com efeito, jamais saiu de si mesmo; tudo o que ele é, enquanto é, é a infinidade mesma. Do ponto de vista da razão, não existe nenhuma limitação nas coisas, enquanto diferentes e diversificadas. As distinções entre as coisas ou entre os graus e as diversas potências do ser não têm valor real. Por isso, esta consideração do mundo é ponto de vista subjetivo, ponto de vista da aparência, do pensamento que isola e separa o que por si é uno e indivisível. Do ponto de vista da razão, um ser fora da identidade absoluta não é nada. A identidade não é causa do universo, mas o próprio universo, o qual é coeterno dela: a identidade absoluta, quanto à sua essência, é a mesma em qualquer parte do universo.

---

[7] *Id., Scritti sulla filosofia, ta religione, Ia libertà,* Milão, 1974, 129-130.

A NATUREZA

Segundo Schelling, "a formação de esferas finitas na esfera absoluta" é obra da "filosofia teorética", e, uma vez que a "natureza" é o conjunto das "esferas finitas", deve-se concluir que também ela é fruto da "filosofia teorética". Mas, que significa isto? Talvez que o mundo seja pura ilusão do pensamento, como quer a filosofia hindu? Parece ser este o sentido último do pensamento schellinguiano, a julgar pela sua concepção do absoluto. E no entanto Schelling fala de um processo mediante o qual o absoluto se objetiva na natureza e depois retorna a si mesmo por meio da razão reflexiva do homem, e parece considerar este processo como algo real, objetivo, histórico.

Na realidade Schelling oscila constantemente entre duas concepções do universo, o qual, de um lado, excluiria de si toda qualificação determinada, todo devir, toda objetivação; do outro, seria o *conhecer* absoluto, o qual, para se realizar, exigiria um objeto. A doutrina schellinguiana da natureza foi elaborada principalmente tendo em vista satisfazer às exigências da segunda concepção do absoluto.

A natureza é a forma objetiva que o absoluto assume para adquirir maior consciência da própria subjetividade. Na natureza o absoluto adquire forma limitada, determinada, e se torna uma realidade objetiva; e é justamente por meio desta forma limitada e objetiva que ele pode realizar a sua plena autoconsciência. De fato, as formas corpóreas, os eventos naturais, não sendo mais do que cristalizações finitas do absoluto, tendem a retornar a ele; por outro lado, o absoluto trabalha constantemente por meio da natureza, por meio dos símbolos da natureza, para reconduzir o mundo natural objetivo, através da consciência do homem, ao mundo ideal da própria subjetividade. Por isso, justamente esta consciência, uma vez surgida, pode considerar a natureza como a sua pré-história. Neste sentido é verdadeiro, para Schelling, o conceito platônico do conhecimento como reminiscência: porque toda especulação filosófica é trazer para a luz da reflexão a recordação do estado no qual éramos uma coisa só com a natureza. A filosofia da natureza é, portanto, a história do espírito no seu devir. No centro dela está o conceito de vida: a essência da natureza e a vitalidade do todo e de cada uma das partes. A teoria de Leibniz, segundo a qual na natureza tudo é vivo e aquilo que aparece sem vida e inorgânico é na realidade esboço de vida, um processo vivo em preparação, é retomada por Schelling, reelaborada e convalidada à luz das novas descobertas científicas, especialmente das que se realizaram no campo da eletricidade.

Do que deixamos dito decorre que o conceito de natureza de Schelling é muito diferente do de Fichte. Para este último, a natureza é puro não-eu, mera passividade, obstáculo intransponível e, ao mesmo tempo, estímulo e provocação à ação por meio do eu. Para Schelling, ao contrário, a natureza contém em si mesma a espiritualidade, representa a pré-história da consciência, é pensamento petrificado: ela se estende diante dos nossos olhos somente porque nela encontramos a história do nosso espírito. A natureza é espírito visível, como o espírito é a natureza invisível. A natureza não é mais o oposto do espírito, mas o estádio preparatório para ele.

O HOMEM

O homem, na concepção de Schelling, é aquele ser no qual o absoluto adquire consciência de si mesmo, tornando-se espírito. Obviamente não se deve entender isso como se no homem, tomado individualmente, se verificasse repentina transfiguração da natureza em espírito de modo que o absoluto se tornasse perfeitamente consciente de si mesmo. O retorno ao absoluto se processa gradualmente, e a humanidade é a última etapa deste retorno, etapa interminável, como dizia Schelling na carta de Hegel: "O objetivo dos nossos esforços deve ser destruir a nossa personalidade e passar para a esfera absoluta do ser. Mas esta passagem permanece eternamente impossível".

O instrumento do qual o homem se serve para realizar o retorno ao absoluto, afirma Schelling no mesmo escrito, não é a *filosofia teórica*, mas a *filosofia prática*. Que significa isto? Significa que é necessário superar a convicção do eu teórico segundo a qual o mundo real seria independente e autônomo, algo contraposto ao espírito, e tomar consciência do fato de que a natureza não é objeto absolutamente independente do espírito, mas que ela mesma é resultado da atividade inconsciente do espírito, eu despotenciado, realidade na qual já transparece aquela mesma inteligência que na reflexão teórica a representa a si e, na atividade prática, tende a forjá-la segundo as suas representações conscientes.

Esta compreensão do universo, na qual natureza e espírito não são contrapostos, mas harmonizados como fases de único todo, se verifica eminentemente na atividade estética, a qual é, portanto, para

Schelling, o "único, verdadeiro e eterno órgão da filosofia e, ao mesmo tempo, o testemunho vivo da sua verdade, representando-nos em formas sempre novas aquilo de que a filosofia não pode dar-nos nenhuma representação concreta". "A arte abre para o filósofo o santuário no qual, em eterna e originária união, arde, como se fosse uma única chama, o que na natureza e na história está separado e o que na vida e na ação, como no pensamento, eternamente se procura e eternamente se esquiva a si mesmo. Aquilo que nós chamamos natureza é um poema fechado em caracteres misteriosos e admiráveis. Se o enigma pudesse revelar-se, conheceríamos a odisseia do espírito, o qual, em admirável ilusão, procurando-se, furta-se a si mesmo, já que ele se mostra através do mundo sensível somente como o significado através das palavras".[8]

A obra de arte é manifestação do infinito sob forma finita. E é este propriamente o traço característico que distingue a verdadeira obra de arte do que é artificial. Tal expressão finita do infinito é obra de gênio; e o verdadeiro gênio só se manifesta no campo da arte. Só o gênio artístico é criador; ele é a inteligência que opera como natureza, é o único a revelar o modo de operar da força produtiva da natureza na sua identidade indiferenciada absoluta, o revelador daquele artista desconhecido que age no universo.

Na teoria schellinguiana da arte, reconhecem-se facilmente influências platônicas e renascentistas (amor ao belo), de Vico (função metafísica da arte) e românticas (exaltação da natureza). O todo, porém, é incontestavelmente novo e original e constitui, se não a última palavra, certamente a palavra mais elevada em torno da atividade estética.

SUPERAÇÃO DO IDEALISMO

Também em Schelling existe "segunda filosofia", na qual superam-se decididamente os esquemas do idealismo. Designada geralmente como "filosofia positiva", pertence ao último período da vida do filósofo, ao momento da crítica ao panlogismo de Hegel. Schelling censura Hegel por não ter sabido justificar a *existência,* o dado, a fatalidade, o real. Retomando distinção cara à filosofia escolástica — distinção mantida também por Kant — observa que o pensamento apreende a essência ("o que" a coisa é), mas não a existência (o "que é") das coisas; por isso,

---

[8]*Id., Sistema dell'idealismo transcendentale,* introduzione, 3.

a filosofia das essências é apenas *negativa*, isto é, limita-se a indicar as condições sem as quais o real não pode ser pensado: as condições negativas da realidade. Mas, para que o real exista, são necessárias condições positivas que ponham as coisas na existência: elas não podem ser identificadas com uma pura necessidade lógica, mas devem consistir em algum ato não necessário, mas voluntário. Por isso mesmo, o pensamento filosófico não é suficiente para explicar a existência das coisas: ele deve ser complementado por conhecimentos de outra ordem, possíveis somente no mito e na revelação; daqui os temas de Schelling em seus cursos de "filosofia positiva": *Filosofia da mitologia* e *Filosofia da revelação*.

Por *mitologia* Schelling não entende as fantasias dos primitivos relativas às coisas divinas e às causas últimas, mas o atuar-se progressivo de Deus na natureza e na religião natural. Quando este atuar-se atinge o nível de consciência reflexa, a mitologia pode ser substituída pela *revelação*, cujo ponto culminante é a encarnação do Filho, no qual Deus manifesta plenamente a sua personalidade livre.

4. Georg Wilhelm Hegel

Georg Wilhelm Hegel nasceu em Estugarda, aos 27 de agosto de 1770. Terminados os estudos ginasiais na cidade natal, entrou no seminário teológico de Tubinga, onde, além do estudo da teologia, cultivou com assiduidade a filosofia moderna (Hume e Kant). Em 1793 conseguiu o doutoramento em teologia. Em 1801 foi nomeado professor da Universidade de Iena, onde primeiramente foi amigo e mais tarde adversário de Schelling. Publicou neste período a *Fenomenologia do espírito* (1807). Em consequência da batalha de Iena, perdeu todos os haveres; obrigado, por isso, a abandonar a cidade por algum tempo, dirigiu-se para Nuremberga, onde ocupou o cargo de diretor de um liceu. Em 1808 elaborou a *Ciência da lógica*. De 1816 a 1818 lecionou em Heidelberga, onde levou a termo a mais completa exposição do seu sistema: a *Enciclopédia das ciências filosóficas*. Em 1818 foi convidado para suceder a Fichte na cátedra de filosofia da Universidade de Berlim, onde suas aulas foram seguidas e aplaudidas por um número considerável de estudantes e ouvintes, também ilustres. Sua publicação mais importante deste período é a *Filosofia do direito*. Atacado de cólera, morreu aos 14 de novembro de 1831.

Além das obras já mencionadas, Hegel escreveu: *O espírito do cristianismo e o seu destino; Vida de Jesus; A filosofia da religião; A filosofia da história; A filosofia da arte* e a monumental *História da filosofia*.

O PENSAMENTO DO JOVEM HEGEL

Até recentemente Hegel era estudado numa perspectiva de pura teoria metafísica, e o seu pensamento era considerado em oposição aos de Kant, Fichte e Schelling. Não há dúvida de que na fundamentação do idealismo lógico. Hegel se refere continuamente a estes seus predecessores. Mas a estruturação do seu idealismo foi influenciada de modo determinante pela sua formação intelectual recebida no seminário teológico de Tubinga, formação em larga escala certamente teológica. Ademais, também seus dois primeiros livros (*Vida de Jesus* e *O espírito do cristianismo e o seu destino*) tratam de argumentos eminentemente teológicos. Mas, no passado esses escritos eram quase desconhecidos dos estudiosos, quando não intencionalmente ignorados. Só a literatura hegeliana mais recente começou a ocupar-se seriamente deste aspecto, chegando a resultados importantes não só para a história da teologia e do pensamento religioso em geral, mas também para a gênese do pensamento filosófico de Hegel.

De fato, já nos escritos juvenis está explicitamente expressa a intuição determinante de todo o sistema hegeliano, a intuição da *alienação*[9] do real em relação ao ideal, do particular em relação ao universal, do homem em relação a Deus. Esta intuição Hegel a teve certamente ao ler a narração bíblica do afastamento (alienação) do homem em relação a Deus; desde o começo ele considerou o conceito bíblico como princípio hermenêutico absoluto da realidade como tal, transformando assim uma verdade teológica particular em princípio filosófico universal. Como princípio filosófico, a alienação toma a forma de movimento dialético, em decorrência do qual jamais se estabelece entre alienante e alienado situação de pacificação definitiva. Nos escritos juvenis, Hegel "descobriu a estrutura dialética, antes de tudo, analisando os problemas religiosos, dos quais mais tarde transferiu-a para outros aspectos"[10] primeiro para os políticos, depois para os filosóficos.

---

[9]Sobre o conceito hegeliano de alienação, cf. BOEY, C., *L'aliénation dans la, phénoménologie de l'esprit*, Paris, 1970.
[10]ASVELD, P., *La pensée religieuse du jeune Hegel. Liberté et aliénation*, Lovaina, 1953, 218.

Além dos dois livros juvenis dos quais falamos acima, são úteis para conhecer a gênese do pensamento filosófico hegeliano também alguns fragmentos do mesmo período: neles já se encontram antecipações claras dos princípios do método e da estrutura do futuro sistema. Citemos, como exemplo, um fragmento que se refere à explicação do dogma trinitário, na qual está limpidamente delineada a dialética do absoluto: Pai significa a totalidade divina ou, em termos humanos, a vida da criança em união inconsciente, imperfeita ou não "desenvolvida", com o todo; o Filho significa o homem comum, o homem que se desenvolve em estado de separação ou de exílio no seu eu finito, no seio do mundo das determinações; o Espírito Santo significa a condição do homem que superou o estado de alienação e efetuou retorno consciente e completo à totalidade divina, da qual saíra.[11]

HEGEL E OS SEUS PREDECESSORES

Hegel considera o seu sistema como o ponto final de toda a especulação anterior, e os filósofos que o precederam, de Tales a Schelling, como preparadores e precursores da sua doutrina: com suas respectivas teorias, contribuíram para o desenvolvimento da filosofia até o amadurecimento completo, que se verificou precisamente com seu sistema.

A penúltima fase do desenvolvimento da filosofia representam-na os alemães Kant, Fichte e Schelling; com eles a razão (o absoluto, o sujeito, a consciência, o pensamento, o espírito) se tornou consciente do seu poder, isto é, tornou-se autoconsciente; mas nem os filósofos acima citados compreenderam plenamente o dinamismo da razão.

Hegel renova as críticas de Fichte a Kant. Em primeiro lugar, aponta o erro de Kant ao postular a existência da coisa em si, postulado que, na posição de Kant, parece, além de tudo, contraditório porque reconhece a existência da coisa em si, uma vez que reconhece que é ela que fornece a matéria do conhecimento sensitivo; mas esta existência se torna absoluta e inatingível uma vez que, segundo Kant, o princípio de causalidade só é aplicável no âmbito do mundo fenomênico e jamais fora dele. Outra objeção de Fichte, renovada por Hegel, refere-se à falta de unidade do sistema de Kant, o qual põe barreira intransponível entre a

---

[11]Cf. HOFFMEISTER, J., *Dokumente zu Hegels Entwicklung,* Hamburgo, 1952, I, 318-319.

esfera teorética e a prática. Mas há outra razão (não notada por Fichte) pela qual Hegel considera inaceitável a perspectiva filosófica kantiana, a saber, o imperativo categórico. Segundo Hegel, este princípio e toda a moral kantiana procedem do pessimismo antropológico do luteranismo. Por causa desse pessimismo, Kant dilacera o homem, separando radicalmente a sensibilidade da razão e estabelecendo assim na interioridade do homem uma nova sujeição do indivíduo (do eu empírico, concreto, com suas aspirações e com suas tendências) à dominação do universal (da razão). A vida moral conserva, para ele, por meio da oposição do universal abstrato ao concreto e por meio da luta sem tréguas pela manutenção do eu concreto sob o jugo das regras universais da razão, o caráter incontestável do *Sollen ("dever")*. O que decorre disso não é o homem livre, mas o homem forçado, mártir do dever. Hegel se insurge contra esta sujeição do homem real, contra a compressão do eu nas malhas das regras universais da razão. Vivendo no período do auge do romantismo, denota admiração muito viva pela Grécia e pelo seu ideal de equilíbrio humano perfeito para considerar satisfatório o caráter repressivo e brutal do ideal kantiano. Espírito profundamente otimista, Hegel não se conforma com a sujeição do particular ao universal, da sensibilidade à razão. Quer que o homem se liberte o mais possível da ideia de lei e de dever e pratique o bem espontaneamente. O homem deve tornar-se *universal concreto*.[12]

Fichte censura-o por ter concedido prioridade à atividade prática, e não à teórica, e por ter cavado abismo intransponível entre a atualidade e a idealidade, entre a prática e a teoria, e afirma que não existe desacordo entre a atividade prática e a teorética, porque a razão exerce simultaneamente as funções volitiva e cognitiva, e que não existe ruptura insuperável entre idealidade e atualidade porque tudo o que é real é também ideal.

Também Schelling procurara superar a ruptura introduzida por Fichte entre real e ideal, entre ético e teorético; mas, para Hegel, esta tentativa estava fadada ao fracasso porque o absoluto, síntese indiferenciada do sujeito e do objeto, é como noite escura na qual todos os vultos são indistintos, uma vez que nele o sujeito e o objeto estão presentes de modo indeterminado. A síntese de Schelling é vazia, abstrata; o absoluto,

---

[12]Cf. Asvbld, P., *o. c.,* 84ss, 153ss.

para ser real, deve ser concebido concretamente. Hegel deu expressão rigorosa e sistemática a estas críticas a Schelling em sua primeira obra filosófica importante, a *Fenomenologia do espírito.*

A "FENOMENOLOGIA DO ESPÍRITO"

Nesta obra Hegel toma posição decidida contra Schelling: acusa-o de ter oferecido explicação intuitiva, estética e abstrata da realidade, em vez de interpretação científica, conceitual, concreta. Schelling estava certo quando afirmou que a fonte única de tudo é o espírito, mas não soube reconhecer e definir de modo científico os seus momentos concretos.

Na *Fenomenologia do espírito* Hegel se propõe examinar cientificamente as várias manifestações do espírito, como vieram se realizando no curso da história da humanidade. Estes objetivos são claramente indicados na célebre introdução à *Fenomenologia,* onde se lê: "A verdadeira figura na qual a verdade existe só pode ser o seu sistema científico. Colaborar para que a filosofia se aproxime da forma da ciência — da meta que, uma vez atingida, esteja em condições de renunciar ao nome de amor ao saber para ser verdadeiro saber — eis o que me propus". Para conseguir este objetivo é necessário pesquisar a natureza do espírito não só em suas origens, mas também ao longo de todo o seu desenvolvimento. "Como um edifício não está terminado pelo fato de os fundamentos terem sido lançados, também o conceito de todo, pelo fato de ter sido atingido, não é o próprio todo. Para apreciarmos um carvalho na robustez do seu tronco, no entrelaçamento dos seus ramos e no viço de sua fronde, não nos contentamos com a vista de um carvalho muito novo; do mesmo modo a ciência, coroamento do mundo do espírito, no seu começo ainda não é ciência acabada. O início do novo espírito é produto de vasto transtorno de múltiplas formas de civilização, o prêmio de caminhada muito difícil e de fadiga não menos grave. Este começo é o todo, que, do seu progredir e do seu estender-se, tornou a si mesmo; é o tornado, simples conceito daquele todo. Mas a efetualidade deste simples todo consiste no processo pelo qual aquelas formações precedentes, agora tornadas momentos, se desenvolvem de novo e se dão uma nova configuração, e isto no seu novo elemento, no sentido que veio amadurecendo". Eis, pois, o programa da *Fenomenologia:* conduzir o indivíduo do estado de ignorância ao de saber, isto é, à compreensão científica e completa do espírito, não por meio do estudo de conjunto mais ou menos vasto de eventos, de matérias ou de doutrinas, mas percorrendo de novo os vários graus de consciência de si que o espírito adquire no seu desenvolvimento histórico.

Entre as formas de consciência estudadas com mais atenção e profundidade na *Fenomenologia*, temos a autoconsciência e a "consciência infeliz". Característica da autoconsciência, segundo Hegel, é a situação paradoxal na qual o homem conhece outros homens, que são também "espíritos" como ele (e, assim, não faz mais do que conhecer a si mesmo), porém na verdade não percebe que está conhecendo a si mesmo e julga estar conhecendo alguma coisa diferente de si mesmo. O resultado é que a autoconsciência não consegue elevar-se acima do nível da simples consciência e, com isso, permanece insatisfeita e, consequentemente, "infeliz". O primeiro episódio da autoconsciência enquanto "consciência infeliz" é a dialética senhor-servo, da qual Hegel nos oferece, na *Fenomenologia*, uma célebre e lúcida análise.

A propósito da "consciência infeliz", observamos que este conceito já aparece nos escritos juvenis de Hegel, mas com significado acentuadamente teológico: trata-se aí da convicção de cada um de estar separado do seu princípio universal, chamado "Deus", e de ser assim, particularidade insignificante, já que toda a essência, toda a verdade, toda a eficácia se encontram fora dele, no Deus que, de fora, o esmaga.

OS PRINCÍPIOS FUNDAMENTAIS DO SISTEMA HEGELIANO

A intenção de Hegel é, pois, construir um sistema rigorosamente científico, isto é, sistema que aproveite todos os dados inegavelmente adquiridos pelas ciências, organizando-os de modo a tirar deles a história universal do Espírito Absoluto. Mas, para poder considerar os dados das ciências como elementos desta história, Hegel precisa postular alguns princípios supremos que ultrapassam a esfera científica e pertencem à esfera filosófica.

Apresentam-se, em primeiro lugar, dois princípios lógicos: o de *identidade do ideal e do real* e o de *contradição*.

O princípio de identidade do ideal e do real afirma que "tudo que é racional é real e tudo que é real é racional". Pensamento e coisa não podem ser entendidos como esferas opostas e conflitantes; se fosse assim, a realidade seria incognoscível. Mas o pensamento é capaz de apreender as coisas. Isto significa que as leis da mente, da lógica, são também leis da realidade: lógica e metafísica são a mesma coisa.

O princípio de contradição diz que na realidade não existe nada que seja idêntico a si mesmo, mas que tudo está sujeito à dialética da afirmação e da negação. Este princípio constitui a mola do método hegeliano. Dele falaremos mais adiante.[13]

Em seguida vem o princípio ontológico, princípio que é o *absoluto* (o pensamento, a ideia, a razão, o espírito). O absoluto é a realidade suprema, origem de toda outra realidade. Nele se realizam perfeitamente os dois princípios lógicos acima citados; em virtude do princípio de identidade do ideal e do real, o absoluto é "universalidade concreta, a qual compreende todos os modos e aspectos nos quais ele é e se torna objeto de si"; em virtude do princípio de contradição, a realidade do absoluto consiste em contínuo devir. "O seu ser é o seu devir".[14] "O seu ser consiste no produzir-se, no fazer-se o que é (...), o seu ser é *atualidade*, não existência em repouso. (...) O seu ser consiste em absoluto devir, com momentos distintos, com mudanças que fazem com que assuma ora uma determinação, ora outra".[15]

Não se trata, contudo, de devir sem fim, sem chegada. A infinidade do absoluto não está em devir jamais atuado completamente, como afirmava o romantismo; para Hegel, este tipo de infinidade não passa de "mau infinito", o infinito da *Sehnsucht* ("saudade") e da *Schwaermerei* ("fátua exaltação"). O verdadeiro infinito é bem determinado, concluído, rico de passagens implícitas, que a razão desenvolve na sua concatenação necessária: é o infinito da filosofia.

O escopo do devir do absoluto é manifestar-se a si, não fora de si. "O desenvolvimento do espírito consiste, pois, no seguinte: o seu extrinsecar-se e o seu cindir-se é ao mesmo tempo o seu vir a si mesmo. Este ser consigo mesmo do espírito, este vir a si mesmo pode ser considerado como o seu fim mais alto e absoluto: ele quer só isto e nada mais.

---

[13] É muito discutido entre os intérpretes de Hegel se ele chega realmente a negar o princípio de não-contradição ou de identidade. Veja-se a este respeito GREGOIRE, F., *Etudes bégéliennes*, Lovaina, 1958, 51-139. Segundo Gregoire, Hegel não nega o princípio de não-contradição, ao contrário, postula-o quando mostra a necessidade da dialética, já que o deter-se comportaria contradição.
[14] HEGEL, G. W., *Introduzione alla Storia della filosofia*, Bari, 1925, 52.
[15] *Id., ibid.*, 1. c.

Os idealistas

"Tudo o que desde a eternidade acontece no céu e na terra, a vida de Deus e tudo o que sucede no tempo têm em vista somente que o espírito conheça a si mesmo, faça-se objeto, encontre-se, torne-se por si mesmo, recolha-se em si mesmo: ele se desdobrou e se alienou, mas somente para poder encontrar a si mesmo (...); somente assim o espírito alcança a sua liberdade: já que livre é somente quem não se refere a outro, nem depende de outro".[16]

A história é a manifestação do absoluto, a representação do divino, processo absoluto do espírito, o qual, nas formas mais altas, atinge a autoconsciência de si mesmo. Tais formas são os espíritos dos povos.

Outros princípios básicos do sistema hegeliano são a mediação, a relação e o historicismo.

O princípio de mediação afirma que o absoluto não se manifesta imediatamente, mas mediatamente. Diversamente de Schelling, que sustentara a possibilidade de intuir o absoluto imediatamente na natureza, Hegel afirma que não se apresenta nunca imediatamente, completamente, mas só através de realizações parciais e progressivas. Tais são todas as coisas: são os momentos pelos quais passa a conceitualização, a autoconsciência do absoluto.

O princípio de relação, consequência do princípio de contradição, afirma que, se uma coisa não pode jamais ser idêntica a si mesma, mas é simultaneamente também o seu oposto, existe, logicamente, uma relação entre os dois momentos, positivo e negativo. Trata-se, obviamente, de relação interna: de relação cuja presença (ou ausência) modifica substancialmente a natureza da coisa*.

A doutrina de Hegel a este respeito é bastante original. Enquanto os filósofos precedentes admitiam a existência de relações internas e externas (isto é, de relações substanciais e acidentais), ele afirma que todas as relações são internas: todas são constitutivas da essência de uma coisa. Esta afirmação tem consequências importantes: a relação não une somente os momentos dialéticos de cada coisa por meio do princípio

---

[16]*Id., ibid.,* 42.
*Dada a peculiaridade deste parágrafo, pareceu-nos conveniente citá-lo aqui no original italiano: "Il *principio di relazione,* conseguenza del principio di contradizione, afferma che se una cosa non può mai essere identica a se stessa, ma è simultaneamente anche il suo opposto, esiste, logicamente, una relazione fra i due momenti, positivo e negativo. Si tratta, ovviamente, di relazione interna: di relazione la cui presenza (o assenza) modifica sostanzialmente la natura della cosa". N. do T.

de identidade do real e do ideal; une também realmente as coisas entre elas. Todas as coisas se encontram, de fato, na trama errada de relações; não é possível, por isso, conhecer efetivamente alguma coisa senão considerando-a no conjunto de todas as outras coisas: prescindido dessas relações, o conhecimento que se obtém é abstrato. Para provar isto Hegel dá alguns exemplos. Assim, contra Kant, ele demonstra que os sentidos, o intelecto e a razão não são faculdades separadas, como a *Crítica da razão pura* faz supor; o seu funcionamento é só parcialmente diverso (isto é, quanto ao modo de apreender o objeto); na realidade, eles são três modos de um único conhecer. Ainda mais convincente é o que Hegel diz da história: as vicissitudes de gregos, romanos e bárbaros não são episódios descontínuos, mas momentos de ação única, a manifestação do espírito absoluto. "Tudo na história tem significado somente pela sua relação com algum fato geral e pela sua ligação com ele: descobrir este fato chama-se compreender o seu significado".[17]

O princípio do historicismo afirma, enfim, que toda a realidade se resolve na história; fora ou acima da história não existe nenhuma outra realidade e, por isso, a história e o absoluto são uma e a mesma coisa: a história é do absoluto que se manifesta a si mesmo. O absoluto, como vimos, tem como lei fundamental o devir, o movimento, o desenvolvimento; esta lei o leva a superação contínua de si mesmo, a perfeição sempre maior. O desenvolvimento é livre enquanto espontâneo, necessário enquanto inevitável; além disso, é finalístico porque orientado para a autoconsciência do absoluto. Todas estas propriedades do devir do absoluto são também propriedades da história, porque esta não é mais do que o devir do absoluto.

O MÉTODO: A DIALÉTICA

A realidade é perfeita racionalidade; uma racionalidade não estática, mas dinâmica, em constante desenvolvimento. O método apropriado para o estudo e a compreensão desta realidade não pode ser nem o da lógica formal de Aristóteles, nem o da lógica transcendental de Kant.

A lógica formal tem valor para a análise abstrata das coisas; as suas leis (identidade, não-contradição e terceiro excluído) são válidas sempre

[17] HEGEL, G. W., *o. c.*, 42.

porque prescindem do tempo e do espaço, isto é, dos momentos reais do absoluto. Segundo Hegel ás leis da lógica formal não servem, em concreto, nem para o pensamento, nem para as coisas, porque pensamento e coisas estão sob as leis concretas e dinâmicas de devir externo.

A lógica transcendental de Kant é insuficiente porque, em vez de superar, aprofunda a separação entre as leis do pensamento e as leis das coisas. Além disso, as categorias de Kant são vazias de conteúdo e, por isso, destituídas de concretude e incapazes de exprimir a natureza das coisas.

O único método adequado para o estudo de realidade em perpétuo devir é o método da lógica especulativa ou *dialética*. Os diálogos de Platão constituem o exemplo e a prova da validade deste método: uma personagem afirma uma teoria, outra a nega e, através do diálogo cerrado, desenvolve-se uma doutrina a respeito da qual os interlocutores terminam concordando.[18]

O mesmo acontece no devir do absoluto: progride pondo a si mesmo *(tese)*, negando o que pôs *(antítese)* e unindo o que foi posto ao que foi negado *(síntese)*.

O método dialético consta, portanto, de três momentos: tese, antítese e síntese.

A tese é o momento do ser em si *(an sich sein)*; ela põe, afirma uma parte da realidade, negando implicitamente outra parte da realidade, porque toda afirmação inclui uma negação.

A antítese é o momento do ser *extra se*, "fora de si" *(ausser sich sein)*; contrapõe, afirmando-a, a parte da realidade implicitamente negada pela tese. Não se trata, é bom notar, de função puramente negativa; mas essencialmente afirmativa; por isso Hegel fala do "poder portentoso do negativo". Pertence, de fato, à negação manifestar o que foi obscurecido pela tese, libertar a realidade dos limites da estaticidade e mostrar a sua riqueza interior.

A síntese é o momento da união das partes postas pela tese e pela antítese num todo único, o qual anula as imperfeições dos momentos anteriores, mas conserva a positividade deles *(an sich und fur sich sein,* "ser em si e para si").

Na síntese tem lugar a sublimação ou elevação *(Aufhebung)*.

---

[18]Que é exatamente a dialética? Hegel tentou explicá-la em diversas obras. Cf. BENVENUTO, *Materialismo e pensiero scientifico*, 134-135.

O SISTEMA

O sistema hegeliano é a brilhante apresentação de todo o real e de todo o cognoscível como expressão da automanifestação do absoluto através das fases triádicas da dialética.

O absoluto se desenvolve antes de tudo numa tríade dialética fundamental: a ideia em si (isto é, a estrutura ideal do absoluto considerada em seu pôr-se na existência efetiva), a ideia fora de si (o absoluto pondo-se na natureza como fato, como ideia que se alheia e se esquece) e a ideia em si e para si (isto é, o absoluto que retorna a si depois de ter reconhecido a natureza como o seu momento próprio).

No interior de cada momento desta tríade se desenvolve nova tríade (tese, antítese, síntese) e em cada elemento desta segunda tríade surge nova tríade, e assim ao infinito, porque toda realidade está sujeita, em suas mínimas determinações, ao princípio de contradição.

A realidade é formada, portanto, por imensa pirâmide triangular, a qual sai do absoluto e se desenvolve em número infinito de planos triádicos.

O estudo da tríade fundamental reconduz às três partes principais do sistema hegeliano: lógica, filosofia da natureza e filosofia do espírito. A primeira estuda a ideia *in se* ("em si"); a segunda, a ideia *extra se* ("fora de si"); a terceira, a ideia *in se* e *per se* ("em si" e "para si").

A exposição sistemática de todos os momentos constitutivos do absoluto, em sua ordem necessária, se encontra na *Enciclopédia das ciências filosóficas*.

LÓGICA

O primeiro momento da tríade fundamental, da ideia *em si*, constitui, como dissemos, o objeto da lógica, a qual estuda o que pertence ao desenvolvimento da fase "teorética" do absoluto: *ser, não-ser, devir*. O ser é o primeiro momento da ideia *em si;* ele é o conceito mais pobre em determinações, tão pobre que qualquer determinação, enquanto particular, já constitui negação do ser em sua pura e abstrata generalidade. Justamente porque destituído de determinações, o ser reclama o seu oposto, o não-ser, o nada, confundindo-se com ele. Da união do ser com o não-ser surge o devir, e no devir o que não é começa a ser ou vice-versa.

FILOSOFIA DA NATUREZA

Objeto da filosofia da natureza é a alienação da ideia de si mesmo ou a ideia *extra se* ("fora de si"), isto é, a natureza. Para Hegel "a natureza é a ideia na forma de ser outro"; nela, a ideia não somente está presente como também é negação de si, isto é, é externa a si, mas a "exterioridade" constitui o modo de ser próprio da natureza no qual cada coisa é externa a outra, em isolamento aparente.

É necessário que o momento do *extra se* se contraponha ao *in se* para que a ideia encontre a si mesma em forma mais concreta, no *espírito*.

Como a lógica, também a filosofia da natureza se divide em três partes: *mecânica* (a ideia alienada através dos limites do espaço e do tempo), *física* (a ideia alienada através das formas da individualidade) e biológica (a ideia alienada por causa da geração e da morte).

A exemplo de Leibniz e de Schelling, Hegel critica e condena inapelavelmente o mecanicismo, o atomismo e a própria impostação da ciência moderna que, tendendo a considerar a natureza segundo modelos físico-matemáticos, regride ao nível inferior das concepções aristotélica, neoplatônica e renascentista, que consideravam a natureza como um todo vivo.

FILOSOFIA DO ESPÍRITO

A forma na qual a ideia se põe plenamente em ato, retornando a si da "alienação" na natureza, é o *espírito*. O espírito representa a ideia real tornada consciente de si mesma: idealidade realizada não mais *fora* de si, como na natureza, mas em si mesma. Ele supera, portanto, as limitações inerentes aos momentos precedentes do *in se* ("em si") e do *extra se* ("fora de si"), encontrando-se em nível mais elevado, em realidade mais plena. Também aqui se encontra uma tríade básica, correspondente aos três momentos do desenvolvimento do espírito: espírito *subjetivo,* espírito *objetivo,* espírito *absoluto.* O espírito subjetivo atua nos indivíduos; o espírito objetivo, nos vários povos; o espírito absoluto, nas obras artísticas, religiosas e filosóficas.

Estas três manifestações do espírito são objeto de outras tantas disciplinas: psicologia, história e saber absoluto. A primeira estuda as atividades que se desenvolvem a partir do indivíduo espiritual. A segunda estuda a relação espiritual realizada nas instituições e na história. A terceira estuda as três expressões da autoconsciência do absoluto: a arte, a religião e a filosofia, que são os três modos nos quais o absoluto toma plena consciência de si mesmo. Na arte, de forma intuitiva; na religião, de forma simbólica e mítica; na filosofia, de forma conceitual e reflexa.

a) A arte. Na história da filosofia a doutrina estética hegeliana tem importância muito grande. Para Hegel a arte é uma das atividades supremas do espírito e por isso estuda-se com muita atenção. Importantes (principalmente por causa da influência que exerceram na estética dos séculos XIX e XX) são as suas conclusões relativas à função da arte e à natureza do belo.

A função da arte é expressar o absoluto em forma sensível. Uma obra é artística somente e quando é manifestação concreta do absoluto. O valor artístico da obra é proporcional à sua capacidade de tornar visível o absoluto.

Outra tese original da estética hegeliana é a identificação da arte com o belo; o belo se encontra só na arte, não na natureza. A arte é arte somente enquanto bela. A forma estética não é separável do seu conteúdo.

Quanto à história da arte, Hegel distingue nela três fases: *simbólica, clássica, romântica*. Na primeira, o desequilíbrio entre a ideia infinita e a forma finita que deveria exprimi-la se manifesta no *sublime;* na segunda, este desequilíbrio desaparece e a forma se adapta perfeitamente ao conceito; na terceira, tomando o artista plena consciência da natureza espiritual e não física da beleza, a forma assume a função de instrumento do manifestar-se do absoluto.

b) A religião. O segundo momento do saber absoluto é a religião: nela o absoluto adquire consciência de si mesmo como espírito. Dada a forma imaginativa própria do conhecimento religioso, é atribuída ao absoluto uma existência transcendente, acima do mundo e do homem. A evolução histórica da religião mostra a transformação progressiva desta transcendência em imanência, até atingir o vértice no cristianismo, que, graças à doutrina do Deus feito homem, da humanização de Deus, de sua identificação com o homem, é a religião absoluta.

c) A filosofia. No momento filosófico do saber, o absoluto toma consciência de si em forma conceitual reflexa. A filosofia "é a ideia que pensa a si mesma, a verdade que sabe", é "a ideia eterna, em si e por si, que se atua, se produz e se frui eternamente, como espírito absoluto".

Não se trata de nenhum sistema filosófico em particular, mas de todo o *iter* ("itinerário") filosófico da humanidade. Neste sentido, a filosofia se identifica, em Hegel, com a história da filosofia, a qual é definida como "a história do pensamento que encontra a si mesmo". "As manifestações deste processo são as filosofias e a série das descobertas para as quais o pensamento se prepara a fim de descobrir a si mesmo; é o trabalho de dois milênios e meio".[19]

Mas isto não impede Hegel de considerar a própria filosofia como o momento no qual o absoluto se torna plena e perfeitamente consciente de si mesmo.

FILOSOFIA DA HISTÓRIA

Na exposição de Hegel este tema é tratado antes da filosofa do espírito absoluto porque a história é o estudo das manifestações do espírito objetivo. Preferimos deixar para agora o estudo deste tema porque é na filosofia da história que o pensamento de Hegel encontra seu coroamento, sua síntese final.

Os princípios que informam a concepção hegeliana da história são dois: a história é a manifestação progressiva do absoluto, e: o que acontece na história tem caráter racional: tudo tem motivo, justificação.

O primeiro princípio explica o apaixonado interesse de Hegel pela história, a sua veneração pelos eventos históricos, nos quais sempre consegue ver expressão da grandeza, do poder, da sabedoria do absoluto.

O segundo princípio leva Hegel a ver a história com confiança e otimismo. Tudo o que acontece na história tem motivo que o justifica, uma vez que é parte do plano que a razão se traçou para tomada completa de consciência de si mesma. Todavia, o mal e o irracional, embora não tendo valor e consistência, existem. Eles são tão frequentes na história que chegam a causar perplexidade, não, porém, perplexidade tão grande que transforme o mal e o irracional em princípios orientadores da história: o mal é apenas um momento na dialética da razão; a conclusão será sempre positiva e racional.

Como a providência de Vico, também o absoluto de Hegel, para realizar os seus desígnios, se serve dos homens, os quais somente em mínima parte têm consciência disso e, em suas ações, se propõem de

[19]HEGEL, G. W., *o. c.*, 21.

preferência satisfazer às próprias paixões. É a "astúcia da razão" que consegue tirar das ações dirigidas para fins particulares resultado de valor universal que representa em cada vez uma etapa necessária no desenvolvimento histórico do absoluto.

Para desenvolver-se progressivamente e manifestar-se objetivamente na história, o espírito se serve não tanto dos indivíduos, que não toma em consideração, quanto da nação, do Estado. A formação do Estado não se deve, pois, a contrato social, nem à escolha livre, nem a fatores geográficos, mas à vontade do absoluto, que se serve dos indivíduos e das situações dialéticas contingentes.

Os Estados nascem da paixão de algum indivíduo, atingem em certo espaço de tempo o máximo desenvolvimento, a epifania do absoluto, e depois declinam e desaparecem. A história se exprime nas hegemonias sucessivas dos povos que encarnaram nas várias épocas o espírito absoluto: cada povo representa o absoluto de modo e forma particulares.

Para Hegel, o absoluto se manifestou primeiro nos impérios orientais, depois no império romano e finalmente no Estado germânico.

Nos impérios orientais a liberdade era reservada ao monarca; o império romano estendeu-a à aristocracia; o Estado germânico assegura-a a todos, sendo, portanto, a manifestação máxima do espírito absoluto.

QUALIDADES E DEFEITOS DO SISTEMA HEOELIANO

É mérito indiscutível de Hegel o ter reivindicado para a filosofia a totalidade do seu objeto, a concretude do ser na complexidade de suas manifestações e da sua história, em reação contra o abstratismo. Toda a realidade e toda a história são manifestações do absoluto e têm caráter racional: isto implica a condenação da interpretação maniqueia ou fatalista, de um lado, e da iluminista, do outro.

É a intuição cristã da concretude e do valor da história que forma a base do aspecto de verdade do idealismo hegeliano, o qual, no entanto, em virtude das premissas idealistas nas quais se apoia, dá a ela interpretação panteísta na qual estes valores são irremediavelmente comprometidos.

Das premissas do sistema hegeliano uma das mais discutíveis é a negação do princípio de identidade, negação preordenada à estruturação do próprio sistema e por isso acompanhada de tanta parcialidade que não seria necessário examiná-la separada de suas aplicações.

"Quando Hegel nega o princípio de identidade o faz em função e, consequentemente, como conclusão de construção metafísica panteísta já aceita em seu complexo essencial; esta negação não pode, porém, ser chamada para julgar uma afirmação que abre, por assim dizer, o livro da metafísica; ela, ao contrário, é que deve ser julgada por esta afirmação.[20]

A origem deste erro está no conceito hegeliano de devir: o devir não consiste na síntese de ser e não-ser, mas consiste de ato e potência, ambos, modos do ser.

É errôneo também o conceito de ser, identificado com o ser em potência, e este, por sua vez, identificado com o não-ser, o nada: "O puro ser (...) é o nada". O ser poderia ser entendido deste modo se fosse considerado tão indeterminado que não tivesse nenhuma perfeição; na realidade, porém, o ser é a raiz de toda perfeição, inclusive das do devir e do pensamento, que são modos do ser.

Merecem crítica também a identificação da realidade com o pensamento e a consequente conclusão de que o pensamento põe a realidade. O pensamento não põe, nem cria a realidade; ele a atesta. A interioridade idealística, "resolvendo" a realidade no pensamento, diviniza-a e acaba "dissolvendo" todo real no sujeito pensante e levando às extremas consequências do apriorismo racionalista, cujos fundamentos foram lançados por Descartes.

É exagerada a procura da sistematicidade: a existência concreta não se submete ao sistema. É excessivo também o otimismo que considera o mal como simples propedêutica ao bem e que pretende elevar o homem ao "saber absoluto", sem levar em conta os limites evidentes da capacidade humana.

É absurda, finalmente, a pretensão de construir, graças ao método dialético, um sistema acabado, uma vez que semelhante método exclui a possibilidade tanto de um ponto de partida quanto de um ponto de chegada, porque ambos devem jazer sob a lei triádica da tese, antítese e síntese.

---

[20]MASNOVO, A., *La filosofia verso Ia religione*, Milão, 1960, 42-43.

5. Os discípulos de Hegel: a direita e a esquerda hegeliana

O idealismo se apresenta primeiramente como movimento filosófico alemão, mas, na segunda metade do século XIX e no começo do século XX, penetrou e se desenvolveu também nas outras nações da Europa e da América, especialmente na França (com R. Rovaissori, C. B. Renouvier, J. Lachelier, O. Hamelin, A. Brunschwig), na Inglaterra (com T. Carlyle, T. H. Green, F. H. Bradley, E. Mc Taggart), nos Estados Unidos (com R. W. Emerson, J. Royce, S. Alexander) e na Itália (com B. Croce e G. Gentile).

Depois da morte do mestre, a escola hegeliana se divide diante do problema da interpretação reta da doutrina religiosa; nascem assim a *direita* e a *esquerda* hegeliana.

Os hegelianos da *direita*, J. K. F. Rosenkranz e G. Herdermann, alterando a doutrina do mestre, procuram o acordo com a ortodoxia e com a fé cristã tradicional, salvando a imortalidade da alma individual, a união da natureza divina e humana na pessoa de Cristo, a personalidade e a transcendência de Deus etc.

Os helegianos da *esquerda*, L. Feuerbach, K. Marx e outros, desenvolvem a filosofia de Hegel como negação radical dos fenômenos sobrenaturais e naturais da vida religiosa.

A *direita* teve vida breve, ao passo que a *esquerda* se afirma amplamente.

6. As reações contra o idealismo

A especulação hegeliana está na origem não só das correntes que, nos séculos XIX e XX, se inspiram diretamente nela, interpretando-a e repropondo-a em forma mais ou menos renovada, mas também de todas as correntes, numerosas e significativas, que surgem para darem resposta ao idealismo em pontos por ele ignorados ou sufocados.

Os *voluntaristas* (A. Schopenhauer, S. Kierkegaard, F. Nietzsche, S. Freud, W. Dilthey) fazem reivindicações no tocante ao voluntarismo, ao irracionalismo e ao vitalismo, contra o absolutismo e o abstracionismo da razão. Os *materialistas* (M. Stirner, L. Feuerbach, K. Marx, F. Engels) repropõem os direitos da matéria, da concretude, do fator econômico, contra a *ideia*, que em si mesma tudo resolve e tudo dissolve. Os *realistas*

(A. Rosmini, P. Gallupi, V. Gioberti), em nome de reivindicações gnosiológicas, metafísicas e religiosas, rejeitam o princípio da identificação do ideal com o real e a consequente absorção do segundo pelo primeiro. Os *positivistas* (A. Comte, C. R. Darwin, H. Spencer, R. Ardigò, J. S. Mill), em nome de considerações metodológicas e científicas, repudiam o método dialético em favor do método positivo e renunciam ao absoluto metafísico de Hegel para manterem e melhor assegurarem o absoluto científico.

E não somente estas corrente, as quais, sem a provocação do idealismo transcendental, não seriam sequer imagináveis, mas também as que apareceram depois delas, como o espiritualismo, o existencialismo, o estruturalismo, o neopositivismo e outras, devem ser vistas como fenômenos motivados pelo idealismo, uma vez que se trata de contrarreações às reações imediatas surgidas contra ele. Vê-se assim que toda a filosofia moderna dos séculos XIX e XX se assemelha a uma cadeia de reações e contrarreações que têm em comum a referência a Hegel.

BIBLIOGRAFIA

A respeito de Fichte

MASSOLO, A., *Fichte e la filosofia*, Florença, 1948; PAREYSON, L., *Fichte*, Turim, 1950; SALVUCCI, P., *Dialettica e immaginazione in Fichte,* Urbino, 1963; FISCHER, K., *Fichtes Leben, Werke und Lehere*, Heidelberga, 1914, 4ª ed.; LEON, X., *Fichte et son temps,* Paris, 1922-1927, 2 v.; RUSSEL, W. S., *The Doctrine of God in the Philosophy of Fichte,* Filadélfia, 1945; RITZEL, W., *Fichtes Religionsphilosophie,* Estugarda, 1956.

Acerca de Schelling

MAZZI, V., *Il pensiero etico-político di F. Schelling,* Roma, 1938; DRAGO DEL BOCA, S., *La filosofia di Schelling,* Florença, 1943; NOBILE, E., *Panteismo e dualismo nel pensiero di Schelling,* Nápoles, 1945; MASSOLO, A., *Il primo Schelling,* Florença, 1953; BAUSOLA, A., *Saggi sulla filosofia di Schelling,* Milão, 1960; FISCHER, K., *Schellings Leben, Werke und lehe,* Heidelberga, 1902, 2' ed.; BRÉHIER, *Schelling,* Paris, 1912; FUHRMANS, H., *Schellings Letze Philosophie,* Berlim, 1940; JASPERS, K., *Schelling: Grösse und Verhängnis,* Munique, 1955; BENZ, E., *Schelling, Werden und Wirkung seines Denkens,* Zurique-Estugarda, 1955; SCHLANGER, J. E., *Schelling et la réalité finie,* Paris, 1966; SEMERARI, G., *Introduzione a Schelling,* Bari, 1971; TILLIETTE, X., *Attualità di Schelling,* Milão, 1972.

Concernente a Hegel

CROCE, B., *Ciò che è vivo e ciò che è morto nella filosofia de Hegel,* Bari, 1913, 2ª ed.; DE RUGGIERO, G., *Hegel,* Bari, 1963, 4ª ed.; PLEBE, A., *Hegel filosofo della storia,* Turim, 1952; HYPPOLITE, J., *Saggi su Marx e Hegel,* Milão, 1965; RONDET, H., *Hegelismo e cristianesimo,* Milão, 1967; CHIERIGHIN, F., *Hegel e la metafísica classica,* Pádua, 1966; VANNI ROVIGHI, S., *La concezione hegeliana della storia,* Milão, 1942; CAIRD, E., *Hegel,* LondresEdimburgo, 1883; HYPPOLITE, H., *Genèse et structure de ta Phénoménologie de l'Esprit de Hegel,* Paris, 1946; IDEM, *Introduction à Ia philosophie de l'histoire de Hegel,* Paris, 1948; GREGOIRE, F., *Aux sources de Ia pensée de Marx: Hegel, Feuerbach,* Lovaina, *1947;* IDEM, *Etudes hégéliennes,* Lovaina, *1958;* CRESSON, A., *Hegel, sa vie, son oeuvre,* Paris, 1949; WAHL, J., *Malheur de la conscience dans la philosophie de Hegel,* Paris, *1951,* 2°. ed.; ASVELD, P., *La pensée religieuse du jeune Hegel. Liberté e aliénation,* Lovaina 1953; LUKÁCS, G., *Der junge Hegel. líber die Beziehung von Dialektik und Oekonomie,* Berlim, 1954; MARCUSE, H., *Reason and Revolution: Hegel and the Rise of Social Theory,* Nova Iorque, 1954, 2ª ed.; STACE, W. T., *The Philosophy of Hegel,* Londres, 1965; ADORNO, T., *Drei Studien zu Hegel,* Frankfurt, 1966, 2ª ed.; MARCUSE, H., *L'ontologia di Hegel e la fondazione di una teoria della storicità,* Florença, 1969; VATTIMO, G., *Introduzione alla estetica di Hegel,* Turim, 1970; OLIVIERI, M., *Coscienza e autocoscienza in Hegel,* Pádua, 1972; FINDLAY, j. N., *Hegel oggi,* Milão, 1972.

III
OS FILÓSOFOS ITALIANOS DA PRIMEIRA METADE DO SÉCULO XIX: O REALISMO CRÍTICO

O pensamento italiano da primeira metade do século XIX responde a duas exigências fundamentais: a) assegurar princípios que inspirem e justifiquem o movimento de independência nacional (o "Risorgimento"); b) enfrentar a problemática levantada pelo kantismo e pelo idealismo, sem trair a tradição filosófica italiana, profundamente realista. À primeira exigência respondem, em geral, pensadores que não são filósofos "de profissão" como Vincenzo Cuoco, Gian Domenico Romagnosi, Giuseppe Mazzini; mas uma contribuição importante vem de um filósofo de valor, Vincenzo Gioberti. À segunda exigência respondem três filósofos de respeitável estatura: Pasquale Galluppi, Antonio Rosmini e Vincenzo Gioberti.

1. Pasquale Galluppi

Pasquase Galluppi (1770-1846), por muitos anos titular da cátedra de filosofia teórica na Universidade de Nápoles, escreveu muitas obras, das quais as mais importantes são: *Lettere filosofiche, Saggio filosofico sulla critica della conoscenza, e Lezioni di logica e metafisica*.

A sua filosofia quer ser essencialmente resposta ao kantismo, que critica principalmente no que se refere à incognoscibilidade do eu e da coisa em si e à aprioridade das categorias.

Quanto à incognoscibilidade do eu e da coisa em si, Galluppi afirma que a consciência atesta imediatamente o conhecimento tanto do eu quanto da coisa em si, isto é, do mundo externo, e que é necessário, por isso, admitir tanto um como a outra como absolutamente certos. Declarando que o eu transcendente e a coisa em si são incognoscíveis, Kant nega que a função direta e imediata da consciência tenha valor. A verdade é exatamente o oposto: "Os objetos das nossas percepções são o eu e o fora do eu. O eu é o que apreende o fora do eu e a si mesmo".¹ A existência do sujeito e do objeto são verdades "primitivas", as quais a filosofia não pode pôr em discussão.

Como a consciência da coisa em si põe fora de dúvida a minha capacidade de conhecê-la, assim também a consciência da substância, dos acidentes (qualidade, quantidade, ação etc.) e da causalidade é garantia inegável de que se trata de aspectos reais das coisas. As categorias não são formas vazias, *a priori*, como afirma Kant, mas têm, também elas, conteúdo objetivo e valem, por isso, como conhecimento também das coisas e não só dos fenômenos. O princípio de causalidade, por exemplo, é diretamente testemunhado pela consciência e vale, por isso, como verdade *primitiva*.

A experiência *primitiva*, para Galluppi, é toda *a posteriori*; logo, isenta de todo elemento subjetivo, é inegavelmente real. Revela-me a minha realidade interior e espiritual, o *meu eu*, e a realidade exterior e física, o *fora de mim*. Ela me revela o *fora de mim* como fenômeno condicionado, e me revela o *meu eu* como existência iniciada.

Com esta *filosofia da experiência*, Galluppi julga ter evitado o ceticismo decorrente da filosofia kantiana e ter assegurado ao pensamento legitimidade para, apoiado no princípio de causalidade, ir além dos limites da experiência, afirmando com plena validade lógica e com fundamento real, a existência de Deus: "O eu não pode existir independentemente da existência externa; daí ser efeito que supõe a causa eficiente. No sentimento do eu variável se me dá a objetividade do princípio de causalidade e do absoluto, Deus".²

2. Antônio Rosmini

Antônio Rosmini (1797-1855) foi ordenado sacerdote em 1821, após os estudos na faculdade teológica da Universidade de Pádua. Transferiu-se em seguida para Milão, onde travou profunda e duradoura amizade com Manzoni; mais tarde foi para Domodóssola, onde fundou nova congregação religiosa, o Instituto da Caridade, cujos adeptos, de-

---
¹GALLUPPI, P., *Saggio filosofico*, 11, 7, § 119.
²*Id., ibid.*, 1. c.

pois da morte do fundador, passaram a chamar-se *rosminianos*. Em 1848 Carlos Alberto o enviou em missão diplomática a Roma para induzir Pio IX a participar da guerra contra a Áustria. Devido a várias complicações a missão falhou e, o que é pior, duas obras nas quais Rosmini defendia a renovação da Igreja, a *Constituzione* e a *Cinque Piaghe,* foram inseridas no índice como inoportunas. Em consequência disso, Rosmini se retirou para Stresa, onde, abandonando a política, dedicou-se exclusivamente à filosofia. Suas obras principais são: *Nuovo saggio sulla origine delle idee, Principì della scienza morale* (1830), *Storia comparativa e critica dei sistemi intorno al principio della morale* (1837), *Antropologia* (1838), *Trattato delta coscienza morale* (1839), *Filosofia della politica* (1839), *Filosofia del diritto* (1843-1845), *Introduzione alla filosofia* (1850), Obras póstumas: *Metodica; Aristotele esposto ed esaminato; Antropologia soprannaturale; Breve schizzo dei sistemi di filosofia moderna e del proprio sistema; Teosofia.*

A reflexão filosófica de Rosmini, de um lado, evita os erros do idealismo e, do outro, preserva todos os elementos positivos adquiridos pela filosofia moderna. Daqui o seu caráter específico que consiste em unir, em síntese, o criticismo kantiano à tradição agostiniana e tomista e na capacidade, de um lado, de resolver os problemas que o kantismo deixara em suspenso e, do outro, de apresentar as riquezas inexauríveis do cristianismo ao homem moderno de modo que ele possa apreciá-las.

PROBLEMA DO CONHECIMENTO (GNOSIOLOGIA)

Como os outros filósofos modernos, também Rosmini dá à sua especulação posicionamento crítico: o primeiro problema que aborda é o do conhecimento, que não pode ser reduzido à experiência sensitiva, como queriam os empiristas ingleses e os sensistas franceses. Contra esta tese Rosmini escreveu o *Nuovo saggio sulla origine delle idee,* no qual afirma, com Kant, que o nosso conhecimento tem caráter universal. E, para explicar este caráter, aceita os dois princípios fundamentais da gnosiologia kantiana: *a)* a universalidade não pode proceder da experiência, mas deve encontrar-se na mente a priori; *b)* o conhecimento das coisas é fruto da síntese de elemento *a priori* e de dado empírico.

Mas para Rosmini o elemento *a priori* não é o mesmo que para Kant. Enquanto para o filósofo alemão é subjetivo (as categorias são esquemas mentais, modos de pensar), para Rosmini ele é objetivo; é objeto intuído pela mente antes de qualquer outro e inseparável da intuição de qualquer outro. Por isso, para sermos exatos, a síntese rosminiana não deve ser chamada "síntese a priori", mas "síntese primitiva".

Segundo Rosmini, este elemento *a priori* objetivo do conhecimento é a ideia de ser: "Existe no homem ideia primeira, anterior a todas as outras, pela qual, como que por uma regra suprema, são formados todos os outros juízos. (...) Esta ideia pela qual a mente humana forma todos os juízos é a ideia do ser em geral, ideia congênita no espírito humano e forma da inteligência. Digo *forma* da inteligência porque da análise de todos os pensamentos humanos segue que todos são enformados pela presença desta ideia, de modo que é inconcebível qualquer pensamento sem ela; sem ela, o espírito é desprovido de inteligência (...), e convém observar que todas as coisas, todas as partes das coisas, todas as suas perfeições, todas as suas qualidades, enfim, não são mais do que atos de ser: é sempre o ser, diversamente atuado e limitado, que toma diversos nomes nas diversas coisas, de modo que a palavra ser não significa senão a primeira atividade de toda atividade".

A ideia de ser que é o elemento formal de todo conhecimento não é a ideia do ser real (Deus), mas a do ser ideal. O ser ideal é abstrato, indeterminado e, como tal, não se confunde com Deus, ser perfeito, determinado, concreto.

Com esta distinção clara entre ser real e ser ideal, cai por terra a acusação de panteísmo, algumas vezes movida a Rosmini. Pelo mesmo motivo cai também a acusação de ontologismo, isto é, de que o homem conhece todas as coisas em Deus, o qual seria, ao mesmo tempo, o primeiro lógico e o primeiro ontológico. Rosmini sempre afirmou que o homem não tem a intuição do ser real: ele conhece somente através do ser ideal.

As características do ser ideal (*universalidade e infinidade*) indicam que não pode ser produzido em nossa mente pela experiência, como quereriam os empiristas, nem pelo nosso intelecto, porque o nosso ser real, sendo finito, não poderia produzir um ser ideal infinito; logo, o ser ideal se forma em nós por iluminação divina: "Dizemos que aquela luz com a qual Deus ilumina todo homem que vem a este mundo, isto é, a luz da razão, não é senão uma ideia primeira; dizemos que esta ideia primeira não vem dos sentidos, mas que é inspirada ao homem por aquele que o criou; dizemos que esta ideia primeira é também a medida do bem e do mal (…) e somos de parecer que ela é a *ideia de ser,* ideia que se encontra misturada com todas as outras ideias como elemento necessário à existência delas, como seu elemento formal, e que com ela se encontram misturadas outras ideias".[4]

O ser ideal é a forma de todo conhecimento, mas, em si mesmo, precisamente porque abstrato, não representa nenhum objeto determinado. Para tornar-se representação de alguma coisa particular, deve se encontrar e se unir com algum dado da sensibilidade: "Se não fosse concedido ao homem ter algum sentimento (isto é, se ele não tivesse a sensibilidade), o ser ideal seria para ele vazio e inútil".

Segundo Rosmini, o conhecimento das coisas se dá do modo seguinte: nós temos, em primeiro lugar, um "sentimento fundamental" pelo qual apreendemos imediatamente o nosso corpo "como uma coisa conosco"; em seguida, através do corpo, recebemos a impressão das coisas distintas de nós. Quando aplicamos a ideia de ser ao sentimento fundamental, obtemos a ideia de nós mesmos, a *autoconsciência;* quando aplicamos a ideia de ser à impressão das coisas distintas de nós, adquirimos a *heteroconsciência.*

No conhecimento das coisas Rosmini distingue dois momentos, o da *intuição* e o da *afirmação:* "Os conhecimentos humanos se dividem em duas classes, a saber, conhecimentos por *intuição* e conhecimentos por *afirmação*. Os conhecimentos por intuição são os que dizem respeito à natureza das coisas em si, das coisas em sua possibilidade. (…) Os conhecimentos por via de afirmação ou de juízo são os que adquirimos afirmando ou julgando que coisa subsiste ou não subsiste".[5]

A intuição precede a afirmação. Depois de ter apreendido intelectivamente um objeto, eu afirmo a sua existência e digo a mim mesmo: "esta coisa existe". Com este juízo, além da ideia do objeto, adquiro a convicção de que o objeto está diante de mim como subsistente, isto é, com existência própria, distinta da minha.

Além das duas operações fundamentais, que nos fazem conhecer a essência e a existência das coisas, Rosmini distingue uma terceira atividade cognitiva que chama de *abstração*. Ela permite ao homem formar

---

[3]Rosminii, A., *Princìpi della scienxa morale,* 1, 2.
[4]*Id., Nuovo saggio sulla origine delle idee.*
[5]*Id., Breve schixxo dei sistemi di filosofia moderna e del proprio sistema,* Milão, 1942, 68.

"as ideias que são determinadas somente sob um ou outro aspecto, não sendo, por isso, totalmente concretas".⁶

PROBLEMA METAFÍSICO

Seguindo o uso da Segunda Escolástica (chefiada por Caetano e Suarez), Rosmini distingue na metafísica duas ciências principais, a ontologia e a teologia natural. Ambas têm por objeto o ser, mas, enquanto a primeira o estuda como é conhecido e atuado pelo homem, a segunda o estuda em Deus.

A ontologia "trata do ente considerado em toda a sua extensão como é conhecido pelo homem; trata do ente em sua essência e nas três formas nas quais é a essência do ente, a saber, as *formas ideal, real* e *moral*". O ente é *ideal* enquanto tem a propriedade de ser objeto; é real enquanto "tem a propriedade de ser força, de ser sentimento ativo, de ser indivíduo e, assim, sujeito; é *moral* enquanto tem a propriedade de ser o ato que põe o sujeito em harmonia com o objeto, de ser a virtude que aperfeiçoa, de ser a realização do sujeito mediante a sua união e adequação ao objeto-beatitude do ente".⁷

O ser ideal é a possibilidade do ser, distinta do ser real. A forma moral põe em harmonia as outras duas. Inconfundíveis e incomunicáveis, as três formas são, todavia, unidas pela identidade da essência e do ser. De fato, "na essência ideal do ser estão presentes também as outras duas formas, não no seu modo próprio, mas no modo ideal, porque a essência ideal do ser compreende todo o ser, mas sempre em conformidade com seu modo próprio, que consiste em dá-lo a conhecer *idealmente* e não em comunicá-lo real ou moralmente".⁸ Do mesmo modo a forma real contém, no seu modo próprio, a ideal e a moral, e esta última, as outras duas.

O ser ideal, além de primeiro lógico (enquanto é "a verdade de todas as coisas"), é também *primeiro ontológico*, não sob o aspecto de atualidade, mas sob o de possibilidade, enquanto tem a possibilidade de ser determinado sem que nenhuma determinação possa exauri-lo. O ser ideal excede e transcende todos os seus conteúdos: por si ele não

---

⁶*Id., ibid.*, 70.
⁷*Id., Sistema filosofico*, n. 164-170.
⁸*Id., ibid.*, 1. c.

tem nenhum limite, mas "em frente ao ser real, toma limites relativos à mente que o considera". Por conseguinte, na mente divina o ser ideal está presente segundo modalidade infinita; na mente humana, ao contrário, está presente segundo modalidade finita.

Graças ao ser ideal, a mente humana participa da divina, mas, ao mesmo tempo, se distingue dela essencialmente. O homem é existência e realidade finita, a qual, como finita, é contingente; consequentemente, a existência não lhe pertence por natureza. A realidade do homem não é o ser ideal, e, por isso, não é o princípio da sua existência, a qual é, portanto, contingente e acidental. No homem, existência ou ser real e essência ou ser ideal não se ajustam e não coincidem, não constituem uma coisa só como em Deus; *o homem é síntese de finito e infinito*, da existência e do ser infinito como ideia. Daqui o desequilíbrio característico do ser humano: a Ideia supera a existência e a põe como tensão com o Infinito, que a transcende e que faz com que o existente, participante de Deus através da Ideia e constituído por aquele divino que é a Ideia mesma, tenda para o ser absoluto, para Deus. *É o que explica a inquietação deste ser dialético por essência que é o homem* ou a sua tendência perene para o infinito, que ainda é posição ontologicamente dialética da mente em relação à Ideia, e do existente em relação a Deus, sua aspiração suprema e seu fim último.

Do ser em si ocupa-se não a ontologia, mas a teologia natural, "a ciência que trata do ser *como ele é* em si, pois a nossa mente percebe que o ser vai além daquela sua parte que se manifesta a nós; trata, em suma, do ser absoluto, de Deus".[9]

O ser que nós intuímos naturalmente "é ilimitado porque é a própria essência do ser, mas não é o ser absoluto, porque a intuição só colhe a essência do ser sob uma de suas formas, a forma ideal... Em sua totalidade e plenitude o ser não é, pois, naturalmente acessível à experiência do homem, o qual não pode saber *como ele é*, embora possa saber *que ele é* de um modo que ultrapassa a inteligência humana".[10] Na ordem da natureza a teologia demonstra que o homem pode provar a existência de Deus apenas com a razão. "Não podendo intuir nem apreender Deus naturalmente nesta vida, torna-se necessário recorrer

---

[9] *Id., ibid.*, n. 176.
[10] *Id., ibid.*, 1. c.

ao raciocínio para descobrir sua existência. Descobre-se sua existência comparando-se o homem com os seres que intui e apreende junto com a essência do ser e observando que eles não o esgotam, e que, por outro lado, ela deve ser esgotada, realizada plenamente, completada, e isto pela exigência da essência mesma do ser que nós intuímos. Mas, deste ser absoluto, que não intuímos, que não percebemos, não podemos saber nada além do que nos mostra a própria exigência do conhecimento que podemos ter de Deus na ordem natural; em consequência disso, o nosso conhecimento da natureza divina poder-se-ia chamar também negativa ideal".[11] Se não existisse Deus como inteligência e pensamento, não poderiam existir seres inteligentes e pensantes. Nós temos intuição do ser possível ou ideal, não do ser real ou absoluto; mas a ideia do ser é *abstração tirada* não da realidade das coisas, mas de Deus, realidade absoluta que faz existir a *ideia* por meio do que Rosmini denomina *abstração teosófica* ou operação que dá origem ao universal ou à ideia, em outras palavras, abstraindo o ideal ou possível do real. Logo o ideal ou a ideia, que *formalmente* se encontra só nas mentes criadas e que é condição da existência delas, depende de Deus, que a abstrai de si, mas como realmente distinta dele, que é o ser primeiro, realíssimo, absoluto.

PROBLEMA MORAL

Como a gnosiologia e a metafísica, também a moral, Rosmini trata-a a partir da ideia de ser. A lei suprema da moral não se funda no bem, como para Aristóteles, nem na virtude, como para os estóicos, nem no útil, como para Hume, nem no dever, como para Kant, mas no ser: "Reconhece o ser" é o primeiro imperativo da ordem moral. Este reconhecimento comporta duas coisas: o *conhecer,* que pertence à ordem teorética, e o *reconhecer,* que pertence à ordem prática. O ato moral consiste propriamente no reconhecimento prático dos seres, isto é, no querê-los segundo o grau de ser que lhes é próprio. É, de fato, a avaliação prática que fazemos dos seres que lhes dá valor, em relação precisamente com a quantidade de ser de cada um; e como Deus é, entre os seres, o primeiro e o último, o princípio e o fim de todos os outros, a ele compete a função de fim último da vida humana: o fim último para o qual tende todo reconhecimento, toda avaliação, todo amor e

[11] *Id., ibid.,* n. 181.

toda ação humana. Assim a vontade divina se torna o fundamento da legislação positiva.

Graças à referência constante ao ser — tanto ao ser absoluto quanto aos seres finitos — que é tomado como medida da bondade do agir, a ética rosminiana se situa bem distante do formalismo ético kantiano, o qual não reconhece ao homem outro bem que não seja o seu querer abstrato.

ESTUDO DA REALIDADE

O estudo da realidade, Rosmini divide-o em duas partes, denominadas respectivamente *teosofia e psicologia:* a primeira trata de Deus, a segunda, do homem.

Em Deus, o ser ideal e o ser real coexistem na idêntica substância, perfeitamente ajustados um ao outro. No homem, ao contrário, a forma ideal do ser está presente "abstratamente", isto é, separada da sua realidade. A realidade do homem não é, portanto, ser pleno, mas realidade sempre inadequada ao infinito que está presente nele, se bem que apenas como "ideia". Em vista desta sua constituição, o homem tende indefinidamente a adaptar a sua realidade particular ao absoluto divino que, sob a forma ideal, está presente na sua alma.

3. Vincenzo Gioberti

Vincenzo Gioberti nasceu em Turim, no ano de 1801. Desde criança sentia forte inclinação para o estudo e a reflexão e ainda muito jovem manifestou acentuada inclinação para a especulação filosófica. Aos quinze anos já lera a *Crítica da razão pura* de Kant.

Orientando-se para o sacerdócio, doutorou-se em teologia em 1823 e, dois anos depois, foi ordenado sacerdote, agregado ao colégio teológico da universidade de Turim e incluído entre os capelães da corte. O estudo da filosofia causou-lhe forte crise de consciência e o levou "ao panteísmo, até conseguir distinguir entre o ser e o existente".

Por volta do ano de 1835 o seu pensamento já está maduro, e volta à Igreja. Nesta época já fazia dois anos que Gioberti estava exilado na Bélgica por ter manifestado simpatias pela *Giovane Italia* ("Jovem Itália"). Durante onze anos dedicou-se total e exclusivamente à filosofia, na pobreza e na solidão. Daquele recolhido e fechado canteiro de obras saíram, entre 1837 e 1845, os seguintes escritos: *Teoria del soprannaturale; Introduzione allo studio della filosofia; Discorso sul bello; Gli errori filosofici di Antonio Rosmini; Il buono; Il primato.*

O ano de 1843 marca o começo da sua grandeza política. A publicação do *Primato*, recebido em meio a consenso geral, suscita entusiasmos e dirige ao exilado a mente dos políticos e a atenção dos italianos. Sucedem-se, cada vez mais insistentes e prementes, os convites para voltar à pátria.

Finalmente, em abril de 1848, Gioberti se decide a voltar à Itália e é recebido como triunfador. Em Turim é eleito deputado. Quase que imediatamente torna-se presidente da Câmara e, por fim, presidente do Conselho de Ministros. Mas a derrota de Novara e o insucesso do seu ideal neoguelfo (ele sonhava com a unificação dos Estados italianos sob a presidência do Papa) obrigaram-no a retirar-se da atividade política e a retomar o caminho do exílio. Morreu em Paris aos 26 de outubro de 1852.

A obra filosófica de Gioberti tem os mesmos motivos inspiradores que a de Rosmini: ambos têm como objetivo superar o psicologismo, o subjetivismo e o idealismo, nos quais caíra a filosofia moderna em consequência dos princípios imanentistas sobre os quais fora fundada por Descartes. Para isso, Gioberti, como Rosmini antes dele, se serve da ideia de ser, mas não a entende como seu ilustre contemporâneo. Para Gioberti, a ideia de ser não pode ser reduzida a elemento meramente formal: se fosse assim, não se poderia distingui-la das categorias de Kant, e ela se tornaria subjetiva como essas categorias. Segundo Gioberti, para salvar a objetividade da ideia de ser, é necessário dar-lhe materialidade, realidade. Para superar o subjetivismo kantiano e o idealismo hegeliano é necessário pôr o *a priori* não na ideia do ser ideal, mas na ideia do ser real. Isto significa que a mente humana conhece objetivamente as coisas porque as contempla em Deus, o qual é precisamente o que a ideia de ser real nos representa. Esta visão das coisas em Deus se chama *ontologismo*.

Ontologismo é termo cunhado por Gioberti para combater o psicologismo de todas as filosofias pós-cartesianas, incapazes de sair da psique, do subjetivo.

Segundo Gioberti, o objeto direto do conhecimento é a própria realidade, o ente, o ser real. É atingido porque o intelecto humano participa naturalmente de certa, direta e imediata intuição do próprio Deus sob a razão de *esse simpliciter* (de "ser simplesmente"). Deus, o primeiro ser, é também o primeiro conhecido. Ele é por isso, o *primeiro lógico* e o *primeiro ontológico*.

Esta intuição de Deus contém implicitamente o conhecimento de todos os outros seres e contitui o único e válido início e base de qualquer outro fundamento e certeza. Em seguida o conhecimento direto de Deus se torna reflexo quando os objetos sensíveis são conhecidos. Finalmente, o conhecimento direto de Deus volta a ser direto através da *revelação*.

Gioberti distingue assim três fases no conhecimento do ser divino: *intuição, reflexão, revelação*. A sucessão das três fases corresponde ao esquema neoplatônico do *exitus* ("saída") e do *reditus* ("volta"). Na ordem lógica, isto é, do conhecimento, o *exitus* é representado pela reflexão, e o *reditus*, pela revelação; na ordem ontológica, isto é, da realidade, o exitus é representado pela criação, e o reditus pela graça.

O ser real, presente em nossa mente, é o nexo de todas as perfeições e contém em si todas as coisas fundidas numa só, numa simplicíssima unidade, na qual a mente humana não consegue discerni-las nem vê-las distintamente.

Esta consideração permite compreender porque, segundo Gioberti, a intuição originária do Ente, sem a colaboração da experiência sensitiva, não é suficiente para o conhecimento de nenhum existente. Ela faz "sentir" os existentes, os quais são "conhecidos" em virtude do Ente, permanentemente intuído pela mente. Esta virtude do Ente revela a relação por força da qual os existentes existem: a *criação*. É justamente a criação que se faz presente à mente quando ela, pensando, conhece os existentes, os quais ela sentiu mediante a experiência. Mas a criação pode fazer-se presente somente se o Ente estiver presente, pelo menos virtualmente, como criador. Em todo conhecimento está, pois, presente e atuante o conhecimento (juízo) fundamental: "O Ente cria o existente". Este juízo Gilberti o chama de "fórmula ideal".

O juízo "o Ente cria o existente" é a fórmula ideal porque "exprime do modo mais conciso todo o real e todo o cognoscível e mostra a correspondência perfeita de um com o outro; por isso, toda coisa e todo conceito possíveis e excogitáveis se reduzem a um ou outro de seus termos".

Da fórmula ideal Gioberti tira a sua subdivisão do saber: "O sujeito, isto é, a ideia de Ente, tomado em seu sentido mais amplo, dá origem à ciência ideal, a qual se subdivide em filosofia, que trata do inteligível, e em teologia, que trata do superinteligível, conhecido por revelação. Entendo por filosofia aquilo que constitui a sua substância e que é, ao mesmo tempo, a base, a alma e o ápice da ciência, isto é, a ontologia, a qual, sendo, entre todas as ciências especulativas, a única simples, ou como se diz hoje, pura e isenta de todo elemento empírico, é também a única que se detém no sujeito, uma vez que as outras, sendo mistas, se estendem por toda a fórmula. O predicado desta, dá origem às ciências físicas, entendendo-se por este nome, segundo o costume dos antigos, as disciplinas que tratam das coisas sensíveis, isto é, que estudam a natureza, o universo, o mundo sensível das ciências. (...) O nexo da fórmula, isto é, o conceito de criação, proporciona a matéria das matemáticas, da lógica e da moral. Os sujeitos destas disciplinas, embora diversíssimos, têm em comum a propriedade de exprimir uma síntese média entre o Ente e o existente, entre o inteligível e o sensível. Esta síntese dá origem aos conceitos de tempo, espaço, ciência e virtude, nos quais se fundam a aritmética, a geometria, a lógica e a moral. Estes conceitos unem um elemento absoluto e meramente inteligível a um elemento relativo e sensível e participam dos dois extremos da fórmula: nascem daí, de um lado, o caráter de necessidade, próprio das quatro ciências acima citadas, e, do outro, a redutibilidade delas a formas sensíveis, a possibilidade de sua aplicação à prática e com isso o gênio positivo e operante que imprime nelas a sua marca".[12]

Gioberti é o maior adversário e ao mesmo tempo o mais coerente discípulo de Rosmini. Como discípulo, tira, sem preconceitos, as consequências implícitas no sistema rosminiano e o leva às suas conclusões lógicas, precipitando-se do ceticismo sensista, que não conhecia Deus (e que Rosmini queria demolir), num imanentismo humanístico, que termina por colocar o homem no lugar de Deus, como fizera Hegel. O primeiro que mostrou os perigos decorrentes da filosofia de Gioberti foi o jesuíta Serafino Sordi, num opúsculo publicado em 1849, cujo título é: *I primi elementi del sistema di don Vincenzo Gioberti, dialogizzati fra lui ed un lettor dell'opera sua*. Sordi critica Gioberti principalmente

---

[12]GIOBERTI, V., *Introduzione allo studio della filosofia*, Milão, 1850, II, 6-8.

por ter este totalmente desobjetivizado, desumanizado e destruído o conhecimento humano e por tê-lo totalmente divinizado, por temor ao ceticismo.

Além de cuidar da elaboração de nova visão geral das coisas, isto é, do campo mais propriamente filosófico, Gioberti dedicou sua atenção também ao estudo e à realização de um plano para a unidade e a independência da Itália. As suas reflexões a este respeito se encontram na obra *Primato morale e civile degli italiani*. Neste escrito expõe a tese da supremacia que cabe à Itália na civilização europeia e, consequentemente, mundial: supremacia nas letras, nas artes, nas ciências, em toda a atividade espiritual enfim. Esta supremacia decorre da própria índole dos italianos, a mais rica e equilibrada índole pelásgica, como ele diz, isto é, mediterrânea, e do fato de serem eles os herdeiros e os guardas do catolicismo romano. Esta supremacia já se manifestara na Idade Média, mas decaíra quando Lutero, na religião, e Descartes, na filosofia, comprometeram a ortodoxia religiosa e a verdade filosófica. É necessário, pois, restaurar tal supremacia, restabelecendo a unidade da Itália em torno do seu centro natural, o papado. A Itália recobrará a unidade não por meio de revoluções, mas por meio de reformas, segundo a índole do seu povo, e, sobre o princípio interno, religioso, encarnado pelo papado, reassumirá a sua missão universal. Gioberti propõe, em concreto, uma confederação de príncipes reformistas sob a presidência moderada do pontífice.

A obra, chamada depois *romanzo delle nuove generazioni*, suscitou entusiasmo generalizado e impeliu as consciências à ação, chegando-se mesmo a procurar, durante certo tempo, a unidade da Itália segundo as diretrizes giobertianas.

4. Vincenzo Cuoco, Gian Domenico Romagnosi e Giuseppe Mazzini

Ao programa da unidade e da independência italianas dedicaram-se, além de Gioberti, muitos outros insignes pensadores da época, de Cuoco a Balbo, de Romagnosi a Mazzini, de Manzoni a Pellico, de Guerrazzi a D'Azeglio. Particularmente significativas são as contribuições de Cuoco, de Romagnosi e de Mazzini sobre o tema da *educação nacional*, com a qual se desejava preparar o povo italiano para a independência.

Vincenzo Cuoco (1770-1823), em seu *Saggio storico sulla rivoluzione napoletana del 1799,* faz algumas cosiderações que vão além da situação particular do acontecimento examinado e se revestem de significado universal: a revolução de Nápoles fracassou porque, em vez de ser revolução ativa, querida e feita pelo povo, apresentou-se como revolução passiva, aceita. Em outra obra, *Platone in Italia,* Cuoco expõe os conceitos fundamentais para a criação das condições psicológicas e espirituais para a unidade: não existe nacionalidade sem tradição; não existe grandeza presente e futura sem relação com a grandeza do passado. A unidade de espíritos, que é unidade de cultura e de civilização, permite o afirmar-se, nela e por ela, da unidade política, a qual pode mais facilmente encaminhar o aperfeiçoamento e a consolidação da unidade espiritual da nação.

Gian Domenico Romagnosi (1761-1835), na obra *Dell'indole e dei fattori dell'incivilimento, con esempio del suo risorgimento in Italia,* elabora uma filosofia civil, na qual atribui importância capital à tradição de determinado povo para a formação de sua consciência nacional. O indivíduo isolado, diz Romagnosi, é abstração; o homem real é o civil; por isso, a verdadeira filosofia é a que estuda a civilização. Para Romagnosi, a civilização é fato preparado e estimulado pela natureza, mas não espontâneo, instintivo, porque o homem é perfectível por natureza, mas a perfectibilidade é só possibilidade, potência; para tornar-se realidade, ato, necessita do concurso da razão. É assim produto da razão, espécie de pedagogia social, a arte de educar os povos para aplicarem suas faculdades em certas direções. Enquanto Vico fazia o progresso depender de impulso íntimo do todo social, Romagnosi sustenta que a civilização é transmitida aos povos por outros povos, é *recebida* e não *inata,* e por isso, assumem grande importância em seu pensamento os *tesmóforos* ou "portadores de civilização", que sobressaem da massa anônima e que, propondo-se com consciência clara fins correspondentes às exigências da civilização, conduzem as nações para o aperfeiçoamento social.

Também Giuseppe Mazzini (1805-1872) está persuadido, como Gioberti, Cuoco e Romagnosi, de que a independência e a unidade da Itália não podem ser o resultado de fatores externos, de intervenções militares estrangeiras, de acordos internacionais, mas das forças espirituais do povo italiano. Daí o grande valor dado ao *ideal,* que, para Mazzini, transcende a esfera do indivíduo, e à *educação*, mediante a qual o ideal se realiza na comunhão dos homens e se transmite aos pósteros.

Mazzini tem conceito ético-religioso da vida, se bem que se trate de religiosidade nebulosa: a vida não é direito, mas dever,[13] não fato, mas ideal, não situação, mas missão, não procura de satisfações ou de bemestar pessoal, mas ação que inclui o sacrifício, por meio do qual o homem demonstra a seriedade da sua tarefa e a verdade da missão para a qual foi chamado. Por isso, "a filosofia política de Mazzini se sublima pela fé",[14] que é ao mesmo tempo moral e religiosa. É necessário que na base da ação política esteja uma fé religiosa, a única que pode organizar e unificar os esforços individuais, a única que pode impelir à ação, que pode impor missão de ação, que cria unidade superior aos indivíduos e que realiza os valores morais que devem constituir a vida social. Em particular, a fé religiosa é a única que pode criar uma nova Itália.

O povo, que é o conjunto dos cidadãos da mesma nação, é tal enquanto todos os indivíduos (e, portanto, todo o povo) têm ideal comum. Segue disso que a língua, o território, a raça não são a nação, mas indícios da nação, a qual é a "ideia" que surge no território, "é o pensamento de amor, o senso de comunhão que unifica os filhos daquele território. Nação só existe onde existem pensamento, direito, fim comuns. Na mente do seu fundador, a *Giovane Italia* ("Jovem Itália") se propunha realmente dois objetivos: criar um povo, tornando-o consciente do próprio ideal e fazê-lo agir para conseguir a independência mediante o exemplo, o sacrifício, o martírio. Mazzini tinha muita fé na influência educativa do exemplo. É somente pela ação que leva ao sacrifício e ao martírio que um povo se eleva à altura de sua missão, de seu ideal. O fracasso de uma tentativa não importa; se a primeira não tiver êxito, tê-lo-á a segunda, a terceira, a quarta etc. O que importa é "esta escola de constância, não de resignação, esta escola de surgir e cair e levantar-se mil vezes, sem desanimar por causa das quedas".

---

[13] "Existem direitos, sem dúvida; mas quando os direitos de um indivíduo entram em conflito com os de um outro, como conciliá-los e harmonizá-los sem recorrer a algo que seja superior a todos os direitos?" (MAZZINI, G. *Doveri dell'uomo*, 1).

[14] Levi, A., *La filosofia politica di Giuseppe Mazzini*, Bolonha, 1917, 27.

BIBLIOGRAFIA

Sobre os filósofos do *Risorgimento*

GENTILE, G., *Le origini della filosofia contemporanea in Italia*, Messina, 1917-1923, 4 v.; IDEM, *I profeti del Risorgimento italiano*, Florença, 1923; CROCE, B., *Storia della storiografia italiana del secolo XIX*, Bari, 1921; SALVATORELLI, L., *Il pensiero politico italiano dal 1700 al 1870*, Turim, 1936; SCIACCA, M. F., *La filosofia nell'età del Risorgimento*, Milão, 1948.

Sobre Galluppi

GENTILE, G., *Dal Genovesi al Galluppi*, Nápoles, 1903; SCIACCA, M. F., *La filosofia de T. Reid con un'appendice sui rapporti con Galluppi e Rosmini*, Nápoles, 1935; D'AURIA, F., *Il Galluppi interprete di Kant*, Roma, 1942; DI NAPOLI, G., *La filosofia di Pasquale Galluppi*, Pádua, 1947; CALOGERO, G., *Pasquale Galluppi maestro del pensiero calabrese*, Cossenza, 1966.

Sobre Rosmini

GENTILE, G., *Rosmini e Gioberti*, Florença, 1935, 2ª ed.; PRINI, P., *Introduzione alla metafísica di A. Rosmini*, Milão, 1953; FRANCHI, A., *Saggio sul sistema ontologico di A. Rosmini*, Milão, 1953; SCIACCA, M. F., *Interpretazioni rosminiane*, Milão, 1963, 28 ed.; GIACON, C., *L'oggettività in A. Rosmini*, Milão, 1960; MANFREDINI, T., *Essere e verità in A. Rosmini*, Bolonha, 1965; CRISTALDI, G., *Prospettive rosminiane*, Milão, 1966; MISSORI, V., N. Tommaseo e A. Rosmini, Milão, 1970; RIVA, C., *Attualità di A. Rosmini*, Roma, 1970.

Sobre Gioberti

GENTILE, G., *Rosmini e Gioberti*, Florença, 1955; SAITTA, G., *Il pensiero di V. Gioberti*, Florença, 1927, 2ª ed.; CARAMELLA, S., *La formazione filosofica giobertiana*, Gênova, 1927; BIANCHI, G., *Il problema morale in V. Gioberti*, Alba, 1953.

Sobre Mazzini

GASPERONI, G., *Il pensiero di G. Mazzini*, Bolonha, 1905; DELLA SETA, U., G. Mazzini pensatore, Roma, 1910; SALVATORELLI L., *Il pensiero religioso politico, sociale di G. Mazzini*, Messina, 1905; CALOGERO, G., *Il pensiero filosofico de G. Mazzini*, Bréscia, 1937; CARBONARA, C., *G. Mazzini filosofo della religione e della prassi*, Nápoles, 1971; SANTONASTASO, G., *Giuseppe Mazzini*, Nápoles, 1971.

IV
OS VOLUNTARISTAS

Os desenvolvimentos que Fichte, Schelling e Hegel trouxeram ao idealismo provocaram reações contra várias de suas afirmações aprioristicas, em particular contra a distorção da experiência integral, ponto de partida de toda reflexão filosófica. Considerada globalmente, a experiência não apresenta realmente os caracteres de racionalidade perfeita e de progresso contínuo que lhes são atribuídos. Apelando para esta experiência, os filósofos criticam o idealismo, alguns insistindo no caráter existencial da vida humana (Kierkegaard), outros, no aspecto voluntarista, irracional e instintivo da realidade humana e cósmica (Schopenhauer, Nietzsche, Freud).

Escolhemos o termo "voluntaristas" para designarmos este grupo de filósofos, apesar de sabermos que, em sentido estrito, não se aplica a todos. Fizemo-lo porque esses autores, querendo refutar as pretensões do pensamento puro e da razão absoluta, reivindicam instâncias irracionais (isto é, não racionais), as quais ou se identificam diretamente com o fator "volitivo" ou o implicam mais ou menos diretamente.

Antes, porém, de passarmos à exposição do pensamento destes filósofos, devemos recordar outro autor, J. F. Herbart, que tem o mérito de ter sido o primeiro a reagir contra o idealismo apelando para a experiência.

1. Johann Friedrich Herbart

Herbart (1776-1841) rejeita categoricamente a tese idealista segundo a qual a realidade seria criação direta e exclusiva do eu, e adota a posição kantiana, a qual afirma que o dado sensível não pode ser deduzido da atividade do eu. Podemos dizer que não sabemos o que seja em si mesmo este *quid* (a "coisa em si"), mas não podemos dizer que não se apresenta a nós como objeto externo. A filosofia começa propriamente desta experiência. Ela é precisamente a análise crítica da experiência, a elaboração de conceitos dados, isto é, tirados da experiência, com o escopo de purificá-la de suas contradições.

Herbart aceita de Kant, parcialmente, outra tese fundamental, a que se refere à incognoscibilidade do númeno, isto porque a realidade, o ser, apreende-se diversamente de como é em si mesma. O ser é sempre ele mesmo e é único; a experiência, ao contrário, não nos apresenta um ser só, mas pluralidade de seres mutáveis. Os conjuntos e as transformações que a experiência nos apresenta são relações que nós estabelecemos, as quais fazem parecer-nos que a coisa muda, quando na verdade é sempre idêntica a si mesma.

Além da gnosiologia, da psicologia e da metafísica, Herbart se dedicou também, e com sucesso, à pedagogia. Neste campo seu adversário principal é Rousseau, cujo método educativo, que pretende prescindir dos ensinamentos da experiência, acusa de renovar todos os males já superados. Na base da sua concepção pedagógica encontra-se a grande ideia da *instrução educativa,* isto é, da educação por meio da instrução. Saber como se determina o círculo das ideias do educando significa tudo para o educador. A instrução educativa tem sua alavanca no interesse, que está entre a percepção, que contempla, e o desejo, que é a tendência prática para o objeto. O interesse deve ser plurilateral, e a educação deve promover a plurilateralidade, o complexo das tendências e das aptidões, sem alterar as proporções e a forma da individualidade, sem enfraquecer a força do caráter.

2. Arthur Schopenhauer

Arthur Schopenhauer nasceu aos 22 de fevereiro de 1788, em Dantzig, de família abastada: seu pai era banqueiro, e a mãe, escritora. Apesar de sua inclinação para os estudos, os pais o fizeram seguir a carreira comercial. Depois da morte do pai, pôde retomar os estudos na Universidade de Iena, onde, em 1813, doutorou-se em filosofia com a tese: *Sobre a quádrupla raiz do princípio de razão suficiente.* Em 1819 publicou sua obra mais importante: *O mundo como vontade e representação.* Em 1820 obteve a livre-docência na Universidade de

Berlim, onde ensinou sem nenhum sucesso até 1832, quando decidiu abandonar o ensino e retirar-se para Frankfurt, onde permaneceu até a morte (1860). Sua última obra, Parerga e paralipômenos, foi publicada em 1851.

Schopenhauer foi um dos primeiros críticos do idealismo e, em particular, de Hegel. Contra as teses que exaltam o domínio absoluto e incontrastado da razão sobre a natureza e a história, ele mostra os absurdos da existência humana e da história: o mal, a dor, as guerras, as desgraças, o ódio, a vingança, a crueldade etc., e atribui a sua causa ao domínio de vontade cega, inflexível, cruel. Schopenhauer dá forma sistemática à sua visão pessimista da realidade na obra *O mundo como vontade e representação,* cujo título já exprime sua intuição fundamental. Partindo da distinção kantiana entre fenômeno e número, mas modificando os significados, identifica o mundo dos fenômenos (da *representação*) com o mundo da razão, e o mundo numênico (o mundo verdadeiro, real) com o da vontade.

Hegel afirmara que a realidade suprema é o pensamento e que todas as coisas, manifestações dele, constituem o universo racional e, em última análise, bom; Schopenhauer observa que a experiência mostra justamente o contrário: desgraças, maldades, fatalidades, horrores. Logo, a realidade suprema, origem de todas as coisas, não é a ideia, a razão, o pensamento, mas vontade cega. É nela que têm origem todas as coisas e todos os acontecimentos; isto explica o seu caráter completamente irracional.

O argumento com o qual Schopenhauer prova a prioridade da vontade sobre qualquer outra realidade é o seguinte: "A *vontade,* longe de ser, como admitiram todos os filósofos anteriores, inseparável do *conhecimento,* antes, puro resultado dele, é radicalmente distinta e totalmente independente dele, que, na verdade, é secundário e de origem posterior; segue daí que a vontade pode existir e exprimir-se sem o conhecimento, como é o caso em toda a natureza, da animal para baixo. Melhor, a vontade, como a única coisa em si, a única verdadeira realidade, o único princípio originário e metafísico em mundo no qual todo o resto é pura aparência, ou mera representação, confere a todas as coisas, sejam elas quais forem, a força em virtude da qual existem, a força em virtude da qual são e agem; porque não só as ações arbitrárias dos seres animais, mas também as funções orgânicas dos seus corpos animados, até mesmo a sua forma e natureza, também a vegetação e, por último, no próprio mundo inorgânico, a cristalização (...) são exatamente idênticas com o que encontramos em nós mesmos como vontade, da qual temos o conhecimento mais direto e íntimo possível (...). O conhecimento (com seu substrato, o intelecto), ao contrário, é fenômeno inteiramente diferente da vontade, totalmente secundário, concomitante somente aos mais altos graus de objetivação da vontade, não importante para ela, independente da manifestação dela no organismo animal, logo, não metafísico como ela, mas físico".[1]

A originalidade da concepção schopenhaueriana não está na afirmação da prioridade da vontade sobre o resto da realidade. Antes já o tinham ensinado Scot, Occam e Descartes. A sua originalidade consiste na caracterização da vontade como força cega, arbitrária, tirânica e brutal, e no derivar dela todas as outras realidades.

Os indivíduos não são mais do que a objetivação da vontade. A individualidade é pura ilusão, por meio da qual a vontade universal tende a perpetuar-se nas suas exteriorizações. Segundo Schopenhauer para conseguir os seus fins, a vontade se serve, nos seres inferiores, do instinto; no homem, da razão; a razão do homem está a serviço da irracionalidade da vontade universal, e, por isso, a racionalidade que o homem apreende nas coisas é totalmente ilusória. A própria razão é engano da vontade universal; ela nos faz crer que temos valor pessoal, que somos livres, que tendemos a fins pessoais, que procuramos a nossa felicidade, mas, na verdade, ela, a vontade universal, serve-se de tudo isto para conseguir seus fins relativos à conservação e ao progresso da espécie humana.

Também o amor é engano; o amor a si mesmo é o engano do qual a vontade se serve para a conservação do indivíduo; o amor sexual é o engano do qual ela se serve para a conservação da espécie humana.

Tudo o que parece bom, belo, agradável e amável ao homem é ilusão e engano: confirma-o o fato de jamais alcançarmos a felicidade.

A raiz deste engano é a ilusão da individualidade. O resultado da descoberta do engano é a dor, a angústia desesperada, inevitável quando se descobre que este mundo é o pior que possa existir.

---

[1] Schopenhauer, A., *La volontà delia natura*, Milão, 1927, 10-12.

A ÉTICA

A vida moral do homem consiste, segundo Schopenhauer, na renúncia à individualidade própria, no reconhecer-se como pura expressão da vontade universal, no abandonar a pretensão de ter personalidade própria e de aspirar à felicidade pessoal. A vida moral consiste na libertação do espírito da individualidade mediante a arte, a simpatia e a ascese.

A *arte* é o desapego do egoísmo no tocante às coisas, mediante a contemplação desapaixonada e desinteressada delas.

A *simpatia* é a superação do egoísmo em relação aos outros, por meio do amor ao próximo.

A *ascese* é a superação completa do individualismo pela renúncia a tudo aquilo a que as paixões nos ligam. Com a renúncia, toda paixão se apaga, toda iniciativa se extingue: de ambicioso centro de vida, o homem se torna inerte momento da existência universal. O conhecimento da própria nulidade, o aniquilamento da própria singularidade, a identificação com a vontade absoluta é a sabedoria suprema. Somente quem aniquila a própria individualidade e se identifica com a vontade absoluta é que alcança a imortalidade.

MOTIVO DO PESSIMISMO SCHOPENHAUERIANO

A doutrina pessimista schopenhaueriana se apresenta motivada como reação ao idealismo hegeliano (cuja assertiva fundamental "todo real é racional" parecia em estridente conflito com a experiência), em nome dos aspectos irracionais e fatalistas da realidade.

Mas também a fórmula oposta, derivada da primeira, "todo real é irracional", é constritiva e unilateral. Nas coisas encontram-se aspectos racionais e irracionais: notam-se nelas tanto o bem como o mal; na realidade a riqueza é tal que fórmulas simplistas, como as do otimismo e do pessimismo, não conseguem esgotá-las.

O otimismo de Hegel e o pessimismo de Schopenhauer são pontos de vista extremos, que manifestam, cada um, apenas um aspecto da realidade.

3. Eduard von Hartmann

O pessimismo de Schopenhauer conheceu desenvolvimento na filosofia do *incônscio* de Eduard von Hartmann (1842-1906), segundo o qual a vontade, se não for unida a um princípio ideal, é insuficiente como princípio real; logo, vontade e intelecto juntos são o *princípio inconsciо do universo*. O fim da sua atividade é a destruição do universo: chega-se a ela com o progresso, com a colaboração para a evolução universal, a qual fatalmente conduz à destruição universal, isto é, à restauração do inconsciо em seu estado primitivo de completa indiferenciação.

4. Sóren Kierkegaard

Um dos críticos mais agressivos e eficientes do sistema hegeliano é o dinamarquês Sóren Kierkegaard.

Hegel pretendera deduzir a existência do indivíduo da ideia universal e encerrar nos esquemas de um sistema todo o universo.

Kierkegaard rejeita ambas as teses; a primeira, porque a existência do indivíduo é algo tão imponderável que não pode ser deduzida de nenhum conceito; a segunda, porque a mente humana é muito inadequada para compreender com um só olhar toda a realidade.

Além de Hegel, Kierkegaard criticou severamente também o mundo religioso do seu tempo, o qual reduzira o cristianismo a pura exterioridade, a mero formalismo. A fé cristã, afirma ele, inclui o risco, a interioridade, o sofrimento.

A VIDA

Sóren Kierkegaard nasceu em Copenhague, no ano de 1813, de pais já avançados em anos, sendo o último de sete irmãos.

Recebeu educação profundamente religiosa, concentrada nos aspectos mais rígidos do cristianismo; tinha grande veneração e afeto pelo pai, mas, pelos vinte anos, começou a ter por ele aversão e desprezo. A morte começara a fazer vítimas entre seus irmãos e irmãs: de vários indícios Kierkegaard concluíra que pesava sobre a sua família a vingança de Deus, por causa dos delitos cometidos por seu pai; suspeitava que a sua religiosidade se devesse não a santidade, mas a necessidade de expiar os próprios pecados. Quando o pai lhe confessou que blasfemara contra Deus, quando tinha onze anos, e que violara a doméstica antes de esposá-la, tocado por este ato de profunda humildade, Kierkegaard se reconciliou com ele e o amou afetuosamente pelo resto da vida.

Doutorou-se em teologia na Universidade de Berlim, em 1840, mas renunciou à carreira de pastor, para a qual o doutoramento o habilitara. Na mesma ocasião rompeu o noivado com Regina Olsen, com a qual mantivera longa correspondência epistolar. Os motivos do rompimento não são claros; pode-se supor que tenham sido o seu desejo de não revelar a Regina os delitos do pai, a preocupação de não expô-la, juntamente com os eventuais filhos, à ira de Deus que pesava sobre os Kierkegaards, o desejo de liberdade para cumprir a missão religiosa para a qual se sentia chamado.

Nos últimos anos de sua breve existência Kierkegaard se empenhou em séria luta com a Igreja oficial, culpada, a seu ver, de ter traído o cristianismo, reduzindo-o a mero convencionalismo e formalismo. Faleceu aos 11 de novembro de 1855. Antes de expirar, foi-lhe perguntado se as suas esperanças se fundavam na graça de Deus em Jesus Cristo, ao que ele respondeu: "Naturalmente; em quem senão nele?".

Durante a vida Kierkegaard não foi muito conhecido e também depois da morte permaneceu ignorado por muito tempo. Somente depois da primeira guerra mundial foi descoberto, lido avidamente e traduzido em quase todas as línguas. O seu pensamento, prematuro para seus contemporâneos, tornou-se da máxima atualidade no século XX.

Suas obras principais são: *Diário* (em 12 volumes), *Sobre o conceito de ironia* (1841), *Aut-aut* (1843), *Temor e tremor* (1843), *O conceito de angústia* (1844), *Estádios do caminho da vida* (1845), *Migalhas de filosofia* (1844), *Apostila conclusiva não científica* (1846), *Autoridade e revelação*, também chamado *Livro sobre Adler* (1847), *A enfermidade mortal* (1846), *O exercício do cristianismo* (1850).

INTUIÇÃO FUNDAMENTAL E CRÍTICA A HEGEL

Kierkegaard poderia ter dado à sua filosofia o título de "o indivíduo e Deus"; de fato, libertar o indivíduo do sistematicismo no qual Hegel encerrara, e indicar ao homem como tornar-se cristão são as suas duas maiores preocupações. Numa célebre passagem da *Apostila* está escrito: "O meu pensamento dominante era que foi esquecido em nosso tempo o que significa existir e o que significa *interioridade*". Reabilitar estes dois conceitos é o objetivo da sua filosofia.

O maior responsável pela perda do conceito de existência era Hegel; a ele, portanto, Kierkegaard dirige suas críticas mais severas. Lemos no *Diário:* "Se, depois de terminada toda a sua lógica, Hegel tivesse escrito no prefácio que se tratava apenas de exercício mental, teria sido o maior pensador de todos os tempos, mas, deixando-a como a deixou, é simplesmente cômico".

O sistema (o conhecimento completo de tudo), afirma ele, é prerrogativa de Deus: "Um sistema existencial não pode ser formulado. Significa isto que tal sistema é impossível? De forma alguma. Isto não está incluído em nossa afirmação. A própria realidade é sistema para Deus; mas não pode sê-lo para um espírito *existente.* Sistema e completude se correspondem, sendo existência o oposto de completude".[2]

O homem não pode formular um sistema completo da realidade porque tem como seu modo de ser a existência, e a existência significa "o processo do devir", a mutabilidade, a contingência.

Para um indivíduo sujeito à existência como é o homem, "a noção de verdade como identidade do pensamento e do ser é quimera da abstração (...) não porque de fato não exista esta identidade, mas porque o cognoscente é indivíduo *existente,* e para ele a verdade não pode ser identidade deste tipo enquanto ele vive no tempo".[3]

Logo, a existência, contingente e mutável, não pode ser incluída no sistema, no qual tudo é regulado porque sujeito a leis universais e necessárias.

A existência é irredutível à lógica; quando Hegel pretendeu encerrar na lógica toda a realidade, viu-se obrigado a fazer exceção para a existência, porque as leis da existência são totalmente diversas das leis do pensamento. A existência é particular, enquanto o objeto do pensamento (da lógica) é universal;[4] a existência não é categoria do pensamento, mas é qualitativamente diversa dele, e, por isso, "para pensar a existência, a lógica (o pensamento sistemático) deve pensá-la como ab-rogada, isto é, como não existente".[5]

A FILOSOFIA DO HOMEM

Para Kierkegaard, o homem tem como seu modo de ser a existência, estando, por isso, em contínuo devir: ele não é perfeito, totalmente

---

[2]KIERKEGAARD, S., *Apostila conclusiva não científica,* 107 (o número das páginas se refere àtradução inglesa de D. F. WENSON e W. LOWRIE, Princeton, 1944).
[3]*Id., ibid,* 176.
[4]Cf. *Id., ibid,* 290-293-294 e 302.
[5]*Id., ibid.,* 107.

acabado, mas está em fase de feitura, de aperfeiçoamento e ele mesmo é responsável por esta operação.

No devir do homem distinguem-se três estádios: estético, ético e religioso.

Estádio estético. No momento estético o indivíduo não tem compromissos nem finalidade: é o artista despreocupado no qual a fantasia predomina sobre a razão e a vontade.

Guiado pela fantasia, abraça a realidade exterior, o efêmero, o transitório: riquezas, honras e prazeres; esquiva-se da consciência, não se concentra em si mesmo, não faz propósito sincero: é incapaz, por isso, de dominar-se. Exemplos típicos deste estádio são Don Juan, Fausto e Assuero (o judeu errante).

Estádio ético. O indivíduo do momento ético é o que vive com compromissos, com seriedade e honestidade, que superou a instabilidade da juventude e se formou uma família. A forma característica do estádio ético, segundo Kierkegaard, é o matrimônio com sua seriedade e estabilidade, com seus deveres e esperanças.

Típico representante deste estádio é o assessor Guilherme, do qual fala a segunda parte de *Aut-aut,* empregado fiel e todo dedicado à esposa e aos filhos.

Estádio religioso. É o momento no qual a honestidade natural não é mais suficiente, porque a fé impõe obrigações que podem entrar em conflito com a lei; por exemplo, o sacrifício de Isaac, ordenado por Deus, entra em conflito com a lei de não matar.

Quando o indivíduo percebe a insuficiência da moralidade, perde o sentido da segurança, da estabilidade e da suficiência que advinham da observância da lei.

O estádio religioso é o da fé como risco e incerteza. Exemplo típico dele é Abraão, pai da fé.

As características dos três estádios são resumidas, na *Apostila* do modo seguinte: "Enquanto a existência estética é essencialmente divertimento, a existência ética, luta e vitória, a existência religiosa é essencialmente sofrimento, e isso não por um momento, mas para sempre".[6]

---

[6]*Id., ibid.,* 256.

Na *Apostila* Kierkegaard distingue no estádio religioso dois tipos de religiosidade, um fundado na religião natural, o outro fundado na religião revelada.

A FILOSOFIA DE DEUS

Em Kierkegaard a reflexão sobre Deus ocupa lugar tão importante que os seus livros têm sabor mais teológico do que filosófico, mas o seu pensamento não se apresenta nunca em forma sistemática, sendo difícil apresentá-lo numa reconstrução ordenada.

Para sermos fiéis à terminologia kierkegaardiana, não deveríamos falar de Deus em termos de "existência", mas de "realidade", uma vez que Deus não é um existente, mas o Ser. Deveríamos, por isso, falar não da existência, mas da realidade de Deus.

Uma vez esclarecido, porém, que aqui empregamos o termo "existência" não na acepção kierkegaardiana, mas no sentido tradicional, não haverá perigo de ambiguidade.

Em relação a Deus, Kierkegaard distingue dois modos de existência, *natural* e *sobrenatural*.

Da existência natural escreve que é ridículo e ofensivo querer demonstrá-la: "É a maior falta de respeito provar a existência de alguém que está presente".[7]

Quanto à existência sobrenatural de Deus, aquela que ele tem em Cristo, é indemonstrável, podendo ser aceita apenas pela fé. Observemos que aqui a "existência" deve ser entendida no sentido kierkegaardiano porque, tornando-se homem, também Deus está sujeito ao tempo e ao devir como qualquer outro existente.

Os milagres não servem para esta demonstração porque o milagre "não existe para o conhecimento imediato, mas só para a fé (...); quem não crê, não vê o milagre".[8]

Decorre daí que a teologia natural é inútil e que a apologética é impossível: diante do tribunal da razão, cristianismo e islamismo se equivalem.[9]

---

[7] *Id., ibid.,* 485. Cf. também KIERKEGAARD, S., *Migalhas de filosofia,* 31 (o número das páginas se refere à tradução inglesa de D. SWENSON, Princeton, 1936). As duas passagens são interessantíssimas.
[8] KIERKEGAARD, *Migalhas de filosofia,* cit., 78.
[9] Cf. KIERKEGAARD, S., *Apostila conclusiva não científica,* cit., 512.

Entre o homem e Deus, entre a natureza humana e a natureza divina há *diferença qualitativa infinita*.[10]

Esta diferença absoluta tem sua origem no fato de que enquanto "o homem é existente particular, incapaz de ver as coisas sub specie aeternitatis ('sob o ângulo da eternidade') (...), Deus é infinito e eterno".[11]

Contra os idealistas, Kierkegaard precisa que a natureza de Deus não se manifesta imediatamente em suas criaturas: "Ele está presente em toda parte na criação, mas não diretamente. (...) A natureza é, sem dúvida, obra de Deus, mas só a obra está diretamente presente, não Deus".[12] Crer que Deus esteja presente imediatamente é paganismo: "O paganismo consiste precisamente nisto, isto é, que Deus está em relação imediata com o homem, o qual se comporta como o observador atônito em frente ao obviamente extraordinário (...), mas Deus longe de ser algo de óbvio, é, ao contrário, invisível, embora, na sua invisibilidade, esteja presente a tudo".[13]

A FÉ

A fé é um dos temas preferidos de Kierkegaard. Contra o pensamento e a praxe religiosos do seu tempo, que a faziam consistir na adesão formal e intelectual aos dogmas, sem implicações pessoais, ele sustenta, com extraordinário vigor e riqueza de argumentos, a tese da *subjetividade* da fé. A experiência religiosa não pode ser autêntica e verdadeira, se for objetiva e desligada; para ser verdadeira, ela deve empenhar o sujeito, isto é, tornar-se subjetiva.

Na *Apostila*[14] faz-se distinção entre dois significados da subjetividade. No primeiro sentido, que evidentemente não é o da experiência religiosa, subjetividade indica o que é acidental, excêntrico, arbitrário. No segundo sentido, subjetividade significa "tornar-se sujeito na verdade", isto é, sujeitar-se a uma verdade.

Torna-se alguém sujeito na verdade quando se apropria dela, torna-a pessoal e vive dela, e a verdade "penetra sempre mais profundamente", torna-se interior. A experiência do cristianismo se torna pessoal,

---

[10]Cf. *Id., ibid.*, 369.
[11]*Id., ibid.*, 195.
[12]*Id., ibid.*, 218.
[13]*Id., ibid*, 219-220.
[14]Cf. *Id., ibid*, 117.

subjetiva, quando se pergunta: "Como posso eu, como pode alguém participar da felicidade prometida pelo cristianismo?".[15]

No conhecimento objetivo o que conta é a coisa (o *quod*, o "que"), no conhecimento subjetivo o que conta é o como (o *quomodo*). No conhecimento religioso, o que vale é a paixão pelo infinito: é ele o elemento decisivo e não o conteúdo.[16]

Para destacar ainda mais a diferença entre conhecimento objetivo e conhecimento subjetivo, Kierkegaard precisa: "Quando falamos de algo objetivo, é fácil constatar se dizemos a verdade; quando alguém nos diz, por exemplo, que Frederico VI era imperador da China, podemos responder que não é verdade. Mas se alguém nos fala da morte e nos diz o que pensa a respeito dela, é-nos difícil verificar se ele diz a verdade".[17]

Vê-se claramente aqui que subjetividade não significa somente adesão pessoal a uma verdade, mas também ausência de elementos objetivos de controle para estabelecer a verdade. Por causa destas duas características — compromisso pessoal e falta de garantia objetiva — o conhecimento subjetivo é risco. O risco é elemento inseparável da verdadeira experiência religiosa, da fé: "Sem risco, não existe fé, e quanto maior o risco, tanto maior a fé".[18]

A fé é risco porque requer a adesão pessoal a afirmações que, objetivamente, não apresentam nenhuma garantia, estando, ao contrário, em contraste acentuado com os critérios normais da verdade. A fé é risco porque o seu objeto é o paradoxo, verdade que ultrapassa os esquemas da razão humana, verdade que não tem evidência objetiva.

O paradoxo não é absurdo; para Deus ele não é nem paradoxo; ele se torna tal em decorrência de sua relação com um existente.[19]

Apesar de a fé ser risco, a sua aceitação não é irracional: "Aquele que crê não só tem, mas também usa a razão, respeita as crenças comuns e não atribui a falta de razão se alguém não é cristão; mas no que se refere à religião cristã, ele crê contra a razão e, neste caso, usa a razão para certificar-se de que crê contra a razão. (...) O cristão não pode aceitar o absurdo contra a sua razão porque ela perceberia o absurdo e o rejeitaria.

---

[15]*Id., ibid*, 20.
[16]Cf. *Id., ibid*, 181.
[17]*Id., ibid*, 151.
[18]*Id., ibid.*, 188.
[19]Cf. *Id., ibid*, 183.

Ele usa, portanto, a razão para tornar-se consciente do incompreensível e em seguida adere a ele e crê mesmo contra a razão".[20]

Quando o homem crê em Deus e nota a infinita diferença que separa a natureza divina da sua, prostra-se diante de Deus e o adora. "A adoração é a expressão máxima de relação do ser humano com Deus. (…) O sentido da adoração é que Deus é absolutamente tudo para aquele que o adora".[21]

"Quem crê e se abandona a Deus deve renunciar a tudo, e esta renúncia completa implica sofrimento, sofrimento não só pelo fato da renúncia, mas também porque quem crê sabe que sozinho não pode fazer nada. O sofrimento é inseparável da fé: ele é a característica da fé".[22]

ANGÚSTIA E PECADO

O estado original do homem, que é o de *inocência*, consiste na ignorância do bem e do mal. Depois, por processo misterioso que escapa a todas as leis da lógica, o homem caiu no pecado. Foi mudança de estado, salto, semelhante pela natureza, mas oposto quanto à direção, ao salto da razão para a fé. O pecado não pode ser explicado pelos cânones da filosofia especulativa, pela dialética *quantitativa* de Hegel; explica-se pela dialética qualitativa do salto. A razão se escandaliza, porém, malgrado o escândalo, é incapaz de explicar o pecado. Entreveem-se, contudo, na obscuridade do mistério, elementos que, apesar de não o tornarem inteligível, impedem que se torne absurdo.

A proibição de Deus, a consciência da própria liberdade e das próprias possibilidades, o sentimento de angústia pelo futuro e, finalmente, a opção por sair da ignorância e adquirir o conhecimento (do bem e do mal) são os fatores que enchem o abismo que separa a inocência do pecado. Antes da proibição existe a inocência acompanhada da paz, o repouso, a ausência de discórdia e de luta; depois da opção, estão presentes o pecado, a culpa, o desespero.

A passagem da inocência para a culpa descreve-se na história de Adão por meio de imagens. Quando Deus ordena: "Da árvore da ciência do bem e do mal não comerás", Adão não compreende o sentido das

---

[20]*Id., ibid*, 504.
[21]*Id., ibid.*, 369.
[22]*Id., ibid*, 412.

palavras; a proibição o *angustia* porque desperta nele a possibilidade de *liberdade*, torna-o consciente de um poder cuja natureza e cujo alcance ignora, sentindo-se confuso por isso: "Assim a inocência é levada ao máximo, quando então começa a dissipar-se. Ela se angustia em relação ao pecado e ao castigo. Não é culpada, mas sente a angústia de já estar perdida". Segue a *queda.* Nem a psicologia nem a filosofia especulativa podem explicá-la: é salto qualitativo. O pecado entra no homem, "e querer explicar pela lógica a entrada do pecado no mundo é tolice que só as pessoas dadas à preocupação ridícula de explicações podem imaginar". O certo é que a queda foi devida ao saber: *o saber perde o homem.* A angústia do nada, da proibição e do juízo ainda não é pecado, mas, no estado de liberdade no qual o espírito passa do sonho para a vigília, põe a inocência na possibilidade de pecar. A angústia pode ser comparada com a vertigem: é a vertigem da liberdade, a qual sobrevém quando o espírito, "perscrutando as profundezas da sua própria possibilidade, atinge o finito para apoiar-se nele. Nesta vertigem a liberdade sucumbe". Erguendo-se, ela se vê culpada.

O pecado situa o homem na sua extrema individualidade, ele é o *principium individuationis* ("princípio de individuação") último. A consciência do pecado individual, constitui o singular, "põe o singular como singular". O pecado é a categoria existencial por excelência: diz respeito a mim e somente a mim e não se refere a nenhum outro fora de mim.

Cristo libertou o homem do pecado, sem privá-lo da individualidade.

CONCLUSÕES SOBRE O PENSAMENTO DE KIERKEGAARD

O pensamento de Sóren Kierkegaard obedece mais a preocupações teológicas do que a filosóficas: a sua intenção primária é analisar a situação do homem diante de Deus à luz da revelação cristã.

A temática teológica não o impediu, contudo, de estabelecer discurso filosófico muitas vezes de altíssimo valor. É o que se vê, por exemplo, quando examina a natureza do indivíduo, os limites do sistema, os conceitos de existência, de angústia, de interioridade, as relações entre fé e razão. As suas ideias sobre este assunto significam passos importantes no caminho da filosofia.

Parece-nos, todavia, necessário fazer uma séria reserva a respeito do que diz acerca do pecado. Como afirma Kierkegaard, o pecado é inegavelmente categoria existencial: é fato pessoal como o é também a morte. Mas isto não autoriza a concluir que seja o *principium individuationis* da pessoa humana. O princípio de individuação é o que constitui a pessoa como pessoa. Ora, esta propriedade não pode pertencer ao pecado, que é um não-ser.

5. Friedrich Nietzsche

A filosofia de Friedrich Nietzsche é reação tardia contra o idealismo de Hegel e o pessimismo de Schopenhauer. Contra o idealismo do primeiro, coloca ele a natureza íntima do homem não na razão, mas na vontade. Contra o pessimismo do segundo, afirma que o homem não deve procurar o aniquilamento pessoal, mas a afirmação máxima de si mesmo contra qualquer obstáculo, repressão ou coação, e a plena realização de todos os valores dos quais a natureza humana é capaz.

Como para Nietzsche o homem não pode desenvolver integralmente estes valores enquanto acreditar na existência de Deus e se curvar à vontade divina, o seu pensamento se resolve na violenta e implacável reação contra a religião em geral e contra o cristianismo em particular. "Deus está morto" é o evangelho de Zaratustra, o herói de Nietzsche.

A VIDA

Friedrich Nietzsche nasceu em Röcken, na Alemanha, no dia 15 de outubro de 1844. Estudou filosofia nas Universidades de Bonn e Lípsia. No primeiro tempo foi grande admirador de Schopenhauer e de Wagner; mais tarde afastou-se de ambos por causa do ascetismo do primeiro e da orientação cristã do segundo. A obra *Humano, demasiadamente humano*, publicada em 1878, marca seu afastamento de Wagner e Schopenhauer.

Depois do doutoramento lecionou por algum tempo em Basileia, mas, por motivos de saúde, renunciou à cátedra em 1879.

Em 1882 publicou *A ciência alegre*, da qual esperava grande sucesso, mas a obra passou quase despercebida. Esta desilusão e outra, mais grave ainda, causada por uma sua aluna, com a qual ele queria casar-se, mas que não correspondeu ao seu amor, agravaram rapidamente a sua enfermidade mental. Mas antes de mergulhar totalmente na noite da loucura, Nietzsche já terminara as suas obras mais importantes: *Além do bem e do mal* (1885), *A genealogia da moral* (1887), *Assim falou Zaratustra* (1891). Incompleta ficou somente a *A vontade de poder*, que é a sua obra mais sistemática.

A sua fama começou a se difundir justamente quando, encerrado em sua loucura, não podia mais tomar conhecimento do fato. Morreu aos 25 de agosto de 1900.

"O camelo": o homem medíocre sujeito à religião e à moral

A base do pensamento filosófico de Nietzsche é o conceito da realidade como explosão de forças desordenadas, "como um monstro de forças sem princípio e sem fim", como um desprender-se exuberante de beleza, de poder, de ódio, de amor, de alegria e de dor, sem nenhuma lei, sem nenhum controle.

Diante do espetáculo de tão estrepitosa explosão de forças que não pode ser contida por nenhuma lei da razão, o homem pode assumir três atitudes e adotar três estilos de vida: de fraqueza, de força, de inocência. A primeira atitude é a do homem medíocre (gregário), a segunda, a do homem forte, a terceira, a do espírito livre. Nietzsche representa o modo de vida do homem medíocre com a imagem do camelo, o do homem forte, com a imagem do leão, e o do espírito livre, com a imagem do menino.

A conduta do homem medíocre é ditada pelo medo. Este, motivado pela força desordenada e opressiva da natureza, induz o homem fraco e medíocre a excogitar armas de defesa: tais armas são a moral e a religião, que inventa com a finalidade de exercer controle sobre o poder desenfreado da natureza. "Deus é a obra louca de um homem, como o são, aliás, todos os deuses... O sofrimento e a fraqueza criaram todas as coisas do outro mundo... O cansaço, que, com um salto — um salto mortal — quereria, se possível, atingir o cume, o pobre cansaço ignorante, que não sabe nem querer, foi que criou todos os deuses e o sobrenatural. Crede-o, meus irmãos! Foi o corpo, que desesperava e que com os dedos de um espírito ofuscado apalpava, tateando, as últimas paredes. Crede-o, meus irmãos! Foi o corpo, que desesperava da terra e que acreditava ouvir falar do útero do Ser. E então quis pôr a cabeça além das últimas paredes — e não só a cabeça para chegar àquele 'outro mundo'. Mas, 'aquele mundo' está muito bem escondido dos homens. Aquele mundo humano e desumano é celeste nada; e o útero do Ser não diz nada ao homem. (…) Doentes e morituros eram os que desprezaram o corpo e a terra e inventaram o céu e as gotas do sangue redentor; mas também estes venenos doces e tristes eles os tiraram do corpo e da terra".[23]

O homem medíocre — e tal é a massa dos homens — procura, não obstante, elevar a ideais universais o seu ideal de fraqueza, mediocridade, covardia e resignação e faz tudo para que também os espíritos fortes e corajosos o aceitem. Para isto ele se serve da religião, especialmente da religião cristã, à qual faz dizer: "Só o miserável é bom; só o pobre, o fraco, o humilde são bons; só o enfermo, o necessitado, aquele que provoca repugnância é que são piedosos. É somente a eles que são prometidas a felicidade e a salvação eternas. Quanto a vós, poderosos, aristocratas, a vós é dito que, por toda a eternidade, sois maus, perversos, glutões, insaciáveis, inimigos de Deus, e que, por isso, sois eternamente infelizes, condenados, malditos".[24]

Mas contra o rebanho, a massa dos medíocres, Nietzsche proclama, pela boca de Zaratustra, que a existência do homem é totalmente terrena e que Deus não existe: *"Deus está morto"*. O homem nasceu para viver na terra, e não existe nenhum outro mundo para ele fora este. A alma, que deveria ser o sujeito da existência ultramundana, é insubsistente; o homem é somente corpo: "Eu sou só corpo e nada mais".

"O leão": o homem forte, demistificador da religião e da moral; deve ser "super-homem"

Para livrar-se das cadeias e dos pesos insuportáveis que pôs nos próprios ombros, por causa da sua covardia, inventando valores religiosos e morais que são a negação da vida na sua beleza e exuberância, o homem deve transformar radicalmente a sua consciência mediante metamorfose interior profunda: deve abandonar as disposições de camelo resignado e assumir as de audacioso leão. *De fraco, medíocre, obediente, religioso, moralista deve transformar-se em forte, autônomo, legislador de si mesmo e dono absoluto dos próprios atos*, sem a obrigação de prestar contas do que faz nem a Deus, nem à sociedade, mas somente a si mesmo.

---

[23] NIETZSCHE, F., *Così parlò Zaratustra*, Bocca, Turim, 1908, 24-25.
[24] *Id., La genealogia della morale*, c. I.

O homem forte rejeita, portanto, todas as conveniências sociais, todas as ilusões religiosas, todas as normas civis, para aspirar à vida autêntica, sem deixar-se dominar pela mediocridade e pelos costumes: O homem forte se envergonha de ser mortal comum, sente repugnância pela grei dos medíocres, que é a condição comum dos homens, e a ridiculariza, e, contra todos os limites e obstáculos, luta para realizar o seu ideal superior de poder.

A suprema e única norma ética do homem forte é o triunfo da própria personalidade, do próprio eu. Decorre daí que o preceito supremo não é "tu deves", mas "eu quero", preceito que supera todo limite, que infringe toda convenção e que se rebela contra toda norma. Reconhecer um limite, seguir uma norma significa sufocar o próprio eu, mortificar a própria autonomia, escravizar a própria liberdade. É necessário, ao contrário, demonstrar a própria vontade de poder sem nenhum escrúpulo.

Além do bem e do mal (título eloquente de uma das obras mais importantes de Nietzsche) é o ideal de poder que se realiza com a superação definitiva da humanidade: além do homem. *O homem forte deve ser "super-homem",* tendo como virtudes principais a audácia e a insensibilidade. A primeira permite-lhe afirmar a sua vontade sem nenhum escrúpulo; a segunda o põe na condição de recorrer a qualquer meio sem se deixar comover pela compaixão. No super-homem, como no cirurgião, a compaixão seria defeito.

"O menino": o homem inocente que se compraz na exuberância da natureza e cria novos símbolos sacros

Mas a conduta do homem forte, do "super-homem", segundo Nietzsche, ainda não realiza plenamente o ideal humano. É, sem dúvida, ideal de liberdade, mas não de liberdade com prepotência, violência, injustiça, arbítrio, e sim de liberdade com inocência, sinceridade, justiça, amor. Esta ideia encontra sua plena realização em tudo o que a vida oferece, sem cobiça e sem rancor ou ciúme. Para este tipo de vida Nietzsche usa a imagem do menino. Como o menino, o homem inocente sabe "dizer sim à vida" em todas as suas formas, vendo-as na sua imediação, sem subordiná-las a normas, a categorias ou a ideias projetadas num mundo sobrenatural ou escatológico. *O homem inocente ama a realidade em todas as suas manifestações,* não só nas boas e agradáveis, mas também nas terríveis e dolorosas. Ele sabe ver também na destruição, na desagregação, na maldade e na insânia uma superabundância vital que é capaz de transformar o deserto em terra fértil. Nos males e nos horrores da vida o homem inocente não vê limite ao poder da natureza, mas o sinal de riqueza superior a todo limite, a infinidade de força que se expande além de todo obstáculo e que fecunda e transfigura tudo. Também a morte é maravilhosa manifestação do poder da natureza. Por isso, o homem inocente, que é também sumamente livre, ama a morte e aceita com entusiasmo o seu destino.

Nietzsche usa a imagem do menino não só para descrever a vida do homem inocente, mas também para ilustrar a capacidade fantástica e criativa (poética) do que readquiriu o estado de inocência original. *O homem inocente exerce a sua capacidade inventiva para criar novos mitos, novos símbolos sacros, novos ideais de existência. No lugar de Deus* (ideal do homem medíocre, demistificado pelo homem forte), *introduz o símbolo sacro de Dioniso*. Esta divindade é o símbolo da exuberância da vida, que o homem inocente abraça com grande exultação. Dioniso simboliza o ser que, na sua necessidade, une a dor e a alegria, a unidade e a contradição. É a felicidade daquele que assume e transfigura a totalidade do real. Dioniso é a sacralização da realidade: "Aqui eu coloco o *Dioniso* dos gregos: a religiosa afirmação da vida, da vida inteira, não negada nem diminuída".

AS TRÊS METAMORFOSES

Nietzsche descreveu a tríplice metamorfose da conduta humana, que acabamos de expor, no primeiro discurso de Zaratustra, que aqui reproduzimos:

"Três metamorfoses do espírito eu vos narro: como ele se tornou camelo, de camelo, leão e de leão, menino. Muitas coisas importantes há nisto para o espírito, para o espírito paciente e valente, ao qual o respeito é inato; o seu vigor procura o que é pesado, antes, o que há de mais pesado.

Há mais alguma coisa pesada? pergunta a si mesmo o espírito paciente e, ajoelhando-se como o camelo, pede uma carga pesada. Que há demais pesado aí, ó vós heróis?, pergunta de novo: dizei-mo para que eu o ponha nos meus ombros e possa partir orgulhoso da minha força. Não é isso talvez humilhar-se para mortificar o próprio orgulho?

Exibir a própria estultícia para gabar-se da própria sabedoria?

Ou, antes, não é isto abandonar a nossa causa quando ela chegou ao ponto de triunfar? Subir a um alto monte para tentar o tentador?

Ou é talvez outra coisa: nutrir-se das bolotas e da erva do conhecimento e, por amor à verdade, sofrer a fome da alma? Ou então: estando doente, despedires aquele que veio consolar-te e fazeres amizade com os surdos, incapazes de ouvir o que dizes?

Ou ainda: mergulhar numa água pútrida, a água da verdade, sem expulsar de si as rãs viscosas e os sapos asquerosos?

Ou finalmente: amar os que nos desprezam e estender a mão ao fantasma quando vem amedrontar-nos?

Todas estas coisas pesadas o espírito valente as toma sobre si: como o camelo, que parte carregado para o deserto, também ele se dirige para o seu deserto.

Mas, lá, na solidão, realiza-se a segunda metamorfose: o espírito se torna leão e procura, como sua presa, a liberdade, e no seu deserto quer ser senhor.

Ele procura aí o seu último senhor: quer ser inimigo dele como de seu último Deus: quer lutar com o feroz dragão e conquistar a vitória sobre ele.

Qual é este dragão feroz que o espírito não quer mais chamar seu senhor e seu Deus? Seu nome é: 'Tu deves'. Mas, contra ele, o espírito do leão atira as palavras: 'Eu quero'. 'Tu deves', cintilante de escamas douradas, que os seus movimentos fazem resplandecer, barra-lhe o caminho e lhe diz: 'Em mim refulgem todos os valores das coisas'.

Todos os valores já foram criados, e eu os representava a todos. O 'eu quero' não deve mais existir.

Ó irmãos meus, que necessidade há do leão para o espírito? Não basta o animal de carga que se resigna e se humilha?

Criar valores novos! Pode isto o leão? Não, ele não pode senão procurar forças para novas criações. Conquistar a liberdade, a coragem de opor, mesmo ao dever, a negação: eis, ó irmãos, para que serve o espírito do leão. A quem está habituado a sofrer, o arrogar-se o direito de criar novos valores parece um arbítrio: um ato feroz, digno somente de um animal predador. Como a mais sagrada das coisas também ele amou o 'tu deves': agora ele se sente obrigado a encontrar a falsidade e a mentira até nas coisas mais sagradas a fim de poder adquirir a liberdade, ainda que ao preço do seu amor a elas. Somente o leão pode fazer isto. Mas, dizei-me, irmãos meus, que outra coisa pode fazer, por sua vez, o menino? Por que deve ainda o leão transformar-se em menino?

Porque o menino é a inocência, o esquecimento: um recomeçar, um jogo, uma roda que gira por si mesma, um primeiro movimento, uma santa afirmação.

Sim, ó irmãos meus, para o jogo da criação é necessário um santo 'sim'; o espírito quer agora a sua vontade; anseia por reconquistar o seu mundo.

Três transformações do espírito eu vos narrei: como o espírito se transformou em camelo, o camelo em leão, o leão em menino.

Assim falou Zaratustra".[25]

O ETERNO RETORNO

A concepção da realidade como explosão exuberante de vida, de vida que não conhece nem começo nem fim, induz Nietzsche a interpretar a história segundo o princípio grego do "eterno retorno de todas as coisas". De acordo com este princípio, as coisas não existem só uma vez, mas voltam a apresentar-se infinitas vezes em grande variedade de formas. "Tudo se vai, tudo volta, eternamente gira a roda da existência. Tudo morre, tudo ressurge, eternamente passa o ano da existência. Tudo se parte, tudo de novo se une, eternamente se edifica a mesma casa da existência. Tudo se separa e tudo volta a unir-se; sempre fiel a si mesmo é o elo da existência. A todo momento a existência recomeça, em torno de cada coisa gira a bola 'lá'. O centro está em toda parte. Tortuosa é a senda da eternidade".[26]

A doutrina do eterno retorno não é nova: encontra-se tanto no pensamento grego (Heráclito e estoicos) como no hindu. Mas em Nietzsche assume um significado novo. Nele o eterno retorno não é evento cósmico que se processa fora do homem, mas evento que tem por centro o próprio homem. Não é o mundo que segue ritmo cíclico no qual se fixam, como pontos, as existências humanas. O centro do devir cósmico é a vontade humana; é ela que dá sentido e ordem à "varredura lançada

---

[25]*Id., Così parlò Zaratustra*, cit., 19-21. Em DIET, E., *Nietxsche*, Assis, 1974, 52-59, encontra-se um ótimo comentário deste texto.
[26]*Id., ibid*, 205-206.

ao acaso" e os dá a todo instante. É "eterna criação de si mesmo" que se fecha sobre si mesma na que Nietzsche chama "a felicidade do círculo". Esta totalidade circular não é o resultado de somar sucessivo de parte mais parte, mas é criada de fragmento, de enigma, de acaso pavoroso ou fascinante, até que a vontade criadora acrescente: "Assim eu queria que fosse, assim quero que seja, assim quererei que continue sendo".

CONCLUSÃO

A doutrina de Nietzsche, especialmente no que se refere ao homem forte, ao "super-homem", teve sua fase de predominância entre as duas guerras mundiais, especialmente pela atuação de Hitler e Mussolini, que pretendiam encontrar nela os princípios que justificassem seus respectivos sistemas políticos. Depois, por uns vinte anos, esteve esquecida e quase banida. Agora volta a interessar estudiosos e também não iniciados, achando-se até em curso a reavaliação do pensamento nietzschiano. Hoje, nas suas doutrinas éticas e religiosas, prefere-se ver não um ataque global à religião e à moral em si mesmas, mas uma condenação dos seus desvios. A atitude de Nietzsche significaria não demolição, mas demitização.

Fazendo seus os novos cânones exegéticos, Renato Barilli expõe, nas colunas do *Corriere della serra**, a seguinte apreciação sobre o valor da ética nietzschiana: "O principal ídolo polêmico combatido por Nietzsche é o de moral e de costume supostamente dados uma vez para sempre e que reivindiquem da parte da humanidade obediência cega, total, 'incondicionada'. Sobre um ponto, em todo caso, Nietzsche é peremptório: nenhum homem pode delegar a outro o direito de decidir sobre a sua conduta; ele deverá raciocinar sempre com a própria cabeça, conferindo toda decisão com a sua experiência pessoal. Nós todos somos 'pequenos estados experimentais', como está muito bem expresso na Aurora. E se a interrogação sobre nós mesmos, sobre as nossas razões de vida, nos leva a conclusões diferentes das da moral dominante, não deveremos hesitar em reformá-la, em corrigi-la. Nietzsche sabe o que acontecerá neste ponto e nos põe em guarda: seremos acusados de 'maldade' e de 'loucura', precisamente por querermos introduzir um novo modo de ver. Neste ponto o nosso filósofo parece abandonar-se ao prazer

---

*Jornal italiano editado em Milão.

de ser blasfemado, de invocar a imoralidade no estado puro. Mas não é isso: ele sabe que é antes a moral tradicional, já fossilizada, que se torna algo de imoral, e que agora toda a moralidade possível está nos esforços obscuros para sair para o céu aberto de uma nova ética. Comparando-se os que se bateram pela renovação das formas de vida e os que se bateram enrijecendo velhos princípios, restaurando velhos mitos, pode-se constatar que os responsáveis pelos efeitos nocivos que advieram ao gênero humano não são mais os segundos do que os primeiros".

Mas, mesmo interpretando-se Nietzsche segundo os cânones da nova exegese, não se pode disfarçar o espanto diante de suas doutrinas. De fato, como justificar a supressão de todo código moral para tornar autênticas as decisões pessoais? Agindo-se assim, não se elimina a própria moralidade?

Quanto à doutrina nietzschiana sobre a origem da religião, veja-se adiante o que se diz a propósito de Feuerbach.

6. Sigmund Freud

Em consideração à posição que Sigmund Freud ocupa no pensamento moderno, damos uma breve exposição das suas doutrinas, embora não seja ele filósofo no sentido mais rigoroso do termo.

Há, porém, motivo filosófico para que ele seja incluído na história da filosofia: os seus estudos sobre o subconsciente exerceram e ainda exercem bastante influência também no mundo filosófico, no qual em particular as pesquisas de muitos existencialistas se movem na direção assinalada por Freud.

A VIDA

Sigmund Freud, nascido de família israelita em 1856, em Friburgo, pequena cidade da Morávia, doutorou-se em medicina pela Universidade de Viena, em 1881, e, em 1885, conseguiu a livre-docência, especializando-se em neuropatologia.

Conta-se que o jovem Freud, quando colega de Breuer, ficou impressionado com uma observação do grande médico vienense, o qual havia notado que certos distúrbios nervosos de uma paciente sua desapareciam logo que a doente conseguia recordar-se de um fato esquecido e trazido à sua mente pelo médico, durante o sono hipnótico. Freud foi levado por esta observação a estudar a origem dos distúrbios histéricos, chegando à conclusão de que eles se prendem a acontecimentos passados da vida do doente. O passado aflora na realidade presente e influencia a sua conduta como processo não consciente, mas inconsciente. Esta intuição foi o germe do qual se desenvolveu toda a teoria freudiana.

Freud estudou longamente a psicopatologia da vida cotidiana. Depois elaborou a teoria da interpretação dos sonhos, que, junto com os *lapsus linguae* ("lapsos da língua"), são os sinais mais importantes através dos quais se manifesta a vida do inconsciente.

Lecionou por muitos anos na Universidade de Viena, até ser exonerado pelos nazistas.

Morreu no exílio, em Londres, aos 23 de setembro de 1939.

Dentre suas obras recordemos: A *interpretação dos sonhos* (1906), *Totem e tabu* (1913), *Introdução à psicanálise* (1916-1917), *Psicanálise e teoria da libido*.

A PSICOLOGIA

Segundo Freud, a nossa consciência está dividida em vários compartimentos, os quais estão em relações mútuas, mas não pacíficas. As doenças nervosas nascem sempre de conflitos entre os compartimentos. Vejamos primeiramente quais são estas seções e seus instintos particulares para depois analisarmos a doutrina freudiana a respeito da origem das neuroses e acerca do modo de curá-las.

A nossa psique se compõe, segundo Freud, de três estratos: um substrato, que ele chama *es* ("id") ou *subconsciente*, um plano intermediário representado pelo *ego* ("eu") e um plano superior representado pelo *superego* ("super-eu").

O mundo do *subconsciente* é movido pelo instinto natural, cujo único objetivo é o prazer.

O *superego* representa a lei moral e a sanção, ditadas pelas normas sociais e pelas ideias religiosas do ambiente.

Entre o *subconsciente* e o *superego* existe divergência constante, consequência da oposição reinante entre suas exigências. Do subconsciente sobem incessantemente à consciência desejos, tendências, necessidades e fantasias; mas o *superego*, guarda rigoroso dos ditames da moral e da religião, procura impedir que tais necessidades e desejos aflorem na esfera da consciência (ou do *consciente*). Formam-se então as necessidades reprimidas, o que não significa que as necessidades e os desejos tenham sido eliminados, mas simplesmente que se transformaram, tornando-se *complexos*. Para se exprimirem de algum modo e também para escaparem ao controle atento do *superego*, estes complexos encontram modos permitidos pela censura; mas às vezes os disfarces criam transtornos e desvios tais que dão origem a verdadeiras e próprias neuroses. Baseia-se neste princípio a terapia psicanalítica, segundo a qual a cura de muitos distúrbios nervosos consiste em procurar a sua origem nos instintos reprimidos, em fazê-los aflorar à consciência e em dar-lhes saída através das válvulas de segurança da palavra.

O instinto predominante, o que move o subconsciente à ação, é a *libido*, o instinto sexual. A sua ação se desdobra em três fases.

A primeira é a do *amor narcisista*. Segundo Freud, as primeiras manifestações da sexualidade infantil são autoeróticas. A criança ainda não percebe nenhum objeto fora de si; sente somente o próprio corpo e para ele dirige a sua libido. Muitos comportamentos instintivos da criança são também manifestações da libido.

A segunda fase da libido é a do *amor edipiano*. Édipo, imortalizado na tragédia de Sófocles, foi o desventurado rei de Tebas que, sem saber, matou o próprio pai, Laio, e desposou, sem reconhecê-la, a própria mãe, Jocasta.

Passada a experiência autoerótica narcisista, o menino se vê envolvido como ator principal no drama amoroso de Édipo. A libido, que antes se voltara para si mesma, volta-se, à medida que toma contato com o mundo exterior, para as pessoas mais próximas. E é a mãe, naturalmente, que o menino "ama" mais do que a todos; mas ele percebe que nesta sua tendência o pai é impedimento e rival. Por isso, ele o odeia: quando o pai está presente, sente-se aborrecido; quando está ausente, sente-se feliz; quando trata a mãe com ternura, protesta contrariado. Este rancor mais ou menos obscuro ao pai é sucedâneo simbólico do parricídio de Édipo e configura um complexo psíquico que perdura mais ou menos até os cinco anos de idade, sendo depois normalmente superado; na menina é somente nesta idade que começa a manifestar-se o apego ao pai e a consequente rivalidade em relação à mãe *(complexo edipiano feminino)*.

A terceira e última fase da libido é a que começa com a *crença na puberdade*. Nesta fase a sexualidade se concentra nos órgãos específicos e se orienta para a procura de uma satisfação heterossexual. Mas, antes que a libido alcance o seu estádio perfeito, pode facilmente acontecer que um obstáculo psíquico detenha o seu desenvolvimento ou a obrigue a desviar-se: aqui nascem as perversões (mas não só nesta fase, porque muitas vezes as causas das neuroses remontam a épocas anteriores). A formação das mais variadas perversões, Freud a explica como desvios e repressões do instinto sexual nas fases imaturas.

Evoluindo e amadurecendo através das diversas fases, a libido se orienta para a realização do ato sexual. Mas não se fixa necessariamente nele. Pode acontecer, e muitas vezes acontece, em graus diferentes, que os instintos se voltem para outros objetivos: para metas e esferas de ação de valor social e moral mais elevado (interesses científicos, artísticos, religiosos, etc.), nas quais a libido se acalma e parece dessexualizada, sublimada.

A PSICANÁLISE

Freud afirma que todas as neuroses são causadas por um "complexo", isto é, por um instinto reprimido, submerso no subconsciente e portador de uma carga afetiva que, não podendo libertar-se num processo normal, tornase perturbadora do organismo psíquico.

Por outro lado, a libido, não podendo resignar-se a ser reprimida no inconsciente e não podendo obter, por outra via, uma satisfação direta dos seus desejos, encontra na *atividade onírica* (nos "sonhos") uma espécie de compromisso: para Freud o sonho é o meio através do qual o subconsciente "reprimido" encontra o modo de aflorar e de realizar-se simbolicamente.

Outro recurso são os *lapsus linguae* (os "lapsos da língua").

Se, pois, a causa da neurose é sempre um instinto reprimido, portador de uma carga afetiva não libertada, o médico não pode ter dúvidas quanto ao método a seguir: estudar o subconsciente, descobrir nele o complexo, trazê-lo à luz da consciência e libertar a sua carga afetiva, orientando-a para uma evolução normal. É este o método da psicanálise.

Uma fase importante do método psicanalítico é a da *transferência*. Quando o complexo patogênico vem à luz da consciência, o sintoma mórbido desaparece, deixando livre a carga afetiva, a qual se se deseja evitar outra neurose, deve encontrar imediatamente um objeto sobre o qual fixar-se, ao menos momentaneamente, à espera de uma solução normal.

A ação de passar para um objeto (pessoa), que o acolhe provisoriamente, o potencial afetivo de atração ou repulsão, de amor ou de ódio, segundo os casos, é precisamente a *transferência*.

No método freudiano de cura, aquele que é envolvido no drama psíquico do paciente e sobre o qual "recai" a *transferência* é o médico analista. Mas, aos poucos, mostrando a irracionalidade e a inaturalidade, por exemplo, de um amor voltado para o pai, o médico desvia de si aquela carga afetiva e a encaminha para uma solução normal, por exemplo, para um parceiro sentimental. Ou a "sublima", elevando-a a esferas mais altas, sociais ou religiosas.

O INSTINTO DE MORTE

A libido (que é sinônimo de *eros* = *"amor"*) é essencialmente instinto de vida, energia de vida. A identificação generalizada deste instinto com a dinâmica essencial da vida leva Freud a tomar em consideração o instinto oposto, o de morte, com o qual o instinto de vida se encontra em relação dialética.

Segundo Freud, na sua evolução natural-histórica, a vida chega necessária e, por assim dizer, fatalmente, ao estádio da sua completa extinção. A sua existência é ser para a morte. A forma na qual se manifesta, na vida do homem, o instinto de morte é, segundo Freud, a de instinto de agressão. Em suas agressões instintivas, o homem se enfurece contra os outros e contra si mesmo. O superego manifesta esta agressão, exteriormente, na forma coletiva e individual da autoridade; interiormente, como consciência, normal ou perversa (sadismo). Assim, a agressão aparece como o instinto fundamental da natureza humana e da própria vida.

MÉRITOS E INSUFICIÊNCIAS DE FREUD

Freud teve o grande mérito de sublinhar o dinamismo dos instintos humanos, a complexidade da consciência, a influência exercida sobre ela pelo subconsciente e a importância do estudo deste último para a compreensão da consciência e para a sua orientação.

Outra ideia fecunda que a psicanálise afirmou contra um fisicismo e um fisiologismo difundidos é a de que a alma é curada pela alma e que as reservas psíquicas do homem são indispensáveis (mais do que os remédios) para a cura das deformações psíquicas.

Mas, com razão escreve Zunini: "Entre as insuficiências mais graves está a importância excessiva atribuída à sexualidade; com prejuízo de outras instâncias também profundamente radicadas na atividade humana (...), o enigma de uma sublimação que dá lugar às atividades mais contrastantes e qualitativamente diferentes e que se desenvolve o mais das vezes no inconsciente, a indiferença, às vezes hostil, ao fato religioso".

7. Os discípulos de Freud: Alfred Adler e Carl Jung

Dentre os discípulos de Freud os mais notáveis são Alfred Adler e Carl Jung.

Alfred Adler (1870-1937) é o fundador da psicologia individual, a qual ensina que o elemento básico da psique humana não é o instinto sexual, mas a afirmação de si, a ambição de vencer na vida. O próprio instinto do amor não seria mais do que o instinto de afirmação de si ou de posse.

Carl Jung (1875-1961) pensa, ao contrário, que a psique humana não pode ser explicada só pelo instinto sexual e nem só pelo instinto de afirmação de si. A psique, afirma Jung, aprofunda as suas raízes no inconsciente coletivo, isto é, no patrimônio hereditário de ideias, de sentimentos etc., comuns a todos os homens e talvez a todos os animais, patrimônio este que constitui a base propriamente dita da alma individual. Os conteúdos do inconsciente coletivo são resultados das funções psíquicas dos antepassados. Estes conteúdos se encontram na parte inconsciente de cada um, mas se manifestam também nas tradições, na mitologia, nas religiões, no folclore dos povos.

Contrariamente a Freud e a Adler, Jung reconhece a importância da religião na vida do homem, embora mantenha uma atitude completamente agnóstica em relação ao seu conteúdo.

Jung divide a história religiosa da humanidade em duas grandes fases. Na primeira fase o homem transfere para o mundo externo a realidade, os sentimentos, as aspirações, os ideais da sua alma. Na segunda, recupera-os, reconhecendo neles o que ele é. A *projeção*, segundo Jung, é a situação natural e originária do homem. Para recuperar a si mesmo é-lhe necessário fazer um esforço. A reconquista dos conteúdos projetados é tarefa da civilização. É ela que realiza a individualização do homem. "A projeção é processo inconsciente, automático, por meio do qual um conteúdo que é inconsciente para o sujeito se transfere para um objeto, mas de modo que apareça como pertencente ao sujeito". A projeção cessa quando se torna consciente, isto é, quando o conteúdo é visto como pertencente ao sujeito.

Projeção e inconsciente são, portanto, solidários. Também o são a tomada de consciência e a humanização. O homem moderno, com toda a sua técnica de domínio do mundo e com a sua crítica científica, realizou um vasto processo de "desprojeção" do mundo. Mas não realizou na mesma medida a tomada de posse do inconsciente. Isto porque ele quer pôr-se no lugar dos deuses e exercer pessoalmente sobre o mundo original as forças que recuperou. Os ideais, os arquétipos, agora estão nele, mas ele é dominado por eles, do interior e sem saber. Ele passou do estado projetivo para o de inflação, o qual não é menos destrutivo e nem menos exposto à psicose. Por isso é necessário que a psicologia moderna, a de Jung, lhe permita tomar consciência das forças psíquicas que o invadem e o dirigem, sem que ele o perceba. É só sob esta condição que ele será um indivíduo, um *selbst* ("ele mesmo"), um homem na posse consciente de sua plenitude psíquica. A psicologia de Jung é destinada a substituir as antigas religiões, que eram todas projetivas por natureza.

As religiões, segundo Jung, não são mais do que formas projetivas das riquezas interiores do homem. Todas as religiões "contêm uma doutrina revelada de origem secreta e exprimiram os mistérios da alma com imagens maravilhosas". Deus é o arquétipo de si mesmo *(selbst)*. Na mentalidade primitiva atribuía-se a ele uma existência objetiva e metafísica. Mas, em nosso tempo, depois da desprojeção, e uma vez que o desenvolvimento da consciência exige a retirada de todas as projeções, "uma doutrina sobre Deus, no sentido de uma existência não psicológica, não pode ser sustentada".

Em alguns textos Jung afirma não querer pronunciar-se sobre uma afirmação ontológica a respeito da existência objetiva de Deus. Mas em outras passagens, como na que acabamos de citar, está claro que, para ele, a afirmação metafísica é necessariamente uma projeção alienante. Este enunciado corresponde, aliás, à concepção junguiana da projeção e da integração mediante a tomada de consciência. Por outro lado, neste sistema, Deus assume, como vimos, o aspecto do arquétipo de si mesmo. Deus é aquele que é mais íntimo do ser do homem, sem, contudo, poder ser, de algum modo, uma realidade transcendente. Estamos, pois, diante de uma gnose ateia na qual o saber faz com que o humano e o divino coincidam.

BIBLIOGRAFIA

A respeito de Schopenhauer

COVOTTI, A., *La vita e il pensiero de A. Schopenhauer,* Turim, 1909; PADOVANI, U., *A. Schopenhauer, l'ambiente, la vita, le opere,* Milão, 1934; FAGGIN, A., *Schopenhauer, il mistico senza Dio,* Florença, 1951; SARTORELLI, F., *IL pessimismo di A.. Schopenhauer, con particolare riferimento alla dottrina del diritto e dello Stato,* Milão, 1951; COSTA, A., *Il pensiero religioso di A. Schopenhauer,* Roma, 1935; COPLESTON, F. C., *A. Schopenhauer, Philosopher of Pessimism;* Londres, 1946; CRESSIN, A., *Schopenhauer,* Paris, 1946; GARDINER, P., *Schopenhauer,* Baltimore, 1963; VECCHIOTTI, I., *La dottrina di Schopenhauer,* Roma, 1969.

Concernente a Kierkegaard

LOMBARDI, F., *Sören Kierkegaard,* Florença, 1936; CANTONI, R., *La coscienxa inquieta: S. Kierkegaard,* Milão, 1949; FABRO, C., *Tra Kierkegaard e Marx,* Florença, 1952; STEFANINI, L., *Esistenxialismo ateo e esistenzialismo teistico,* Pádua, 1952; VV.AA., *Kierkegaard e Nietzsche,* sob a supervisão de CASTELLI, E., Roma, 1953; JOLIVET, R., *Kierkegaard,* Roma, 1960; GIGANTE, M., *Religiosità di Kierkegaard,* Nápoles, 1972; THOMTE, R., *Kierkegaard's Philosophy of Religion,* Princeton, 1948; COLLINS, J., *The mind of Kierkegaard,* Chicago, 1954; LOWRIE, W., *A Short Life of Kierkegaard,* Princeton, 1958; WAHL, J., *Etudes kierkegaardiennes,* Paris, 1967, 3ª ed.; MAsi, G., *Disperazione e speranza. Saggio sulle categorie kierkegaardiane,* Pádua, 1971.

Relativamente a Nietzsche

GIUSSO, L., *Nietzsche,* Milão, 1943; LOMBARDI, R., *Federico Nietzsche,* Roma, 1945; BANFI, A., *Nietzsche,* Milão, 1934; MIRRI, E., *La metafisica del Nietzsche,* Bolonha, 1961; VATTIMO, G., *Ipotesi su Nietzsche,* Turim, 1967; VAIHINGER, H., *Nietzsche als Philosoph,* Berlin, 1905, 3ª ed.; ANDLER, C., *Nietzsche: sa vie et sa pensée,* Paris, 1920-1931, 6 v.; JASPERS, K., *Nietzsche: Einfubrung in das Verständnis seines Philosophierens,* Berlin, 1936; COPLESTON, F. C., *F. Nietzsche, philosopher of culture,* Londres, 1942; CRESSON, A., *Nietzsche, sa vie, son oeuvre, sa pbilosophie,* Paris, 1943; BATAILLE, A., *Sur Nietzsche. Volonté de puissance,* Paris, 1945; LANNOY, J. *Nietzsche ou l'histoire d'un égocentrisme athée,* Paris, 1942; LOEVITH, K., *Nietzsches Philosophie der ewigen Wiederkehr des Gleichen,* Estugarda, 1956; HEIDEGGER, M., *Nietzsche,* Pfullingen, 161, 2 v.; HOLLINGDALE, R. J., *Nietzsche. The Man and his Philosophy,* Londres, 1965; BISER, E., *"Gott is tot". Nietzsches Destruktion des christlichen Bewusstseins,* Munique, 1962; MORGAN, G. L., *What Nietzsche Means,* Nova Iorque, 1965; MENCKEN, H. L., *The Philosophy of F. Nietzsche,* Port-Washington, 1967, 3ª ed.; DIET, E., *Nietzsche, Assis,* 1974; REININGER, R., *Nietxsche e il senso delta vita,* Rema, 1971.

Atinente a Freud

MARCUSE, H., S. *Freud, ta sua concezione dell'uomo*, Milão, 1956; ANTONIONI, F., *Psicanalisi e filosofia*, Roma, 1964; BROWN, J. A. C., *Introduzione a Freud e ai post-freudiana*, Florença, 1964; FINE, R., *Freud: riesame critico delle sue teorie*, Roma, 1965; RICOEUR, P., *Della interpretazione. Saggio su Freud*, Milão 1967; HESNARD, A., *L'opera di Freud: storia della psicanalisi dalle origini al 1960*, Florença, 1971; JONES, E., *The Life and Work of S. Freud*, Harmondsworth, 1967; JASTROW, J., *Freud: bis Dream and Sex Theories*, Nova Iorque, 1969; MARCUSE, H., *Eros e civiltà*, Turim, 1968, 4ª ed.; RIEFF, P., *Freud: the Mind of the Moralist*, Nova Iorque, 1969; FROMM, E., *The crisis of psychoanalysis*, Londres, 1971; PLÉ, A., *Freud e la religione*, Roma, 1971; DI FORTI, F., *II contrasto Freud/Jung e le nuove direzioni della psicanalisi*, Roma, 1968.

V
OS MATERIALISTAS

O materialismo é fenômeno recorrente na história do pensamento; sob formas e matizes diferentes, encontra-se em todas as épocas: na filosofia grega apresenta-se como atomismo e epicurismo; na medieval, como averroísmo; na moderna, como mecanicismo. Mas, embora sempre presente, o materialismo se afirma com especial vigor no século XIX, para, no século XX, transformar-se de simples movimento filosófico em movimento cultural de vastíssimas proporções.

As premissas para a interpretação materialista do real já estão presentes no pensamento moderno desde o momento em que o método científico e a experiência sensitiva foram elevados a critério supremo da verdade. Mas estas premissas permanecem inativas e, de Descartes a Hegel (através do racionalismo, do iluminismo e do idealismo), a filosofia moderna continua a mover-se na direção oposta. Mas justamente quando atinge o maior distanciamento, o pensamento acusa repentina mudança de rumo e retorna ao materialismo: de Hegel passa-se inesperadamente, sem solução de continuidade, a Stirner, Feuerbach, Engels e Marx. Como se explica esta passagem tão imprevisível e repentina de uma concepção da realidade para outra, oposta?

Observamos atrás que a ciência, reivindicando para si o direito de apresentar com exclusividade a explicação verdadeira das coisas, favorecera o materialismo à medida que eliminara o mistério, o sobrenatural, o espírito. Também o princípio de autonomia e de liberdade, que se impôs com a Renascença, levara a um progressivo desinteresse pelo fator religioso, por Deus e pela Igreja. Terceiro fenômeno que pode ter concorrido para a predominância da concepção materialista foi o agravamento dos problemas econômicos e sociais com o avanço da civilização industrial. Estes problemas se impuseram logo à atenção dos políticos, dos sociólogos e dos filósofos, alguns dos quais não tardaram em considerá-los fundamentais e condicionantes de todos os outros. Mas o impulso decisivo para o triunfo do materialismo deu-o Hegel, com a eliminação da dicotomia entre real e ideal, entre realidade pensante e realidade extensa, entre espírito e matéria, e com a resolução de toda a realidade na história. Erigindo a história como realidade absoluta, Hegel abre a porta para o materialismo porque, partindo destas premissas, é fácil chegar à constatação (e foi o que fizeram os discípulos de Hegel: Stirner, Engels e Marx) de que para o desenvolvimento histórico têm mais importância os fatores econômicos do que as teorias filosóficas; os primeiros constituem a estrutura fundamental; as segundas são simplesmente superestruturas.

Sucede assim que a identificação hegeliana da realidade com a história e a constatação da importância decisiva do fator econômico no desenrolar da história agem como catalisadores de todos os outros motivos favoráveis ao materialismo e os tornam operantes.

Como dissemos, a "conversão" do idealismo em materialismo relizaram-na alguns discípulos de Hegel, precisamente pelos da esquerda hegeliana: Stirner, Bauer, Feuerbach, Engels e Marx. Cada um deles trouxe a sua contribuição para a transformação da filosofia hegeliana. Bauer e Stirner fizeram-na degenerar num criticismo radical; Feuerbach modificou-a para adaptá-la ao espírito do tempo; Marx e Engels tiraram as consequências extremas da mudança de situação e fizeram uma crítica radical do mundo burguês-capitalista.

Por volta de 1840 chega ao fim a conciliação hegeliana, fundada na filosofia, da razão com a fé e do cristianismo com o Estado, e rompe-se a aliança tradicional entre Estado, cristianismo e filosofia. Em Feuerbach esta ruptura não é menos decidida do que em Marx, nem em Bauer menos do que em Engels; o que difere neles é o modo. Feuerbach reduz a essência do cristianismo ao homem sensível; Marx e Engels, às contradições do mundo humano, enquanto para Bauer ela se origina da decadência do império romano.

Feuerbach e Stirner, Marx e Engels, tendo adquirido clara consciência da filosofia cristã de Hegel e colocando-se como legítimos herdeiros da filosofia hegeliana, proclamam uma "reformulação", que nega energicamente o Estado existente e o cristianismo histórico e adotam uma concepção essencialmente materialista da história e, com ela, de toda a realidade.

1. Max Stirner e Bruno Bauer: de discípulos a críticos de Hegel

Max Stirner (1806-1856) é um dos primeiros a tomar posição contra Hegel, o que faz num escrito de 1845, *O Único (Der Einxige)*. Opõe-se ao mestre de modo categórico, radical, absoluto, destruindo totalmente a base religiosa do seu pensamento. Para ele a ideia do ser supremo é criação da mente humana: não existe Deus além, acima e fora do homem. Deus é a própria essência do homem sublimada, o egoísmo humano hipostatizado na transcendência. Por causa deste ser irreal o homem faz os piores sacrifícios: nega a sua liberdade e se submete à lei. A liberdade humana, a única qualidade que torna o homem *homem*, é alienada e anulada na realidade suma de Deus. Para Stirner toda religião é imoral porque submete o homem ao decreto divino e lhe prescreve obediência e resignação.

Mas a crítica da religião não leva Stirner à fundação de uma filosofia humanista (como farão Feuerbach, Engels e Marx). Para ele a única verdadeira realidade, o único, é o homem singular, livre e autônomo, criador do próprio destino. Para o indivíduo o outro não existe: por isso ele é o Único. O outro é sempre objeto, nunca pessoa. Por isso, todo homem é necessariamente egoísta; mas o egoísmo, longe de representar defeito, constitui a característica mais válida do homem: a mola que o impele a se realizar plenamente.

O HOMEM É O NOVO ÚNICO DEUS

No pensamento de Stirner faz-se sentir intensamente a preocupação com a defesa do indivíduo contra a sua resolução em simples momento do absoluto, segundo a concepção hegeliana. Esta preocupação segue orientação decididamente niilista e se resolve, com efeito, em niilismo absoluto e absurdo, como o demonstram as palavras que encerram a sua obra: "Se eu fundo o meu destino sobre mim, sobre o único, ele se funda então no seu criador, contingente e mortal, o qual consome a si mesmo, e eu posso afirmar: fundei o meu destino sobre o nada".[1]

Bruno Bauer (1809-1882), estudioso do Novo Testamento, que ele interpreta do ponto de vista do liberalismo mais avançado, negando valor não só ao cristianismo, mas também a qualquer religião, no seu

---

[1] STIRNER, M., in VV.AA., *La sinistra hegeliana*, Bari, 1966, 64.

escrito *A trombeta do juízo universal contra Hegel, ateu e anticristo. Um ultimato*, ataca violentamente Hegel, identificando-o com o anticristo: "Com Hegel o anticristo veio e se revelou. É dever do crente sincero indicar a todos o Maligno, acusá-lo aberta e verazmente, alertar a todos contra ele e desmascarar a sua astúcia".[2]

Em nome da própria dialética hegeliana, Bauer desmantela todas as presunções do pensamento absoluto: a dialética exige, com efeito, que o progresso do pensamento admita que qualquer afirmação que pretenda impor-se como verdadeira em sentido absoluto, resulte, por isso mesmo falsa: o próprio processo do pensamento se encarrega de anulá-la. Tudo é relativo. O absoluto e a eternidade do velho Deus são substituídos pela perene mutabilidade e infinita variedade pelas quais a natureza humana demonstra a sua inexaurível capacidade. O *homem* é o novo deus do homem: a humanidade é o único ideal legítimo dos indivíduos humanos.

2. Ludwig Feuerbach: a ideia de Deus se originou do homem

Ludwig Feuerbach nasceu em Landschut (Baviera) no dia 29 de julho de 1804. Em 1823 iniciou, em Heidelherga, o estudo da teologia, passando depois para a filosofia. Em 1824 começou a frequentar as aulas de Hegel em Berlim; em 1828 obteve a livre-docência na Universidade de Erlangen, com a dissertação *De ratione una, universali, infinita,* na qual já desenvolve o seu pensamento, em polêmica com Hegel. O caráter independente e o extremismo das suas concepções interromperam a sua carreira acadêmica; mas isto lhe permitiu dedicar-se com maior empenho à reflexão e à redação dos seus escritos. Morreu nas imediações de Nuremberga, aos 13 de setembro de 1872. As suas obras principais são: *Crítica da filosofia hegeliana* (1839), *A essência do cristianismo* (1841), *Princípios de uma filosofia do futuro* (1843), *A essência da religião* (1845), *O mistério do sacrifício ou o homem é o que ele come* (1862), *Espiritualismo e materialismo* (1866).

Feuerbach retoma com mais ordem e incisividade as críticas de Stirner e Bauer a Hegel no terreno da religião, contribuindo, deste modo, para a plena realização da "reformulação" materialista do idealismo.

---

[2]BAUER, B., *ibid.*, 68.

Na sua obra principal, *A essência do cristianismo,* Feuerbach afirma contra Hegel que "o fundamento da verdadeira filosofia não é pôr o finito no infinito, mas o infinito no finito", isto é, que a tarefa da filosofia não é provar que o homem é produzido por Deus, mas, inversamente, que Deus é produzido pelo homem: não foi a ideia (Deus) que criou o homem, mas o homem que criou a ideia (Deus).

O ESTUDO DA ORIGEM DE DEUS

A filosofia religiosa de Feuerbach é, portanto, um estudo da origem da ideia de Deus e dos seus atributos. A origem da ideia de Deus tem o caráter da *hipostatização:* o homem projeta todas as suas qualidades positivas numa *pessoa* divina e faz dela uma realidade subsistente, diante da qual se sente esmagado como um nada ou, pelo menos, como miserável pecador. Assim, por exemplo, a ideia de Deus como pai nasce da necessidade de segurança dos homens; a ideia de Deus feito homem exprime a excelência do amor pelos outros; a ideia de um ser perfeitíssimo nasce para representar ao homem o que ele deveria, mas que jamais consegue ser; a ideia de existência ultraterrena não é outra coisa senão a fé na vida terrestre, não como ela é atualmente, mas como deveria ser; a Trindade sugere as três faculdades supremas do homem *(vontade, razão, amor),* tomadas na sua unidade e projetadas acima do homem, e assim por diante.

Para entender retamente o pensamento de Feuerbach é necessário, todavia, observar, que, com este desmantelamento dos conceitos religiosos tradicionais, não pretende suprimir a religião, que, ao contrário, considera necessária porque faz presentes ao homem os seus ideais. O que Feuerbach deseja é alertar contra as ilusões causadas pela religião, especialmente contra a ilusão de entender o ser no qual se hipostatizam os ideais do homem como se ele não fosse o homem, mas algo que existisse em si mesmo. É esta, com efeito, para Feuerbach, a grande fraqueza da religião, a causa de todo erro e fanatismo.

Em *A essência da religião* mostra que o sentimento de radical dependência, no qual põe a essência da religião, deve ser entendido como sentimento de dependência diante da natureza, cujas forças, desencadeadas, aterrorizam o homem. Para subtrair-se ao domínio da natureza, o homem inventou Deus, isto é, um ser para o qual nada é impossível. Deus é, pois, a representação fantástica do domínio absoluto da vontade humana sobre a natureza e da completa satisfação dos desejos humanos. Atribuem-se a Deus a criação do mundo e a providência justamente para confiar-lhe o mais absoluto domínio sobre a natureza e, com isso, a capacidade de dirigir este domínio em proveito do homem.

A obra se encerra com a afirmação de que "a divindade do homem é o escopo final da religião".

A essência do cristianismo e *A essência da religião* certamente influenciaram o desenvolvimento do pensamento de Karl Marx, mas a obra de Feuerbach que exerceu maior influência sobre o fundador do materialismo foi *O mistério do sacrifício ou o homem é o que ele come*. A tese deste escrito vem perfeitamente expressa no trecho seguinte: "A teoria dos alimentos é de grande importância ética e política. Os alimentos se transformam em sangue, o sangue em coração e cérebro, em matéria de pensamentos e sentimentos. O alimento humano é o fundamento da cultura e do sentimento. Se quereis melhorar o povo, em vez de pregações contra o pecado, dai-lhe uma alimentação melhor. O homem é aquilo que come".[3]

Na referida obra anuncia-se mais claramente do que nas anteriores o conceito segundo o qual não é o pensamento que causa a matéria, mas a matéria que se desenvolve em pensamento quando toca os pontos mais altos da sua evolução. É este o princípio fundamental do materialismo.

3. Friedrich Engels: o criador do materialismo moderno

Friedrich Engels (1820-1895) estreou como escritor com publicação anônima, *Schelling e a revelação*, na qual sustentava a inconciliabilidade da revelação com a filosofia e celebrava a autocracia do homem como o novo Graal, em torno de cujo trono os povos se reúnem exultantes. O conhecimento da obra de Feuerbach, *A essência do cristianismo*, contribuiu para fazê-lo abandonar a visão idealista pela materialista. Viveu por algum tempo em Manchester para cuidar da empresa têxtil do pai; em sua permanência em Bruxelas, em 1844, fez amizade com Marx e começou com ele uma colaboração que devia durar até a morte de Marx (1883) e que constitui um dos traços mais nobres de sua vida.

---

[3]*Der Mensch ist was er isst.*

Em colaboração com Marx escreveu o célebre *Manifesto comunista* e mais tarde *A sagrada família,* na qual são criticadas pelo seu abstratismo as doutrinas de Bauer e dos outros hegelianos de esquerda, e *A ideologia alemã.* Depois da morte do amigo terminou, reelaborando os manuscritos de Marx, o segundo e o terceiro volumes de *O capital.*

Dentre as suas obras as mais importantes são: *A situação da classe operária na Inglaterra* (1845), escrito que se baseia numa pesquisa feita em Manchester sobre a situação da indústria inglesa entre 1842 e 1844; *Antiduehring* (1878), polêmica contra o positivista Eugen Duehring; *Origem da família, da propriedade privada e do Estado* (1844); *Feuerbach e o ponto de chegada da filosofia clássica alemã* (1888).

A partir de 1884 os traços próprios do pensamento de Engels não se distinguem mais claramente dos de Marx. Há um ponto, contudo, sobre o qual não há dúvida: ao menos originariamente foi Engels, graças à sua competência no campo econômico e aos seus conhecimentos da vida comercial e industrial inglesa, que forneceu a Marx o talhe econômico e social do seu materialismo. Ele contribuiu para a orientação de Marx em tal sentido, sobretudo por meio de um artigo publicado nos "Anais franco-alemães", intitulado *Esboço de uma crítica da economia política.* Neste escrito Engels chega ao comunismo através de uma crítica do sistema capitalista, conduzida não tanto no plano filosófico e político quanto no propriamente econômico: o sistema capitalista, diz ele, não tem, ao contrário do que afirmam os economistas liberais, valor absoluto e eterno, mas valor histórico; e como valor puramente histórico, diz respeito ao sistema; assim, valor de formação histórica têm as leis (preços, concorrência, lucro etc.) mediante as quais o sistema regula a produção e a distribuição dos bens; efeito de tal sistema e das suas leis é que, separado o capital do trabalho, de um lado, os trabalhadores são paulatinamente privados do fruto da sua atividade e reduzidos a estado de crescente miséria, e do outro, as riquezas se concentram sempre mais nas mãos de poucos capitalistas. Decorre disso um antagonismo social que, através de agravamento progressivo da luta de classes, levará necessariamente, com a vitória do proletariado, à transformação da sociedade capitalista, à abolição da propriedade privada e da concorrência e à instauração do regime comunista.

Engels orienta assim a "reformulação" do idealismo hegeliano para a conclusão definitiva que ela assumirá em Karl Marx, separando-a da especulação abstrata, metafísica e individualista e encaminhando-a para a análise histórica, econômica e social.

Procurou explicar, em alguns ensaios, a diferença entre os materialismos precedentes e o materialismo professado por ele e por Marx. A diferença fundamental está no fato de que os materialismos precedentes consideravam a natureza como conjunto de realidades estáticas, ao passo que "o materialismo moderno vê na história a evolução da humanidade segundo um movimento e tem por escopo reconhecer as leis desta evolução". Em outras palavras, o novo materialismo de Engels e Marx não é mais naturalista, mas humanista; não é mais estático e imobilista, mas evolutivo e dinâmico.

4. Karl Marx

Karl Marx nasceu em Tréveros, na Alemanha, aos 5 de maio de 1818. Seu pai, judeu convertido ao protestantismo, quis que o filho fosse educado nesta confissão religiosa. Marx fez seus estudos superiores na Universidade de Berlim, na qual, no primeiro tempo, seguiu com entusiasmo a filosofia de Hegel. Depois do doutoramento (1841), dedicou-se ao jornalismo, dirigindo ásperas críticas aos governos absolutistas do tempo. Sofreu por causa disso frequentes interrogatórios e constantes ameaças de prisão. Para escapar à caça da polícia alemã, refugiou-se em Paris, em 1843, e dois anos mais tarde em Bruxelas, onde se encontrou com Engels, com o qual estreitou laços de profunda e duradoura amizade. Em 1848 publicou, com Hengels, o *Manifesto comunita*. Em 1849 viu-se obrigado a fugir para a Inglaterra. Lá pôde constatar pessoalmente a desesperada miséria na qual a grande indústria atirara os operários. Esta experiência o impressionou profundamente e se tornou o elemento animador da sua atividade de escritor e de agitador político.[4] Em 1864 convocou para Londres a Primeira Internacional, para coordenar a atividade revolucionária do proletariado de todo o mundo. Morreu em 14 de

---

[4] A impressão indelével que a miséria do proletariado inglês deixou na sua memória se reflete frequentemente nas páginas de O capital, onde se lê, entre outras coisas: "Ás duas, às três, às quatro horas da manhã, crianças de nove ou dez anos são arrancadas de seus leitos imundos e obrigadas a trabalhar até às dez, onze, doze horas da noite, por um salário de pura subsistência; os seus membros se descarnam, a sua figura se contrai, os traços do seu rosto se embotam e a sua humanidade se enrijece completamente num torpor de pedra, que causa horror a quem os vê".

março de 1883. O enterro se realizou num cemitério de Londres, e, antes que o corpo descesse à sepultura, Engels, num último adeus ao amigo, disse, entre outras coisas: "Como Darwin descobriu a lei da evolução da natureza inorgânica, assim Marx descobriu a lei da evolução da natureza orgânica: o simples fato, até agora oculto sob frondosas exuberâncias ideológicas, de que os homens devem comer, beber, morar e vestir-se antes de se ocuparem de política, de ciência, de arte, de religião etc.; o fato de que a produção das coisas mais necessárias à vida precede qualquer grau do desenvolvimento econômico de um povo e de uma obra constituem o fundamento sobre o qual se desenvolveram as instituições públicas, a jurisprudência, a arte e as próprias ideias religiosas dos homens. Por isso, todas essas ideias e instituições devem ser explicadas por aquele fundamento, e não inversamente, como se fez até agora".

As principais obras de Marx são: *Crítica da filosofia hegeliana do direito público* (1843), *Manuscritos econômico-filosóficos* (1844), *Teses sobre Feuerbach* (1845), *Miséria da filosofia* (resposta à *Filosofia da miséria*, de Proudhon) (1847); *O capital* (em três volumes, dos quais os dois últimos foram publicados postumamente por Engels).

Entre as obras escritas em colaboração com Engels merecem ser citadas especialmente o *Manifesto comunista* (1848), *A sagrada família* (1845) e *A ideologia alemã* (1846) .

OS MESTRES DE MARX

Para dar ao materialismo a estruturação definitiva, Marx se valeu de muitas contribuições, algumas das quais lhe foram fornecidas pelos expoentes da esquerda hegeliana, outras pelos cientistas e economistas do seu tempo e outras, enfim, pelo próprio Hegel.

Da esquerda hegeliana recebeu a teoria segundo a qual a religião é hipostatização das necessidades, dos desejos e dos ideais do homem, seguindo disso que não foi Deus que criou o homem, mas o homem que criou Deus. De Engels e de Saint-Simon veio-lhe a doutrina segundo a qual o aspecto mais importante da sociedade não é o político nem o religioso, mas o econômico. Do economista inglês Adam Smith tirou, indiretamente, ensinamento muito importante a respeito da estabilidade das leis econômicas. Enquanto para Smith as leis da sociedade capitalista do seu tempo eram leis universais e necessárias, válidas para todos os tempos e para todos os tipos de sociedade, para Marx as leis econômicas da época não são universais, nem necessárias, mas simplesmente leis próprias da sociedade capitalista e, consequentemente, destinadas a desaparecer com ela.

Do economista americano Morgan tomou ele a teoria segundo a qual, conhecendo-se a situação de uma sociedade, é possível saber o que ela foi no passado e o que será no futuro. De Darwin aproveitou a teoria da evolução de tudo o que existe no mundo da natureza e da história. Finalmente, de Hegel herdou a identificação da realidade com a história e o método dialético.

Apoiado em todas estas doutrinas e na sua experiência pessoal (que foi decisiva pelo menos em dois casos: a experiência da aliança da Igreja com os poderes vigentes foi um dos motivos principais da sua luta contra a religião, e a experiência da miséria extrema na qual vivia o proletariado no século XIX foi a razão decisiva que o induziu a sustentar a luta de classes), Marx estabeleceu nova interpretação do materialismo, mais sólida e mais orgânica do que as anteriores.

O MATERIALISMO DIALÉTICO

A intuição genial de Marx consiste em ter descoberto na natureza e na história das relações econômicas a lógica imanente e a dialética progressiva que enformam a história da consciência em *A fenomenologia do espírito* de Hegel. Eis o dinamismo que define toda a originalidade de Marx: "Partindo do idealismo (...) acabei procurando a ideia no próprio real".[5] A dialética do espírito, que se realiza na história, e a dialética do absoluto, que se realiza na alienação, no dilaceramento e no retorno a si mesmo, que Hegel expusera e teorizara, Marx as transpõe para o mundo da natureza e da história. Exprimiu este ponto de vista de modo inequívoco: "Para Hegel a evolução dialética que se manifesta na natureza e na história é somente o reflexo do movimento do conceito em si mesmo: movimento que se realiza desde a eternidade, não se sabe onde, mas, em todo caso, independentemente de todo cérebro humano pensante. Mas isto é inversão ideológica que deve ser eliminada. Nós concebemos de novo os conceitos do nosso cérebro de modo materialista, como reflexos das coisas reais, em vez de concebermos as coisas reais como reflexos deste ou daquele grau do conceito absoluto".

[5]Carta de Marx a seu pai, 10 de novembro de 1837.

Em *A ideologia alemã*, Marx apresenta a sua teoria sobre as relações existentes entre as representações (a ideologia) e as condições materiais da existência, como segue: "A produção das ideias, das representações, da consciência, está em primeiro lugar diretamente entrelaçada com a atividade material e com as relações materiais dos homens, linguagem da vida real. As representações e os pensamentos, o intercâmbio espiritual dos homens ainda aparecem aqui como emanação direta do seu comportamento material. Isto vale também para a produção espiritual como se manifesta na linguagem da política, das leis, da moral, da religião, da metafísica etc., de um povo. São os próprios homens que produzem as suas representações, ideias etc., mas os homens reais, que agem, da forma pela qual são condicionados por determinado desenvolvimento das suas forças produtivas e pelas relações que a elas correspondem até nas suas formações mais extensas. A consciência não pode mais ser algo diferente do ser consciente, e o ser dos homens é o processo real da vida deles. Se na ideologia os homens e as suas relações aparecem em posição invertida, como numa câmara escura, este fenômeno se deve ao processo histórico da sua vida, precisamente como a inversão dos objetos na retina se deve a um processo físico imediato. Exatamente o oposto acontece na filosofia alemã, a qual desce do céu para a terra e sobe da terra para o céus".[6]

Mais adiante Marx precisa: "Também as imagens nebulosas que se formam no cérebro do homem são necessariamente sublimações do processo material da vida de cada um, empiricamente constatável e ligado a pressupostos materiais. Consequentemente a moral, a religião, a metafísica e qualquer outra ideologia, e as formas de consciência que a elas correspondem não têm senão a aparência de autonomia. Elas não têm história, nem desenvolvimento, mas os homens que desenvolvem a sua produção material e as suas relações materiais transformam, junto com esta sua realidade, também o seu pensamento e os produtos do seu pensamento".[7]

Os textos citados são fundamentais não só como ilustrações da "reformulação" do idealismo como materialismo, mas também como documento da famosa doutrina marxista das relações entre estrutura e

---

[6]MARX, K.-ENGELS, F., *L'ideologia tedesca*, Roma, 1972, 13.
[7]*Id., ibid.*, 13.

superestrutura. Posto o princípio cardeal segundo o qual o elemento, a estrutura fundamental, é o econômico, Marx afirma logicamente que os outros elementos, as outras estruturas, são expressões da mesma situação nos respectivos setores (da política, da filosofia, da arte, da religião etc.).

Ele precisou ulteriormente o seu pensamento sobre as relações entre estrutura e superestrutura no prefácio a *Pela crítica da economia política,* onde, entre outras coisas, escreve: "As relações sociais são intimamente ligadas às forças produtivas. Adquirindo novas forças produtivas, os homens mudam o seu modo de produção, e mudando o modo de produção, o modo de ganhar a vida, mudam todas as suas relações sociais. O moinho à mão vos dará a sociedade com o feudatário; o moinho a vapor, a sociedade com o capitalista industrial. Estes mesmos homens que estabelecem as relações sociais em conformidade com a sua produtividade material, produzem também os princípios, as ideias e as categorias em conformidade com as suas relações sociais. Segue disso que estas ideias, estas categorias são tão pouco eternas quanto as relações que elas exprimem. Elas são produtos históricos e transitórios. Há movimento contínuo de aumento nas forças produtivas, de destruição nas relações sociais, de formação nas ideias; o que há de imutável é só a abstração do movimento, *mors immortalis* ("morte imortal").

"O resultado geral ao qual cheguei e que, uma vez adquirido, serviu-me de fio condutor nos meus estudos, pode ser resumido assim: na produção social da sua existência, os homens entram em relações determinadas, necessárias, independentes da sua vontade, em relações de produção, que correspondem a determinado grau de desenvolvimento das suas forças produtivas materiais. O conjunto destas relações de produção constitui a estrutura econômica da sociedade, isto é, a base real sobre a qual se eleva a superestrutura jurídica e política e à qual correspondem formas determinadas da consciência social. O modo de produção da vida material condiciona, em geral, o processo social, político e espiritual da vida. Não é a vida dos homens que determina o seu ser, mas, ao contrário, é o seu ser social que determina a sua consciência".

Em conformidade com as exigências do "novo" idealismo, Marx reinterpreta também as relações entre *teoria* e *práxis,* entre especulação e ação. Em oposição a Hume e a Kant, os quais, em consideração ao princípio de imanência, ensinaram que as coisas não podem constituir o objeto imediato do nosso conhecimento, Marx afirma que os sentidos nos dão um conhecimento direto, imediato, objetivo das coisas. Mas nem por isso ele está disposto a atribuir ao conhecimento valor prevalentemente contemplativo. Muito ao contrário. Em seu modo de ver, o valor do conhecimento não consiste na representação pura e simples da realidade, mas na sua utilidade: o conhecimento tem valor enquanto nos põe em condições de fazer, de transformar o mundo. A ação, a *práxis*, põe à prova a validade do conhecimento, isto é, da *teoria*. A teoria é, portanto, subordinada à práxis.

FUNÇÃO PRÁTICA DA FILOSOFIA

Nos filósofos antigos e modernos, principalmente em Hegel, Marx ridiculariza a pretensão de poder agir com as ideias e sobre elas, sem terem presente a situação na qual se encontra aquele do qual elas procedem. Em sua opinião, o modo de pensar do homem é condicionado pela situação concreta. Dizer que o homem conduz a sua vida em conformidade com o pensamento, e não inversamente, é pretender que "o mundo caminhe sobre a cabeça e não sob os pés". Logo, o homem é impedido de se realizar não por representações inadequadas, mas por condições de vida opressivas. Quando estas mudarem, também o modo de pensar mudará. Por isso, contra todos os filósofos do seu tempo, Marx proclama que o que conta não é interpretar o mundo, mas mudá-lo: o pensamento que vale realmente não é o pensamento puramente cognitivo e contemplativo, mas o pensamento que acompanha a práxis, a ação que modifica as condições de vida dos homens.

Sobre esta concepção das relações entre teoria e práxis um dos mais fieis seguidores de Marx, Vladimir Ulianov (Lenin) desenvolverá a doutrina da função partídica da filosofia: a filosofia a serviço do partido.

O MATERIALISMO HISTÓRICO

Quando se fala do materialismo marxista, costuma-se distingui-lo em dois aspectos, *o dialético* e o *histórico*. Sob o primeiro aspecto são consideradas as leis supremas que regem toda a realidade; sob o segundo, as leis particulares que governam as transformações econômicas ao longo do curso da história. Trata-se de distinção mais fictícia do que real, uma vez que Marx não faz nenhuma distinção entre história e realidade: para ele a única realidade é a da história, a qual, por sua vez, não é nada mais do que a evolução da matéria em todas as suas fases, incluída a humana.

Em todo caso, a distinção é útil para dividir o estudo do pensamento de Marx em duas partes, uma compreendendo os princípios gerais, a outra, as determinações particulares das transformações sociais. Por este motivo também nós recorremos a ela. E como já expusemos em outro lugar a doutrina de Marx no que se refere ao primeiro aspecto, procederemos agora à sua exposição no que se refere ao segundo.

O *materialismo histórico* é — já o vimos — aquela concepção da história segundo a qual o fator fundamental na existência humana é o econômico. Marx faz sua, sem reservas, esta concepção, já sustentada, aliás, antes dele, por Saint-Simon e Engels. Vimos que também ele ensina que a evolução econômica determina a evolução social (a das classes) e, através desta, a política. "Está provado que, pelo menos na história moderna, todas as lutas políticas são lutas de classes e que todas as lutas de emancipação de classes, malgrado a sua forma necessariamente política — uma vez que toda luta de classes é necessariamente política — giram, em última análise, em torno de uma emancipação econômica. Pelo menos aqui, portanto, o Estado, a ordem política, é o elemento subordinado, enquanto a sociedade civil, o reino das relações econômicas é o decisivo".

O processo histórico de transformação das estruturas econômicas e das respectivas superestruturas foi lucidamente sintetizado por Marx no prefácio para a *Crítica da economia política*. Depois de afirmar que a estrutura econômica da sociedade é constituída pelo conjunto das relações de produção, as quais formam a base real sobre a qual se ergue a superestrutura jurídica e política, à qual correspondem determinadas formas da consciência social, Marx acrescenta: "Em certa altura do seu desenvolvimento, as forças produtivas materiais da sociedade entram em conflito com as relações de produção existentes, isto é, com as relações de propriedade, em cujo âmbito se moviam até agora. Estas relações sociais, que até agora eram formas evolutivas das forças de produção, transformam-se em cadeias. Resulta então uma época de revolução social; transformando-se as bases econômicas da sociedade, cedo ou tarde subverter-se-á toda a monstruosa superestrutura da sociedade. (…) Uma formação social não chega ao ocaso antes do pleno desenvolvimento de todas as forças produtivas das quais ela é capaz, e as novas relações sociais só tomam o lugar das antigas quando estas tiverem suas condições materiais de existência esgotadas no seio da sociedade. (...) Em grandes linhas podem ser apontadas como épocas progressivas da formação da sociedade econômica o modo de produção asiático, ou antigo, o feudal e o moderno ou burguês.

"As relações burguesas de produção são a última forma antagônica, não no sentido de antagonismo pessoal e subjetivo, mas no de um antagonismo decorrente das condições da vida social dos indivíduos. Por outro lado, as forças produtivas que se desenvolvem no seio da sociedade burguesa produzem as condições materiais para resolver o antagonismo. Com esta formação social se encerra, pois, a pré-história da sociedade humana".

Na passagem citada, Marx fala da estrutura econômica geral da sociedade, da divisão da história em épocas segundo as diversas características da estrutura econômica da sociedade e das leis que regem a transformação da estrutura econômica.

A *estrutura econômica* geral da sociedade é determinada pela distribuição. Os *meios de produção* são três: *terreno* (ou matéria-prima), instrumentos de trabalho e trabalho. O modo de os membros da sociedade se referirem aos meios de produção constitui a *estrutura econômica,* a qual determina, por sua vez, o tipo de estrutura social. Assim, por exemplo, há escravidão quando alguns membros da sociedade têm a posse de todos os meios de produção, e os outros, nenhum; há capitalismo quando alguns (os patrões) têm a posse das matérias-primas e dos instrumentos de trabalho, e os outros (os *proletários*) têm só o trabalho.

A família, o Estado, a religião, o direito etc. representam a *superestrutura.*

A superestrutura depende, pois, da estrutura, a qual, por sua vez, depende da relação dos membros com os meios de produção.

As épocas da história do mundo segundo os vários tipos de estrutura são as seguintes:

1. *comunismo primitivo:* comunhão dos meios de produção;
2. *escravidão:* os escravos não têm nenhum meio de produção;
3. *capitalismo:* os servos e os proletários têm como próprio só o trabalho;
4. *comunismo futuro:* posse comum dos meios de produção.

A lei que regula a transformação da estrutura econômica da sociedade tem caráter dialético; ela se funda na oposição imanente entre a evolução da estrutura e a conservação da superestrutura. Enquanto a superestrutura, que beneficia as classes dominantes, tende a conservar-se e resiste ao estímulo da evolução econômica, a estrutura, isto é, as relações dos meios de produção, tende sempre a mudar com a evolução natural dos meios de produção.

Quando chega a certo ponto, a tensão entre estrutura e superestrutura se torna tão forte que a superestrutura não consegue mais reprimi-la e é arrastada por ela. Temos então a revolução que institui violentamente uma ordem nova. O modo pelo qual isto se dá é exposto claramente por Marx na análise sobre o fim do capitalismo e o aparecimento do comunismo.

Vejamos resumidamente o pensamento de Marx a este respeito.

DO CAPITALISMO AO COMUNISMO

Segundo Marx, o capitalismo é estrutura econômica que implica necessariamente a exploração do trabalhador.

De fato, entre o capital empregado pelo capitalista num empreendimento e o lucro que ele obtém com a venda do produto há sempre uma diferença de valor: o capitalista tira do produto mais do que investiu para produzi-lo.

Há, portanto, uma *mais-valia,* isto é, um ganho superior àquele que deveria provir de atividade de troca normal. A mais-valia se deve ao fato de que o trabalhador produz quantidade de bens correspondente ao seu salário em determinado número de horas, mas deve continuar trabalhando até preencher o seu horário de trabalho.

Obviamente o capitalista ganhará tanto mais quanto mais conseguir fazer o trabalhador trabalhar além do tempo correspondente ao salário. Todo o segredo da produção capitalista consiste em tornar maximamente produtivo o trabalho do operário e em manter o mais baixo possível a retribuição do salário.

E dado que os capitalistas ganham somente produzindo, procuram intensificar o mais possível o processo de produção para venderem mais e assim aumentarem o lucro. Daqui nasce a concorrência entre capitalista e capitalista, a qual leva a produção superior à demanda, de modo que a diferença não é vendida.

Desta situação decorrem as crises econômicas. Multiplicam-se as falências e aumenta sem cessar o exército dos proletários contra o número cada vez menor dos capitalistas.

Mas, aos poucos, os proletários vão descobrindo que os verdadeiros produtores dos bens são eles e que a sua situação é injusta.

Quando os proletários se tiverem tornado suficientemente cônscios da sua força, rebentará a revolução proletária, a qual eliminará os poucos capitalistas remanescentes e criará a nova sociedade comunista na qual todos os meios de produção serão bens comuns.

Como se vê, para Marx, é a própria sociedade capitalista que cria as condições para a sua destruição e para o surgimento da sociedade comunista, a qual se distingue pelas seguintes características:

— *abolição da propriedade privada;*

— *igualdade:* não haverá mais diferença de classes porque as classes serão abolidas, e não haverá mais nem explorados, nem exploradores;

— *justiça:* a sociedade exigirá de cada um de acordo com as suas forças e lhe dará de acordo com as suas necessidades;

— *continuação do processo dialético:* a evolução segundo as leis da dialética continuará sem fim, mas não consistirá mais na luta de classe contra classe, do homem contra o homem, mas na luta do homem contra a natureza.

A RELIGIÃO

Marx, como vimos acima, considera a religião como uma das tantas superestruturas que acompanham a estrutura econômica. Mas, diversamente das outras superestruturas (política, social e cultural), que são indispensáveis a qualquer tipo de sociedade e que, por isso, jamais poderão faltar, a superestrutura religiosa está destinada a desaparecer porque a sua função é provisória: é a de oferecer uma ilusão necessária para se compensarem, durante as épocas da escravidão e do capitalismo, formas de vida de outro modo insuportáveis, e a de fornecer uma explicação fantástica da realidade em lugar da verdadeira, que será dada pela ciência.

"O fundamento da crítica religiosa é: o homem faz a religião, e não: a religião faz o homem. De fato, a religião é a consciência do homem que ainda não adquiriu ou que perdeu de novo a si mesmo. Mas o homem não é um ser abstrato, isolado do mundo. O homem é o mundo do homem, o Estado, a sociedade. Este Estado, esta sociedade produzem a religião, uma consciência do mundo de cabeça para baixo, porque eles também são um mundo de cabeça para baixo. A religião é a teoria geral deste mundo, o seu compêndio enciclopédico, a sua lógica em forma popular, a sua questão de honra ('ponto-de-honra') espiritual, o seu entusiasmo, a sua sanção moral, o seu completamento solene, a sua fundamental razão de consolação e de justificação. Ela é a realização fantasista da essência humana, já que a essência humana não tem verdadeira realidade. A luta contra a religião é pois, indiretamente, a luta contra aquele mundo do qual a religião é o aroma espiritual".[8]

Foram, portanto, principalmente razões de sistema (a "conversão" do idealismo em materialismo) que levaram Marx a opor-se à religião e a combatê-la. Houve também outras razões, das quais as principais são as que seguem. Em primeiro lugar uma formação substancialmente ateia: "Marx foi praticamente ateu desde a infância".[9] Na sua tese de doutorado professa-se decididamente ateu, proclamando sem meios-termos que "no país da razão" a existência de Deus não pode mais ter nenhum significado: "Levai papel-moeda a um país no qual este uso do papel é desconhecido, e todos rirão de vossa representação subjetiva. Ide com os vossos deuses a um país no qual são adorados outros deuses, e lá vos demonstrarão que sois vítimas de imaginações e abstrações. E com razão. Se alguém tivesse levado aos gregos antigos um deus migrador, teria tido a prova da não existência deste deus, porque para os gregos ele não existia. O que em determinado país se dá com os deuses estrangeiros acontece no país da razão com Deus em geral: é região na qual a existência de Deus cessa".[10]

Em segundo lugar, a experiência pessoal da aliança da Igreja com as forças capitalistas do tempo e da não disponibilidade da primeira para apoiar a causa do proletariado: "Para fazer o ateísmo individual tornar-se doutrina geral do movimento marxista a experiência com a Igreja e com os seus representantes visíveis foi fator decisivo".[11]

Em terceiro lugar, o conhecimento superficial e errôneo que Marx tinha do cristianismo, conhecimento que se fundava mais nos

---

[8]Marx, K., Crítica da filosofia hegeliana do direito público. Introdução.
[9]Dognin, P., Introduzione a Karl Marx, Roma, 1972, 15.
[10]Fragmento do Apêndice da dissertação doutoral in Sabetti, A., *Sulla fondazione del materialismo storico*, Florença, 1962, 415.
[11]Gollwitzer, H., La critica marxista delta religione e la fede cristiana, Bréscia, 1970, 97.

escritos de críticos do que no de seguidores, podendo-se dizer que a sua adesão ao ateísmo se deveu em grande parte mais a preconceitos do que a razões sólidas. "Nenhum dos socialistas da primeira hora parece ter estado em contato vivo com a piedade cristã. Irritavam-se com a irracionalidade das situações terrenas, interessavam-se pela ciência, concentravam-se no problema da felicidade terrena e no aumento, para todos os homens das possibilidades de consegui-la; repugnava-lhes o fatalismo com o qual o povo, sob o influxo da religião, se submetia à pressão das circunstâncias. Não se interessavam por questões religiosas em sentido mais rigoroso, e a sua crítica atingia somente a Igreja como ela infelizmente era".[12]

Estas razões pessoais, históricas e sociais contribuíram, sem dúvida, para reforçar a convicção de Marx quanto à validade do seu ateísmo filosófico e o levaram a incluir no seu movimento uma luta áspera, contínua e sistemática contra a Igreja e a religião.

MOTIVOS DA INCIDÊNCIA EXTRAORDINÁRIA DE MARX NO MUNDO CONTEMPORÂNEO

Dos pensadores que se projetaram na história humana pouquíssimos tiveram como Marx a capacidade de incidir não só sobre a orientação da cultura, mas também sobre as instituições e, com isso, sobre o destino de milhões de pessoas. Em pouco menos de um século o pensamento de Marx se impôs ao mundo contemporâneo com tanta força que os seus diagnósticos ocupam o centro de todas as grandes controvérsias intelectuais e políticas, e uma parte considerável de Estados do Oriente e do Ocidente se inspira em suas doutrinas. Em todo o mundo movimentos políticos das mais diversas origens se referem direta ou indiretamente, aderindo ou opondo-se, às ideias de Marx.

---

[12]*Id., ibid.*, 33-34. Bastante oportuna é também a observação de DOGNIN: "As concepções teológicas às quais Marx se refere são totalmente estranhas à teologia clássica. Com efeito, Feuerbach, em quem ele se inspira em tudo isso, toma quase sempre como ponto de partida e como objeto da sua crítica uma teologia luterana e uma espiritualidade pietista, da qual ele exagera, aliás, certas tendências para facilitar a sua tarefa. Ora, uma destas tendências consiste em representar-se as relações entre Deus e o homem num plano não de participação, mas de antagonismo: se Deus é, o homem não é, ou, pelo menos, deve reconhecer-se como nada, como uma pura aparência. Em outras palavras, a glória de Deus não é o "homem vivo", mas o nada do homem. Nestas condições é evidente que, para afirmar-se e viver, o homem deve, por sua vez, reduzir ao nada a existência de Deus e não ver nela mais do que um reflexo (. .). Tudo isto, para o teólogo clássico, é uma aberração pura e simples" (DOGNIN, P. D., *o. c.*, 74-75).

Qual a razão desta extraordinária incidência do pensamento de Marx no mundo contemporâneo? Pode-se concordar com Umberto Cerroni, para o qual a razão deve ser procurada num sólido feixe de ensinamentos que parecem poder oferecer resposta adequada a questões capitais do nosso tempo. Tais ensinamentos são os seguintes: "*a)* Marx inseriu a cultura diretamente na prática da nossa existência; *b)* deu explicação desta existência que parte dela mesma; *c)* viu na existência humana articulação histórica da existência organizada dos homens; *d)* viu na existência organizada dos homens resultado da organização produtiva dos homens; *e)* explicou definitivamente o mundo moderno a partir de suas condições materiais, sem, contudo, reduzi-lo a estas condições; *f)* ofereceu, em particular, o primeiro e até agora o único diagnóstico aprofundado da sociedade moderna como sociedade baseada na produção e na apropriação privada da riqueza socialmente produzida como sociedade que, em contradição com o seu crescente caráter social-objetivo, cinde a comunidade dos sujeitos em classes opostas: capitalistas e operários; *g)* e, por fim, previu a crise histórica radical deste tipo de sociedade e a possibilidade de construir outra, fundada não em programa abstrato renovador, mas na supressão das contradições hoje existentes".[13]

Existe, pois, longa série de elementos positivos no pensamento de Marx. Mas nem tudo o que ele ensinou é válido ou, pelo menos, nem tudo pode reivindicar validade absoluta. Como poderia, de resto, alimentar tal pretensão um pensamento que, por um lado, é tão fortemente condicionado pelo clima filosófico, religioso, social e político do seu tempo e, por outro, eleva o devir dialético a princípio arquitetônico de todo o sistema?

Dentre os numerosos pontos que podem suscitar perplexidade, no plano teórico, o que desperta mais interesse é o que se refere à tese marxista da dependência estreita das concepções religiosas, filosóficas e políticas das condições econômicas de determinado período, e da sua instabilidade e transitoriedade por causa precisamente da instabilidade e transitoriedade das condições econômicas. Marx tem razão, sem dúvida, quando observa que a sociedade e particularmente as classes dominantes produzem a moral e a metafísica que mais lhes convêm, estabelecendo os sistemas de valor que as justifiquem aos seus olhos. Assim nascem as

---

[13]CEAXONI, U., *Il pensiero di Marx*, Roma, 1972, 9-10.

morais e as metafísicas nacionais, de casta ou de classe; as da burguesia francesa do século XIX ou as da Alemanha nazista. A crítica de Marx é válida para bom número de morais e de metafísicas existentes, e a sua descoberta é profunda e positiva. Mas, no fundo, o problema permanece aberto: é possível construir uma reflexão sobre o ser e fundar uma moral filosófica que não sejam subjetivas e dependentes das condições sociais e econômicas, mas objetivamente válidas para todos os homens, isto é, universais? Este saber é possível, ainda que não exista de fato? Seria certo, por outro lado, que ele não existe também de fato, pelo menos em certa medida?

Se a sua existência fosse absolutamente impossível, as consequências seriam catastróficas para o próprio sistema marxista: também dele dever-se-ia dizer que não se pode tratar senão de expressão ideológica correspondente a determinadas condições econômicas, destinada a ser superada e descartada pelo devir dialético.

5. O marxismo ortodoxo: Lenin, o principal expoente

Marx não fundou escola e, durante a sua vida, não chegou a ter muitos discípulos e seguidores. Mas, depois que a União Soviética elevou o marxismo a doutrina oficial do Estado, pode-se dizer que Marx é continuado pela escola mais imponente da história, escola que está se tornando ainda mais numerosa à medida que o marxismo se torna doutrina oficial de outros Estados do Oriente e do Ocidente.

Os triunfos políticos foram acompanhados pela pesquisa científica em torno do pensamento de Marx, pesquisa não sempre fácil, dado o caráter pouco sistemático dos seus escritos. Na União Soviética existe uma exegese oficial do seu pensamento, elaborada por Lenin (pseudônimo de Vladimir Ylyich Ulianov, 1870-1924, natural de Simbirsk), o artífice da revolução russa. Ela representa a interpretação *ortodoxa* e é caracterizada pela atribuição de um sentido rigorosamente materialista ao pensamento de Marx, ao qual é dada como fundamento a dialética entendida como lei suprema do mundo, da natureza e da história.

Entre 1915 e 1916, Lenin fez estudo aprofundado de Hegel e chegou à conclusão de que a dialética é parte essencial do marxismo e de que o defeito mais grave de todos os materialismos, fora o de Marx, é a ausência da dialética. De fato, nos outros materialismos o devir é causado pelo exterior, ao passo que em Marx ele é causado pelo interior, e isto é proporcionado pela dialética.

Lenin procurou também rebater as objeções levantadas mais frequentemente contra o materialismo no começo do século. A mais radical se referia à atualidade de uma visão materialista das coisas. No princípio do século, quando parecia certo que a realidade podia ser explicada sem a matéria, só pela energia, sustentar o materialismo significava sustentar uma filosofia antiquada. Para evitar ao marxismo o perigo de passar por uma teoria já superada era necessário dar uma explicação da matéria que não pusesse o marxismo em contradição com as descobertas da ciência. Lenin julgou conseguir este objetivo enunciando uma clara distinção entre conceito filosófico e conceito científico da matéria e precisando que a matéria, em contínuo devir dialético, não é a que é estudada pelos cientistas, e sim a que é estudada pelos filósofos.

Outra importante doutrina do marxismo ortodoxo é a que se refere à "partidicidade" da filosofia. Marx adotara o critério da verdade da práxis, isto é, que verdadeiras eram só as doutrinas que encontrassem confirmação na experiência, na prática. Ideias abstratas e doutrinas platônicas são falsas e ilusórias. E tais devem ser consideradas todas as especulações metafísicas, uma vez que não encontram nenhuma confirmação na experiência. Lenin dá uma interpretação mais rigorosa do critério da práxis: verdadeiras são somente aquelas doutrinas que são úteis ao partido. Com isso ele transforma o critério da práxis em critério da "partidicidade". Além disso, ele introduz o conceito, importante do ponto de vista teórico e prático, da realização da meta final do comunismo, a *ditadura do proletariado,* como forma necessária para a passagem do estádio do capitalismo ao do comunismo. Dentre os seus escritos devem ser recordados os que fundamentam a ação internacional do comunismo: *O imperialismo, fase extrema do capitalismo; Estado e revolução; Extremismo, doença infantil do comunismo.* A sua obra filosófica mais importante é, porém, *Materialismo e empiriocriticismo,* publicada em 1909, contra "certo grupo de escritores (russos), pretensamente marxistas" — são palavras suas — os quais na realidade seguiam as teorias empiriocriticistas de Avenarius e Mach.

O marxismo ortodoxo de marca leniniana é o mais seguido não só na União Soviética, mas também na Polônia, na Hungria, na Tcheco-Eslováquia, na Bulgária, na França, na Itália e na China. Mas, de alguns decênios para cá, especialmente fora da União Soviética, vêm sendo propostas novas interpretações, não ortodoxas, do pensamento de Marx (veja no c. XIII: Os marxistas revisionistas).

6. Mao-tse-tung

"Na base da atividade do nosso partido, desde o primeiro dia de sua existência, sempre esteve a teoria marxista-leninista... O partido comunista chinês, munido da teoria marxista-leninista, difundiu entre o povo um novo estilo de trabalho, cujos traços são a união da teoria com a prática, um estreito contato com as massas e o desenvolvimento da autocrítica" (MAOTSE-TUNG, *Scritti scelti*, Roma, Editori Riuniti, 1956-1964, IV, 449). Nascido de família camponesa em 1893, aos vinte anos entrou naEscola Normal, na qual se diplomou em 1918; esteve entre os fundadores do partido comunista em Shangai, em 1921. Na longa luta contra o marechal Chang Kai-chek, sucessor do fundador da república chinesa, guiou o exército comunista na retirada pelo interior da China, na famosa *longa marcha* de 1934. Em 1949, derrotada completamente a China Nacionalista, tornou-se o chefe carismático do comunismo chinês e da China Popular, que em breve se tornaria, no plano político, antagonista da Rússia soviética.

No trecho citado, Mao-tse-tung indica claramente as qualificações que ele quis conferir ao seu socialismo para distingui-lo do de Marx e Lenin: a) união entre teoria e práxis, b) estreito contato com as massas, c) desenvolvimento da autocrítica.

Mao-tse-tung quis primeiramente acentuar o valor "teorético" da práxis. Já para Marx e Engels a práxis e a produção material não são somente o elemento que configura as relações de produção e a superestrutura, mas também o critério da verdade. Aquilo que se mostra verdadeiro na práxis, é verdadeiro. A práxis é o critério da verdade, o instrumento da crítica. Lenin aponta como critério da verdade, além da práxis, também a vida. Mao entende este critério de modo ainda mais avançado e preciso. Para ele são significativos não só a produção material e a vida em geral, mas também todos os setores da vida prática da sociedade: "Luta de classes, vida política, atividade científica e artística" (*Ibid.*, I, 364). A experiência consolidada pela práxis leva ao conceito desta, o conceito leva à teoria, a qual deverá, por sua vez, ser traduzida na práxis e nela ser reexaminada, novamente corrigida e ulteriormente desenvolvida em função da mesma práxis.

Para estabelecer um estreito contato entre o partido e as massas populares, Mao promoveu uma "revolução cultural" que prevê um retorno periódico dos estudantes, dos laureados e dos membros do partido ao trabalho nos campos ou nas fábricas. Este sistema tem a desvantagem de reduzir a possibilidade de especialização pessoal num determinado setor da ciência ou da técnica, mas obtém o efeito positivo de eliminar aquelas discriminações entre a classe operária, de um lado, e o mundo da cultura e do partido, do outro, que se verificaram e que continuam a verificar-se na maior parte dos outros países de regime comunista.

Quanto à crítica, Mao se serviu dela especialmente para combater a cultura tradicional, profundamente religiosa, do povo chinês, convencido como estava de que entre a visão materialista de Marx e Lenin e a espiritualista de Confúcio não era possível nenhum diálogo, nenhuma conciliação. Confúcio devia, por isso, ser eliminado para dar lugar a Marx, a Lenin e, obviamente, a Mao.

Em 1940 Mao escrevia: "Uma dada cultura é o reflexo ideológico da política e da economia de uma sociedade. Na China existe uma cultura imperialista que é o reflexo do controle total ou parcial, tanto econômico como político, do imperialismo sobre a China. Esta parte da cultura é sustentada não só pelas organizações culturais, dirigidas pelos imperialistas, mas também por um número de chineses imprudentes. Toda cultura que sustenta uma ideologia escravagista pertence a esta categoria. Existe também na China uma cultura semifeudal que é o reflexo da política e da economia semifeudal, cujos representantes são todos aqueles que, opondo-se à nova cultura e às novas ideologias, sustentam a veneração a Confúcio, o estudo do ensinamento confuciano, o velho código moral ou as velhas ideologias. A cultura imperialista e a cultura semifeudal são irmãs apaixonadas que fizeram uma aliança cultural reacionária para se oporem à nova cultura da China. Esta cultura reacionária serve aos imperialistas e à classe feudal e deve ser destruída. Enquanto ela não for destruída, não será possível nenhuma cultura nova, de qualquer espécie que seja. A cultura nova e a reacionária estão empenhadas numa luta na qual uma das duas deve morrer para que a outra possa viver. Não se pode construir sem antes destruir, não se pode fazer a água correr sem antes tê-la represado, não se pode mover sem antes ter parado" *(Ibid.*, III, 141).

Nos últimos anos Mao usou decididamente a arma da crítica, dirigindo-a também contra as tendências humanistas que, a partir dos anos sessenta, se manifestaram em vários países comunistas, por ele tachados de revisionistas e de social-imperialistas. Marx, Engels e Lenin eram estudados cada vez mais, mas somente para com eles se ilustrarem as proposições de Mao, sendo o maoísmo reduzido às virtudes totalitárias da praticidade, da laboriosidade, da submissão e da obediência cega às normas do partido. Mas uma das fraquezas fundamentais do maoísmo — herdada necessariamente do marxismo — é a de ser incapaz de enfrentar as realidades da vida e da morte. O maoísmo permanece, portanto, um humanismo que tenta ignorar as preocupações fundamentais do homem.

BIBLIOGRAFIA

Sobre Feuerbach:

LOMBARDI, F., *L. Feuerbach,* Florença, 1935; SECco, L., *L'etica nella filosofia di Feuerbach,* Pádua, 1936; RAMBALDI, E., *La critica antispeculativa di L. A. Feuerbach,* Florença, 1966; PERONE, U., *Teologia e esperienza religiosa in Feuerbach,* Milão, 1972; LOEVTRITH, K., *Da Hegel a Nietzsche,* Turim, 1965; GREGOIRE, F., *Aux sources de Ia pensée de Marx, Hegel, Feuerbach,* Lovaina, 1947; ARVON, H., *Ludwig Feuerbach ou Ia transformation du sacré,* Paris, 1957.

Sobre Marx e Engels:

CROCE, B., *Materialismo storico ed economia marxista,* Bari, 1961, 10ª ed.; MONDOLFO, R., *II materialismo storico in F. Engels,* Florença, 1952; GENTILE, G., *La filosofia di Marx,* Florença, 1955; WETTER, G. A., *Il materialismo dialettico sovietico,* Turim, 1948; OLGIATI, F., *Carlo Marx,* Milão, 1953, 5ª ed.; LEFEBVRE, H., *Il materialismo dialettico,* Turim, 1949; CORNU, A., *Marx e il pensiero moderno,* Turim, 1949; LUKACS, G., *Il marxismo e Ia critica letteraria,* Turim, 1964; LENIN, *Karl Marx,* Roma, 1965; HYPPOLITE, J., *Saggi su Marx e Engels,* Milão, 1963; DAL PRA, M., *La dialettica di Marx,* Bari, 1965; CALVEZ, J. Y., *II pensiero di Karl Marx,* Turim, 1966; LUKACS, G., *Storia e coscienza di classe,* Milão, 1967; VACCA, G., *Marxismo e analisi sociale,* Bari, 1969; ALTHUSSER, L.-BALIBAR, E., *Leggere il "Capitale",* Milão, 1968; NAPOLEONI, G., *Smith, Ricardo, Marx. Considerazioni sulla storia del pensiero economico,* Turim, 1970; MANACORDA, M. A., *Marx e Ia pedagogia moderna,* Roma, 1971; CERRONI, U., *IL pensiero di Marx,* Roma, 1972; DOGNIN, P. D., *Introduzione a Karl Marx,* Roma, 1972; LEWIS, J., *The Life and Teaching of K. Marx,* Nova Iorque-Londres, 1965; PIETTRE, A., *Marx et marxisme,* Paris, 1966, 5ª ed.; DUPRÉ, L., *The Philosophical Foundations of Marxism,* Nova Iorque, 1966; FROM, E., *Marx e Freud,* Milão, 1970; KORSCH, *Karl Marx,* Bari, 1968; CESA, C., *Studi sulla sinistra hegeliana,* Urbino, 1972; AVINERI, S., *Il pensiero politico e sociale di Marx,* Bolonha, 1972.

VI
OS POSITIVISTAS

1. Caracteres gerais do positivismo

"Desde a primeira vez em que foi usado, provavelmente na escola de Saint-Simon, o termo 'positivismo' designa: *a)* a convalidação do pensamento cognitivo por meio da experiência fatual; *b)* a orientação do pensamento cognitivo para as ciências físicas como modelos de certeza e exatidão; *c)* a persuasão de que o progresso do conhecimento depende de tal orientação. Em consequência disso, o positivismo é a luta contra todas as metafísicas, contra todos os transcendentalismos e idealismos, considerados modos de pensamento obscurantistas e regressivos".[1]

A segunda metade do século XIX registra o triunfo desta mentalidade, que reconhece na ciência não só a forma de conhecimento ideal, mas também a única válida. Já no século XVII, fascinados pelos progressos científicos, os filósofos esperavam conseguir os mesmos resultados, transferindo o método científico, geométrico, matemático para a respectiva disciplina (Descartes, Spinoza, Leibniz). Mas os resultados não foram satisfatórios, o que fez surgir a dúvida sobre se a esterilidade da filosofia não seria somente questão de método. Kant avançou então a hipótese segundo a qual a única esfera na qual a razão humana pode operar é a da ciência, não podendo ela dizer nada da esfera metafísica. Contemporaneamente os cientistas efetuavam descobertas sobre aspectos da natureza e do homem para os quais, nos séculos anteriores, a filosofia procurara inutilmente explicações válidas. Tudo isto parecia justificar a ilação de que a única filosofia verdadeira fosse a própria ciência. É precisamente esta a lógica do positivismo, o qual é, portanto,

---

[1] MARCUSE, H., *L'uomo a una dimensione*, Turim, 1969, 185.

a consequência lógica dos insucessos da metafísica, de um lado, e dos triunfos da ciência, do outro.

O positivismo se propõe vir ao encontro ao desejo de estender o domínio do homem sobre a natureza por meio da ciência, e à exigência de organizar, por meio da ciência, o mundo humano; ele pode considerar-se, por isso, sob tal aspecto, como a confirmação ou a reafirmação dos motivos iluministas contra as construções metafísicas arbitrárias e as filosofias apriorístas da natureza que floresceram no período romântico. Mas o positivismo tem também, em certo sentido, veia romântica: como os românticos, também os positivistas têm visão não estática, mas dinâmica da natureza e interpretam os fenômenos como sucedendo-se num único processo evolutivo que sobe ininterruptamente do mundo inferior, inorgânico, passando por uma série progressiva de formações intermediárias cada vez mais complexas, até atingir o mundo superior, humano.

O positivismo é aparentado não só com o romantismo e com o iluminismo, mas também com o materialismo: ambos veem na matéria o princípio supremo, a causa última de toda a realidade. Mas enquanto, no materialismo de Marx, de Engels e dos seus seguidores, este é postulado fundamental sobre o qual se ergue todo o sistema, no positivismo se trata antes da conclusão última de toda a pesquisa científica: consequência, portanto, mais de certas premissas metodológicas do que de certos preconceitos metafísicos.

Um dos aspectos mais originais e interessantes do positivismo é a preocupação humanística. É preocupação bastante viva também no materialismo, cujo objetivo fundamental é libertar o homem tanto das alienações ideológicas quanto das sujeições e das opressões políticas. A preocupação humanística do positivismo tem outro objetivo: adquirir um conhecimento exato do homem como ser social, empregando para isso o método das ciências experimentais: como as ciências são aptas para formular as leis relativas ao desenvolvimento dinâmico da realidade natural, devem ser aptas também para formular as leis relativas ao desenvolvimento do mundo social humano.

Como o iluminismo e o romantismo, também o positivismo é movimento espiritual de irradiação europeia ou até mundial, uma vez que teve defensores e seguidores em todas as partes do mundo. Mas os seus expoentes mais ilustres pertencem à França (Saint-Simon e Comte), à Inglaterra (Darwin, Spencer, Stuart Mill), à Alemanha (Haeckel) e à Itália (Ardigò).

2. Os positivistas franceses

Augusto Comte é tido comumente como o pai e o fundador do positivismo, e, na verdade, ele merece estes títulos por ter sido o teórico principal desta concepção filosófica. Mas os motivos basilares do positivismo já estão presentes no seu mestre, Saint-Simon.

CLAUDE HENRI DE SAINT-SIMON

Claude Henri de Saint-Simon (1760-1825), nas suas obras *Introdução aos trabalhos científicos do século XIX (1808)*, *Reorganização da sociedade europeia (1814)*, *Novo cristianismo (1825)* e em outros escritos, expôs ideias que exerceram grande influência sobre filósofos, sociólogos, políticos e historiadores do século XIX. Essas ideias dizem respeito principalmente à crise da sociedade europeia na época moderna e aos remédios para saná-la.

A sociedade moderna atravessava uma fase de dissolução análoga à da decadência romana. O fim do feudalismo, a luta entre o papado e o império, a reforma protestante, o liberalismo, a revolução francesa são outras tantas etapas de um processo que rompe cada vez mais radicalmente aquela unidade social e espiritual que o cristianismo conseguira estabelecer, durante a Idade Média, sobre as ruínas do mundo romano. É justamente esta unidade social e espiritual que deve ser reconstruída sobre a base de nova concepção do mundo, possibilitada pelo progresso das ciências positivas. No mundo moderno, o problema que predomina sobre todos os outros, incluídos o político e o religioso, é o econômico: é a condição dos trabalhadores — totalmente descurada na especulação dos teóricos e nos programas dos políticos — que revela toda a profundidade e gravidade da crise da nossa época. A crise não poderá ser resolvida, segundo Saint-Simon, senão pondo à frente da sociedade os grandes industriais e os homens da ciência: o interesse da indústria coincide com o interesse de todos, e a indústria deve ao progresso das ciências o seu contínuo desenvolvimento e a sua crescente influência na vida social. No novo sistema de organização da sociedade a direção espiritual deve passar do clero aos cientistas, e o cuidado pelos interesses materiais deve passar da nobreza para a indústria e os bancos.

Em relação ao desenvolvimento da produção industrial, que, para SaintSimon constitui a condição fundamental para a consecução do bem-estar, apresenta propostas muito concretas: eliminação dos ociosos para que a sociedade possa constituir-se só de trabalhadores; supressão da propriedade privada para que o Estado possa repartir os bens segundo a capacidade e o rendimento de cada um; programação da construção de grandes obras (como canais, estradas, saneamentos etc.) para dar trabalho a todos, inclusive aos cientistas e técnicos etc.

Nos últimos anos de sua vida, Saint-Simon foi de parecer que a reforma social não poderia ser concretizada se não se juntasse à reorganização industrial da Europa a constituição de "novo cristianismo", diferente do antigo por propugnar o Reino de Deus na terra e por ensinar o amor ao próximo como a única via para a sua realização. É somente com esta fé na presença do divino na história humana que a sociedade pode encontrar a energia para reconquistar aquela "organicidade" de vida que ela teve na Idade Média e que a crítica moderna pôs por terra.

AUGUSTO COMTE

Augusto Comte nasceu em Montpellier aos 19 de janeiro de 1798, de pais católicos, mas, ainda muito jovem, perdeu a fé. Estudou no Politécnico de Paris, do qual foi expulso. Por algum tempo foi discípulo e colaborador de Saint-Simon, com o qual aprendeu a interessar-se pela sociologia e pela história. Começou, em 1830, a publicação do *Curso de filosofia positivista,* obra na qual desenvolvia nova ciência da humanidade e criava nova religião: a religião da humanidade. Compôs, para esta religião, em 1852, *O catecismo positivista* contendo também novo calendário, *O calendário positivista.* Morreu em Paris, em 1856, enquanto trabalhava na *Síntese subjetiva,* na qual se propunha oferecer uma síntese completa de todo o saber científico.

A parte da obra de Comte que teve mais repercussão tanto entre seus contemporâneos como entre os pósteros é a que trata do valor e da função da ciência. Isto não parece, contudo, corresponder às intenções do autor que queria antes de Tudo elaborar uma filosofia da história baseada não no princípio do devir dialético (como fizera Hegel), mas no princípio da evolução espontânea e mecânica.

Segundo Comte, todo o universo procede da matéria por via de evolução. Também o homem é produto da evolução da matéria. Quando a evolução atingiu o estádio humano, teve início a história, cujas fases principais são a *religiosa*, a *filosófica* e a *científica*, as quais constituem as três épocas fundamentais da história da humanidade.

Na época religiosa, o homem explica os fenômenos naturais recorrendo a causas sobrenaturais; na época filosófica, explica os mesmos fenômenos recorrendo a princípios recônditos como a substância etc.; na época positiva, procura explicação científica por meio das leis naturais, as quais explicam por si sós (sem necessidade de se recorrer a Deus ou a princípios metafísicos) todos os fenômenos que constatamos.

Todos os ramos da história e do conhecimento humano passam por estes três estádios.

Para Comte esta lei é imediatamente evidente:

"Quem de nós não recorda, refletindo em sua própria história, que foi sucessivamente, com respeito às noções mais importantes, teólogo na sua infância, *metafísico* na sua juventude e *físico* na idade adulta?."

Quanto ao estado da cultura do seu tempo, Comte observa que, embora vários ramos do conhecimento humano já tenham entrado na fase positiva, a totalidade da cultura intelectual e da organização social que se baseia nela ainda não está animada pelo espírito positivo.

Comte nota principalmente que, ao lado da física celeste, da física terrestre, mecânica e dinâmica, e da física orgânica, vegetal e animal, falta uma *física social,* isto é, o estudo positivo dos fenômenos sociais.

Por isso ele se propõe levar a termo, isto é, elevar ao estado positivo todas as ciências e especialmente elaborar uma ciência dos fenômenos sociais, uma física social.

Um dos aspectos mais originais do pensamento de Comte diz respeito à função da filosofia. Esta é a forma mais alta do saber, a ciência suprema, mas não porque tenha objeto distinto, superior ao objeto das outras ciências. A filosofia não é superior às outras ciências no que se refere ao objeto.

Segundo Comte, com efeito, não existe nenhum outro objeto além dos objetos particulares estudados pelas outras ciências; além da realidade empírica não existe nenhuma realidade metaempírica; além da realidade física não existe realidade metafísica, divina, reservada ao estudo da filosofia.

A filosofia é a rainha de todas as ciências porque as dirige todas. Segundo Comte, a tarefa da filosofia é classificar as ciências, determinar os seus limites, julgar os seus progressos. A função da filosofia não é conhecer este ou aquele objeto particular (não é função cognitiva), mas dirigir as ciências em suas pesquisas.

A sua função é *normativa*.

As ciências fundamentais, segundo Comte, são três: *física, biologia* e *sociologia*.

A física estuda as leis gerais da matéria; a biologia, as leis gerais da vida; a sociologia, as leis gerais do homem como ser social.

Comte não inclui a matemática nas ciências. Para ele a matemática, por não estudar seres concretos, não é ciência, mas método, o método geral de todas as ciências.

A ciência à qual Comte subordina todas as ciências como ao seu fim último é a sociologia.

"Nenhuma ciência inferior deve ser cultivada a não ser quando o espírito humano tiver necessidade dela para elevar-se solidamente à ciência seguinte, até atingir o estudo sistemático da humanidade, sua única meta final".

No estudo sistemático da humanidade, Comte chega às seguintes conclusões:

— A humanidade é o único Deus que merece o nosso culto. A humanidade é o grande ser enquanto "conjunto dos seres passados, futuros e presentes que concorrem livremente para o aperfeiçoamento da ordem universal". É para este grande ser que deve ser dirigida a religião de todos os membros da sociedade. Comte delineia minuciosamente o culto positivista da humanidade. Estabelece um "calendário positivista", no qual os meses e os dias são dedicados às maiores figuras da religião, da arte, da política e da ciência. Propõe até novo "sinal" em substituição ao sinal-da-cruz dos cristãos. Finalmente, no último escrito, dedicado à *Filosofia da matemática* (1856), que se propõe associar a ciência da natureza ao sentimento, pretende introduzir uma trindade positivista.

Ao lado do "grande ser" que é a humanidade, Comte põe como objeto de adoração o "grande fetiche", isto é, a terra, e o "grande meio", isto é, o espaço.

— "A humanidade está em contínuo progresso. Realiza aperfeiçoamento constante, embora não ilimitado, do gênero humano; este aperfeiçoamento assinala a preponderância crescente das tendências mais nobres da nossa natureza".

— A humanidade tende à unidade também política; virá tempo no qual haverá um só governo, dirigido por corporação de filósofos positivistas.

— A humanidade é guiada por uma só lei moral: *viver para os outros*. Esta máxima não é contrária aos instintos do homem porque eles não são exclusivamente egoístas. O homem tem também instintos altruístas que a educação positivista pode desenvolver progressivamente até fazê-los predominar sobre os outros instintos.

3. Os positivistas ingleses

Na Inglaterra o positivismo encontrou terreno muito acolhedor e fecundo. Isto se explica facilmente: o positivismo se apresentava aos ingleses como o legítimo herdeiro e como o continuador natural do empirismo, isto é, daquela filosofia que, na Inglaterra, sempre fora de casa e que era perfeitamente conforme à mentalidade anglosaxônica.

No mundo anglo-saxônico o positivismo teve três insignes representantes: Darwin, Spencer e Stuart Mill. Ao primeiro cabe o mérito de ter assegurado uma base científica à teoria da evolução; ao segundo, o de ter posto a evolução como princípio arquitetônico de sistema filosófico onicompreensivo; ao terceiro, o de ter elaborado uma lógica rigorosa em conformidade com as exigências do positivismo.

CHARLES R. DARWIN

Charles R. Darwin (1809-1882) publicou, em 1859, o livro *Origem das espécies*, no qual o evolucionismo se transforma de hipótese sentimental em teoria científica.

O evolucionismo já o sustentara Lamarck (1744-*1829)*, mas naquela época esta teoria se chocava contra duas dificuldades, que pareciam insuperáveis: *a)* os cálculos anteriores reduziam toda a história do universo a poucos milênios, espaço de tempo absolutamente insuficiente para a realização da origem das espécies vivas por meio da evolução; *b)* as inscrições antigas manifestavam claramente que os animais e o homem não haviam passado por nenhuma mudança sensível nos últimos três ou quatro mil anos. Argumentava-se disso que eles não podiam ter evoluído de antepassados comuns nos poucos milênios anteriores.

A situação mudou substancialmente no século XIX. Os estudos sobre a formação dos minerais e dos estratos da crosta terrestre obrigaram os cientistas a reverem a data da origem do mundo: já existia há milhões de anos. Assim estava superado o elemento tempo, principal obstáculo para a teoria da evolução. Ao mesmo tempo foram feitas numerosas descobertas que podiam ser interpretadas como confirmação da doutrina da evolução, tais como a de povos desconhecidos e de formas de civilização anteriores à nossa e a de formas de vida humana e de animais extintos documentadas pelos fósseis etc.

Com semelhantes precedentes não foi difícil a Darwin propor a doutrina da evolução como teoria científica. Ele mesmo nos ofereceu dela esplêndida síntese na conclusão da *Origem das espécies*. Em poucas páginas demonstra a possibilidade, a extensão, as vantagens e as leis da evolução.

— Em relação à *possibilidade*, eis a prova de Darwin: "Se o homem, quando se trata dos seus interesses, pode, com paciência, escolher variações, por que, nas complexas e mutáveis condições da vida, não poderiam nascer e ser conservadas ou escolhidas variações úteis aos seres vivos?

Que limites é necessário estabelecer a este poder que age em períodos extensíssimos, perscrutando a constituição, a estrutura e os hábitos de cada criatura, favorecendo as melhores e descartando as piores?

Eu não consigo ver nenhum limite a este poder que lenta e maravilhosamente adapta cada forma às mais complicadas relações da vida.

A doutrina da seleção natural, também sem outras pesquisas, parece muito provável. (...) Mas então, poderia perguntar alguém, por que até hoje ninguém dentre os mais eminentes naturalistas e geólogos acreditou na mutabilidade das espécies?

A opinião segundo a qual as espécies eram imutáveis era inevitável enquanto se pensava que a história do mundo tinha duração breve".

A outra razão pela qual os naturalistas do passado não podiam admitir a mutabilidade das espécies era a sua concepção rígida da distinção entre espécie e variedade. Mas também esta razão cai por terra quando "se admite que as espécies não são mais do que variedades acentuadas e permanentes e que todas as espécies existiram antes como variedades; sendo assim, vemos que não se pode traçar uma linha de demarcação entre as espécies consideradas comumente como produzidas por ato especial de Deus (criação) e as variedades que todos admitem terem sido produzidas por leis secundárias".

— *Extensão da evolução:* "Alguém me perguntará até que ponto estendo eu a modificação das espécies (...) Sustento que os animais procedem de quatro a cinco progenitores, no máximo, e as plantas, de número igual ou inferior. A analogia me sugeriria dar um passo adiante e acreditar que todos os animais e plantas descendam de um mesmo protótipo. Mas a analogia pode falhar".

— *Vantagens da evolução:* "Os mais eminentes autores parecem satisfeitos com a doutrina segundo a qual cada espécie foi criada separadamente. A mim me parece, contudo, mais em conformidade com as leis que sabemos impressas por Deus na matéria, que a origem e a extinção dos habitantes passados e presentes do mundo sejam devidas a causas secundárias semelhantes às que determinam o nascimento e a morte dos indivíduos".

— *Leis da evolução:* "As leis principais são as seguintes: *crescimento* (multiplicação dos seres) por meio da reprodução; *hereditariedade,* quase implícita na reprodução; *variabilidade,* em consequência da ação indireta e direta das condições de vida e do uso ou desuso dos órgãos; um aumento tão grande que pode levar à luta pela vida e consequentemente à *seleção natural,* a qual implica a diversificação dos tipos e a extinção das formas menos desenvolvidas".

HERBERT SPENCER

Herbert Spencer (1820-1903) é o filósofo da evolução, aquele que, levando-a do campo científico para o filosófico e erigindo-a em princípio global, elabora uma visão que abrange todo o universo, tanto o cósmico como o biológico, tanto o humano como o social.

Enquanto o evolucionismo de Darwin se interessa exclusivamente pela origem das espécies vivas, Spencer o aplica a toda a natureza, sustentando que a formação do cosmo e todos os fenômenos a ela ligados foram dispostos segundo um único princípio fundamental, que é o da evolução. Ele é causa também da ordem cósmica, a qual tem, portanto, origem mecânica e não intencional (ou finalística).

Spencer se opõe, por isso, ao *finalismo,* isto é, à pretensão de explicar a ordem do cosmo por disposição divina.

Isto para ele não é motivo para negar a existência de Deus, que ele, ao contrário admite, porque, além da experiência humana, existe uma realidade absoluta que escapa à razão. Esta realidade absoluta é o incognoscível, o ser absoluto que o homem chama Deus.

Aplicado aos seres vivos, o evolucionismo se define segundo o conhecido princípio: "a função cria o órgão".

O organismo animal e a variedade que se encontra nas diversas espécies não dependem de ideias arquetípicas que sirvam de modelo para a produção de seres em si já perfeitos, mas, ao contrário, foram as necessidades ambientais e vitais que, forçando os seres vivos a adaptações oportunas, criaram os órgãos adaptados às funções que a luta pela vida impõe.

As leis do evolucionismo se aplicam também à vida psíquica do homem, a qual é governada pela lei da adaptação. O desenvolvimento das ciências, da moral, a constituição das ordenações jurídicas, religiosas etc., são levadas ao amadurecimento no homem pelo impulso das necessidades vitais como a luta pela vida e o esforço de adaptação ao meio.

Se a vida psíquica humana é governada pela lei da evolução, necessariamente também a vida social será dirigida pela mesma lei. A civilização se desenvolve, por isso, do imperfeito para o perfeito. As civilizações primitivas são imperfeitas: nelas reina a poligamia e o politeísmo. As civilizações posteriores são mais perfeitas: nelas reinam a monogamia e o monoteísmo, a violência cede o lugar ao direito e à organização estatal, e se desenvolvem as artes, as ciências e a filosofia.

JOHN STUART MILL

John Stuart Mill nasceu em Londres, em 1806. Gênio precocíssimo (aos cinco anos já sabia grego e, aos oito, latim) e escritor fecundo, foi, por alguns anos, membro da Câmara dos Comuns. Morreu em Avinhão, aos 8 de maio de 1873.

As suas obras mais importantes são: *Sistema de lógica dedutiva e indutiva* (1843), *Liberdade* (1849), *Utilitarismo* (1863).

Seguindo a tradição filosófica inglesa, Mill afirma que a experiência é a única fonte de todo conhecimento. Todas as verdades são empíricas, e todo raciocínio é simples associação de ideias. Todas as ciências, também as matemáticas, são empíricas porque os chamados axiomas sugere-os a observação. Por exemplo, não saberíamos que duas linhas retas não podem fechar um espaço se antes já não tivéssemos visto uma linha reta.

A origem de tais axiomas não é diferente da de todo o resto de nossos conhecimentos: ela é a experiência.

Também o princípio de não-contradição não é mais do que "uma de nossas primeiras e mais familiares generalizações da experiência. O seu fundamento originário é que o crer e o não crer são dois estados mentais diferentes que se excluem mutuamente. Isto se nos torna claro pela mais simples observação de nosso espírito. Se a esta observação acrescentarmos as que nos revelam a oposição, a exclusão recíproca de luz e trevas, de som e silêncio, de quente e frio etc., veremos logo que o princípio de nãocontradição não é senão a generalização destes fatos. Decorre daí disso que toda a lógica depende da indução".

Mill não nega a possibilidade da lógica dedutiva, mas fá-la depender da lógica indutiva.

O problema especulativo que mais o preocupou foi a elaboração de uma lógica indutiva válida e completa. Preparou cinco métodos para chegar a generalização válida. Os principais são os três primeiros:

— *método do acordo*. Exemplo: maçã, pedra e projétil rompem o vidro. O único aspecto que as três coisas têm em comum é a dureza; logo, ela é a causa.

— *método da diferença*. Exemplo: duas bolas exatamente iguais, menos quanto ao peso; uma rompe o vidro, a outra não; o peso é a causa.

— *método do acordo e da diferença*. Se dois ou mais casos nos quais o fenômeno se verifica têm em comum uma só circunstância, enquanto dois ou mais casos nos quais ele não se verifica diferem somente pela ausência daquela circunstância, a circunstância na qual os dois grupos de casos concordam ou discordam é o efeito ou a causa ou uma parte indispensável da causa do fenômeno.

Uma vez descobertas as generalizações que consideramos válidas, acreditamos que elas se verificarão no futuro.

Mas a experiência pode dizer-nos somente o que aconteceu no passado. Por que esta crença de que o futuro será conforme ao passado? Que coisa torna válida a indução também para o futuro?

Segundo Mill, é o princípio de *uniformidade da natureza*. Mas, qual é a garantia deste princípio?

Mill já afirmou atrás que todos os princípios se fundam na experiência porque não se pode admitir outra fonte de conhecimento que não seja a experiência.

É necessário, por isso, excluir que o princípio de uniformidade da natureza seja intuição imediata ou verdade necessariamente conhecida pela natureza humana como tal. Não resta senão reconhecer que a lei que rege a indução é também indução.

"Chegamos a esta lei geral generalizando muitas leis de generalidade mais restrita. Não teríamos a noção de causalidade como condição de todos os fenômenos se anteriormente não se tivessem tornado familiares a nós muitos casos de causalidade, ou, em outras palavras, muitas uniformidades parciais de sucessão. A mais óbvia das uniformidades particulares sugere e torna evidente a uniformidade geral, e a uniformidade geral, uma vez estabelecida, permite-nos demonstrar as outras uniformidades particulares das quais ela resulta".

Consequentemente também o princípio de uniformidade da natureza é generalização fundada na experiência. Difere das outras somente por ser mais ampla; e sendo mais ampla, contém todas as outras e, por isso, as justifica.

As generalizações mais restritas são, por sua vez, justificações do princípio mais universal. Com efeito, entre generalizações e princípio universal existe a mesma relação que entre a proposição "todos os homens são mortais" e a proposição "Sócrates é mortal". A primeira não é prova da segunda, mas a nossa experiência passada da mortalidade nos autoriza a inferir ao mesmo tempo a verdade geral e o fato particular, com o mesmo grau de segurança.

Existem dois tipos fundamentais de doutrinas morais. Para um deles o fundamento supremo da moral é a virtude (o *dever*); para o outro, a felicidade (o *bem*).

A moral que tem por princípio supremo a virtude chama-se *deontológica;* a que tem por princípio supremo a felicidade chama-se *teleológica*.

A doutrina moral de Mill é do tipo teleológico: tem por fundamento o bem, a felicidade. A virtude e o dever são definidos em relação com a felicidade. É virtuoso e obrigatório tudo o que favorece a consecução da felicidade; é vicioso e reprovável tudo o que se opõe à consecução do bem supremo, da felicidade.

O bem supremo é posto por Mill no prazer; não no prazer do indivíduo, mas no da sociedade. O ideal que deve guiar as ações do indivíduo é a consecução do máximo prazer para todos.

Ao determinar em que tipo de prazer consiste a felicidade, Mill sustenta que os prazeres diferem não só quantitativamente, mas também qualitativamente.

Por exemplo, o prazer da amizade é qualitativamente superior ao prazer de uma garrafa de cerveja.

Mas, como distinguir que um prazer é qualitativamente superior a outro? Segundo Mill, isto é coisa que todos sabem por intuição.

Contra as pretensas formas *a priori* da lógica transcendental de Kant e o procedimento dialético arbitrário da lógica hegeliana, Mill sustenta o caráter indutivo de todo o nosso conhecimento: nenhum conhecimento é inato, todos procedem da experiência. Cabe-lhe ainda o mérito de ter procurado dar ao método indutivo de Bacon e de Hume regras mais precisas para tornar possível a descoberta de leis rigorosas.

Mas a sua lógica tem valor precário por causa das premissas empirísticas nas quais se apoia; não é apta para satisfazer as exigências da ciência, a qual, em linha de princípio, não se propõe descobrir leis de valor provável, mas leis de valor absoluto e universal.

4. Os positivistas alemães e os empiriocriticistas

Na Alemanha, depois de uma fase inicial marcada pelo materialismo mais radical (ao qual deu expressão emblemática o zoólogo Ernst Haeckel), o positivismo muda de direção e assume uma fisionomia totalmente própria no empiriocriticismo.

De acordo com a etimologia, o empiriocriticismo é antes de tudo "revisão crítica da experiência", revisão que considera a experiência não como aquilo mediante o quê é colhido o dado objetivo e que, por isso, pode fundamentar a validade das ciências positivas, mas como o que é colhido no âmbito da consciência e que, por isso, é somente fato da consciência. Consequentemente a experiência é vista pelos empiriocriticistas pelo aspecto meramente subjetivo, e a realidade é resolvida em nada mais do que num fluir indiferenciado de sensações.

Os dois maiores expoentes desta filosofia são Richard Avenarius e Ernst Mach.

RICHARD AVENARIUS

Segundo Richard Avenarius (1843-1896), o eu constitui um conjunto de fatos sensoriais, os quais variam em função de outros fatos, e estes formam o ambiente externo: órgãos desta coordenação funcional entre uns e outros são o sistema nervoso em geral e o cérebro em particular. Mas, fatos sensoriais, fatos físicos (ambientais) e fatos fisiológicos (cérebro), se bem examinados, são da mesma natureza: sensações são não só o que chamamos eu, mas também o que chamamos coisas ou mundo. Por isso, no fundo, não existe nenhuma distinção real entre o eu e o mundo: eles formam parte de um único e mesmo todo, o universo da experiência. Segundo Avenarius, como é ilusória a distinção entre o eu e o mundo, são ilusórias também todas as outras distinções: substância espiritual (alma, imortalidade, espírito) e substâncias corpóreas; natureza e cultura, economia e sociologia etc. São acréscimos artificiais e ilusórios à experiência pura.

ERNST MACH

Também para Ernst Mach (1834-1916) a única realidade é o dado imediato; natureza e psique são formadas do mesmo tecido, isto é, das sensações, que recebem nome diferente em conformidade com a conexão na qual cada elemento sensorial é considerado em relação aos outros elementos, visto que a diversidade das conexões depende exclusivamente do ponto de vista no qual se põe o pensamento ao estabelecê-las. A função do pensamento neste trabalho sobre os dados sensoriais não é dar-nos a realidade, a qual é realizada toda pelo sentido, mas manipular arbitrariamente esta realidade para permitir-nos dominá-la com mais facilidade na vida prática. Das várias interpretações (manipulações) da realidade, nenhuma é mais *verdadeira* do que as outras: algumas são mais *cômodas* do que as outras. A interpretação mecânico-matemática da natureza, por exemplo, não *explica* os fenômenos quando exprime as diferenças qualitativas dos números e das figuras: ela não faz mais do que traduzir os fatos numa linguagem mais cômoda, numa fórmula mais econômica. O valor da ciência e, de modo mais geral, do pensamento, é, portanto, prático e não teorético.

5. Os positivistas italianos

CARLO CATTANEO

O iniciador do positivismo na Itália foi Carlo Cattaneo (1801-1869), profundo estudioso de assuntos econômicos, jurídicos, históricos e filosóficos. Traçou o programa de psicologia social, ou "psicologia das mentes associadas", como ele a chamou, destinada a resolver tanto o problema da civilização da humanidade na sua continuidade histórica quanto o da organização social na sua unidade intrínseca, através do estudo do jogo das ações e reações que uma mente individual exerce sobre as outras e cada geração sobre as gerações sucessivas.

As suas obras principais são: *Idea di una psicologia della scienza* e *Psicologia delle menti associate*.

ROBERTO ARDIGÒ

O mais ilustre representante do positivismo italiano foi Roberto Ardigò (1828-1920). Inspirando-se em Spencer, Ardigò ensina que toda a realidade é "formação natural" que vai do sistema solar às mais elevadas expressões do pensamento humano; considera, por isso, a vida psíquica como a que revela do modo mais singular a vida do universo.

A vida psíquica humana emerge como *indistinto psicofísico*, isto é, manifesta-se inicialmente como percepção obscura que está entre a pura sensação orgânica e a consciência. Nela não existem ainda nem sujeito nem objeto, mas um e outro confusamente.

A seu tempo o indistinto psicofísico (ou o sentir original) se desenvolve na consciência como *auto-síntese* (ou consciência do eu), de um lado, e como *heterossíntese* (ou consciência do não-eu, isto é, do mundo externo), do outro.

A diferença entre o homem e o animal é principalmente orgânica. No homem a organização mais perfeita do sistema nervoso, especialmente do cérebro, permite desenvolvimento psíquico mais perfeito.

Toda realidade é homogênea, e, por isso, não existe o incognoscível (Deus), mas somente o desconhecido: logo, nada de transcendência, mas pura e absoluta imanência.

As suas obras principais são: *La morale dei positivisti*, 1885, e *La psicologia come scienza positiva*, 1870.

6. Conclusões sobre o positivismo: seus erros e seus méritos

O erro fundamental do positivismo, erro que será prontamente denunciado por Boutroux, Bergson, Dilthey, James, Scheler e por muitos outros, é o de ter elevado um método, em si bom, para um campo restrito do conhecimento (o das ciências experimentais), a medida de todo o conhecimento, descartando como arbitrário tudo o que não pode ser medido com tal medida, como a metafísica, a arte, a religião, a moral. Sob este aspecto o positivismo não é progresso, mas regresso ao iluminismo racionalista do século XVIII.

Outro erro grave do positivismo, especialmente como foi tratado por Comte, é o que se refere à avaliação das três idades da história, qualificadas respectivamente como teológica, metafísica e científica. Ora, que a cultura da humanidade tenha passado por estas três fases pode ser admitido sem dificuldade. Mas R. Niebuhr tem razão ao afirmar que "os juízos de valor, no esquema de Comte, são tão errôneos quanto típicos da mentalidade da cultura moderna. Comte pressupõe, como geralmente o faz a cultura moderna, que a teologia ande tateando de modo totalmente incoerente à procura da verdade, que a metafísica submeta as noções irracionais da teologia a análise racional e que, assim fazendo, facilite, como parteira, o nascimento da ciência, a qual descreve empiricamente todas as relações coerentes dos fenômenos naturais: a ciência exprime, pois, uma descrição definitiva e autorizada tanto do significado do todo como da relação de todas as partes. Quando uma cultura é progressista e condicionada pelo sentido da história, é induzida, pelas suas próprias características e pela sua mentalidade, a crer que o seu produto último deva ser a expressão mais profunda de toda a sua existência. Mas esta conclusão é muito duvidosa. Para atingir a mais alta sabedoria pode ser tão importante retornar do esmero da maturidade à inocência da infância quanto passar da inocência da infância para o esmero da maturidade. As noções da religiosidade primitiva são sem dúvida ingênuas: supõem concepção restrita da vida e do mundo, estabelecem somente relações limitadas de coerência e estruturas parciais de interpretações concentradas em significado particular, que é idolatricamente identificado com Deus. Mas existe profundidade, se não extensão, nestes sistemas de interpretação. O mais simples animismo procura entender a relação do mundo humano com o mundo da natureza, e o mais primitivo totemismo, na tentativa de compreender o significado da história de uma tribo ou de um clã, teve alguma obscura consciência de um poder, superior ao das decisões humanas, agindo na história".[2]

Finalmente é inata na filosofia de Comte a contradição entre a pretensão de negar a metafísica e a efetiva elaboração de uma metafísica materialista que pretende abraçar toda a realidade.

Os dois méritos principais do positivismo são: *a)* ter procurado constituir uma ciência dos fenômenos sociais e ter assim lançado as bases da sociologia moderna; *b)* ter expresso, através da crítica ao idealismo e a toda filosofia que se deixe entusiasmar por sonhos exaltados, a exigência de manter-se no terreno firme da experiência: é somente partindo da experiência que se pode esperar chegar a uma interpretação das coisas que corresponda à verdade.

BIBLIOGRAFIA

Sobre Comte

FORNELLI, N., *L'opera di A. Comte,* Palermo, 1899; GEYMONAT, L. *Il problema della conoscenza nel positivismo,* Turim, 1931; STUART MILL, J., *Comte and Positivism,* Londres, 1865; LEVY-BRUHL, L., *La philosophie d'A. Comte,* Paris, 1905, 2! ed.; DU CASSÉ, P., *La méthode positive et l'intuition comtienne,* Paris, 1939; CRESSON, A., *A. Comte, sa vie, son oeuvre,* Paris, 1941; GOUTHIER, H., *La vie d'A. Comte,* Paris, 1965; LACROIX, J., *La sociologie d'A. Comte,* Paris, 1967, 3' ed.; NEGRI, A., *Augusto Comte e l'umanesimo positivistico,* Roma, 1971.

Sobre Spencer

ARDIGÒ, R., *L'inconoscibile di Spencer e il numeno di Kant,* Pádua, 1901; ALLIEVO, G., *La psicologia di H. Spencer,* Turim, 1914, 2ª ed.; ZINI, Z., *Spencer,* Milão, 1926; ROYCE, J., *Herbert Spencer,* Nova Iorque, 1904; HUDSON, W. H., *Introduction to the Philosophy of H. Spencer,* Londres, 1909; ENSOR, R., *Some Reflections on H. Spencer's Doctrine,* Oxford, 1947.

Sobre Stuart Mill

ZUCCANTE, G., *La morale utilitaristica dello Stuart Mill,* Milão, 1899; *Idem., J. Stuart Mill e l'utilitarismo,* Florença, 1922; CASELLATO, S., *J. Stuart Mill e l'utilitarismo inglese,* Pádua, 1951; BRITTON, K., *Introduzione a J. Stuart Mill,* Florença, 1965; ANSCHUTZ, R. P., *The Philosophy of J. Stuart Mill,* Oxford, 1953; RUSSEL, B., *John Stuart Mill,* Londres, 1956; COWLING, M., *Mill and Liberalism,* Cambridge, 1963; RESTAINO, F., *J. S. Mill e la cultura filosofica britannica,* Florença, 1968.

---

[2]NIEBUHR, R., *Fede e storia,* Bolonha, 1966, 68-69.

VII

OS ESPIRITUALISTAS

1. Caracteres gerais

Nos últimos decênios do século XIX e nos primeiros do século XX, acentuou-se, de forma diferente nos vários países, um movimento generalizado de reação ao positivismo, principalmente por dois motivos: *a)* o aprofundamento da pesquisa científica, que se tornava cada vez mais consciente dos próprios limites; *b)* a persistência de questões éticas e metafísicas, também depois que o positivismo tentara sufocá-las como expressões da imaturidade do homem das idades pré-científicas, e a consciência de que somente uma visão espiritualista pode responder de forma adequada a tais questões.

A atitude crítica, que levara Kant a verificar as pretensões da "razão metafísica", estende-se, por isso, à "razão científica", deixando claro que o próprio método do qual ela se serve não lhe permite apreender plenamente certas dimensões não imediatamente redutíveis à matéria (como a vida, o conhecimento, a vontade etc.) e nem mesmo a própria matéria, que tão pouco coincide com os aspectos quantitativos aos quais a ciência pretende reduzi-la.

Desenvolveu-se, por isso, toda uma série de filosofias espiritualistas (filosofia da *vida*, da *ação*, da *intuição*, da *vontade*, do *ser*, dos *valores* etc.), todas apelando para atividades espirituais não redutíveis à razão e a elas atribuindo um alcance metafísico, isto é, a capacidade de colher as profundezas e a essência do real e do espírito e os fundamentos últimos da moral e da religião.

Os dois países nos quais o espiritualismo se exprime com mais vigor e originalidade são a França (com Ravaisson, Renouvier, Lechelier, Boutroux, Bergson, Blondel e os neotomistas) e a Alemanha (com Lotze, Wundt, Rickert, Dilthey e Scheler).

2. Félix Ravaisson, Charles Renouvier, Jules Lachelier

Os primeiros a oporem ao positivismo uma concepção espiritualista foram os franceses Ravaisson, Renouvier e Lachelier.

Na verdade, o espiritualismo sempre se mantivera bastante vivo na França (também nos momentos de maior fervor iluminista) e atingira níveis altíssimos com Pascal, De Berulle, a escola de Port Royal, Fénélon, Maine de Biran e outros. Mas a avalanche positivista desferira rude golpe também na tradição espiritualista do país.

O primeiro a contribuir para reavivá-la foi Felix Ravaisson (1815-1903). Ele negava que a realidade fosse um todo contínuo, regido pela lei de causalidade necessária: a natureza procede aos saltos, e é de um salto, isto é, por um ato de escolha, que estabelecemos os princípios do nosso conhecimento.

O pensamento de Ravaisson foi retomado e aprofundado por Charles Renouvier (1813-1900). Para ele não existe nenhuma realidade fora do espírito; e o espírito é liberdade, é atividade espontânea e criadora. Aquilo que chamamos matéria não passa de degradação do espírito, no sentido em que, do mesmo modo que os atos repetidos se transformam, em nossa vida psíquica, em vontade cega e na forma instintiva do hábito, também o decair da vida do espírito para mero hábito se transforma em necessidade mecânica da chamada realidade natural. Segue disso que todo o universo é visto como a ascese progressiva de uma só e mesma atividade criadora que tende aos poucos, mas incessantemente, da forma irrefletida e habitudinária, nas coisas, para a forma mais viva da personalidade consciente, no homem, e para a forma suprema da perfeição e da ordem, em Deus. A visão puramente mecânica da realidade, proporcionada pela ciência, é, em conclusão, para Renouvier, totalmente extrinsecista e, por assim dizer, "plebeia"; uma visão "heroica" da realidade é a que, pela beleza e pelo amor, pela arte e pela moralidade, eleva-nos até Deus, fazendo-nos intuir, em todas as coisas, a espiritualidade interior e a unidade do ser.

Também para Jules Lachelier (1834-1918), o mecanismo da natureza é somente manifestação extrínseca do que, na sua raiz última, é liberdade espiritual: o verdadeiro fundamento da indução ou da causalidade eficiente, aquele sobre o qual é construída pela razão a ciência da natureza, deve ser procurado além da razão, na finalidade ou intencionalidade do espírito, uma vez que, no desdobramento dos fenômenos e na sua constituição em unidade, a ideia do todo é anterior às suas partes e determina a existência delas; e esta ideia só pode identificar-se com a ideia de Deus, da espiritualidade divina, qual princípio e termo da totalidade do real nos seus desdobramentos.

3. Emile Boutroux

Emile Boutroux nasceu em Montrouge aos 28 de julho de 1845. Estudou filosofia, matemática e física; doutorou-se na Sorbona com a tese *Da contingência das leis da natureza*. Ensinou primeiro na Universidade de Nancy, onde conheceu e desposou a irmã do célebre matemático Poincaré. Em 1885 passou para a Sorbona, onde deu vários cursos, dos quais o mais importante foi o de 1892-1893, intitulado *Da ideia da lei natural na ciência e na filosofia contemporânea*. Nesta obra retomava o tema da tese do doutoramento, chegando a nova confutação do determinismo mecanicista. Em 1908 publicou outra obra importante, *Ciência e religião na filosofia contemporânea*, na qual expõe o seu pensamento profundamente religioso. Morreu aos 23 de novembro de 1921.

A filosofia de Boutroux é crítica radical ao positivismo mecanicista, em nome da liberdade da natureza e do espírito e de nova concepção da ciência.

A razão principal do triunfo do positivismo se devia à suposição, não posta em discussão até o fim do século XIX, da necessidade e da imutabilidade das leis das ciências experimentais e, consequentemente, da certeza e da firmeza do conhecimento destas leis.

A crítica de Boutroux quer demolir esta suposição; para isto demonstra que não existe nas coisas nenhuma necessidade e que as próprias leis científicas são desprovidas de necessidade.

Para ele, há uma só lei necessária, o princípio de identidade, o qual é lei do pensamento, não das coisas. Nas coisas não há nenhuma atuação do princípio de identidade. O próprio princípio de causalidade não é redutível a ele. Onde encontrar um consequente idêntico em qualidade e quantidade ao seu antecedente? Como conceber que a causa contenha tudo o que é necessário para produzir o efeito?

Ela jamais conterá aquilo pelo que o efeito se distingue dela. Boutroux conclui que na natureza não existe nada necessário. Para confirmá-lo passa revista a todos os campos da natureza, os diversos objetos da ciência, e chega à conclusão de que a necessidade não domina em nenhum caso e de que, por isso, tudo é contingente.

Dada a complexidade e a mutabilidade das coisas, a pretensão da ciência de enquadrar toda a realidade em leis necessárias é absolutamente ridícula. A verdadeira ciência, a que procura dar um quadro fiel das coisas, deve contentar-se com leis contingentes e relativas.

As leis científicas não podem revelar-nos a natureza íntima das coisas porque tocam-nas apenas na superfície. O seu valor é puramente, aproximado, uma vez que se verificam só imperfeitamente e com a condição de prescindirem da mudança qualitativa que constitui a vida real.

A realidade universal não se pode comprimir dentro de rígidos esquemas mecânicos nem reduzir-se a fórmulas abstratas. De toda parte o fluxo imprevisível da vida transborda por sobre as barreiras levantadas pelo saber científico e rompe os esquemas fixos nos quais se quer imobilizá-lo.

A crítica cerrada de Boutroux avança mais e, passando revista às leis lógicas, matemáticas, mecânicas, físicas, químicas, biológicas, psíquicas e sociais, demonstra que elas têm necessidade apenas relativa e hipotética.

Antes de tudo as leis matemáticas não são necessárias senão em virtude de postulados, cuja necessidade é indemonstrável; por isso, a necessidade das leis é puramente hipotética. Além disso, a matemática só pode ser aplicada à experiência mediante abstração.

O matemático circunscreve o campo de suas pesquisas e considera só os fenômenos que podem ser calculados e medidos, e omite os outros. É evidente que este método não pode ser empregado nas ciências mais complexas, mais próximas da vida, a não ser sob a condição de ser excluída da nossa pesquisa a parte mais essencial, completa e característica dos fenômenos. Algumas ciências se deixam penetrar pelo cálculo matemático mais facilmente do que outras.

Assim Boutroux chega a distinguir dois grupos gerais de ciências e de leis.

As do primeiro grupo (*leis lógicas, matemáticas, mecânicas e físicas*) se prestam mais ao cálculo matemático. Elas exprimem necessidade rigorosa, se não absoluta, mas permanecem abstratas e incapazes de conhecer o particular e de determinar o modo pelo qual se realizam os fenômenos.

As ciências do segundo grupo (*ciências biológicas, psicológicas e sociais*) são mais próximas da realidade; são, por isso, muito mais determinadas e concretas do que as do primeiro grupo, mas não têm caráter de necessidade.

Não são ciências exatas e rigorosas, porque as suas leis são leis da realidade em mudança, em evolução, desprovidas de estabilidade.

Em conclusão, quanto mais a ciência se aproxima da realidade, tanto mais as suas leis são destituídas do caráter de necessidade, ao passo que quanto mais as leis da ciência têm caráter de necessidade, tanto mais se distanciam da realidade e a apresentam imperfeitamente.

Em nenhum caso a ciência pode esperar dar-nos conhecimento completo da realidade, antes, os aspectos mais interessantes da realidade como a moral, a metafísica e a religião escapam à pesquisa científica.

Mas o homem pode conhecer também o mundo da filosofia e da religião porque, além do espírito científico, tem razão cujo objeto são as verdades filosóficas e religiosas.

Boutroux distingue, por isso, inspirando-se em Pascal, duas formas de conhecimento: o espírito científico e a razão.

O espírito científico se ocupa dos fenômenos naturais; a razão, das ações humanas e divinas.

4. Henri Bergson

Henri Bergson nasceu em Paris, aos 18 de outubro de 1859. Doutorou-se com a tese *Ensaio sobre* os *dados imediatos da consciência,* pesquisa orientada para a intuição fundamental do seu pensamento, para o qual o tempo do qual se ocupa a filosofia positivista não tem duração e, por isso, não tem nada que ver com o tempo real, aquele que nos é atestado pela nossa consciência e que tem como característica essencial justamente a duração. Em 1886 Bergson publicou *Matéria e memória;* nesta obra aplicava a sua noção de tempo às faculdades humanas, especialmente à memória, para provar a sua espiritualidade.

Em 1900 obteve a cátedra de filosofia no Colégio de França, onde as suas aulas tiveram sucesso sem precedentes. Em 1907 terminou sua obra principal, *Evolução criadora,* na qual, aplicando o princípio da duração, explica a vida como corrente de consciência *(élan vital*, "impulso vital") que se insinua na matéria, submetendo-a a si, mas sendo também limitada e condicionada por ela.

Em 1927 recebeu o prêmio Nobel de literatura. Em 1932 publicou sua última obra importante, *As duas fontes da moral e da religião*, na qual distingue entre moral conformista e moral integral e entre religião organizada e religião mística. Morreu aos 4 de janeiro de 1941.

A DURAÇÃO

A intuição fundamental de Bergson, a que alimentou toda a sua especulação filosófica, está resumida na proposição: "o tempo não é atômico, mas durável".

Que foi esta proposição que lhe abriu nova visão das coisas atestou-o ele mesmo numa carta a Höffding: "O cerne de toda a minha filosofia é a intuição da duração: a representação de uma multiplicidade de penetração recíproca, absolutamente diversa da multiplicidade numérica — a representação de duração heterogênea, qualitativa, criadora — é o ponto do qual parti e para o qual voltei constantemente. (...) As maiores dificuldades ao progresso do pensamento foram causadas pelo fato de que os filósofos puseram tempo e espaço no mesmo plano (...). (Na minha concepção) a maior parte destas dificuldades desaparece".

Na época em que Bergson viveu não se concebia o tempo como duração: era considerado, de acordo com a concepção positivista e científica, de modo análogo ao espaço. Via-se nele realidade homogênea, divisível em partes, distintas entre si somente por ocuparem posição diferente: o passado era considerado diferente do presente e do futuro apenas por ser anterior a ambos.

Bergson inicia sua crítica ao positivismo mostrando que esta concepção do tempo é insustentável. Para prová-lo recorre aos dados imediatos da consciência, os quais revelam que ela não é algo pontuado como a luz intermitente de semáforo, mas algo contínuo e extenso. Suas dimensões são o passado, o presente e o futuro.

Reexaminando os dados da consciência, constatamos que não são homogêneos. Nenhum estado de consciência se repete de modo idêntico: as fases da consciência são sucessão não de átomos iguais, mas de momentos essencialmente heterogêneos que se compenetram reciprocamente e que não constituem alinhamento de elementos simples e reversíveis, mas sucessão sempre mais rica e diversificada.

Em outras palavras, os dados imediatos da consciência constituem duração que é compenetração e heterogeneidade. O tempo é a sucessão dos estados de consciência, logo, essencialmente duração, não podendo, por isso, ser reduzido ao espaço. Não nuvem de fases que se sucedem, mas processo em contínuo enriquecimento e, graças a isso, não divisível.

O passado está no presente e o presente está carregado de futuro.

O MÉTODO DA FILOSOFIA: A INTUIÇÃO

A duração caracteriza não só os dados da consciência, mas toda a realidade. Isto porque, para Bergson, a realidade não tem como princípio constitutivo supremo o ser ou a substância ou a matéria ou a ideia, como afirmaram Platão, Aristóteles, Tomás, Spinoza, Descartes, Hegel, Comte e Marx, mas a vida, o impulso vital, a evolução criadora. E sem duração, não pode haver vida, nem impulso vital, nem evolução criadora.

Mas, se é assim, isto é, se a realidade é vida, impulso vital, evolução criadora, se a sua característica essencial é a duração, qual será o método apropriado para estudá-la?

O método não pode ser o positivista. Ele é bom para a ciência, a qual, para estudar as coisas, as esmiuça, esquematiza e reduz a meros aspectos quantitativos. Mas não serve para as tarefas da filosofia, porque esta quer colher a realidade como ela é efetivamente, em todo o seu dinamismo, em toda a sua vitalidade. E isto é impossível quando a realidade é secionada, fragmentada, esquematizada.

É necessário outro método, o método que possa aproximar-se da realidade sem submetê-la a nenhuma pressão, a nenhuma distorção, a nenhuma abstração. O método que, segundo Bergson, tem estas qualidades é a *intuição*.

Na *Evolução criadora* descreve pormenorizadamente a natureza e a necessidade da intuição como método da filosofia. Uma passagem bastante elucidativa é a seguinte:

"Tracemos uma linha divisória entre a natureza inerte e a viva.

Veremos que a natureza inerte se enquadra naturalmente dentro dos esquemas da razão, e que a natureza viva só pode ser inserida neles artificialmente, de modo que, com a natureza viva, devemos adotar comportamento diferente e examiná-la de ponto de vista diverso daquele sob o qual a examinam as ciências positivas (...). A ciência não se pode gabar do valor uniforme atribuído às suas afirmações no domínio da experiência. Mas justamente porque foram postas no mesmo plano, têm todas o tom de certa relatividade. Isto não acontece se se começa a fazer aquela distinção que, em nosso parecer, é inevitável. A razão se sente à vontade no domínio da matéria inorgânica (...). Mas é só acidentalmente — por acaso ou convenção, à escolha — que a ciência se aplica ao vivente de modo análogo ao da matéria bruta. Aqui o uso dos esquemas da razão não é mais natural.

Não quero dizer que o uso seja ilegítimo, no sentido científico da palavra. Se a ciência quer estender a nossa atividade às coisas (e se só podemos agir usando a matéria inerte como instrumento), deve continuar a tratar a natureza viva como natureza inerte.

Mas, é necessário deixar claro que, agindo assim, quanto mais penetrar nas profundezas da vida, tanto mais simbólico e relativo às contingências da ação se tornará o conhecimento que ela nos fornecer. A filosofia seguirá, portanto, a ciência neste novo terreno para sobrepor à verdade científica outro gênero de conhecimento que poderá chamar-se metafísico.

Este gênero de conhecimento obtém-se por intuição".[1]

A MARCHA DA EVOLUÇÃO CRIADORA

A evolução criadora (o impulso vital, o devir) tem como ponto de partida uma realidade cheia de possantes energias. Partindo desta realidade, o caminho se ramifica em várias direções: a direção da matéria inorgânica, a direção da vida vegetativa, a direção da vida sensitiva, a direção da vida intelectiva.

Contra a opinião de todos os pensadores que o precederam, que viram nas vidas vegetativa, sensitiva e intelectiva, três etapas de um único esforço, Bergson vê nelas três expressões diversas, três vias diferentes de único impulso vital.

Para ele, em certo ponto do espaço e do tempo, o impulso vital, no seu devir, se divide em linhas divergentes. Em cada linha é o mesmo espírito que atua, mas de forma diferente. Por exemplo, o reino das plantas,

---

[1]BERGSON, H., *Evolution créatice*, Paris, 1948, 199-200.

com o torpor vegetativo, e o reino dos animais, com a mobilidade e a consciência, são duas tendências características e divergentes, mas coexistem ambas, em proporções diversas, na planta e no animal. A mesma coisa se verifica no animal e no homem, isto é, no instinto e na inteligência. Embora sejam coisas de natureza diferente, não há inteligência onde não se descubram traços do instinto, e não há instinto que não esteja circundado por uma franja de inteligência. Ora, isto não pode ser explicado se não se admitir a unidade do impulso inicial, no qual inteligência e instinto se implicavam e se compenetravam. É legítimo, por isso, admitir que, dada a origem comum de todas as formas de vida, não exista organismo que não contenha, em estado rudimentar, latente ou virtual, os caracteres essenciais da maior parte dos outros. A diferença está só nas proporções, mas basta para definir um grupo em relação aos outros.

Situando-nos neste ponto de vista, convencemo-nos logo de que vegetais e animais correspondem a dois desenvolvimentos divergentes da vida. Os primeiros fabricam diretamente as substâncias orgânicas com substâncias minerais; os outros, não podendo fixar diretamente o carbono e o azoto, que estão presentes em toda parte, são obrigados, para se nutrirem, a usar os vegetais, que já fixaram estes elementos, ou os animais, que os tomaram do reino vegetal. A capacidade dos vegetais dispensa-os em geral do movimento: eles estão condenados à imobilidade e, com isso, à inconsciência; já os animais, obrigados a andar à procura do alimento, evoluíram no sentido da atividade motora e de consciência sempre mais ampla, sempre mais distinta, até atingir a inteligência humana.

Em conclusão, torpor vegetativo, instinto e inteligência são três elementos que coincidiram no impulso vital inicial e que, no curso do desenvolvimento, se dissociaram unicamente pelo fato do seu crescimento. O erro capital que, partindo de Aristóteles, viciou a maior parte das filosofias da natureza, é o de ver nas vidas instintiva, vegetativa e racional três graus sucessivos de mesma tendência que se expande, quando, na verdade, elas são três direções divergentes de uma atividade que se cindiu, ao se desenvolver.

Através da marcha evolutiva nascem da realidade inicial linhas divergentes não só em direção ascendente, mas também em direção descendente; na direção ascendente nasce a vida; na direção descendente nasce a matéria. A matéria é a realidade que se desfaz, a vida é a realidade que se faz. Mas entre a vida e a matéria não existe ruptura. É antes a vida que, com a sua interrupção, cria a matéria, a qual, de modo semelhante à condensação e à queda das gotas de vapor, representa sempre simplesmente a perda de alguma coisa.

O IMPULSO VITAL

Como já dissemos, o objeto da filosofia, para Bergson, é o impulso vital, o qual se manifesta no devir contínuo dos seres, devir que não procede por saltos desconexos, mas que se caracteriza por desenvolvimento no qual o passado permanece no devir. O objeto da filosofia é, pois, o impulso vital, o qual tem como sua característica a duração. A filosofia, diz Bergson, "procura, além do tempo espacializado, (...) a duração concreta na qual se realiza incessantemente reelaboração radical de tudo". "A filosofia é o estudo aprofundado do devir em geral, do verdadeiro evolucionismo".

O devir é a categoria suprema das coisas, o próprio ser da realidade; não aspecto transitório das coisas, mas sua própria natureza. Além do devir não existe nenhuma outra realidade, nenhum ser, nenhuma substância. "É necessário convencer-se uma vez por todas de que a realidade é devir, de que o devir é indivisível e de que num devir indivisível o passado coalesce com o presente".

A este devir, do qual se originam todas as coisas, Bergson dá a designação de *evolução criadora*.

Para fundamentar a sua tese da prioridade absoluta do devir, volta-se para a experiência e invoca, por exemplo, a experiência da audição de um trecho musical. "Ouçamos uma melodia deixando-nos embalar por ela. Não temos então a percepção clara de movimento que não está preso a nenhum móvel, de movimento sem coisa alguma que mude? Este devir é autossuficiente, é a própria coisa. Abstraiamos destas imagens espaciais: resta o puro devir, autossuficiente, de modo algum preso a alguma coisa que se torne". "Mas a substancialidade do devir em nenhum outro caso é tão manifesta, tão palpável como na vida interior ...

Por isso, seja que se examine a realidade interior, seja que se examine a exterior, trate-se de mim mesmo ou das coisas externas, a realidade é o próprio movimento.

Diante deste espetáculo do devir universal (...) alguém poderá pensar que tudo passa, que nada existe. (...) estejam tranquilos! Se tiverem a bondade de olhar de frente o devir, sem cobri-lo com véus, ele lhes aparecerá como o que de mais substancial e duradouro possa existir no mundo".[2]

Em que direção se move o devir?

Tem duas direções: de baixo para cima e de cima para baixo, da matéria para o espírito e do espírito para a matéria.

A realidade é como grande caldeirão do qual sobe vapor de água, o qual, enquanto permanece vapor, sobe, mas, quando se condensa, cai e retorna ao *status quo* ("estado no qual" se encontrava antes).

Da tese da primordialidade do devir decorre, obviamente, a negação da substância como algo distinto do próprio devir. "Existem mudanças, mas, sob as mudanças, não existem coisas que mudem; a mudança não precisa de apoios. Existem mudanças, mas não existe um sujeito inerte, invariável, que se mova: o movimento não implica nenhum móvel".[3]

Somente se se concebe o devir como algo contingente e transitório, é necessário postular alguma coisa que lhe sirva de apoio. Mas quando se concebe o devir como a suprema realidade, não é necessário recorrer à substância para dar-lhe consistência.[4]

MORAL FECHADA E MORAL ABERTA

Bergson aplica os princípios metodológicos da sua filosofia também aos problemas da moral e da religião. Também aqui temos a distinção entre o método da razão, o qual comprime a realidade dentro em esquemas lógicos, que suprimem a sua vida, e o método da intuição, o qual se abre para o dinamismo das coisas e se torna participante do seu impulso vital.

A aplicação da distinção entre razão e intuição à moral dá origem a dois tipos de moral: *fechada e aberta.* A aplicação da distinção à religião dá origem a dois tipos de religião: *estática e dinâmica.*

A moral *fechada* é a moral da razão inspirada na ideia da sanção temporal (prêmio e castigo). É a moral da *pressão social:* obedece-se às leis impostas pela sociedade (cuja finalidade é a conservação da própria sociedade) pelo temor de incorrer nas penas previstas para os transgres-

---

[2] *Id., La pensée et le mouvant,* Paris, 1960, 185-189.
[3] *Id., ibid.,* 185.
[4] Cf. *Id., ibid,* 196-197.

sores da lei ou pelo desejo de obter as recompensas prometidas a quem age segundo a lei.

A moral *aberta* é a moral de quem se determina à ação inspirando-se na ideia de dedicação total em benefício da humanidade: é a moral fundada no amor.

"Em todos os tempos surgiram homens excepcionais nos quais esta moral se encarna". Bergson vê a moral aberta nos grandes homens da antiguidade: em Sócrates, Platão, Buda, nos profetas do povo hebreu, nos santos do cristianismo, numa palavra, em todos os que foram "grandes propagadores do bem" e que se constituíram para os seus contemporâneos em poderoso apelo ao amor a todos os homens.

Diferente da moral fechada, que é imutável e tende à conservação, a moral aberta está em movimento e tende ao progresso.

A primeira exige a impessoalidade porque é a conformidade com hábitos adquiridos; a segunda supõe grande personalidade.

A MÍSTICA

A distinção entre moral fechada e moral aberta corresponde, no plano religioso, a distinção entre religião *estática* e religião *dinâmica*.

A religião *estática* que se exprime nas religiões positivas, funda-se na *fabulação*, isto é, nas fábulas com as quais a humanidade se protege dos efeitos danosos que lhe poderiam vir da inteligência (egoísmo, medo da morte etc.). Neste tipo de religião o culto é motivado pelo medo de sanção eterna ou pela esperança de prêmio eterno.

A religião *dinâmica* se baseia na intuição do Absoluto e na união mística com ele. A prática da religião dinâmica é a vida mística. Na obra *As duas fontes da moral e da religião,* Bergson estuda o misticismo grego, o misticismo oriental, os profetas de Israel e o misticismo cristão e conclui que o misticismo cristão é o único realmente bem sucedido.[5]

Através da experiência dos místicos Bergson chega à existência de Deus, existência já pressentida na especulação filosófica do impulso vital e que agora se impõe de modo incondicionado.

De que modo? Com base no testemunho dos que têm experiência das coisas divinas. Nestas coisas deve-se crer nos místicos como na me-

---

[5] Cf. *Id., Les deux sources de la morale et de la religion,* Paris, 1955, 240ss.

dicina e na engenharia se acredita nos médicos e nos engenheiros: tanto uns como outros são especialistas e sabem o que dizem.

Já dissemos que, para Bergson, alma e corpo, espírito e matéria, razão e intuição são inseparáveis, sendo aspectos complementares de única e mesma realidade.

Esta doutrina é retomada nas últimas páginas de *As duas fontes,* nas quais Bergson sustenta que *mecânica* (conhecimento técnico das coisas) e *mística* (experiência religiosa do universo), longe de se oporem, se atraem e desejam completar-se mutuamente.

"O homem não se elevará acima da terra se não dispuser de aparelhagem poderosa de arremesso. Para afastar-se da terra, deve apoiar-se contra a matéria. Em outras palavras, a mística clama pela mecânica.

Não se percebeu isto antes porque a mecânica, acidentalmente, lançou-se por um caminho em cujo termo está um bem-estar exagerado, o luxo para poucos privilegiados em vez da liberdade para todos (...)

Não só a mística exige a mecânica. Deve-se acrescentar que o corpo desenvolvido reclama a alma, e que a mecânica exige a mística.

As origens da mecânica são provavelmente mais místicas do que se pensa; ela não encontrará a sua verdadeira direção, não prestará serviços proporcionais à sua capacidade senão quando a humanidade, que até agora deixou-se arrastar por ela para a terra, conseguir endireitar-se e olhar para o céu".[6]

5. Maurice Blondel

Maurice Blondel nasceu em Dijon aos dois de novembro de 1861. Doutorou-se com a tese (que é também a sua obra principal) *A ação, ensaio de uma crítica da vida e de uma ciência da prática,* obra condenada pela Igreja porque suspeita de modernismo. Mais tarde, na tetralogia: *O pensamento* (1934), *O ser e os seres* (1935), *A ação* (1936-1937) e *A filosofia e o espírito cristão* (1944-1946), retomando os motivos da tese de doutoramento, procurou mostrar que a filosofia da ação se harmoniza perfeitamente com a filosofia tradicional do ser, ensinada na Igreja católica. Morreu no dia 4 de junho de 1949.

---

[6]*Id., ibid.,* 329-330.

Os sinais de vaga e indefinida religiosidade, na qual se resolve o pensamento de Bergson e de outros espiritualistas que o precederam, tornam-se mais cautelosos e precisos no pensamento de Blondel, o qual, inspirando-se mais no método voluntarista de Agostinho e Pascal (do que no intelectualista de Tomás de Aquino), procura dar fundamento seguro ao reconhecimento da existência de Deus e à fé na revelação e na graça sobrenatural.

Provar a realidade de Deus e do sobrenatural é o objetivo primário de *A ação*. O ponto de vista de Blondel é francamente pascaliano: o problema ao qual ninguém se pode subtrair, diz ele, é o de saber se a vida humana tem ou não significado, se o homem tem ou não destino. É o problema que o homem deve inevitavelmente resolver; e a solução, certa ou errada, cada um a traz nas próprias ações.

Mas a dialética da ação, seguida atentamente, leva ao reconhecimento da existência de Deus. De fato, agir é querer, e querer tem sempre objeto; a vontade do nada é necessariamente incoerente. Ora, o que é próprio do agir é o ressurgir contínuo nele de desequilíbrio entre o poder e o querer, entre a *vontade querida* e a *vontade que quer*, entre o resultado conseguido e o objetivo proposto. Segue disso uma espécie de insatisfação, a qual é o fundamento da inquietação que caracteriza a vida do homem e que recorda muito de perto a concepção hegeliana da consciência infeliz: a inquietação é constantemente alimentada pela vontade eternamente insatisfeita. Acontece assim que a ação passa pouco a pouco pelos diversos estádios do determinismo científico, da vida orgânica, da vida humana; de modo que cada estádio novo é síntese nova, irredutível à anterior; necessária, porque é o próprio dinamismo da ação que conduz a ela, mas ao mesmo tempo livre pela originalidade da criação espiritual que exprime. Mas assim acontece também que nem a ciência, nem a ação individual, nem a ação social, nem a ação moral dão ao homem, cada uma por si, o sentido de destino acabado: entre o seu querer e o seu poder sempre se reabre vazio que nada consegue satisfazer. Em consequência disso, "a ação está em perpétuo devir, como se estivesse angustiada pela aspiração de crescimento infinito (...). Somos obrigados a querer tornar-nos o que por nós mesmos não podemos conseguir nem possuir (...). E porque tenho a ambição de ser infinitamente que sinto a minha fraqueza: não me fiz a mim mesmo, não posso alcançar o que quero, sou obrigado a superar-me (...). Ora, este impulso para o infinito, que dilata constantemente a minha ação, é Deus. Ele não tem outra razão de ser para nós senão esta: ele é o que não podemos ser nem fazer com as nossas forças".[7] Nós somos a desproporção entre o ideal e o real, mas tendemos para a identidade deles: esta identidade é Deus.

Blondel não se contenta com assegurar fundamento a fé qualquer em Deus; o que ele procura é justificação da fé em Deus como o concebe o cristianismo: Deus que se revela ao homem e lhe comunica a sua graça.

Para provar a possibilidade da revelação, Blondel submete a exame o pensamento humano, o qual se caracteriza pela distinção entre sujeito e objeto e pela tendência do sujeito a reconhecer o objeto como realidade distinta de si. É esta a exigência metafísica da razão humana, explorada atentamente por Kant. Mas a razão se acha fechada em si mesma, porque a mente humana é irremediavelmente limitada aos fenômenos: o fenômeno é o muro intransponível além do qual se oculta o númeno. Mas a mente humana não se adapta a esta clausura porque nela se encontra e se afirma a exigência de superar a barreira do mundo fenomênico. A marcha da filosofia através dos séculos mostra esta tentativa e, ao mesmo tempo, a inanidade dos seus esforços. Nesta procura insatisfeita da verdade se funda a exigência da revelação.

Para provar a possibilidade da graça, Blondel parte do estudo do ser que, no homem, como em todas as outras criaturas, se manifesta finito. Ora, diante da finitude, surge na criatura sentimento de insatisfação e desejo de superar os próprios limites, desejo de alcançar o infinito: a constatação da finitude faz nascer a exigência do infinito, porque "a ideia do limite nasce e não pode deixar de nascer em nós do testemunho que o infinito dá a si mesmo da nossa finitude".[8] Mas o desejo da criatura permanece ineficaz porque entre criatura e criador há incomensurabilidade, e a criatura tem consciência disso: a criatura sabe que o absoluto tem modo de ser e de conhecer que transcende o seu ser e o seu conhecer, tem consciência de sua total dependência em relação a ele e de que, por isso, o abismo que os separa pode ser transposto somente por Deus, gratuitamente. Em outras palavras, a insatisfação que angustia o coração do homem postula não só a existência de ser absoluto, mas também a existência da ordem sobrenatural da graça.

---

[7]BLONDEL, M., *L'action,* Paris, 1893, 352-354.
[8]*Id., L'être et les êtres,* Paris, 1935, 435.

Blondel mostra assim que a natureza humana está aberta para o alto, que ela é predisposta, ainda que seja de modo passivo, para ser inserida na ordem de realidade superior à sua natureza, realidade que é a única que pode realizar completamente as tendências humanas. A ordem da graça, que é revelada pela fé, não só não se opõe à natureza como, ao contrário, encontra nela seu ponto de inserção, constituído pela aspiração do homem no infinito.

6. Os neotomistas

Era natural que, ao lado dos novos espiritualismos, recobrassem fôlego os espiritualismos tradicionais de marca platônica, agostiniana e tomista. Isto se deu entre o fim do século XIX e o começo do século XX. A este renascimento do pensamento católico tradicional deu-se o nome de *neo-escolástica* e ao renascimento do pensamento de Tomás, o nome de *neotomismo*.

A revalorização da filosofia tomista promoveu-a diretamente o papa Leão XIII com a encíclica *Aeterni Patris* (1879). A encíclica sublinha antes de tudo a importância da filosofia para a religião: a filosofia aplaina o caminho da fé, elaborando apologética válida, confere caráter científico à teologia e contribui para maior penetração dos dogmas e dos próprios mistérios. Em seguida afirma que entre os filósofos "ocupa posição de grande destaque Tomás de Aquino, príncipe e mestre de todos", louva a todos os que se dedicam a restaurar a filosofia tomista, declara "dever-se acolher com satisfação tudo o que de sábio e útil foi dito ou descoberto por quem quer que seja", e exorta a "restaurar e propagar a áurea sabedoria de santo Tomás", bebendo-a nas fontes genuínas e distinguindo-a de tudo o que, das doutrinas escolásticas, deve ser abandonado, porque fruto de excessiva sutileza ou porque pouco fundamentado ou porque em oposição com verdades posteriormente descobertas.

À encíclica de Leão XIII seguiu-se florescimento de iniciativas tomísticas: a edição crítica das obras de Tomás, a sua tradução em quase todas as línguas, a fundação de universidades e de centros de estudo do pensamento do Aquinate (merecem menção particular: a Academia Romana de Santo Tomás, a Universidade católia de Milão, a Universidade de Lovaina, a Universidade Católica de Nimega, os Institutos católicos de Lião, de Paris e de Tolosa, as Universidades católicas de

Quebec, Ottawa, Montreal, Washington, Manila, o Instituto de Estudos Medievais de Toronto).

Nestes centros dedicaram-se a aprofundar o pensamento de Tomás de Aquino muitíssimos estudiosos, alguns dos quais se empenharam em fazê-lo especialmente no plano histórico, procurando estabelecer com exatidão a sua doutrina e sublinhando a originalidade da sua filosofia, no seu todo, em relação a todas as outras filosofias precedentes (de Platão, Aristóteles, Agostinho, Avicena e outros). Neste trabalho distinguiram-se de modo particular os italianos Amato Masnovo, Cornelio Fabro, Sofia Vanni Rovighi; os franceses Antonin Sertillanges, Etienne Gilson, Aimé Forest, Louis B. Geiger, Joseph de Finance; os belgas Joseph Legrand, Louis de Raeymacker, Maurice de Wulf, Ferdinand van Steenbergen; os alemães Hans Mayer, Martin Grabmann e josef Pieper.

Outros procuraram aprofundar a doutrina tomista à luz das posições do pensamento moderno, particularmente das da filosofia alemã com Kant, Hegel e Heidegger. Apareceram assim os tomismos de inspiração kantiana, de Desiré Mercier e de joseph Maréchal; de inspiração hegeliana, de Gustave Siewerth, e de inspiração heideggeriana, de Karl Rahner.

Outros enfim procuraram desenvolver a filosofia de Tomás naquelas disciplinas (como a estética, a história, a pedagogia, a política, a filosofia da ciência etc.) que foram por ele ou totalmente omitidas ou tratadas muito por alto. Distinguiu-se neste esforço sobretudo jacques Maritain (1882-1973), o qual conseguiu dar às doutrinas tomistas uma veste de tal atualidade, mostrando a sua extraordinária correspondência com todos os problemas da filosofia moderna, que as tornou dignas de apreço e fê-las penetrar também em ambientes leigos e protestantes que lhes eram tradicionalmente desfavoráveis.

Um dos problemas que viu muitas vezes os neotomistas empenhados e também divididos é o que se refere à possibilidade de uma filosofia cristã e à atribuição desta qualificação à filosofia de Tomás de Aquino. Pode uma filosofia qualificar-se de cristã em virtude de sua estruturação intrínseca (em virtude de sua natureza), além de pela circunstância histórica de ter surgido num ambiente cristão ou numa era cristã e de ter incorporado a si ensinamentos religiosos procedentes do cristianismo?

Sobre o direito ao título de "cristã" não existe, do ponto de vista histórico, nenhuma dificuldade; neste sentido são cristãs não só a filosofia de Tomás, mas também todas as filosofias que surgiram no Ocidente depois da vinda de Cristo, como as de Descartes, Kant, Hegel, Nietzsche e Marx.

A questão propriamente dita se refere à atribuição do título de "cristã" do ponto de vista intrínseco, constitutivo. Diante da questão assim proposta, os neotomistas se dividiram em três posições claramente distintas. Alguns (De Raeymacker e van Steenbergen) afirmam que não é possível uma filosofia constitutivamente cristã, uma vez que a filosofia é obra da razão pura, a qual é a mesma sempre e em toda parte, em qualquer época da história, antes e depois do pecado, antes e depois da redenção. Outros (Gilson, Blondel) afirmam que não só é possível uma filosofia cristã, mas também que somente tal filosofia pode resolver os problemas últimos do homem, uma vez que, na condição atual, é somente coadjuvada pela luz da fé que a razão pode atingir a verdade sobre as questões últimas. Por fim, outros (Maritain), embora considerando a filosofia em si mesma disciplina neutra, isto é, disciplina à qual não se aplica nenhuma qualificação não contida no substantivo "filosofia", sustentam que em alguns campos do saber, como no da moral e da história, nenhuma filosofia, com exceção da filosofia iluminada pela revelação cristã, pode oferecer solução adequada, porque nesses campos não basta a consideração da natureza humana em abstrato, sendo necessário estudá-la tendo-se presente também o estado atual (de elevação sobrenatural) no qual ela se encontra.

7. Jacques Maritain: filósofo cristão da democracia

Jacques Maritain (1882-1973) foi o mais autorizado representante do neotomismo. Para ele a sua obra era continuação "filosófica" da teologia de santo Tomás. "Eu não sou neotomista — dizia ele e na pior das hipóteses preferiria ser paleotomista. Na realidade eu sou, eu espero ser tomista".

A sua atividade especulativa se moveu constantemente entre dois pólos: santo Tomás e o pensamento moderno. Do primeiro desenvolveu a problemática filosófica nos pontos que ainda não haviam sido tratados (filosofia da ciência, filosofia da história) ou que o tinham sido de modo insuficiente (filosofia da arte, filosofia política). Do segundo se empenhou constantemente em estudar e analisar, à luz do tomismo, as doutrinas filosóficas, religiosas, sociais e políticas, denunciando suas profundas lacunas e aberrações.

De toda a vasta produção filosófica de Maritain a que conserva maior interesse e atualidade é a que concerne à política: é o teórico cristão da edificação de verdadeira democracia como opção válida diante dos dois sistemas gravemente opressivos que hoje imperam no mundo, o liberalismo e o comunismo.

Maritain refletiu muito e apaixonadamente sobre a situação da sociedade moderna, sobre a sua cultura, os seus ideais, a sua situação moral, política, religiosa. Concorda com Marx, Nietzsche e Freud em denunciar os males ruinosos que a afligem e a crise profunda que a atormenta, mas se afasta deles quando se trata de determinar os métodos e os meios para salvá-la.

No fim da segunda guerra mundial Maritain escrevia: "Assistimos à liquidação daquele mundo que o pessimismo de Maquiavel levou a tomar a força pela essência da política; daquele mundo que o cisma de Lutero, separando a Alemanha da comunidade europeia, fez perder o equilíbrio; daquele mundo no qual o absolutismo do *ancien régime* substituiu aos poucos a ordem cristã por uma ordem de constrição cada vez mais distanciada das fontes cristãs da vida; daquele mundo no qual o racionalismo de Descartes e dos enciclopedistas instilou um otimismo ilusório e que o naturalismo pseudocristão de J. J. Rousseau levou a confundir as inspirações sagradas do coração com a espera de um Reino de Deus sobre a terra, proporcionado pelo Estado e pela Revolução; daquele mundo ao qual o panteísmo de Hegel ensinou a deificar o movimento histórico e cujo advento foi apressado junto com a ruína da classe burguesa — pelo regime capitalista do lucro, pelos conflitos imperialistas e pelo absolutismo desenfreado dos Estados nacionais. Este mundo nascera do cristianismo, e as suas forças vitais mais profundas vinham da tradição cristã. Por isso foi julgado mais severamente. O seu erro foi crer que o homem pudesse salvar-se com seus próprios meios e que a história humana pudesse prescindir de Deus" (MARITAIN, J., *Cristianismo e democracia*).

Como se vê, na opinião de Maritain, a desagregação da sociedade moderna tem sua origem no pensamento filosófico. A característica da Idade Moderna é a de ser uma *idade reflexa,* uma idade dominada pela tomada de consciência da experiência humana em todas as suas formas.

Mas quando vinha aprofundando a consciência dos direitos e dos deveres do homem, da sua intensidade e da sua extensão, quando procurava tornar-se autoconsciência total, era "fagocitada" por metafísica calcada e estruturada em função do saber científico experimental, isto é, como metateoria da ciência (mecanicismo) e chegava a produzir e a provocar tomada de consciência da imanência intra-humana, deixando de lado o Fundamento, antes, pondo alternativamente a questão da relação imanência-Fundamento e acabando por pôr e resolver o segundo termo no primeiro. Daí por diante a imanência se contrapôs dramaticamente à Alteridade e à Transcendência e se pôs como começo absoluto de toda ordem e de todo valor. Desenvolveu-se assim toda uma série de *humanismos ateus*, sobre os quais recai a responsabilidade de terem arrastado a humanidade no nosso século até a beira do abismo.

Para sairmos da grave crise em que nos encontramos só nos resta um caminho: recuperarmos a dimensão religiosa que o pensamento moderno insensata e maliciosamente sufocou, voltando-nos para a concepção cristã da vida e da sociedade. No terreno político o único sistema de pensamento capaz de garantir a recuperação dos valores pessoais e sociais necessários à vida social ordenada é o *ideal democrático que se inspira no cristianismo.* "No seu princípio essencial, esta forma, este ideal de vida comum que se chama democracia, procede da inspiração evangélica, sem a qual ela não pode subsistir" *(Id., ibid.).*

Para distingui-la da cristandade medieval, Maritain dá a esta forma de democracia fundada nos princípios evangélicos a designação de *nova cristandade.* A nova cristandade é uma *sociedade democrática* dotada de uma filosofia própria da democracia e da política, e de uma fé *secular* própria. Ela se distingue da cristandade medieval por um modo novo de conceber as relações entre o homem e o mundo, de um lado, e entre o homem e o sagrado, do outro. A cristandade medieval fizera do sagrado uma categoria ao mesmo tempo sociológica e sacral; a nova cristandade fará do sagrado uma categoria que ordena para si a criatura no que concerne ao seu fim último, mas reservará ao espaço estrutural do mundo uma configuração categorial profana, isto é, distinta (sem ser separada) do sagrado. A nova cristandade será um *humanismo* porque é motivada e estruturada pelo inviolável sentido do homem e da pessoa, tomada esta como termo e destinatária das estruturas temporais, e será um *humanismo integral* porque considerará o homem apoiado num fundamento transcendente, aberto às fecundações da graça e às relações vitais com Deus, que o salva e o santifica; e considerará o mundo como situação intramundana da pessoa, isto é, não como definidor absoluto do seu ser, mas como momento da sua presença no ser.

Maritain atribui à democracia de inspiração cristã cinco características:

— *pluralismo:* a cristandade medieval era dominada pelo princípio da unidade, ao passo que a nova cristandade será caracterizada por estrutura pluralista muito acentuada: pluralismo nos terrenos econômico, jurídico, institucional, político e também religioso.

— *infravalência do temporal:* a nova cristandade concebe o temporal como *fim intermediário;* supera a concepção medieval porque reconhece ao temporal ordem própria e autônoma, e rejeita a concepção moderna de secularização absoluta porque institui uma subordinação real e efetiva do temporal em relação ao espiritual.

— *liberdade da pessoa:* a nova cristandade afirma o valor absoluto da pessoa, a sua transcendência em relação aos meios temporais e políticos. No que se refere à consecução do seu destino eterno, a pessoa é responsável somente diante de Deus, não diante do Estado, o qual deve, por isso, respeitar e reconhecer as várias formas de conceber a salvação e de manifestar o culto a Deus seguidas pelos seus membros.

— *autoridade delegada:* aquele que detém a autoridade, não a detém a título pessoal e autônomo, mas em virtude do *consenso* da multidão, que delega a autoridade não uma vez por todas, mas periodicamente.

— *colaboração:* a nova cristandade tira sua especificação da tarefa comum à qual chama todos os homens, isto é, da colaboração fundada não no medo ou na violência, mas no amor e na amizade. De resto, é só no âmbito da amizade — que é a projeção sociológica e temporal da caridade evangélica — que se resolve aquela antinomia e aquela tensão entre pessoa e sociedade que nenhum sistema capitalista ou socialista conseguiu eliminar: empenhando-se na obra comum e subordinando-se a ela, o homem se empenha e se subordina à realização da vida pessoal de outras pessoas; ele não se subordina ao Estado, à classe, a uma casta etc., mas ao bem de pessoas humanas amadas e respeitadas enquanto pessoas.

Foi principalmente por causa dessas doutrinas políticas que Maritain conseguiu que o pensamento de santo Tomás adquirisse notável prestígio também em ambientes que lhe foram sempre hostis (especialmente na Inglaterra, na França e nos Estados Unidos). Soube, com efeito, criar uma síntese feliz entre as aspirações do nosso tempo e as teses fundamentais do pensamento tomista.

Maritain percebia profundamente a decadência e a "miséria" da nossa civilização e se dizia certo da iminência de um fim apocalíptico, depois do qual tudo voltaria a ser "redenção e santidade". Sobre o valor dessas suas predições é difícil pronunciar-se. Mas uma coisa é certa: hoje paira sobre o mundo uma densa nuvem de incerteza, de confusão, de dúvida, de ceticismo, de angústia, de desespero. O futuro parece cada vez mais incerto e inseguro. Devemos, por isso, valorizar as poucas luzes que surgem em torno de nós. Maritain deve ser considerado uma luz. São muitos os que pensam assim. Isto explica por que, depois da sua morte, começaram a florescer, em diversas partes do mundo, centros de estudo do seu pensamento.

8. Hermann Lotze, Wilhelm Wundt, Heirich Rickert

Também na Alemanha a reação contra o positivismo parte dos próprios pressupostos dele, mostrando que é insustentável e procurando, por outro lado, postulados de inspiração espiritualista.

Um dos primeiros a tomar posição contra o positivismo foi Hermann Lotze (1817-1881), médico e filósofo. Segundo Lotze, os elementos da realidade, também da chamada realidade física, não são, como a ciência mecânica os imagina, átomos materiais: a extensão, como as outras realidades sensíveis das coisas, é resultado da ação recíproca dos seres, e não propriedade originária deles (o espaço é fenômeno). Tais elementos são concebidos, à semelhança das mônadas leibnizianas, como centros espirituais de energia, análogos àquela realidade que é a única intuída por nós, o nosso eu, o qual permanece uno apesar de variarem seu estados e atos. Para Lotze, todos os elementos do mundo são animados, embora em graus diferentes. Análogo ao ser do nosso eu é o da Substância absoluta. O Ser infinito é o fundamento das relações recíprocas dos centros finitos de atividade, como um mesmo eu é o pressuposto das relações nas quais se encontram os diversos fatos e atos psíquicos da consciência individual. Neste sujeito infinito tem seu princípio a finalidade que domina todo o universo. Logo, só existe aquilo que tem função a desempenhar no todo, aquilo que tem um *valor*. O valor é a medida do ser: o que é e acontece não pode ser entendido se não for referido ao que deve ser e acontecer. A substância de qualquer processo, o conteúdo mais íntimo de todo real está no bem e na lei moral.

Menos categórica do que a de Lotze, mas não menos significativa, é a reação de Wilhelm Wundt (1832-1920) ao positivismo. Wundt, fisiólogo insigne e filósofo original, admite a concepção positivista segundo a qual a filosofia tem a missão puramente formal de coordenar ou, melhor, de unificar num sistema coerente os conhecimentos gerais fornecidos pelas ciências particulares. Mas para Wundt esta missão é orientada para dar-nos uma intuição do mundo e da vida em harmonia, além de com as exigências do intelecto, também com as necessidades do sentimento. Deste modo, em Wundt, as ideias, originariamente positivistas tendem a transformar-se gradualmente numa visão mais propriamente espiritualista da realidade. E na verdade, diz ele, o mecanicismo das ciências naturais pode fazer-nos entender só o aspecto exterior da realidade; esta, em si, é espírito, é vontade que se desdobra segundo ritmo evolutivo e progressivo que, através da evolução histórica dos indivíduos e dos povos, se eleva incessantemente até a ideia-limite de Deus.

Heinrich Rickert (1863-1936) situa a sua crítica ao positivismo na distinção, que será depois aprofundada por Dilthey, entre duas formas de conhecimento e duas lógicas diferentes: entre uma lógica das ciências espirituais ou mais propriamente históricas, de um lado, e uma lógica das ciências naturais, do outro; isto é, entre uma lógica que considera a realidade do ponto de vista das suas individuações orgânicas e espirituais e uma lógica que tira da realidade esquemas uniformes e gerais, tendentes a dar representação mecânica e material do mundo. Segue disso que, para Rickert, a realidade é o que as ciências espirituais nos revelam ou que os seus juízos de valor (do belo, do verdadeiro etc.) sucessivamente determinam, ao passo que a natureza é só imagem abstrata e abreviada da realidade, criada para a necessidade que o homem tem de dominar, classificando-a e tornando-a uniforme, a infinita variedade dos indivíduos que constam de sua experiência. Segundo esta concepção, as ciências da natureza são, portanto, ciências "nomotéticas", isto é, voltadas para a formulação de leis que têm só valor de esquemas ou de classificações; "ideográficas" são, ao contrário, as ciências do espírito, uma vez que são voltadas para a consideração de fatos ou eventos singulares no seu processo histórico. Consequentemente se as primeiras tendem para a abstração, as segundas tendem para a determinação do valor dos fatos, isto é, tendem a julgar os fatos segundo os valores que são o pressuposto mesmo da história, a sua meta final e o seu guia seguro.

9. Wilhelm Dilthey

Na Alemanha o principal representante da oposição ao positivismo foi Wilhelm Dilthey (1833-1911), autor de numerosas obras, das quais as mais importantes são *Introdução às ciências do espírito, A essência da filosofia* (1907), *A construção do mundo histórico* (1910).

Como Rickert, também Dilthey aborda o positivismo no terreno do método, observando que o método positivo das ciências experimentais, ao qual os positivistas pretendem atribuir valor absoluto e universal, satisfaz apenas às exigências do estudo dos fenômenos naturais ou materiais, sendo absolutamente inadequado para o estudo e a compreensão dos fenômenos culturais ou espirituais. Estes últimos podem ser compreendidos somente através da *Erlebnis*, isto é, da "experiência vivida". Isto porque o espírito é acessível só a quem o vive ou revive interiormente. A isto não é aplicável o método das ciências da natureza, feito de análise separada e abstrata.

Dilthey distingue três aspectos inseparáveis na experiência vivida (*Erlebnis*) : *a vida*, a *expressão* e o *entendimento*. A vida representa o momento da subjetividade, da imediação, da singularidade. A expressão e o entendimento constituem o momento do universal, da objetividade. Através do condicionar-se recíproco dos três elementos da *Erlebnis* constitui-se o objeto das ciências do espírito, o *mundo histórico*.

Existem, portanto, dois grupos de ciências, o das *ciências da natureza* e o das *ciências do espírito*, cada um deles dotado de método próprio e, por isso, também de objeto próprio. Os dois grupos são necessários, mas o segundo é superior ao primeiro: é somente ele que nos permite apreender a realidade inteira, a realidade na totalidade das suas aptidões e possibilidades.

Além da luta contra o positivismo, o nome de Dilthey está ligado à formação do *historicismo*.

O *historicismo* é movimento filosófica que se desenvolveu especialmente na Alemanha, no fim do século passado, quando o florescimento dos grandes historiadores (Mommsen, que Dilthey conheceu pessoalmente, Ranke, do qual Dilthey foi discípulo, Burkhardt, Harnack e outros) punha com urgência o problema da natureza da história. Deste problema já se ocupavam estudiosos de grande renome como Simmel, Troeltsch e Meinecke.

A eles logo veio juntar-se também Dilthey. A sua preocupação principal era a de determinar as relações entre a filosofia e a história, preocupação que o acompanhava desde muito jovem. Aos 16 anos anotava em seu diário: "Os escritos de Gerrinus me sugeriram a possibilidade de encontrar um nexo entre a história da cultura e o pensamento filosófico". Pouco mais tarde fala de projeto seu "de unir a história e a filosofia". Depois de longos anos de reflexão, Dilthey chegou à conclusão de que filosofia e história são uma coisa só. O argumento fundamental que justifica esta identificação é que a vida é a suprema realidade e a história é a expressão genuína e única da vida. Dado que a vida só pode ser compreendida através da história, a única e verdadeira filosofia é a história. Qualquer outra especulação está destinada ao fracasso. De fato, para chegar à vida é necessário seguir o mesmo caminho que ela deixou marcado; como quem se encontra perdido na floresta, o filósofo deve procurar as marcas que a vida, no seu curso, deixou nas plantas seculares. No começo era a vida. E quem sente o desejo pungente de justificação satisfatória, não a procure fora da vida, porque não a encontrará. O decurso histórico da vida contém a sua justificação. Quem não quer perder-se deve procurar aquela justificação de si mesmo que a vida veio deixando nos produtos históricos. É necessário, por isso, que se examine atentamente o curso total da vida, sem permitir-se omitir ou desprezar nenhum elemento.

Além de a esta tese fundamental, a saber, que a história é a manifestação única e suprema da realidade, Dilthey alude também a outros motivos, menos importantes, que convalidam a identificação da filosofia com a história. Recordemos os seguintes:

a) O homem se conhece somente através da história; *b)* uma época só é compreensível se se conhecem seus precedentes históricos; *c)* os sistemas filosóficos refletem a mentalidade de um dado povo, de um dado período, e, por isso, só podem ser compreendidos se estudados historicamente.

É interessante a teoria de Dilthey sobre os diferentes sistemas filosóficos. Ele julga impossível superar o argumento dos céticos para os quais, atribuindo-se valor absoluto aos sistemas filosóficos, a verdade se torna inatingível porque as doutrinas dos filósofos se opõem radicalmente umas às outras. Para superar o ceticismo é necessário atribuir-lhe apenas valor relativo: cada sistema é válido em dado momento, para dadas mentalidades.

O erro do ceticismo está em isolar os sistemas filosóficos do seu contexto histórico para contrapor-lhes outro como se fossem rivais que se batem pelo mesmo troféu. Os sistemas filosóficos não devem ser vistos como rivais, mas como corredores que percorreram o mesmo caminho em épocas diferentes, cada um conquistando a vitória.

Os diversos sistemas estão em oposição se se consideram as suas formulações conceituais. Mas a oposição desaparece quando são considerados em relação com a vida da qual todos nascem e da qual cada um representa um aspecto, um ponto de vista. A sua diversidade se deve à riqueza da vida, que nenhuma concepção filosófica pode esgotar.

Muitos estudiosos objetaram a Dilthey que deste modo supera-se o ceticismo, mas paga-se pesado tributo ao relativismo.

A esta acusação Dilthey respondeu repetidamente que o seu relativismo é apenas provisório: "A última palavra do espírito não é a relatividade das concepções do mundo, mas a supremacia do espírito diante de todas elas e, ao mesmo tempo, a consciência positiva do fato de que nas várias atitudes do espírito se nos oferece a realidade única do mundo".

Segundo Dilthey todos os sistemas filosóficos são redutíveis a três concepções fundamentais da vida *(Weltanschauungen,* "cosmovisões"): materialismo, idealismo objetivo e idealismo subjetivo. Cada uma delas usa um fato último da consciência, uma categoria.

O materialismo usa a categoria de causa. Seus principais defensores são Demócrito, Lucrécio, Epicuro, Hobbes e os materialistas modernos.

O idealismo objetivo usa a ideia de valor. Seus principais defensores são Heráclito, os estoicos, Spinoza, Leibniz, Goethe, Schelling e Hegel.

O idealismo subjetivo usa a categoria de fim. Seus principais defensores são Platão, Cícero, a filosofia cristã, Kant, Fichte e outros.

As categorias de causa, valor e fim representam relações diferentes do homem com o mundo: não é possível relação total que resulte do conjunto destas três categorias. Isto significa que a metafísica é impossível porque ela deverá ou tentar ilusoriamente ligar as três categorias ou mutilar a nossa relação viva com o mundo, comprimindo-a em uma só delas. Ela é impossível também no âmbito de um dos tipos fundamentais, já que não é possível determinar a unidade última da ordem causal (materialismo), nem o valor incondicionado (idealismo objetivo), nem o fim absoluto (idealismo subjetivo). A última palavra não é, contudo, a relatividade das concepções do mundo, mas a soberania do espírito sobre cada uma delas.[9]

Dilthey tem o grande mérito de ter focalizado uma distinção que o positivismo omitira: a distinção entre as ciências da natureza e as ciências do espírito. Esta distinção gnosiológica não parece, todavia, ter fundamento ontológico suficiente no seu sistema, que põe como única e última realidade a vida.

Para manter a distinção gnosiológica seria necessário afirmar que a vida, na sua pródiga fecundidade, gera o monstro sem vida que é a natureza. Mas, seria admissível esta hipótese?

Dilthey teria podido facilmente evitar o beco sem saída da sua ontologia e também encontrar uma resposta mais satisfatória aos que o acusavam de relativismo se, em vez de fechar-se num imanentismo rígido, tivesse reconhecido que a vida não é a explicação última do mundo, mas que ela mesma é fenômeno de realidade superior.

BIBLIOGRAFIA

Sobre Boutroux

LIGUORI, E: BARBIERI, *La filosofia di E. Boutroux e la reazione all'intellettualismo nella filosofia francese contemporanea*, Pisa, 1926; GAULTIER, P., *Les maitres de la pensée française: E. Boutroux*, Paris, 1921; BENDA, J., *De quelques constances de l'esprit humain*, Paris, 1950.

Sobre Bergson

OLGIATI, F., *La filosofia de H. Bergson*, Turim, 1922, 2ª ed.; GALEM, R., *La filosofia di Bergson*, Milão, 1949; CHEVALIER, J., *Bergson*, Bréscia, 1947; 2ª ed.; MATHIEU, V., *Bergson: il profondo e la sua espressione*, Nápoles 1971; CAVAGNA, G. B., *La dottrina della conoscenza in H. Bergson*, Nápoles, 1966; ROBINET, A., *Bergson*, Paris, 1965; MEYER, F., *Pour connaitre la pensée de Bergson*, Paris 1964, 5ª ed.; BERTHELEMY, M.-MADAULE, *Bergson*, Paris, 1968; SGRO, S., *La filosofia di E.

---

[9]Cf. DILTHEY, W., *A Essência da Filosofia*.

Bergson e le sua implicanze pedagogiche, Reggio Calabria, 1970.

Sobre Blondel

BUONAIUTI, E., *Blondel*, Milão, 1926; OGGIONI, E., *La filosofia dell'essere de M. Blondel*, Nápoles, 1939'; VALORI, P., *M. Blondel e il problema della filosofia cristiana*, Roma, 1950; SARTORI, L., *Blondel e il cristianesimo*, Pádua, 1953; CRIPPA, R., *Il realismo integrale di M. Blondel*, Milão, 1954; IDEM, *Profilo della critica blondelliana*, Milão, 1962; SCIACCA, M. F., *Dialogo con M. Blondel*, Milão 1962; POLATO, F., *Blondel e il problema della filosofia come scienza*, Bolonha, 1965; DuMERY, H., *La philosophie de l'action*, Paris, 1948; TRESMONTANT, C., *Introduction à Ia métaphysique de M. Blondel*, Paris, 1963; SAINT-JEAN, R., *L'apologétique philosophique. Blondel 1893-1913*, Paris, 1966; NICOLOSI, S., *L'odissea della ragione. Il primo Blondel e l'itinerário della filosofia*, Roma, 1970.

Sobre os neotomistas

MASNOVO, A., *Il neotomismo in Italia*, Milão, 1923; DEZZA, P., *Alle origini del neotomismo*, Milão, 1940; IDEM, *I neotomisti italiani del secolo XIX* Milão, 1942; PERRIER, J. L., *Revival of Scholastic Philosophy*, Nova Iorque, 1948; VAN RIET, G., *L'épistémologie thomiste*, Lovaina, 1946; SIEWERTH, G., *Das Schicksal der Metaphysik von Thomas zu Heidegger*, Einsiedeln, 1959; BOGLIOLO, L. *Il problema della filosofia cristiana*, Bréscia, 1959; LIVI, A., *Il cristianesimo nella filosofia*, L'Aquila 1969; DE RAEYMAEKER, L., *Le cardinal Mercier et l'Institut supérieur de philosophie de Louvain*, Lovaina, 1952; VV. AA., *Etienne Gilson, philosophe de Ia chrétienté*, Paris, 1949; VV. AA., *Jacques Maritain*, Bréscia, 1967; BARBIELLINI AMIDEI, G., *Dopo Maritain*, Turim, 1967; GAROFALO, G., *J. Maritain. Saggio critico*, Bari, 1969; VV. AA„ *Il pensiero politico di Jacques Maritain*, Milão, 1974.

Sobre Dilthey

Giusso, L., *Dilthey e Ia filosofia come visione della vita*, Nápoles, 1940; STEFANINI, L., *Il problema della storia*, Milão, 1944; Rossi, P., *Lo storicismo tedesco contemporaneo*, Turim, 1966; MARINI, G., *Dilthey e Ia comprensione del mondo umano*, Milão, 1965; CALABRÒ G., *Dilthey e il diritto naturale*, Nápoles, 1968; HODGES, H. A., *The Phiosophy of W. Dilthey*, Londres, 1952; MUELLER, K.-VOLLMER, *Towards a Phenomenological Theory of Literature. A Study of W. Dilthey's "Poetik"*, Haia, 1963; PALMER, R. E., *Hermeneutics. Interpretation Theory in Schleiermacher, Dilthey, Heidegger and Gadamer*, Evanston, 1969; BOLLNOW, O. F. *Dilthey. Eine Einfuhrung in seine Philosophie*, Estugarda, 1967, 3ª ed., KRAUSSER P., *Kritik der endlichen Vernunft. W. Diltheys Revolution*, Francoforte, 1968; RODI, F., *Morphologie und Hermeneutik. Zur Methode von Diltheys Aestetik*, Estugarda, 1969.

VIII
OS FILÓSOFOS AMERICANOS
(Pragmatismo e neorrealismo)

1. Caracteres gerais

Em filosofia como, ademais, em todas as outras expressões culturais, a América (mais precisamente os Estados Unidos), até os últimos decênios do século passado, seguiu e em geral imitou de perto os modelos europeus: foi empirista no tempo do empirismo, idealista no tempo do idealismo e positivista no tempo do positivismo. Mas, apesar desta tendência para a imitação e para a repetição, não faltaram intérpretes geniais dos modelos europeus como, por exemplo, os idealistas Ralph W. Emerson e Josiah Royce.

Com o século XX, a América alcança plena e completa autonomia não só nos campos da política, da economia, da ciência e da técnica, mas também no da filosofia, no qual, por mérito de Peirce, James e Dewey, se desenvolve e afirma um sistema, o *pragmatismo*, que é a expressão fiel do modo de pensar e agir do povo americano.

O pragmatismo se enquadra no movimento espiritual mais amplo que, na passagem do século, domina na Europa: a reação ao positivismo e ao materialismo positivista. Mas, enquanto na Europa a reação é conduzida sob a insígnia do espiritualismo, na América percorre caminho novo e original, o caminho do sucesso prático. A razão da escolha deste caminho se deve principalmente às condições políticas e sociais da América no fim do século XIX e no começo do século XX. A sociedade americana, em plena fase de ascensão econômica e industrial e animada por firme confiança no próprio arrojo e no próprio esforço produtivo, é levada a considerar boas as iniciativas bem sucedidas, e más as iniciativas mal sucedidas. Ora, o princípio sobre o qual se funda o pragmatismo é justamente o que faz do conhecimento mero instrumento de ação e que, consequentemente, resolve o critério da verdade das diversas teorias no seu sucesso prático.

2. Charles Sanders Peirce

O fundador do pragmatismo é Charles Sanders Peirce (1839-1914). A primeira indicação da tendência pragmatista do seu pensamento deu-a na sua recensão à edição das obras de Berkeley, preparada por Fraser. Vale a pena citar suas passagens mais importantes, porque representam a primeira formulação do pragmatismo.

"Espera-se que o modo pelo qual Berkeley trata a questão da validade do conhecimento humano e do processo indutivo da ciência, hoje tão estudado, chame a atenção dos cientistas para o sistema idealista. A nós esta esperança parece vã. A verdade é que as mentes das quais emana o espírito da época não têm nenhum interesse pelos problemas que a metafísica sempre se dedicou a resolver. O conhecimento abstrato de Deus, da liberdade e da imortalidade, à parte as outras crenças religiosas (que não podem evidentemente apoiar-se numa base metafísica) que são capazes de animá-lo, é tido hoje como destituído de qualquer valor prático (...). Todo o interesse que ele teve no passado estava ligado à esperança de que a solução do problema oferecesse a base para máximas úteis e certas, relativas à lógica da indução; mas esta esperança está destinada a desaparecer logo que se demonstre que o problema era puramente metafísico. Este é o sentimento dominante entre os espíritos mais avançados. Ele pode não estar certo, mas existe. E a sua existência representa um obstáculo real (dado que não haja outros) para a aceitação geral do sistema de Berkeley (...). Parece impossível para o cientista de hoje não ter tendências materialistas. À medida que existe uma disputa entre o nominalismo e o realismo, à medida que a nossa posição a respeito da questão não é determinada por prova *indiscutível,* mas é mais ou menos questão de inclinação, os homens, ao perceberem a oposição profunda entre as duas atitudes, subscrevem, se são homens, ou um ou outro, porque não podem seguir a ambos, assim como não é possível servir a Deus e a Mamon. Se os dois impulsos se neutralizarem, o resultado será que o indivíduo permanecerá sem nenhum grande motivo intelectual. Na verdade, não existe motivo para pensar que a questão lógica, por sua natureza, não seja susceptível de solução. Mas o caminho para sair das dificuldades não se encontra no espinhoso labirinto de ciência árida como a matemática. Ora, a necessidade da matemática é sentida: ela ajuda a construir pontes e máquinas, sendo necessário, por isso, que alguém a estude seriamente. Mas ter uma filosofia é luxo, uma vez que a única utilidade que decorre disso é sentir-se o filósofo confortado e seguro. É estudo para horas de lazer; e desejamos que ela nos seja apresentada em forma elegante, fácil e interessante. A lei da seleção natural, que é o correspondente, em outro campo, da lei da oferta e da procura, tem o efeito imediato de solicitar as outras faculdades do intelecto, já que o homem dotado de vigor intelectual vence na luta pela vida; mas a faculdade de filosofar não é necessária, a não ser como literatura; não se pode, por isso, esperar que se resolva a questão difícil enquanto ela não assumir uma forma prática".[1]

Nesta passagem Peirce apresenta duas proposições destinadas a se tornarem objeto de discussão por várias gerações e que são fundamentais na história do pragmatismo: *a)* a questão da validade do conhecimento pode ser discutida e resolvida indutivamente como um problema científico; *b)* a verificação experimental se baseia no exame das consequências práticas de um conhecimento dado.

Mais tarde, no célebre ensaio *Como tornar claras as nossas ideias* (1878), Peirce precisou o seu pensamento em torno do pragmatismo, mostrando suas raízes essencialmente empíricas: o ponto de partida e o de chegada do nosso conhecimento é sempre a experiência sensível. Mas, diversamente dos empiristas do século XVIII, que sublinhavam principalmente o ponto de partida, Peirce e os pragmatistas posteriores acentuam mais o ponto de chegada: os resultados práticos, concretos, sensíveis do conhecimento.

"A realidade, como qualquer outra qualidade, consiste nos efeitos sensíveis peculiares produzidos pelas coisas que participam dela. O único efeito das coisas reais é o determinarem elas uma crença, visto que todas as sensações que elas produzem emergem na consciência na forma de crença. A questão consiste, portanto, no seguinte: como distinguir a crença verdadeira (ou crença no real) da crença falsa (ou crença na ficção)? Agora as ideias de verdade e de falsidade, no seu pleno

---

[1] PEIRCE, C. S., *The Works of George Berkeley* in The North American Revim, CXIII (1871) 450, 455, 472.

desenvolvimento, pertencem exclusivamente ao método experimental de verificação da opinião.

"(...) A essência da crença é a constituição de um hábito; e crenças diferentes se distinguem pelos modos diferentes de ação aos quais dão origem. Se dadas crenças não diferem nisto, se resolvem uma mesma dúvida produzindo a mesma regra de ação, então nenhuma diferença delas na consciência pode torná-las diferentes entre si, assim como tocar motivos musicais em chaves diferentes não significa tocar motivos diferentes".[2]

Mas, este modo de conceber o conhecimento não desembocaria nas formas mais grosseiras e banais do egoísmo, do subjetivismo e do utilitarismo? Peirce nega-o categoricamente, sustentando que existe uma utilidade universal a respeito da qual todos os homens estão de acordo, a racionalidade: "O único bem supremo que os fatos práticos podem promover é o desenvolvimento da racionalidade concreta; assim o significado do conceito 'não se encontra em alguma reação individual, mas na modo pelo qual estas reações contribuem para tal desenvolvimento".[3]

Deste modo, que, do ponto de vista da lógica, poderá parecer discutível, Peirce confere caráter substancialmente intelectualista e nacionalista ao pragmatismo, caráter que James se apressará em abandonar, substituindoo por caráter marcadamente voluntarista.

3. William James

William James (1842-1919) foi por muitos anos titular das cátedras de filosofia e psicologia na Universidade de Harvard. As suas obras principais são: *Princípios de psicologia* (1890), *A vontade de crer* (1897), *As várias formas da experiência religiosa* (1902), *Pragmatismo* (1907) .

Pensador mais completo e ordenado do que Peirce, James conseguiu suscitar enorme interesse pelo pragmatismo não só na América, como também na Europa.

O que deve ser entendido por "pragmatismo" vem lucidamente explicado por ele numa página da obra homônima. "O método prag-

---

[2]*Id., The Philosophy of Peirce: Selected Writings*, sob a supervisão de J. Buch1er, Nova Iorque, 1940, 28-29.
[3]*Id., Pragmatic and Pragmatism* in Dictionary of Philosophy and Psychology, sob a supervisão de J M. Baldwin, Nova Iorque, 1902, II, 321-322.

mático consiste no estudo das várias doutrinas do ponto de vista das consequências práticas. Que diferença haveria, na prática, se fosse verdadeira esta doutrina e não outra? Se não for possível encontrar nenhuma diferença prática, então as doutrinas, na realidade, têm a mesma importância, e qualquer discussão sobre elas se torna supérflua. Quando uma discussão é séria, deveríamos ser capazes de mostrar as diferenças práticas que devem provir do fato de uma alternativa ser verdadeira e a outra falsa. A função da filosofia consiste em determinar se a aceitação deste ou daquele sistema como verdadeiro implica uma diferença em relação a mim ou a ti num momento particular da nossa existência".[4]

Numa obra posterior, James retorna aos termos "pragmático" e "prático" para livrá-los dos mal-entendidos e das críticas que vinham sofrendo. Para ele tais mal-entendidos e críticas não se justificavam porque "com o termo 'prático' entende-se muitas vezes o que é distintamente concreto, individual, particular e eficiente, , em oposição ao que é abstrato, geral, inerte. Era precisamente neste sentido que eu usava o termo quando insistia no caráter prático da verdade. *Prágmata* são as coisas na sua pluralidade; e na minha primeira conferência na Califórnia, quando defini o pragmatismo como doutrina segundo a qual 'o significado de qualquer proposição pode ser sempre reduzido a uma consequência particular em nossa experiência prática futura, ativa ou passiva', acrescentei expressamente estas palavras: 'O que é importante é que a experiência é particular, além de ativa' ".[5]

Mas, quais são os motivos que levaram James a tomar o método pragmático como critério supremo da verdade? Antes de tudo, o motivo já salientado por Peirce e, muito antes dele, por Bacon: a intenção prática, não teorética, especulativa, das pesquisas científicas; elas querem servir ao homem. E a verificação das teorias científicas consiste essencialmente no estudo da sua relação com as atividades humanas, com as necessidades da vida. Aceitam-se como verdadeiras as que mais contribuem para o bem-estar do homem.

Em James há segundo motivo, o qual decorre da sua visão filosófica profundamente voluntarista: no homem a faculdade principal não é a razão, mas a vontade; logo, uma doutrina é aceita não porque a razão a

---

[4] JAMES, W., *Pragmatism,* Nova Iorque, 1907, 45-46.
[5] *Id., The Meaning of Truth,* Nova Iorque, 1909, 209-210.

reconheça como verdadeira, mas porque a vontade adere a ela com fé. "Em nossa natureza, a parte que exerce o querer (...) domina tanto a parte intelectiva como a emotiva; isto é, de forma mais simples, a percepção e o pensamento existem em função do comportamento".[6]

Mas, reservando-se ao conhecimento um sentido tão fortemente irracional, não se compromete seriamente qualquer possibilidade não só de se resolverem, mas também de se formularem as chamadas "questões últimas"? James percebeu como poucos a importância dessas questões e, ao escolher o pragmatismo, embora fizesse algumas concessões ao positivismo, jamais teve a intenção de seguir este último no caminho da negação das realidades espirituais. Em todo caso, no seu entender, tais realidades não podem ser atingidas mediante processos racionais: a pura razão só pode conduzir ao agnosticismo ou ao materialismo.

Depois de vinte anos de atormentada procura, James chegou à seguinte conclusão: "Vi-me finalmente forçado a *renunciar* aberta e irrevogavelmente *à lógica*. Ela presta serviço imorredouro à existência humana, mas este serviço não é o de levar-nos ao conhecimento teórico da natureza essencial da verdade".[7]

No tocante às questões últimas, o homem alcança a certeza não por meio do raciocínio, da lógica, mas por meio da fé, de fé instintiva, natural, que transparece insistentemente através do sentimento. Fé e sentimento são dons comuns a todos os homens e estão, por isso, na base de "encontro das mentes". James interpreta este encontro como "composição de consciências" ou como imersão da experiência pessoal no "mar materno" da consciência. Ele, que sempre aceitara o pampsiquismo, recusava-se a admitir uma forma de monismo psíquico na qual a individualidade desaparecesse como na "experiência absoluta" dos idealistas ou como no oceano do nirvana. Como defender o "universo pluralista" e o individualismo quando se admite a "composição" das mentes? Aqui James julga necessário reconhecer a existência do Absoluto, de Absoluto transcendente e pessoal: "O Absoluto não é a realidade impossível que, à certa altura, cheguei a pensar. Os fatos mentais funcionam ora singularmente, ora em conjunto, e nós, mentes

---

[6]*Id.*, *The Will to Believe and other Essays in Popular Philosophy*, Nova Iorque, 1897, 114.
[7]*Id.*, *A Pluralistic Universe*, Nova Iorque, 1908, 212.

finitas, podemos ter consciência umas das outras simultaneamente, numa inteligência sobre-humana. Somente as pretensões extravagantes, da parte do Absoluto, de uma necessidade coercitiva é que não devem ser aceitas numa lógica a priori. Como hipótese que procura tornar-se provável sobre uma base analógica e indutiva, o Absoluto merece ser pacientemente tomado em consideração. (...) Apesar do desprezo do racionalismo pelo particular, pelo pessoal e pelo parcial, a orientação de todas as provas que temos parece impelir-nos fortemente para a crença em uma forma de vida sobre-humana, com a qual, sem sabê-lo, podemos ter consciência concomitante. É possível que sejamos no universo como são os cães e os gatos em nossas bibliotecas: veem os livros e ouvem as conversas, mas não entendem nada".[8]

James dedicou ao estudo da experiência religiosa uma de suas obras mais importantes, *As várias formas da experiência religiosa,* na qual ataca duramente os filósofos e os teólogos que pretendem transformar a religião num sistema de proposições cientificamente demonstráveis: "A pretensão da filosofia é (...) a de que a religião possa ser transformada numa ciência capaz de convencer universalmente. O fato é que nenhuma filosofia religiosa conseguiu convencer a massa dos pensadores. (...) Creio, com toda a sinceridade, que se deve concluir que a tentativa de demonstrar, por meio de processos puramente intelectuais, a verdade das exposições da experiência religiosa imediata é absolutamente sem esperança. (...) Devemos, por isso, parece-me, dizer um adeus definitivo à teologia dogmática. Com toda a sinceridade, a nossa fé deve prescindir desta garantia".[9]

O fundamento da religião não é a razão, mas a fé, o sentimento, e as outras experiências particulares como a oração, conversações com o invisível, visões etc. "O que sustenta a religião é algo diferente das definições abstratas e dos sistemas de fórmulas concatenadas logicamente, algo diferente também das faculdades de teologia e dos seus professores. Todas essas coisas são efeitos posteriores, acréscimos secundários a uma massa de experiências religiosas concretas que se ligam ao sentimento e à conduta e que se renovam *in saecula saeculorum* (pelos séculos dos séculos) na vida das pessoas, humildes seres humanos. Se me perguntar-

---

[8] *Id., Essays in Radical Empiricism,* Nova Iorque, 1912, II, 292-293.
[9] *Id., The Varieties of Religious Experience,* Nova Iorque. 1903, 453ss.

des que coisa são estas experiências, direi que são conversações com o invisível, vozes e visões, respostas a preces, mudanças afetivas, libertações do medo, concessões de ajuda".[10]

Tudo isto não significa, porém, que a religião não tenha conceitos e doutrinas. Ao contrário, James reconhece que toda religião autêntica deve ter alguma espécie de metafísica ou de cosmologia teísta, e que, por isso, a fé em um Deus cujos atributos são essencialmente "morais" ou ligados à experiência humana pode ser defendida como elemento necessário da experiência religiosa, embora não possa servir de base para teologia racional.

4. John Dewey

John Dewey (1859-1952) foi por muitos anos professor na Columbia University de Nova Iorque. Publicou numerosas obras, das quais as mais importantes são: *Estudos sobre a teoria da lógica* (1903); *Democracia e educação* (1916); *Reconstrução filosófica* (1920), *Experiência e natureza* (1925), *Lógica como teoria da pesquisa* (1938).

Os campos nos quais o pensamento de Dewey se mostrou mais fértil e original são os da lógica (com a *teoria da pesquisa*), da ética (com a *teoria do melhorismo*) e da pedagogia (com a *doutrina da escola ativa*).

Dewey é o terceiro grande representante do pragmatismo americano. Com Peirce e James, admite como princípio que, para estabelecer a validade de um conhecimento, é necessário olhar para os resultados: se as ideias, as teorias e os sistemas têm sucesso em sua função, merecem atenção, são válidos e verdadeiros; do contrário, são falsos. A confirmação, a corroboração, a verificação estão nas obras, nas consequências. Dewey se afasta, entretanto, de Peirce e de James no modo de interpretar as relações entre o conhecimento e a realidade. Enquanto os outros dois expoentes do pragmatismo concebem o conhecimento como reprodução subjetiva de realidade objetiva, Dewey considera o sujeito e o objeto como um todo único; as sensações, como também os outros conhecimentos, não são representações de um objeto, mas choques que assinalam, no sujeito, mudança a respeito de sua relação com a parte do ser que chamamos objeto e, consequentemente, agem como estímulos,

---

[10] *Id., Collected Essays and Reviews,* Nova Iorque, 1920, 427-428.

como incitamentos à procura e à determinação de novo arranjo, de relação nova e mais orgânica entre uma e outra parte, entre a parte do ser chamada subjetiva e a chamada objetiva.

Nesta concepção a mente não é algo separado e contraposto à natureza, mas é a natureza mesma que sente o próprio caminho, que se move incerta na sua obscuridade, com a ajuda das próprias luzes, procurando sair das suas trevas e descobrindo por si mesma aquilo que pode ou não fazer. A razão não é nem matéria, nem estrutura primária da natureza; ela é um desenvolvimento da natureza, uma forma de vida. Segue-se logicamente que "a fidelidade à natureza, da qual, apesar de fracos, fazemos parte, exige que acariciemos os nossos desejos e ideais enquanto não os tivermos transformado em inteligência e enquanto não os tivermos revisto em função dos modos e dos meios que a natureza proporciona. Depois de nos termos servido do nosso pensamento até o fim, depois de termos atirado na móvel e instável balança das coisas o nosso pouco peso, sabemos que, mesmo que fôssemos esmagados pelo universo, ainda poderíamos confiar, porque a nossa sorte coincide com a sorte de tudo aquilo que é bom na existência. Sabemos que tal pensamento e tal fadiga são condições para que exista aquilo que é melhor. Pelo que nos diz respeito, esta é a única condição, porque é a única que está em nosso poder. Pedir mais do que isto seria infantil; mas pedir menos seria uma covardia, não menos egoísta e tal que não nos separaria menos do universo do que a ideia de que ele acalme e satisfaça todos os nossos desejos. Pedir isto, em boa fé, a nós mesmos significa pôr em movimento toda a capacidade de imaginação e exigir da ação um máximo de habilidade e de coragem".[11]

A função da mente humana e, portanto, do conhecimento, no devir da natureza, é a de explorar o caminho à procura das vias mais seguras do progresso e também à procura de um instrumento para a realização das novas fases deste progresso. Segue-se que o pensamento tem, para Dewey, um caráter essencialmente instrumental (por causa disso o seu pragmatismo é geralmente designado, com mais exatidão, com o nome de *instrumentalismo*): as teorias e os sistemas são instrumentos de uma reorganização inteligente de uma dada situação; são pontos de orientação a serem renovados com o renovar-se da experiência.

---

[11] DEWEY, J., *Experience and Nature*, Chicago, 1925, 420-421.

Colocando-se ao lado de Peirce, que soubera conciliar o pragmatismo com o racionalismo, Dewey se afasta de James também em outro ponto importante. Enquanto este opunha a lógica à fé, restringindo a primeira ao âmbito da ciência e confiando somente à segunda as esferas da religião e da moral, Dewey atribui à lógica um valor universal. "Algumas formas de pragmatismo parecem implicar que uma afirmação lógica ou racional valha até certo ponto, mas tenha limites externos bem determinados, de modo que, em certos casos críticos, seja necessário recorrer a considerações de ordem claramente irracional e extralógica, identificando-se tal recurso com a escolha e com a 'atividade'. Assim o prático e o lógico se oporiam reciprocamente. Esforço-me por demonstrar que se dá justamente o contrário, isto é, que a lógica é uma expressão íntima e orgânica da prática e que, por isso, quando funciona praticamente, satisfaz à base e ao escopo lógicos. Não quero demonstrar que aquilo que chamamos 'ciência' é arbitrariamente limitado por considerações morais *externas* e que, consequentemente, a ciência não pode penetrar na esfera da ética; quero mostrar precisamente o contrário, isto é, que justamente porque a ciência é uma forma de controle das nossas relações ativas com o mundo das coisas experimentadas, a experiência ética tem necessidade extrema de tal regulamentação. E por 'prática' entendo somente uma mudança regulada em valores experimentados".[12]

A ética tem, para Dewey, a função de distribuir diretrizes, linhas ideais de movimento, à atividade prática, individual e social, com a finalidade de levar a humanidade a estádios de perfeição sempre mais elevados. Em virtude deste pressuposto, pessimismo e otimismo são alternativas igualmente erradas. O pessimismo é doutrina paralisante: declarando que o mundo é absolutamente mau, torna vãos todos os esforços para se descobrirem as causas dos males específicos e destrói pela raiz qualquer tentativa de tornar o mundo melhor e mais feliz. Não é diferente, por outro lado, o efeito produzido pelo otimismo, o qual, julgando o mundo o melhor dos mundos possíveis, não pode propor-se melhorá-lo. Entre o pessimismo e o otimismo, a via mais fecunda é a via média do *melhorismo,* a via na qual as condições específicas que existem em dado momento, comparativamente boas ou más, podem ser sempre melhoradas. O melhorismo encoraja, de fato, a inteligência a estudar os

---

[12]*Id., Logical Conditions of a Scientific Treatment of Morality,* Chicago, 1903, 13.

meios positivos do bem e os obstáculos que se opõem ao seu emprego, para promover os primeiros e remover os segundos.

Sendo o homem um animal social, o seu agir deve tender sempre mais para a socialização, para a solidariedade, a fim de que se constitua uma sociedade verdadeiramente democrática, capaz de realizar o domínio completo da natureza, submetendo-a aos nossos fins. E uma organização verdadeiramente democrática da sociedade tem como princípio que cada um considere a atividade do outro como ponto de referência da sua, permitindo assim a coordenação da multiforme atividade humana em sociedade pacífica e progressista.

Com esta concepção instrumentalista do conhecimento e melhorista da moral, Dewey está em condições de incorporar a atividade estética às outras atividades humanas. Ele rejeita categoricamente as teorias estéticas que consideram a arte "um reino separado", fechado em si mesmo, isolado do resto da atividade humana, contraposto a tudo o que é prático, instrumental. "Nós chegamos a uma conclusão a respeito das relações do instrumental e da arte que é exatamente oposta à que foi proposta pelos estetas puros; isto é, concluímos que a arte, empreendida conscientemente como tal, é tipicamente instrumental na sua qualidade. É um processo usado na experimentação, em vista da educação. Ela existe para uso especializado, o qual é um novo exercício dos modos da percepção. Os criadores de tais obras de arte têm direito, quando bem sucedidos, à gratidão que tributamos aos inventores do microscópio e do microfone; no fundo, eles nos tornam acessíveis novos objetos de observação e de satisfação pessoal. É um bom serviço, mas somente numa época de confusão e de orgulho é que se poderá reservar exclusivamente a obras que prestam semelhante serviço especial a designação de belas artes".[13]

Desta última citação e, na verdade, da maior parte dos escritos de Dewey fica a impressão de que tudo o que se faz "é feito em vista da educação". "A filosofia", diz ele, "é a teoria geral da educação", e as artes são a sua prática geral. Falar da vida do espírito como de um processo educativo significa, naturalmente, usar o termo "educação" num sentido muito amplo. Mas, do ponto de vista de Dewey, não é acidental que a educação deva ser concebida tão amplamente. A disciplina da escola,

---

[13] *Id., Experiente and Nature*, cit., 392.

como ele mesmo mostrou num dos seus primeiros e mais famosos escritos, *Escola e sociedade*, é simplesmente uma primeira fase da disciplina fundamental da vida humana. Não há nada de acadêmico no saber, e nenhum limite pode ser imposto a este processo.

Não há dúvida, em todo caso, de que a educação é antes e acima de tudo, função da escola, e Dewey se interessou muito pelo modo como a escola deve cumprir esta missão, teorizando o célebre método da *educação ativa*. Este método consiste em desenvolver na criança a espontaneidade inventiva, ajudando-a a expandir os seus dotes e a realizar as suas possibilidades, habituando-a desde cedo a fazer por si mesma, a pensar por si mesma. Segue-se que a educação deve ter por finalidade formar personalidades livres e capazes de alargar ulteriormente a esfera de ação e de experiência da humanidade, de tornarem cada vez melhores as condições de existência e de associação.

5. Os neorrealistas

Nos inícios do século XX, a América viu desenvolver-se, além da corrente mais conhecida do pragmatismo, outra, a qual teve muita aceitação, denominada neorrealismo. Isto se deu por mérito de dois pensadores, Whitehead e Santayana, os quais, embora nascidos e formados fora dos Estados Unidos, desenvolveram a maior parte da sua atividade acadêmica neste país.

O fato, porém, de os dois maiores representantes do neorrealismo americano serem de origem estrangeira faz suspeitar que o movimento não tenha nascido na América, mas em outro país; na verdade, o neorrealismo surgiu e se desenvolveu principalmente na Inglaterra, por obra de estudiosos de diferentes disciplinas (filosofia, história da filosofia, ciência, matemática, literatura), os quais, por efeito da interdependência recíproca, vinham elaborando um corpo comum de doutrinas. Destacam-se dentre eles: Samuel Alexander, George E. Moore, Charles D. Broad, Norman K. Smith, Bertrand Russel (que, antes de ser neorrealista, foi, por breve período, idealista) e Alfred North Whitehead.

Contra as posições do idealismo e do espiritualismo, de um lado, e do pragmatismo e do materialismo, do outro, o neorrealismo quer reafirmar a realidade e a consistência objetiva do mundo externo, sem, no entanto, resolvê-lo exclusivamente no princípio material. Em apoio desta interpretação da realidade aduz argumentos tirados em parte dos desenvolvimentos mais recentes da ciência e em parte do tradicional inglês empirismo. Da primeira acolhe a teoria ondulatória da luz, as novas teorias sobre o átomo, sobre a conservação da energia, sobre a evolução, sobre os *quanta* etc., para rejeitar o materialismo. Do segundo toma a doutrina da passividade do conhecimento, para combater o idealismo. O neorrealismo se separa do empirismo num ponto capital: enquanto este último, na sua análise, se detém no dado subjetivo da sensação, fechando-se assim a toda metafísica da natureza, o neorrealismo pretende superar este limite e pesquisar uma visão total e objetiva da realidade.

ALFRED NORTH WHITEHEAD

Alfred North Whitehead (1861-1947), matemático e cientista inglês de fama internacional, chegou tarde (depois dos sessenta anos) à filosofia, ocupando a cátedra desta disciplina na Universidade de Harvard, de 1924 a 1937, depois de, por muitos anos, ter ensinado geometria e matemática na Universidade de Londres. Dentre suas obras filosóficas recordemos: *O conceito de natureza, Ciência e mundo moderno, Processo e realidade, Aventuras e ideias.* Em colaboração com Russell, escreveu os célebres *Principia mathematica*, obra destinada a demonstrar que as matemáticas puras (inclusive a geometria pura, são um ramo da lógica e que as suas proposições são analíticas e não sintéticas *a priori*, como sustentara Kant. Seguindo Peano e Frege, Whitehead estabelece como proposições iniciais poucos princípios lógicos, representados por símbolos formais, dos quais, mediante cálculo lógico, se deduzem outras proposições. Por este método são aos poucos introduzidos e demonstrados princípios e teoremas matemáticos. O processo é puramente analítico e *a priori*, independente das coisas e do espírito.

A atitude filosófica de Whitehead procede da ciência e precisamente do modo como ele a concebe, isto é, da concepção formalista do conhecimento científico como apresentada nos *Principia*. Ele percebe que o conhecimento puramente analítico e formal deixa fora a realidade como tal: o formalismo matemático, estendido a todo conhecimento científico, coloca, portanto, o problema da sua integração. Ora, esta integração pode ser realizada com o auxílio da filosofia, a qual é concebida, por isso, como cosmologia, isto é, como ciência real do mundo. Sob este aspecto o realismo de Whitehead apresenta grande analogia com o de Aristóteles; para ambos a filosofia (ou seja, a metafísica) é uma integração da ciência; ela supre aquilo que a ciência não pode dar. Mas há grande diferença entre os dois, devida ao modo de conceber a ciência. Para Aristóteles, que tem uma concepção realista da ciência, a integração filosófica se coloca no plano metafísico; para Whitehead, cuja concepção da ciência é formalista, a integração filosófica se coloca no plano do concreto, do real, do físico.

Mantendo-se na linha do empirismo, Whitehead toma como ponto de partida da pesquisa filosófica "os dados da percepção sensível", aos quais, tomando o termo de Einstein, ele chama de *eventos*. Estes se distinguem dos átomos do materialismo porque, sendo os átomos estáticos e indiferentes à mudança, os eventos são mutáveis, têm presente, passado e futuro e estão em relação "orgânica" com outros eventos. Todo evento se torna e é aquilo que se torna, em relação com outros eventos e em conformidade com a parte de realidade na qual opera. Em outros termos, o mesmo átomo físico se torna e se comporta diversamente conforme, por exemplo, faça parte da chamada matéria bruta ou da matéria orgânica. As reações da matéria são, por isso, sempre novas e originais. A realidade é organicidade e dinamismo, um fluir de eventos. Todo evento é um momento do processo da natureza, a qual é o evento total que contém todos os outros.

Para Whitehead, também o sujeito perceptivo é um evento, um "evento perceptivo", e, por isso, um evento mais elevado do que os outros. Como ele escreve, "a situação primária revelada pela experiência cognitiva é o eu objeto entre os objetos". O mundo não emerge do sujeito, como diziam os idealistas; "para a filosofia do organismo, o sujeito emerge do mundo", não, porém, da matéria. A consciência, para Whitehead, como antes para James, é uma função: o espírito, como a matéria, não é uma substância; esta é uma categoria dó materialismo.

A visão filosófica de Whitehead se encerra com uma teoria teológica, na qual ele afirma a existência de Deus. Não é possível, segundo ele, nem intuição nem demonstração de Deus; apesar disso, é necessário admitir a sua existência para que os fenômenos possam ser explicados. Deus, princípio do bem, está em luta com o mal. Para livrar-se do mal, ele sofre juntamente com todos os que vivem e sofrem a aventura da vida.

GEORGE SANTAYANA

George Santayana (1863-1952), espanhol de origem, mas americano por eleição foi professor na Universidade de Harvard até 1912. É um dos críticos do idealismo: o espírito dos idealistas, em sua opinião, é "onívoro", e os idealistas são "pensadores vorazes", avestruzes metafísicos, que fazem o sujeito pensante engolir tudo, sem notar que onde tudo é espírito, é inútil qualquer processo de espiritualização.

Santayana professa realismo de inspiração platônica, baseado em dualismo exasperado de "essência" e "existência". A existência é a matéria, a essência é o espírito. A alma é a vida do organismo no qual se encarnou o "espírito", o qual se porta por isso como intermediário entre a matéria e as essências. Os dois mundos, o das existências e o das essências, constituem dualismo irredutível; a vida está dividida, cindida, entre estes dois reinos, e a atividade humana não é senão o esforço absurdo, grotesco e trágico para conciliar a ideia com a existência e a existência com a ideia. Tudo o que os homens fazem e pensam (instituições sociais, cultos religiosos, sistemas filosóficos etc.) não é mais do que imensa e vã tentativa — como se fora condenação imposta à humanidade — de harmonizar a vida animal com a contemplação espiritual.

Em *A vida da razão*, que é sua obra mais importante, Santayana estuda o desenvolvimento da consciência desde os graus elementares da experiência natural até as formas mais elevadas. O motivo principal da pesquisa é a união de dois tipos de vida: a vida dos impulsos imediatos, que se exprimem nas paixões e nas manifestações da vida comum, e a vida da reflexão, que se exprime na religião, na arte e na ciência. "A vida da razão é a feliz união destes dois elementos, os quais, separados, tornariam o homem feroz ou maníaco. A alma racional é gerada pela união destes dois monstros". Estudar a vida da razão significa, para Santayana, apreender como a razão emerge do complexo dos impulsos e das tendências pré-racionais da vida e como se esforça para disciplina-los. Assim, a razão significa, na sociedade, a faculdade de ver como os interesses espirituais da mesma sociedade emergem da vida animal; na religião, significa ver como ela procura assimilar a imaginação, da qual a religião é produto. Quer explicar as coisas na sua realidade por meio de imagens, e por isso "não é poesia espontânea, nem boa ciência, mas a raiz comum e a mateia bruta de ambas".

Santayana continuou a cultivar o seu dualismo sistemático até ao fim e a aguçar, tanto na prática como na teoria, a oposição entre vida de desapego e vida imersa nos afazeres deste mundo. E à medida que se tornava mais isolado, glorificava cada vez mais a sua libertação das "potências e das dominações". Em um de seus últimos livros, *A ideia de Cristo no Evangelho,* no qual realizou seu antigo desejo de representar o Salvador *transfigurado,* deteve-se na parte da vida de Cristo que se passa entre a ressurreição e a ascensão, quando, como diz Santayana, "tinha um pé na terra e outro no céu". Esta vida pareceu ao filósofo não só divina, mas também humanamente bela.

6. Os behavioristas: John B. Watson e George H. Mead

Contemporaneamente ao neorrealismo, desenvolveu-se na América outro movimento filosófico que se dedicou a procurar não interpretação exaustiva da realidade, mas interpretação geral do homem. Trata-se do *behaviorismo.* Esta corrente, partindo das posições do empirismo inglês (o qual reduz o homem a um feixe de percepções sem sujeito, isto é, sem a alma) e das doutrinas de Ivan Pavlov, sobre os reflexos condicionados, propõe-se oferecer explicação rigorosamente científica do comportamento *(behaviour)* humano, isto é, uma explicação que não postule nenhuma substância espiritual (alma) como que oculta por trás de toda atividade, mas se baseia exclusivamente nas relações observáveis pelo homem.

Os dois maiores expoentes do behaviorismo são John B. Watson e George H. Mead.

A função da psicologia, segundo John B. Watson, é a de estabelecer leis causais entre as propriedades do ambiente e os movimentos do organismo humano em relação a elas, isto é, o seu comportamento no ambiente. Um e outro devem ser estudados no seu aspecto objetivamente observável ou quantificável, abstraindo-se completamente, no que se refere ao organismo, dos chamados estados de consciência e de um possível princípio espiritual dos mesmos.

George H. Mead sublinha, ainda mais do que Watson, o componente social do comportamento humano e do próprio eu *(self)*. Segundo ele, a condição necessária para o surgimento do *self* é a sociedade, a presença de outros organismos. A linguagem, que é o meio para a conscientização, não é senão a resposta de outro ou de outros organismos ao comportamento que se torna consciente, resposta esta que é tomada como atitude deste último. O comportamento, que induzira os outros organismos a responder, assume assim significado consciente. Daqui a designação de *social behaviourism* ("behaviorismo social") dada à doutrina de Mead.

O desejo do behaviorismo de efetuar um estudo rigorosamente científico do comportamento humano parece legítimo, porque não se deve excluir *a priori* que exista também no homem certo automatismo comandado por leis constantes e mensuráveis. É positivo ainda no behaviorismo o esforço para compreender o homem à luz da influência do ambiente e da sociedade, porque é fora de dúvida que o homem é um ser social e, por consequência, profundamente influenciado pelo ambiente no qual cresce e se desenvolve.

Mas a pretensão do behaviorismo de elaborar deste modo uma filosofia do homem, isto é, uma interpretação geral da realidade humana não pode ser aceita. Sem levar em conta a lição do positivismo e as consequentes reações espiritualistas, o behaviorismo quereria dar uma explicação exaustiva do homem usando um método, o científico, que é intrinsecamente incapaz de abranger toda a complexidade do ser humano. Com tal método os behavioristas nos dão uma psicologia do homem enquanto "animal" (não enquanto "espírito"), isto é, enquanto animal espiritual ou, o que é a mesma coisa, enquanto espírito encarnado.

BIBLIOGRAFIA

Sobre a filosofia americana

Spirito, J., *Il pragmatismo nella filosofia contemporanea,* Florença, 1921; Abbagnano, N., *L'idealismo inglese e americano,* Nápoles, 1926; Chiocchetti, E., *Il pragmatismo,* Milão, 1926; Lamanna, P., *Il pragmatismo angloamericano,* Florença, 1952; Muirhead, J. H., *Filosofi americani contemporanei,* Milão, 1939; Schneider, H. W., *Storia della filosofia americana,* Bolonha, 1963; SINI, C., *Il pragmatismo americano,* Bari, 1971; Parrington, V. L., *Main Currents of American Thought,* Nova Iorque, 1927; Stovall, F., *American Idealism,* Oklahoma, 1943; Wiener, P. P., *Evolution and the Founders of Pragmatism,* Cambridge (Mass.), 1949; Van Wesep, H. B., *Seven Sages: the Story of American Philosophy,* Nova Iorque, 1960; Andrew, R., *Recent American Philosophy,* Nova Iorque, 1964.

Sobre Peirce

Guccione, M., *Peirce e il pragmatismo americano,* Palermo, 1959; Goudge, T. A., *The Thought of C. S. Peirce,* Toronto-Londres, 1950; Feibleman, J. K., *An*

Introduction to Peirce's Philosophy Interpreted as a System, Londres, 1960; WENNERBERG, H:, *The Pragmatism of C. S. Peirce*, Lund, 1963; SALANITRO, N., *Peirce e i problemi della interpretazione*, Roma, 1969.

Sobre James

CUGINI, U., *L'empirismo radicale di W. James*, Nápoles, 1925; CASTIGLIONI, G., *William James*, Bréscia, 1946; DE ALOYSIO, F. *Da Dewey a James*, Roma, 1972; BOUTROUX, E., *William James*, Paris, 1911; PERRY, R. B., *The Thought and Character of W. James*, Boston, 1935, 2 v.; RoYCE, J., W. *James and Other Essays on the Philosophy of Life*, Nova Iorque, 1911; COMPTON, C. H., *William James, Philosopher and Man*, Nova Iorque, 1957; WILD, J., *The radical empiricism of W. James*, Nova Iorque, 1969.

Sobre Dewey:.

GILLIO, M. T.- TOS, *Il pensiero di J. Dewey*, Nápoles, 1938; GRANA, G., *John Dewey e Ia metodologia americana*, Roma, 1955; CORRALLO, G., *La pedagogia di J. Dewey*, Turim, 1960; BRANCATISANO F., *La posizione di J. Dewey nella filosofia moderna*, Turim, 1953; BAUSOLA, A., *L'etica di J. Dewey*, Milão, 1960; VISALBERGHI, A., *John Dewey*, Florença, 1964; DE ALOYSIO, F., *Da Dewey a James*, Roma, 1972; LEANDER, F., *The Philosophy of J. Dewey. A Critical Study*, Gtiteborg, 1939; EDMAN, I., *John Dewey. His Contribution to the American Tradition*, Indianapolis, 1955; GEIGER, G. R., *John Dewey in Perspective*, Nova Iorque, 1964; GUARNIERI, P., *John Dewey*, Rovigo, 1968; ALCARO, M., *La logica sperimentale di J. Dewey*, Messina, 1972.

IX
OS NEOIDEALISTAS

1. Caracteres gerais

O idealismo, que Hegel desenvolvera até às últimas consequências, provocou, na primeira e na segunda metades do século XIX, reação em cadeia de correntes de pensamento de inspiração contrária (do voluntarismo ao materialismo, do realismo ao positivismo), as quais se impuseram tanto durante alguns decênios que se chegou a acreditar que o idealismo não conseguiria mais recuperar-se e reflorescer. Mas, justamente quando os movimentos contrários triunfavam por toda parte, novas correntes idealistas se reanimavam e se difundiam por muitos países, da Europa à América, especialmente na França (com Félix Ravaisson, Jules Lachelier, Léon Brunschvicg e Octave Hamelin), na Inglaterra (com Samuel T. Coleridge, Thomas Carlyle, Thomas H. Grenn, Elis Mc Taggart e Francis H. Bradley), nos Estados Unidos (com Josiah Royce) e na Itália (com Benedetto Croce e Giovanni Gentile).

Embora tenham no idealismo seu denominador comum, cada uma destas correntes se caracteriza por elementos próprios: na França, o idealismo se associa a motivos espiritualistas; na Inglaterra, a motivos platônicos; nos Estados Unidos se funde com instâncias pragmatistas; na Itália, embora mantendo-se mais fiel às tendências originárias dos mestres alemães, o idealismo assume caracteres próprios, devidos em parte à tradição filosófica do país e, em parte, às circunstâncias históricas particulares nas quais o neo-idealismo veio se desenvolvendo.

Não sendo possível expor aqui o pensamento de cada autor, limitar--nos-emos a apresentar sinteticamente, a título de ensaio, o pensamento de um autor de cada corrente. As únicas exceções são Gentile e Croce, que terão, cada um, exposição à parte, mais extensa e mais documentada.

2. Octave Hamelin

Um dos maiores representantes do neo-idealismo francês é Octave Hamelin (1856-1907). A exemplo de Renouvier e Ravaisson, opõe-se ao positivismo apoiando-se, em parte, na tradição espiritualista francesa e, em parte, nas teses idealistas de Hegel. Hamelin considera a realidade uma unidade de sujeito e objeto, mas atribui o primado absoluto ao sujeito. Por isso, as representações não são reproduções das coisas, mas são as próprias coisas produzidas pelo pensamento; em consequência disso, as formas categoriais (de espaço, tempo, qualidade, quantidade etc.), nas quais o pensamento ordena o mundo das representações, são, por sua vez, formas subordinadas à categoria fundamental da relação, que é forma *a priori* da mente. Mas o processo representativo interno de cada consciência finita, de cada pessoa, remete a princípio absoluto super-individual, a consciência infinita, que, ao pôr as pessoas singulares, unifica-as, torna-as correlativas umas com as outras e as reduz a unidade de sistema. Isto é, remete ao único princípio que existe por si e que, por isso, chamamos Deus ou, hegelianamente, Razão. Diversamente do que para Hegel, para Hamelin o princípio que chamamos Deus não se identifica com a realidade, mas é pessoa que transcende o real: em outras palavras, é, em relação ao universo, o sujeito de atividade livre e criadora que são todas as consciências em relação à sua esfera individual mais restrita.

3. Francis H. Bradley

Francis H. Bradley (1846-1924), representante máximo do neo-idealismo inglês, renovando a tradição religiosa platonizante, que não chegara, aliás, a extinguir-se totalmente do outro lado da Mancha e que, por longos séculos, se firmara em oposição às tendências contrárias empiristas, elabora visão idealista baseada no dualismo e na antítese entre eterno e mutável, entre absoluto e relativo, entre infinito e finito. Em *Aparência e realidade*, sua obra mais importante, Bradley afirma que o mundo da experiência sensível é pura aparência: nele os seres finitos, tendendo à plenitude do ser, passam continuamente de uma existência para outra. Realidade, ao contrário, é aquilo no que, acima de todo devir, essência e existência são uma só coisa, uma totalidade perfeita. Mas, não obstante opostos, os dois termos são o reflexo um do outro: a aparência é a aparência da realidade; e o absoluto — que tem necessidade da aparência para se tornar história, porque, na sua essência supratemporal, não tem, em si, história — é a matriz mesma das infinitas histórias na temporalidade do devir.

4. Josiah Royce

Para josiah Royce (1855-1916), o maior expoente do idealismo americano, sob a influência do pragmatismo, a verdade consiste não na correspondência entre a ideia e uma realidade exterior, mas no fim que ela se propõe realizar. A ideia é "instrumento" de um fim (como dizia Dewey); mais do que processo intelectivo, é vontade que quer realizar-se. O fim de uma ideia deve ser considerado em relação com o fim absoluto (do qual todo fim é momento), que só pode ser ato de uma Consciência absoluta ou de uma Vontade infinita, à qual estão presentes e pela qual são conservados todos os fins ou todas as verdades das consciências finitas. Esta Consciência é, portanto, compreensiva de todos os sujeitos particulares como também de todos os momentos do processo temporal. Esta Consciência, que Royce identifica com Deus, é o próprio mundo, o qual é "totalidade individual" na qual estão encerrados os fragmentos da experiência finita e no qual são completadas e aperfeiçoadas as nossas individualidades. Em Deus, assim entendido, encontram lugar não só o tempo, mas também o erro, a dor, a derrota etc. e, ao mesmo tempo, a correção e a superação de todas estas limitações e, por conseguinte, a realização e a plenitude das vontades individuais. O mundo, que é o próprio Deus, é o realizar-se, através de nós, da perfeição de Deus e, com ela, da nossa, enquanto, contrariamente ao que afirmaram os fundadores do idealismo, as consciências individuais enquanto tais são conservadas em Deus.

5. Benedetto Croce

Benedetto Croce nasceu em Pescasseroli, no dia 25 de fevereiro de 1866. Interrompeu os estudos depois de frequentar algumas aulas de jurisprudência na Universidade de Nápoles. A formação universitária preferiu ele o aprofundamento pessoal, em alguns campos do saber para os quais se sentia mais atraído, como a filosofia, a história e a literatura. Em 1903 começou a publicação de "La critica", revista que se impôs com extraordinária rapidez à atenção dos estudiosos e que se tornou o órgão mais autorizado do mundo cultural italiano. Em 1917 terminou a sua obra mais importante, *La filosofia dello spirito*, em quatro volumes: *Estetica come scienza dell'espressione e linguistica generale; Logica come scienza del concetto puro; Filosofia della pratica: economia ed etica; Teoria e storia della storiografia*.

Em 1920, no último governo Giolitti, Croce foi ministro da Educação. Quando Mussolini subiu ao poder, retirou-se da política para se dedicar exclusivamente à pesquisa histórica e filosófica. Foi o período mais fecundo da sua vida: publicou numerosas obras, a maioria delas dedicada a elaboração mais profunda da doutrina da história: *La storia come pensiero e come azione* (1938); *Filosofia e storiografia* (1949); *Storiografia e idealità morale* (1950).

Continuou a se interessar também por estética, sobre a qual publicara em 1913 o celebérrimo *Breviario di estetica*. Em 1920 publicou os *Nuovi saggi di estetica* e, em 1935, os *Ultimi saggi*.

A obra *Poesia di Dante*, publicada em 1920, vinha sendo revista e reeditada, estando já na sétima edição.

Em 1948 foi eleito senador vitalício. Morreu em Nápoles, aos 20 de novembro de 1952.

A FILOSOFIA DO ESPÍRITO

Croce declarava num dos primeiros números de "La critica"[1] "ser sua firme convicção de que a filosofia não poderia progredir senão ligando-se de algum modo a Hegel", porque Hegel "fora o último e, ao mesmo tempo, o principal representante do movimento idealista que se seguiu à crítica kantiana, a qual adquirira a ideia de síntese *a priori*, mas deixara o *caput mortuum* ('capítulo morto') da razão prática, fundamento de afirmações teoréticas".

Voltar, pois, a Hegel, entendido como revisor do pensamento de Kant, mas voltar tendo presente o incessante progresso e desenvolvimento do espírito humano: eis, em poucas palavras, o programa que Croce se propôs realizar.

[1] Cf. *La critica*, II, 262.

Hegel ensinara, como sabemos, que a ideia (o pensamento, a razão, o espírito) constitui a essência da realidade, a qual não é senão o conjunto dos momentos do devir da ideia. Esta, para tomar consciência de si, tem necessidade, em primeiro lugar, de alienar-se, de constituir-se como objeto e, em seguida, de recuperar-se na sua identidade originária. As fases finais nas quais a ideia se torna plenamente consciente de si mesma são a arte, a religião e a filosofia: na arte ela se torna consciente na forma de representação sensível; na religião, na forma de objeto separado da sua relação essencial com o sujeito; na filosofia, na forma de saber absoluto.

Croce aceita as teses da filosofia hegeliana de que a realidade é essencialmente espírito e de que este está em perpétuo devir, mas rejeita a metafísica hegeliana da ideia: tanto as três fases do seu devir (ideia *in se* ["em si"], ideia *extra se* ["fora de si"] e ideia *in se* e *per se* ["em si" e "por si"]), como os três momentos finais do retorno à ideia (arte, religião e filosofia). Segundo Croce, esta visão *cuspidal* do espírito está "muito contaminada e viciada pelo carrancismo teológico-acadêmico da metafísica tradicional". Em lugar da visão cuspidal, ele propõe uma visão circular, na qual a arte e a religião não são momentos preparatórios da filosofia, mas atividade do espírito, coexistentes em qualquer momento do seu desenvolvimento e em relação da influência mútua.

Os pontos essenciais da doutrina crociana do espírito são, pois, os seguintes:

Na procura da sua plena autoconsciência, o espírito exerce quatro atividades: estética, lógica, econômica e ética. As duas primeiras são atividades teoréticas (cognitivas), as duas últimas são atividades práticas (concernem à vontade).

As atividades estética e econômica têm por objeto o indivíduo; as atividades lógica e ética têm por objeto o universal.

A lei que comanda as atividades do espírito é a dialética dos opostos, a qual se desdobra do modo seguinte: na estética os termos da dialética são o belo e o feio; na lógica, o verdadeiro e o falso; na economia, o útil e o prejudicial; na ética, o bem e o mal.

A relação entre as várias atividades obedece ao princípio do "nexo dos distintos". Com este princípio Croce quer dizer antes de tudo que cada uma das quatro atividades é irredutível e originária. Cada atividade tem seu valor como expressão primária e inconfundível do espírito.

Mas, com a lei do nexo, ele quer principalmente dar expressão ao fato de que as atividades, embora distintas, não são separadas nem opostas: existe entre elas nexo que implica reciprocidade e pelo qual a estética chama a lógica, a ética e a economia; a ética chama a economia, a lógica e a estética, e assim por diante.

Nexo e distinção não se opõem, mas formam juntos a unidade do espírito. A relação entre os diversos graus chama-se "circularidade do espírito", significando-se com isso que os graus se implicam e se pressupõem reciprocamente, sem se anularem, como círculos concêntricos, nos quais cada ponto supõe todos os outros.

A ESTÉTICA

Das quatro atividades do espírito, a que Croce analisou mais aguda e eficazmente, estudando-a em todos os seus aspectos e voltando a ela repetidamente, é a estética.

Limitar-nos-emos aqui a oferecer, da complexa e rica doutrina crociana sobre este tema, resumo breve, abrangendo os seguintes pontos: definição, valor e autonomia da arte.

Croce define a arte como *intuição lírica do particular*. Desta definição decorre que os elementos essenciais da arte são dois: intuição (conhecimento, representação, imagem) e liricidade (sentimento, estado de espírito).

A arte é, em primeiro lugar, intuição, isto é, contato imediato com a realidade. Ela "não classifica os objetos, não os afirma reais ou imaginários, não os define: sente-os e representa-os. Nada mais. Por isso, enquanto conhecimento não abstrato, mas concreto, e tal que apreende o real sem alterações nem falsificações, a arte é *intuição;* e enquanto o oferece na sua imediação, isto é, ainda não mediado e iluminado pelo conceito, deve ser chamada *intuição pura:* eis a arte".[2]

Em segundo lugar, a arte é também sentimento, liricidade. A intuição, para ser artística, deve ter caráter lírico. A imagem estética deve ser, portanto, síntese de intuição e sentimento.

Nesta síntese o sentimento é o elemento material, e a imagem, o elemento formal. Sentimento e imagem formam, assim, um todo indivisível. A arte não é matéria mais forma, nem forma mais matéria, como se

---

[2]CROCE, B., *Nuovi saggi di estetica*, Bari, 1920, 28.

tratasse de dois elementos pré-constituídos que se unissem um ao outro mediante a aplicação mecânica da forma ou intuição ao sentimento: a arte é síntese de *matéria* e *forma*. Dela se pode dizer o que Kant disse dos juízos sintéticos *a priori:* o sentimento, sem a imagem, é cego; e a imagem, sem o sentimento, é vazia. "Existiria o poeta, se não houvesse algo a intuir e a exprimir? E seria ele poeta se se limitasse a repetir materialmente alguma coisa, sem transformá-la em intuição pura? Intuição na qual a matéria está e não está; não está como matéria bruta, está como matéria formada, isto é, como forma; de modo que se afirma, com razão, que (…), na arte, matéria e forma, conteúdo e forma são uma só coisa".[3]

Com a teoria da intuição lírica, Croce resolve finalmente a célebre antítese entre o *romantismo,* que pede à arte principalmente a efusão espontânea e violenta dos afetos, dos amores e dos ódios, das angústias e dos júbilos, que tende, em suma, a fazer prevalecer o sentimento e que se contenta com imagens vaporosas e indeterminadas, e o *classicismo,* que prefere o ânimo tranquilo, a intenção sábia, as figuras estudadas no seu caráter e precisas nos seus contornos, e que tende para a representação. Na doutrina crociana da intuição lírica, a arte é síntese dos dois elementos: é sentimento que se fez todo representação.

Aqui é necessário certo cuidado para não interpretar erroneamente esta definição. Pois, embora, ao falar da arte, Croce a chame muitas vezes de representação, não é certo que entenda a obra de arte como pura e simples representação dos estados de alma do artista. Afirma, ao contrário, categoricamente que "expressão e palavra (poética) não são ainda manifestações ou reflexos do sentimento (expressão naturalista) e nem remodelação do sentir sobre um conceito (falsa idealização), mas posição e resolução de um *problema:* um problema que o mero sentimento, a vida imediata, não resolve e não põe. O que é vida e sentimento leve, mediante a expressão artística, torna-se verdade; e verdade quer dizer superação da imediação da vida pela mediação da fantasia, criação de fantasma que é o sentimento posto nas suas relações, aquela vida particular posta na vida universal, e assim elevada a vida nova não mais passional, mas teorética, não mais finita, mas infinita.

O "sentimento, a volição, a ação, por mais nobres sejam as suas fontes e o seu desaguadouro, assumem sempre a forma de particularidade

---

[3] *Id., La filosofia dello spirito, La logica,* Bari, 1928, 154-155.

ou, como se diz, de paixão, e, enquanto tais, são sem verdade: adquirem verdade somente quando se tornam problemas de visão artística, problemas que se resolvem mediante construções mentais, as quais são precisamente os fantasmas estéticos". A conclusão é clara: "Como posição e resolução dos problemas (fantásticos ou estéticos), a arte *não reproduz* algo *existente,* mas *produz* sempre algo *novo,* forma nova situação espiritual e, por isso, não é mudança, mas criação".[4]

Além desta definição original da arte, encontramos na doutrina estética crociana interessantes afirmações sobre o valor e a autonomia desta atividade.

Quanto ao seu valor, Croce afirma categoricamente que não pode ser *prático* (nem pedagógico, nem hedonístico) e nem *intelectual* (a arte não deve ser entendida como conjunto de verdades fáceis e populares, como semisciência), mas teorético, cognitivo.

A arte, para ele, é a manifestação mais simples, mais primitiva do espírito teorético.

"Pela arte o homem se abre para a vida teorética numa ingênua e maravilhosa contemplação da realidade, e nesta contemplação se aprofunda e se perde totalmente. E contemplando, cria as representações que contempla; e criando, exprime; e exprimindo, cria: visão, criação de visão e expressão de visão são uma só coisa: a atividade estética".[5]

Quanto à autonomia da arte, Croce é um dos seus mais convictos defensores. Esta tese se justifica plenamente no seu sistema uma vez que a atividade estética é uma das quatro atividades fundamentais do espírito, não sendo nenhuma delas redutível a alguma das outras.

A arte é, pois, autônoma. Isto significa que não é sujeita nem à filosofia, nem à moral, nem à prática. Enquanto arte, é amoral, isto é, está aquém do bem e do mal. "A arte, para ter caráter de arte, para ser verdadeira arte, deve ser verdadeira expressão. Expressão de quê? Que quereis que o artista exprima senão as suas impressões, os seus sentimentos?".[6]

Para fazer arte verdadeira, o artista deve exprimir o que tem em si: se o exprime bem, é artista. Mas o homem e o artista são duas coisas distintas: para ser artista, basta exprimir bem os próprios sentimentos, ao passo que o

---

[4] *Id., ibid.; L'estetica,* 8.
[5] *Id., ibid,* 1. c.
[6] *Id., Breviario di estetica,* Bari, 1933, 49.

homem deve ser também econômico, moral e lógico. Por isso, embora não esteja sujeito à moral enquanto artista, o artista está sujeito a ela enquanto homem". "Se a arte está além da moral, o artista não está nem aquém nem além dela, mas sob o seu império porque não se pode substituir aos seus deveres de homem e deve considerar a arte — a arte que não é e que jamais será moral como missão e exercê-la como sacerdócio".[7]

O HISTORICISMO

O elemento unificador das quatro atividades do espírito é, segundo Croce, a filosofia, não a filosofia transcendental (que ultrapassa os fatos), mas a *filosofia-história*, que chama também simplesmente "história": "O que tomou o lugar da filosofia transcendental não é mais filosofia, mas história ou, o que dá no mesmo, filosofia enquanto história e história enquanto filosofia: a filosofia-história, a qual tem como seu princípio a identidade universal e individual do intelecto e da intuição e declara arbitrária e ilegítima qualquer separação dos dois elementos, os quais são realmente uma só coisa".[8]

Esta identificação da filosofia com a história é peculiaridade introduzida no pensamento contemporâneo pelo idealismo. Antes, em toda a filosofia antiga, medieval e moderna, saber histórico e saber filosófico foram sempre mantidos distintos um do outro: ao primeiro era confiado o estudo da realidade contingente, temporal; ao segundo, o da realidade absoluta, intemporal.

Hegel, porém, identificando a realidade histórica com a realidade absoluta, fez os dois saberes coincidirem.

A tese hegeliana foi retomada e aperfeiçoada por Croce em várias obras, em particular em *La storia come pensiero e come azione,* na qual justifica a identificação de todo o saber com o saber histórico, mediante o seguinte raciocínio: "O juízo histórico não é ordem de conhecimentos, mas simplesmente o conhecimento, a forma que enche e esgota todo o campo cognitivo, não deixando lugar para outra. De fato, todo conhecimento concreto só pode ser, como o juízo histórico, ligado à vida, isto é, à ação, como momento da suspensão ou da expectativa desta, dirigido para remover, como dissemos, o obstáculo que encontra quando não vê

---

[7]*Id., ibid,* 33.
[8]*Id., La storia come pensiero e come-azione,* Bari, 1954.

claramente a situação da qual ela deverá irromper na sua determinação e particularidade.

Ao contrário do que alguns imaginam, conhecer por conhecer não só não tem nada de aristocrático, nem de sublime — calcado como é no passatempo idiota dos idiotas e nos momentos de idiotice, aos quais todos nós estamos sujeitos — como também jamais se verifica, por ser intrinsecamente impossível, faltando-lhe, com o estímulo da prática, a matéria e o fim do conhecer".[9]

A identificação da filosofia com a história tem o nome de historicismo, do qual Croce dá a seguinte definição: "Historicismo, no uso científico da palavra, é a afirmação segundo a qual a vida e a realidade são história, e nada mais".[10]

Mas, estabelecida esta identificação da filosofia com a história, quais serão as tarefas do filósofo?

Obviamente não poderão mais ser as tradicionais de pesquisar causas últimas da realidade temporal, dado que a história é, ela mesma, o Absoluto. A sua missão não consistirá sequer em procurar explicação para os eventos singulares, porque também para eles não existe nenhuma justificativa além da sua realidade: tomados em concreto, diz Croce, "todos os fatos são absolutos" e não podem ser julgados nem condenados. "O próprio Deus (isto é, as leis da história), querendo-os assim, aprovou-os como racionais e conformes com o andamento do mundo". Por isso a função que toca ao filósofo é somente a de *entender* os fatos históricos, de compreendê-los por juízo lógico (é assim ou não é assim), e não por juízo de valor (é bom ou é mau).

Como se vê, Croce retoma aqui e faz sua a tese hegeliana da racionalidade absoluta da história. Como o filósofo alemão, também ele sustenta que, seja como ação vivida, seja como conhecimento, a história é sempre racionalidade plena, progresso incessante.

Quanto à decadência, ela diz respeito somente a certas obras ou a certos ideais; "mas, em sentido absoluto, não existe na história nenhuma decadência que não seja ao mesmo tempo formação e preparação de nova vida e, portanto, de progresso".[11]

---

[9]*Id., ibid.*, 19,20.
[10]*Id., ibid*, 53.
[11]*Id., ibid*, 40.

Nem poderia ser de outro modo uma vez que o verdadeiro sujeito da história, em última instância, é sempre o espírito infinito.

"A história não é a obra impotente e a cada instante interrompida do indivíduo empírico e ideal, mas a obra daquele indivíduo verdadeiramente real que é o espírito que individua a si mesmo eternamente. Por isso, ela não tem nenhum adversário, mas todo adversário seu é, ao mesmo tempo, seu súdito, isto é, um dos aspectos daquela dialética que constitui o seu ser íntimo".[12]

CONSIDERAÇÕES FINAIS SOBRE A OBRA FILOSÓFICA DE CROCE

É inegável que na obra de Benedetto Croce encontram-se elementos de considerável valor (p. ex., as pesquisas em torno da natureza da estética e da história); mas, também eles estão viciados pela falsa perspectiva, a do idealismo historicista, na qual os situou. Nesta perspectiva Croce atribui à arte a função (a de intuir o absoluto) que dificilmente poderá ser aceita e concede à história racionalidade perfeita que a 'experiência de modo algum confirma. Finalmente, a divinização da história demonstra-se, na prática, impossível. O próprio Croce é obrigado a admitir contigência nos fatos, possível falha em relação ao ideal, na incapacidade deles de conterem em si todo o desenvolvimento do espírito, e nada mais do que isto. Daqui a necessidade de admitir desnível entre o tempo e o eterno: praticamente, por causa da possibilidade de a história não corresponder de fato à liberdade do espírito; teoricamente, por causa da necessidade de distinguir entre o movimento eterno e circular do espírito em si e o movimento aberto e contingente da história.

6. Giovanni Gentile

Giovanni Gentile nasceu em Castelvetrano (Trapani), na Itália, em 1875. Terminados os estudos na Escola Normal de Pisa, onde teve por mestre o hegeliano D. Jaja, ensinou nas Universidades de Palermo, Pisa e Roma, tornando-se, com Croce, o principal representante da filosofia italiana. Durante cerca de vinte anos foi também colaborador de Croce na redação de "La critica". Mas, com o advento do fascismo, os caminhos de ambos se separaram: Croce ficou na oposição, enquanto Gentile aderiu ao regime. Via no fascismo movimento capaz de expri-

---

[12]*Id., ibid*, 148.

mir, no plano da ação, o dinamismo da sua filosofia; aceitou, por isso, tornar-se expoente cultural do regime, contribuindo para a elaboração da sua doutrina. Em 1922 foi nomeado ministro da Instrução Pública e, no mesmo ano, senador do Reino. Em 1923 lançou a reforma do ensino que traz o seu nome. Manteve-se fiel ao fascismo até o fim e, depois da queda do regime, aderiu à República Social. Morreu fuzilado pelos partigiani (guerrilheiros) aos 15 de abril de 1944.

Suas obras mais importantes são: *L'atto del pensare come atto puro* (1912) ; *La ri f orma della dialettica hegeliana* (1913) ; *Teoria generale dello spirito come atto puro* (1916); *Sistema di logica* (1917-1921); *Genesi e struttura della società* (1943).

O ATUALISMO

O sistema filosófico elaborado por Gentile tem o nome de *atualismo*. Inspira na visão idealista de Hegel e de Croce, mantendo, porém, reservas a respeito das teorias de ambos. De fato, segundo Gentile, o idealismo hegeliano e crociano são falhos: o primeiro porque admite uma fase na qual a ideia é estranha a si mesma; o segundo, por falta de unidade, uma vez que decompõe o espírito em quatro atividades radicalmente distintas. Para remediar estas falhas, Gentile propõe que se conceba o absoluto como *ato puro.* Daqui o nome de atualismo.

No ato puro, afirma ele, "a ideia se manifesta toda como espírito, essencialmente como espírito. (...) A ideia não é antes do ato espiritual, ela é este ato". No ato puro não existe distinção: nem entre atividade teorética e prática, nem entre pensante e pensado. O espírito puro não pode ser considerado como pensante, mas como ato puro.

As coisas não são senão momentos deste ato. Vistas em relação a ele, são o próprio ato puro num momento do seu gerar-se; consideradas em si mesmas, são abstrações, pensantes, objetos.

De fato, só existe o pensamento atual, e ele põe a si mesmo (autóctise: "autogeração"). Crer que exista um dado que, embora permaneça em si e por si, torne-se, na objetividade que lhe é própria, termo do conhecimento é como supor que seja possível "conhecer realmente, permanecendo, como se diz, na superfície do objeto que se quer conhecer e considerando-se somente as suas aparências externas".[13]

---

[13]GENTILE, G., *Sommario di pedagogia*, Bari, 1926, I 3-4.

Já em *L'atto del pensare come atto puro* (1912), Gentile observa que a natureza, isto é, o objeto, não é senão o próprio ato de pensar, "o pensamento que o pensamento começa a pensar como coisa diferente de si". Em outros termos, também o que nós comumente acreditamos independente da nossa faculdade de conhecer é o nosso próprio conhecer que, no ato de seu ser, vê a si mesmo como outro, fá-lo seu e o identifica consigo numa unidade que é alteridade.

A tese da subjetividade absoluta do real Gentile reafirma-a na sua obra mais importante, a *Teoria generale dello spirito come atto puro*. Aí lemos desde a primeira página: "A realidade não é pensável senão em relação com a atividade pela qual é pensável e em relação à qual não é somente objeto possível, mas também objeto real, atual, de conhecimento". E mais adiante: "Por mais que nos esforcemos para pensar ou imaginar coisas ou consciências diferentes da nossa consciência, estas coisas ou consciências permanecem dentro dela exatamente porque são postas por nós, ainda que o sejam como externas a nós. Este 'fora' é sempre dentro. Nada existe para nós sem que nós o percebamos, isto é, sem que o admitamos como determinado (externa ou internamente) dentro da esfera do nosso sujeito".[14] Nem o espaço nem o tempo escapam a esta lei: "Não estamos no espaço nem no tempo; antes, o espaço e o tempo e tudo o que se desdobra espacialmente e sucede gradualmente no tempo estão em nós: no eu, que, bem entendido, não é o eu empírico, mas o transcendental. O espaço é atividade; e ser tudo o que é espacial no eu não significa senão que tudo o que é espacial o é em virtude da atividade do eu, como desdobramento atual deste eu".[15]

Por isso, o conhecer — no qual coincidem realidade e espírito é puro, isto é, não misturado com coisa alguma que implique, no sujeito do conhecer, a intuição de algo extrínseco à sua essência; ele não tem fora de si o conhecido: "O conhecido é o próprio ato de conhecer: sujeito, que é sujeito enquanto objeto de si mesmo".[16] "Só existe o ato, ato presente, fora do tempo, antes, condição do tempo, e que não é senão atividade temporalizadora do eu. (...) O presente, seja no indivíduo particular, seja na história universal do espírito, não é separado do passado por

---

[14]*Id., Teoria generale dello spirito come atto puro*, Pisa, 1918, 2ª ed., 29.
[15]*Id., ibid.*, 165.
[16]*Id., Sistema di logica*, Bari, 1926, I, 152.

aquele abismo que geralmente se imagina; (...) ele é uma coisa só com o passado — o passado sendo o presente na sua substância íntima, e o presente sendo o passado chegado, por assim dizer, à maturidade".[17]

Mas a subjetividade completa e perfeita da realidade no ato de pensar não resolve o mundo num puro e simples bloco de pensamento, fechado em si mesmo, estático e imóvel. O eu puro de Gentile não é o Ser puro de Parmênides. O eu puro, para ele, é essencialmente ato e, enquanto ato, está em contínua atividade, em perpétuo devir; ele se assemelha antes ao Um dos neoplatônicos, com a diferença de que este, no seu devir, sai de si mesmo, ao passo que aquele permanece sempre dentro de si.

O ato puro de Gentile desenvolve a sua atividade, à semelhança da ideia de Hegel, seguindo processo triádico, cujos momentos principais são a arte, a religião e a filosofia.

ARTE, RELIGIÃO E FILOSOFIA

A arte é o momento subjetivo, a forma imediata do espírito absoluto: "A arte é consciência de si, pura e abstrata autoconsciência, que se 'dialeticiza' (de outro modo não se poderia realizar), mas em si mesma e abstraindo da antítese na qual se realizou, fechando-se assim num ideal que é sonho, mas dentro do qual ela vive, alimentando-se de si mesma ou, melhor, criando o seu próprio mundo".[18] Estabelecido que a arte é pensamento no momento subjetivo, o pensamento tomado na imediação de si para si, Gentile observa que "esta subjetividade imediata, esta forma subjetiva pura do pensamento, na qual consiste a arte, se se quiser chamá-la com nome do vocabulário comum, só pode ser denominada *sentimento*".[19]

A religião é a antítese da arte, é o momento objetivo: é a exaltação do objeto como Deus, ao qual o sujeito se submete, no qual tende, antes, a anular-se misticamente. Gentile se refere à antítese entre arte e filosofia com as palavras seguintes: "A religião pode ser definida como antítese da arte. Esta é exaltação do sujeito subtraído aos vínculos do real, no qual o sujeito se põe positivamente; aquela é exaltação do objeto subtraído aos

---

[17]*Id., La riforma dell'educaxione*, Bari, 1930, 131.
[18]*Id., Teoria generale dello spirito como atto puro* dt., XIV, 5.
[19]*Id., La filosofia dell'arte*, Florença, 1950, 2ª ed., 166.

vínculos do espírito, no qual consiste a identidade, a cognoscibilidade e a racionalidade do próprio objeto".[20] Diversamente de Croce, que ignorara completamente a religião, ao falar das atividades do espírito, Gentile atribui a ela papel fundamental e mostra a necessidade de não deixá-la de lado no desenvolvimento concreto do espírito, isto é, durante o processo educativo. Nomeado ministro da Instrução Pública, Gentile, coerente com estes princípios, moveu intensa campanha contra a chamada escola *leiga* e inculcou a importância do ensino religioso, juntamente com o artístico e o filosófico, para a formação completa do espírito individual.

A filosofia constitui a síntese do momento subjetivo com o momento objetivo, reconhecendo o absoluto no ato que põe a si mesmo mediante dialética eterna. Esta síntese de arte e religião na filosofia se realiza na história: "A história se reconstrói trazendo tanto a religião como a arte para a história universal do desenvolvimento dialético do espírito, no qual a arte e a religião são posições espirituais, conceitos da realidade e, portanto, essencialmente história da filosofia".[21]

Esta concepção da filosofia como síntese dos opostos (arte e religião) é dos pontos nos quais Gentile se distancia mais de Croce. Também para este último, como sabemos, o espírito estava em contínuo movimento através de todas as suas formas, mas não havia, entre estas formas, uma "dialética dos opostos", e sim uma dialética circular dos distintos, tendo cada forma a capacidade de concentrar em si o espírito em sua totalidade. Croce não conseguira, porém, deste modo, dar expressão adequada à unidade do espírito absoluto. Este objetivo foi alcançado por Gentile mediante a aplicação da dialética dos opostos às três atividades supremas do espírito.

O ESTADO

Na filosofia de Gentile, o Estado é considerado a encarnação suprema do espírito, sendo, portanto, a vontade soberana, absoluta, além da qual não existe nenhuma vontade legislativa. O poder do Estado é absoluto e total: absoluto porque não existe vontade superior à sua; total porque se estende à vida do cidadão em todos os seus aspectos e a absorve totalmente.

---

[20]*Id., Teoria generale dello spirito come atto puro*, cit., XIV, 7.
[21]*Id., ibid.*, XIV, 9.

Da vontade do Estado procedem tanto a moral como o direito. A moral é a atividade do espírito como vontade "volente", como liberdade absoluta; o direito é aquilo que a vontade "volente" quer: é a sua objetivação.

Para Gentile, apesar das aparências, o Estado não é realidade antitética ao indivíduo. Ele é, antes, o processo da autoconsciência, o "processo de formação real do eu", que é autotranscender-se como ser imediato ou de fato, fechado em si, e encontrar-se no seio da universalidade, ou do valor ou da lei como lei para si mesmo, ou seja, é o momento "ético" ou da autonomia ou da síntese espiritual ou do indivíduo, o qual se faz Estado. Em outras palavras, o Estado é a realização da individualidade no seio da sociedade objetiva ou histórica como uma verdadeira comunidade espiritual.

JUÍZO SOBRE O ATUALISMO GENTILIANO

A título de conclusão desta breve exposição do pensamento de Gentile, podemos referir aqui a apreciação que, sobre ela, emitiu um estudioso da agudeza de Miceli: "De nossa parte, embora reconheçamos que Gentile ocupa posição central no desenvolvimento do pensamento especulativo hodierno, na Itália, somos de opinião que o seu atualismo não evita perigo ainda mais real do que o que lhe foi apontado por Croce (o de cair no misticismo). Com efeito, se tudo fosse pensamento, qualquer determinação ulterior do pensamento não teria mais do que valor puramente nominal, e não somente se cairia no misticismo como também se negaria ao pensamento até a possibilidade de pensar (isto é, de *ser pensamento*). O pensamento pensa não só porque distingue; ele pensa também porque as suas distinções são, de certo modo, alguma coisa mais do que ele, têm um valor objetivo ou real, o que quer dizer absoluto. A imanência, em suma, é válida até ao ponto no qual manifesta a necessidade de não prescindir do pensamento e de não se darem saltos imprevistos do sujeito ao objeto. Ela deixa de ter valor quando pretende reduzir tudo a si mesma".[22]

---

[22]MICELI, R., *Filosofia*, Milão, 1937, 119.

BIBLIOGRAFIA

Sobre o neo-idealismo

ALIOTTA A., *Le origini dell'irrazionalismo contemporaneo*, Nápoles, 1950; ABBAGNANO, N., *L'idealismo inglese e americano*, Nápoles, 1926;
PUCELLE, J., *L'idéalisme en Angleterre de Coleridge à Bradley*, Paris-Neuchâtel, 1955; MINE, A. J. M., *The Social Philosophy of English Idealism*, Londres, 1962.

Sobre Croce

CHIOCCHETTI, E., *La filosofia di B. Croce*, Florença, 1915; LOMBARDI A., *La filosofia di B. Croce*, Roma, 1946; CARBONARA, C., *Sviluppo e problemi dell'estetica crociana*, Nápoles, 1947; Guzzo, A., *Croce e Gentile*, Lugano, 1953; MONTANO, A., *Arte, realtà e storia. L'estetica di Croce e il mondo dell'arte*, Nápoles, 1952; OLGIATI, P., B. *Croce e lo storicismo*, Milão, 1953; ABBATE, M., *La filosofia di E. Croce e Ia crisi della società italiana*, Turim, 1955; FocHER, F., *Profilo dell'opera di B. Croce*, Cremona, 1963; BAUSOLA, A., *Filosofia e storia nel pensiero crociano*, Milão, 1965; CAPANNA, F., *La religione in B. Croce*, Bari, 1964; LENTINI, G., *Croce e Gramsci*, Palermo-Roma, 1967; DE FEO, I., *Benedetto Croce e il suo mundo*, Turim, 1966; VITTORIO, V., *II giudizio su Croce*, Pescara, 1971.

Sobre Gentile

CHIOCCHETTI, E., *La filosofia di G. Gentile*, Milão, 1925, 2ª ed.; LA VIA, V., *L'idealismo attuale di G. Gentile*, Trani, 1925; PUGLISI, F., *La concezione estetico-filosofica di G. Gentile*, Catânia, 1955; LO SCHIAVO, A., *La filosofia politica di G. Gentile*, Roma, 1972; PARDO, F., *La filosofia di G. Gentile. Genesi, sviluppo, unità sistematica, critica*, Florença, 1972.

X
OS EXISTENCIALISTAS

1. Caracteres gerais

A primeira guerra mundial mostrou o vazio de todos os sistemas filosóficos, do idealismo ao voluntarismo, do positivismo ao espiritualismo, pondo em perigo todos os valores por eles exaltados, e fez sentir a urgência de renovação substancial da filosofia.

Intérprete desta renovação urgente e, ao mesmo tempo, testemunha da situação de angústia na qual o flagelo horroroso da guerra lançara a humanidade é o existencialismo, corrente de pensamento que concebe a especulação filosófica como análise minuciosa da experiência cotidiana em todos os seus aspectos, teóricos e práticos, individuais e socias, instintivos e intencionais, mas sobretudo dos aspectos irracionais da existência humana.

Três são os caracteres fundamentais do existencialismo: *a)* o método fenomenológico; *b)* o ponto de partida antropológico (a reflexão filosófica começa pelo homem); *c)* a tentativa de integrar as dimensões do homem, comumente consideradas irracionais, numa visão mais compreensiva. Estes três caracteres estão estreitamente interligados, uma vez que a consideração das dimensões irracionais decorre do método fenomenológico, sendo também exigência deste método ocupar-se antes e acima de tudo do homem.

O método fenomenológico não é uma invenção dos existencialistas. Foi elaborado pela primeira vez na segunda metade do século XIX por Franz Brentano, sendo retomado e aprofundado nos primeiros decênio do século XX por Max Scheler e Edmund Husserl. Estes três autores rejeitam as pretensões do positivismo de explicar tudo pelo método positivo e se opõem em particular às formas de positivismo (próprias da filosofia inglesa e dos empiriocriticistas) que negam ao conhecimento qualquer valor objetivo.

O método fenomenológico consiste essencialmente no esforço de esclarecimento da experiência, esforço conduzido não à luz de princípios metafísicos ou transcendentais (como fizeram quase todos os filósofos anteriores), mas no âmbito da própria experiência, em plena disponibilidade para acolher toda a mensagem que a experiência transmite e comunica. Este método se chama fenomenológico porque, no momento no qual se dá início à pesquisa, o campo da experiência não pode ser identificado com o da realidade, da *coisa em si:* o campo da experiência é o campo dos *fenômenos,* isto é, do que aparece, enquanto nos aparece e como nos aparece. A fenomenologia, diferentemente das filosofias precedentes, que procuravam apurar a realidade efetiva das coisas além do modo como aparecem, quer ser o esforço para descrever o campo das aparências, isto é, o campo de tudo aquilo de que somos diretamente conscientes, para fixar nestas consciências últimas as bases de todo o saber e tirar delas o próprio sentido da vida.

O existencialismo teve seus maiores expoentes na Alemanha (com Martin Heidegger e Karl Jaspers), onde, entre outras coisas, exerceu influência decisiva sobre a teologia, dando origem ao movimento denominado *teologia da crise* (Karl Barth, Paul Tillich, Friedrich Gogarten, Rudolf Bultmann) e na França (com Jean-Paul Sartre, Gabriel Marcel, Maurice Merleau-Ponty, Albert Camus, Renê Le Senne, Louis Lavelle); mas também em outros países não faltaram representantes de projeção, especialmente na Espanha (com Ortega y Gasset) e na Itália (com Nicola Abbagnano e Enzo Paci).

2. Edmund Husserl

Edmund Husserl nasceu em Prossnitz, na Alemanha, aos 8 de abril de 1859. Discípulo de Brentano, recebeu dele influência decisiva no tocante à doutrina da intencionalidade dos atos humanos. Foi professor de filosofia na Universidade de Gotinga e, mais tarde, na de Friburgo, em Brisgau, até 1929. Faleceu aos 26 de abril de 1938.

Suas obras principais são: *Pesquisas lógicas, Ideias sobre uma fenomenologia pura, Lógica formal e transcendental, Meditações cartesianas, Experiência e juizo.*

A contribuição mais importante de Husserl consiste na elaboração rigorosa e sistemática do método fenomenológico.

Com o termo "fenomenologia" não quer referir-se nem ao estudo do fenômeno entendido como síntese *a priori*, da qual fala Kant, nem ao itinerário da consciência natural para o saber absoluto, do qual fala Hegel, mas ao estudo *"do que se manifesta" (tò phainómenon*, em grego). A fenomenologia quer estudar o objeto como se munifesta na sua realidade rigorosa, absolutamente pura, livre de qualquer mistura.

O método fenomenológico consta de duas fases principais, *negativa e positiva.* A fase negativa, que Husserl chama *epoché ou* "redução fenomenológica", é aquela na qual o objeto (o *fenômeno)* é isolado de tudo o que não lhe é próprio a fim de poder revelar-se em sua pureza.

O processo da *epoché* parte do pressuposto de que para se conhecer a verdadeira natureza do fenômeno é necessário aproximar-se dele com a consciência pura, abstendo-se de pensar dele qualquer coisa que possa ter sido dita pela história, pela ciência, pela filosofia, pela literatura, pela religião e até mesmo pela consciência natural (isto é, pelo bom senso).

Notemos que a *epoché* husserliana não tem nada a ver com a dúvida cartesiana. A *epoché* não é pôr em dúvida, mas não fazer uso dos conhecimentos anteriores, a fim de poder começar do princípio. Neste sentido, a *epoché* é atitude que todos os filósofos devem ter. De fato, a especulação filosófica é, pela sua natureza, reação ao óbvio habitual: é a suspensão de todos os juízos adquiridos sobre o mundo real ou ideal, sobre as coisas ou as ideias, sobre as instituições ou os sentimentos ou os comportamentos humanos; é renunciar aos juízos preconcebidos, às palavras gastas, aos hábitos mentais adquiridos, para que, livres destas incrustrações, as coisas possam se manifestar como são, "em carne e osso", como diz Husserl.

A fase positiva é aquela na qual o olhar da inteligência se dirige à própria coisa (*zu der Sache selbst),* penetra-a e faz com que se manifeste em toda a sua realidade.

Mas, quais foram as razões que induziram Husserl a usar, na sua pesquisa, o método fenomenológico e não outros métodos que remontam a filósofos ilustres como Aristóteles, Descartes, Spinoza, Leibniz, Hegel e outros? As razões principais são duas.

A primeira é o desejo de libertar a doutrina do conhecimento do psicologismo, isto é, do empirismo inglês e do empiriocriticismo alemão, os quais pretendiam determinar o valor do conhecimento, estudando a sua origem na esfera das sensações. Aplicando a fenomenologia ao conteúdo do conhecimento, Husserl descobre que a pretensão de reduzir todo o conhecimento à experiência sensível é totalmente absurda. Não podem de fato, provir da experiência sensitiva os primeiros princípios da matemática e da geometria. Eles são conhecidos seguramente por intuição, não porém, pela intuição dos sentidos.

A segunda razão que levou Husserl a usar o método fenomenológico foi o desejo de pesquisar novo fundamento para a ciência, fundamento que não tivesse nada a ver com o de Aristóteles nem com o de Descartes: o primeiro pusera como fundamento do conhecimento as dez categorias; o segundo, a clareza e a distinção. Segundo Husserl, o fundamento aristotélico não tem firmeza porque as categorias são estabelecidas sem exame crítico. É frágil também o fundamento cartesiano porque a evidência (a clareza e a distinção) da qual fala Descartes é a evidência ingênua da epistemologia tradicional.

Na fenomenologia — que não estabelece como fundamento da pesquisa filosófica nada de gratuito, nada de arbitrário, mas simplesmente a experiência como ela se manifesta — Husserl julga ter encontrado um método que supera os pressupostos naturalistas dos métodos de Aristóteles e Descartes, método capaz, por isso, de oferecer à ciência fundamento sólido.

Aplicando este método ao estudo do conhecimento, Husserl conseguiu, como resultado significativo, refutar a doutrina gnosiológica imanentista do empirismo, do empiriocriticismo e do cartesianismo e mostrou que o conhecimento tem caráter essencialmente *intencional*.

Distingue no conhecimento três elementos principais: a *nóesis* ("forma"), a *hyle* ("matéria") e o *nóema* ("conceito"). A *nóesis* é o momento subjetivo do conhecimento, a luz intelectual que dá sentido ao objeto conhecido, que o determina no seu "ser assim" (*so sein*). A *hyle* corresponde aos dados sensíveis que não são significativos por si mesmos, mas só depois de revestidos da luz da *nóesis*. O *nóema* é o pólo objetivo do conhecimento, o significado ideal da coisa; este significado ideal é distinto do objeto físico, porque este pode também não existir (p. ex., no caso das essências, dos enunciados judicativos etc.), e pode haver diversos *nóema* (Napoleão, p. ex., pode ser designado como o vencedor de Austerlitz ou como o vencido de Waterloo) .

Segundo Husserl, o objeto da filosofia é o estudo do ser que tomado em si mesmo, abstraindo de qualquer interpretação idealista ou realista, tem significado *(nóema)*. A fenomenologia não toma posição em relação à realidade transcendental como tal. Pode existir, mas Husserl é de opinião que não pode ser tomada em consideração pela filosofia, porque o objeto da filosofia é o ser que tem sentido, isto é, o ser pelo conhecimento.

A fenomenologia husserliana do conhecimento divide-se em dois momentos, chamados respectivamente *redução eidética* e *redução transcendental*. A distinção entre os dois momentos se deve à função diversa que a *epoché* exerce neles. Na *redução eidética*, a *epoché* diz respeito à suspensão do juízo sobre a existência do objeto real, a fim de examinar apenas as representações. Na *redução transcendental*, a *epoché* concerne à suspensão do juízo sobre qualquer conteúdo do conhecimento, para concentrar toda a atenção na consciência pura.

No momento da *redução eidética*, a fenomenologia é aplicada à análise das representações vistas como representações puras, prescindindo da existência tanto do sujeito cognoscente como do objeto conhecido. Estudam-se, por exemplo, as representações da mesa consideradas em si mesmas, abstraindo da presença real de uma mesa e dos processos psicológicos que produziram tais representações. Em outras palavras, a redução eidética consiste em se porem entre parênteses *(epoché)* tanto os aspectos psicológicos quanto a matéria do conhecimento, para analisar somente as representações enquanto representações.

No momento da *redução transcendental*, a fenomenologia é aplicada ao estudo do conhecimento, esvaziando-o de qualquer conteúdo, de qualquer objeto conhecido ou desejado. Não se trata mais do exame do que sinto, conheço, vejo ou quero, mas do eu que conhece, sente, quer etc.

Desta análise decorre que o eu, enquanto consciência pura, transcendental, se manifesta em todos os seus atos, cognitivos, apetitivos, volitivos etc.), como intencionalidade, como tendência para um objeto. A intencionalidade é precisamente a propriedade do conhecimento e de todas as suas manifestações de tender para um objeto.

Nas últimas obras de Husserl a intencionalidade se torna o absoluto, a realidade suprema, da qual a consciência e as coisas representam respectivamente o pólo subjetivo e o pólo objetivo. Vários estudiosos de Husserl viram aqui argumento para o acusarem de idealista. Mas, como já observamos, para Husserl o eu é, sim, a fonte e a origem constitutiva do ser que tem sentido, enquanto dá sentido ao mundo; mas a sua "ação" *(Leistung)* não tem sentido criativo como no idealismo clássico de Hegel.

Outra confirmação desta interpretação vem da concepção husserliana de sujeito, que não é algo preexistente, que se ligue ao objeto em segundo tempo. A relação do sujeito para o objeto constitui o fenômeno verdadeiramente primeiro; é nele que sujeito e objeto se encontram.

Com a elaboração do método fenomenológico, Husserl ofereceu a contribuição decisiva para o desenvolvimento do existencialismo, fornecendo-lhe método de pesquisa que correspondia perfeitamente à sua exigência de fazer análise minuciosa da experiência humana em todos os seus múltiplos aspectos.

3. Martin Heidegger

O maior representante do movimento existencialista é Martin Heidegger. Procurou reconstruir a metafísica em novas bases, mediante a aplicação do método fenomenológico ao estudo do ser.

Heidegger nasceu em Messkirch, na Alemanha, em 1889. Encaminhou-se para o sacerdócio na Companhia de Jesus, na qual desde criança queria ingressar, mas abandonou-a durante o noviciado.

Foi discípulo de Husserl, do qual recebeu influência profunda.

Em 1928 foi chamado para substituir o professor da cátedra de filosofia na Universidade de Friburgo. Em 1927, entretanto, já publicara a sua obra mais importante, *Ser e tempo*.

A obra fora planejada em três partes, mas tem apenas uma, e nesta parece que Heidegger chegou a tais conclusões que não poderia ir além.

Quando os nazistas subiram ao poder na Alemanha, abandonou o ensino e se manteve afastado da cultura oficial. Retornou à cátedra após a guerra.

As suas obras principais, além de *Ser e tempo*, são: *A essência do fundamento* (1929), *Que é a metafísica?* (1930), *A doutrina platônica da verdade* (1942), *A essência da verdade* (1943), *Carta sobre o humanismo* (1947), *A caminho da linguagem* (1959), *Nietzsche* (1961).

NECESSIDADE DE NOVA ONTOLOGIA

A primeira especulação de Martin Heidegger, puramente ontológica, é toda dirigida para a solução do problema do ser. Parte da constatação de que este problema, embora tendo sido estudado pela filosofia de todos os tempos, jamais foi resolvido, tendo sido mesmo deturpado desde o começo porque, em vez de estudarem o ser como tal, os filósofos sempre estudaram um modo particular de ser: Platão as ideias, Aristóteles a substância.

Hoje a situação ainda é mais desastrosa: o problema caiu no esquecimento. "No que se refere à posição grega a respeito da compreensão do ser, não só veio-se formando o dogma de pretensa essencialidade do problema do sentido do ser como também foi sancionado o seu esquecimento.

"Afirma-se: o conceito de ser é o mais universal e vazio de todos e, como tal, contrário a qualquer tentativa de definição; enquanto universalíssimo e, portanto, indefinível, nem chega a ter necessidade de definição. Todos o usam continuamente e compreendem o que ele significa. E assim, aquilo que, graças à sua obscuridade, agitou a filosofia antiga, transforma-se na mais solar das "evidências", de modo que, hoje, quem quiser pesquisá-lo, será acusado de ingenuidade metodológica".[1]

Na verdade, porém, "a respeito do problema do ser, não só não temos a solução, como também o problema como tal é obscuro e confuso".[2]

É necessário, por isso, abordá-lo desde o começo "e fixar uma posição autêntica a seu respeito".[3]

FENOMENOLOGIA DO HOMEM

O ser nunca se manifesta diretamente, imediatamente, em si mesmo, mas sempre como o ser deste ou daquele ente, como o ser de um homem, de um cão, de uma mesa etc.

Por isso, para chegarmos a determinar a natureza do ser, devemos partir do estudo do ser de algum ente particular. Concentrando a nossa atenção no ser deste ente particular, isolando-o de tudo o que não pertence a ele, conseguiremos tornar transparente o ser enquanto tal.

---

[1] HEIDEGGER, M., *Essere e tempo,* Milão, 1953, 14.
[2] *Id., ibid.,* 16.
[3] *Id., ibid.,* 1. c.

"Mas nós chamamos 'ente' a muitas coisas e em sentidos diferentes. Ente é tudo aquilo de que falamos, tudo aquilo a que, de um ou de outro modo, nós nos referimos; é também o que nós somos e como o somos (...) Qual é o ente do qual poderemos extrair o sentido do ser? Qual é o ente no qual deve ter início a abertura do ser? O ponto de partida é indiferente ou existe um ente que pode reivindicar a primazia?).")[4]

Segundo Heidegger, esta primazia existe e pertence ao homem, porque não é ente qualquer, mas ente que tem relação singular com o ser.

"Este ente se caracteriza pelo fato de que, através do seu ser, o próprio ser lhe está aberto. A compreensão do ser é, ao mesmo tempo, determinação do ser do homem".[5]

O homem é, pois, a porta de acesso ao ser. Mas, para chegar a ver o ser através do homem, é necessário fazer com que o nosso conhecimento do homem seja isento de erro.

Para termos segurança disso, é necessário pôe entre parênteses tudo o que, a respeito do homem, nos dizem a filosofia, a psicologia, a história, a etnologia, a religião etc. Devemos aplicar a *epoché* a todas estas informações e começar o estudo do homem desde o princípio.

Aqui Heidegger aplica o método fenomenológico: parte do homem de fato, deixa que ele se manifeste tal qual é e procura compreender a sua manifestação.

Na sua pesquisa antropológica, descobre no homem alguns traços fundamentais característicos do seu ser, traços aos quais dá a designação de *existenciais*.

O primeiro existencial é o *ser-no-mundo*. Por "mundo" não entende a natureza no conjunto dos seres materiais, mas o círculo de interesses, de preocupações, de desejos, de afetos, de conhecimentos, nos quais o homem se acha sempre imerso. Por este seu achar-se sempre posto numa situação, Heidegger chama o homem de *Dasein*, "ser-em-situação".

O ser-no-mundo, o encontrar-se numa situação, num círculo de afetos e de interesses, é característica fundamental do homem, não, porém, a mais importante.

O homem, com efeito, não está preso à situação na qual se encontra; ao contrário, está sempre aberto para tornar-se algo novo. A

---
[4] *Id., ibid.*, 18.
[5] *Id. ibid*, 23.

própria situação presente é determinada por aquilo que pretende fazer no futuro: muito do que faz hoje, senão tudo, fá-lo em vista do que quer ser amanhã.

Heidegger chama *existência* a esta característica do homem de ser fora de si, diante de si, por seus ideais, por seus planos, por suas possibilidades.

Ora, uma vez que o homem "é compreendido a partir da sua existência, da possibilidade (que lhe é própria) de ser ou não ser ele mesmo",[6] Heidegger afirma que a essência, isto é, a natureza do homem, consiste na sua existência.

O terceiro existencial é a *temporalidade*. O homem é existente porque está essencialmente ligado ao tempo. Isto faz com que não repouse no ser, mas que, no seu verdadeiro ser, se encontre sempre além de si mesmo, nas suas possibilidades futuras. Neste sentido o homem é *futuro*. Mas, para pôr em ato estas possibilidades, parte sempre de uma situação de fato, na qual já se encontra, e, neste sentido, é *passado*. Finalmente, enquanto deve fazer uso das coisas que o cercam, é presente.

A temporalidade tem a função de unir a essência com a existência: "A temporalidade torna possível a unidade de existência, ser de fato e ser decaído, e por isso, constitui originariamente a totalidade das estruturas do homem".[7]

Às três "estases" temporais (passado, futuro e presente) correspondem, no homem, três modos de conhecer: o *sentir*, o *entender* e o *discorrer*. Pelo *sentir* está em comunicação com o passado; pelo *entender*, está em comunicação com o futuro, com as suas possibilidades; pelo *discorrer*, está em comunicação com o presente.

Entre os dois primeiros existenciais, *ser-no-mundo* e *existência*, há diferença clara: um prende o homem ao passado, o outro o projeta no futuro. A vida do homem será inautêntica ou autêntica conforme deixar-se ele guiar pelo primeiro ou pelo segundo.

Tem vida *inautêntica ou banal* quem se deixa dominar pela situação, pelo ser-no-mundo, pelo "cuidado" com as coisas. Na existência inautêntica o homem se serve das coisas (cujo caráter essencial é a "utilizabilidade"), projeta o seu uso mediante a ciência, estabelece relações

---

[6]*Id., ibid.*, 1. c.
[7]*Id., ibid.*, 328.

sociais com os outros homens etc. Mas as relações com os outros se tornam anônimas pela *bisbilhotice; o* desejo de saber se torna vão pela *curiosidade;* a individualidade das situações se desvanece pelo *equívoco.* Na vida inautêntica quem dita a lei é a massa *(das Man):* o inautêntico sabe o que a massa sabe, diverte-se como se diverte a massa, julga sobre literatura, arte, esportes etc. como julga a massa. E se submete prazerosamente à lei da massa porque, observa Heidegger, ela o exime de responsabilidades, p. ex., da responsabilidade de tomar iniciativas e decisões: tudo já está decidido na vida de cada dia.

Leva *vida autêntica* quem a assume como própria, quem a forja e a constrói segundo plano próprio. Autêntica é a vida de quem ouve o apelo do futuro, as próprias possibilidades. E já que entre as possibilidades humanas a última é a morte, vive autenticamente somente aquele que leva em consideração a morte, a possibilidade de cessar de existir aqui.

Segundo Heidegger, a *morte* pertence à estrutura fundamental do homem, é existencial; ela não é possibilidade distante, mas constantemente presente. O ser está sempre nesta possibilidade; depois dela não há outras. "A possibilidade mais própria, não relativa e não superável do homem é a morte: ela não sobrevém ao homem no decurso da sua vida, porque o homem, apenas começa a existir, já está atirado nesta possibilidade".[8]

Com a morte o homem conquista a totalidade da sua vida. Enquanto ela não chega, falta a ele alguma coisa que ainda pode ser e que será. O que ainda não existe é o fim, o qual pertence às possibilidades do homem. Ela é a extrema possibilidade que limita e determina a totalidade do seu ser.

O homem adquire consciência da sua sujeição à morte através da *angústia,* outra disposição fundamental do seu ser. Ele não pode subtrair-se à angústia. Se o quisesse, quereria esconder e negar o caráter do seu ser, isto é, a sua sujeição à morte.

Heidegger, com Simmel e outros, chama a morte de *principium individuationis* ("princípio de individuação"), o princípio formal da vida humana: à semelhança do fruto, que é conservado como um todo pela casca que o limita, também a vida humana se torna um todo somente mediante a morte, que a limita, a enforma, a preserva de desnaturar-se, de desfigurar-se. Só a morte permite ao homem ser completo.

[8] *Id., ibid.,* 275.

NATUREZA DO SER

Até aqui traçamos esquematicamente as grandes linhas da fenomenologia heideggeriana do homem. Quais são as conclusões que se podem tirar com referência à questão inicial que motivou esta pesquisa? O ser, na sua verdade, tornou-se manifesto?

Neste ponto parece que se deve concluir que o ser se manifestou como nada, enquanto o homem, ao qual nos confiamos para descobrirmos a natureza do ser, encontra-se envolto no nada por causa da morte.

Heidegger rejeita, contudo, categoricamente esta identificação do ser com o nada, precisamente porque o nada é a diferença do homem, e nenhuma das propriedades específicas dos entes pode pertencer ao ser. Sustentar o contrário seria recair no antropomorfismo metafísico, do qual se tornou culpada toda a filosofia antiga e medieval.

Mas então que coisa é o ser?

Heidegger voltou mais vezes a esta questão nos seus escritos posteriores a *Ser e tempo*. Neles o ser é definido como aquilo que *faz presente* o ente, que o *ilumina* e que, ao mesmo tempo, *se faz presente no* ente, *manifesta-se* nele. É assim que o ser foi entendido pelos primeiros filósofos gregos. É o que se pode deduzir dos termos que eles usavam para falar do ser: *alétheia* ("verdade") e *ousía* ("substância"). O primeiro significa originariamente "sair do esconderijo", "revelar-se"; o segundo, "dar-se", "estar presente".

Mas que coisa é este "ser" que se está presente ou que atua como "presença" do ente? Não é fácil dizê-lo, porque o ser, não sendo conceituável, não é também dizível. Heidegger insiste muito, nos seus escritos mais recentes, nesta inefabilidade do ser, usando a mesma linguagem que os medievais usavam para falarem de Deus, na teologia negativa.

Ele critica a pretensão inaudita de Hegel de exprimir humanamente o Absoluto (que, para ele, Heidegger, identifica-se com o ser). Tal pretensão éabsurda porque, embora o ser esteja presente em todo ente, não há nada no ente que revele a natureza do ser. O ser, absolutamente diverso do ente, é o não-ente, o outro, o nada do ente.

O homem é "o guarda do ser", mas só cumprirá esta missão se souber preservar a dignidade do ser, isto é, se souber defender a sua incompreensibilidade, a sua inegabilidade, a sua transcendência sobre tudo o que é puramente categorial. O homem permanece sempre só com a natureza, isto é, com o mediato; jamais poderá encontrar imediatamente o *esse ipsum* (o "próprio ser"). Mas o homem sabe que o ser dá a todo ente a "garantia de ser"; sem ela, todo ente permaneceria no nada, na privação absoluta do ser. Mas o modo pelo qual se dá este constituir-se do ente por meio do ser é coisa que não lhe é dado saber.

Em consequência disso, a solução da questão fundamental ontológico-metafísica, isto é, a explicação do grande segredo do constituir-se da existência e o esclarecimento da sua relação com o seu fundamento último são impossíveis, estando esta questão oculta em mística obscuridade.

Nos últimos escritos, Heidegger acena também para o problema de Deus, mas somente para reafirmar a sua velha tese de que o ser não pode ser identificado com Deus. Ele exclui qualquer relação entre filosofia e religião e contesta a possibilidade de uma teologia natural. Não se vê, de resto, como a sua concepção do Absoluto, com os pressupostos nos quais ela se baseia, possa chegar ao Deus-pessoa que teve relação histórica decisiva com o homem e que deu à história estrutura definitiva, como ensina o cristianismo.

A LINGUAGEM

Além de filosofia do homem e do ser, a filosofia de Heidegger é, de modo igualmente fundamental e essencial, também *filosofia da linguagem*. Dizemos "de modo fundamental e essencial" porque, como na concepção heideggeriana não existe ontologia autônoma, isto é, sem antropologia — uma vez que é no homem que o ser vem à luz da consciência — nem antropologia sem ontologia — porque o homem é essencialmente *Dasein* ("ser-em-situação", em dada situação) — assim também tanto a antropologia como a ontologia são impossíveis sem a semântica, uma— vez que é através da linguagem que se dá a epifania do ser.

Heidegger dedicou ao estudo da linguagem uma de suas últimas obras, *Unterwegs xur Sprache* ("A caminho da linguagem"). Nela, coerente com a posição geral da sua filosofia, que é essencialmente ontológica (ou voltada para a redescoberta do ser), considera a linguagem em relação com o ser (isto é, na sua função ontológica).

Mas, precisamente com relação ao ser, Heidegger julga dever distinguir duas espécies de linguagem, uma, original, e outra derivada.

A linguagem original exprime diretamente o ser, mostra-o, revela-o e o traz para a luz e, com esta ação, exprime e traz para a luz também as coisas. Esta linguagem, precisa Heidegger, não se baseia em nenhum sinal particular, nem, muito menos, em simples conjunto, mas dela se originam todos os sinais. A linguagem original é a fonte primordial do aparecer das coisas, do seu mostrar-se. "Quando se considera a estrutura do Dizer original, não é possível atribuir o mostrar nem exclusiva nem primeiramente ao operar humano. Até onde o mostrar se realiza graças a um dizer nosso, há sempre um deixar-se mostrar que precede este nosso mostrar como indicar e salientar". O falar original está na base de todo o movimento do universo: é a relação de todas as relações. "Ele contém, sustém, oferece como que de presente e torna ricas as quatro regiões do mundo (terra e céu, Deus e homem) no seu ser, uma diante da outra, rege-as e as protege, ao passo que ele — o Dizer original — permanece em si mesmo. Permanecendo, portanto, em si mesma, a Linguagem, qual Dizer original do quadrado do mundo, atinge e inclui na sua esfera a nós, a nós que, enquanto mortais, fazemos parte do quadrado, a nós que podemos falar somente enquanto correspondemos àLinguagem".

Como se vê, Heidegger atribui à linguagem original densidade ontológica fundamental: a palavra não é somente o sinal da coisa (como ensinava Aristóteles), mas é também o que sustenta o ser de todas as coisas.

Além da linguagem original, existe outra, a linguagem derivada. Esta é a linguagem humana, a qual consta de duas fases, uma de resposta e outra, de proclamação. "O falar mortal pressupõe o ouvir a Chamada... Os mortais falam à medida que ouvem... Este falar ouvindo e percebendo é o corresponder... Os mortais falam, enquanto correspondem à linguagem de dois modos: percebendo e respondendo. A palavra mortal fala enquanto corresponde em vários sentidos". Estes dois traços óbvios do falar humano cotidiano (o ouvir e o responder) estão, pois, enraizados, segundo Heidegger, no plano mais profundo da relação entre linguagem original e linguagem humana: "O dizer dos mortais é 'responder'. Toda palavra pronunciada é sempre 'resposta': um dizer em resposta, um dizer ouvindo. A apropriação do Dizer pelos mortais faz com que o ser do homem entre numa servidão libertadora, na qual o homem é incumbido de transferir o Dizer original, que não tem som, para o som da palavra".[9]

---

[9]As citações que constam neste parágrafo são tiradas de HEIDEGGER, M., *In Cammino verso il linguaggio,* trad. it., Milão, 1973, 199, 169, 42-43, 205.

Estas são, em resumo, as grandes linhas da filosofia da linguagem expostas por Heidegger em *Unterwegs zur Sprache*. É uma filosofia singular sob muitos aspectos e que se distingue nitidamente das outras duas concepções linguísticas mais influentes do nosso tempo, a estruturalista e a analítica. Enquanto estas duas se inspiram no modelo científico e, consequentemente, implicam a negação direta da ontologia, a concepção heideggeriana nasce da contestação, inegavelmente oportuna, do modelo científico, da defesa da ontologia e da procura de um novo fundamento para esta última na própria linguagem.

JUÍZO CRÍTICO SOBRE O PENSAMENTO DE HEIDEGGER

O pensamento de Heidegger é muito complexo e difícil, tanto pela linguagem hermética na qual se exprime, quanto pelos desdobramentos pelos quais passou e quanto ainda pela temática tratada.

Os críticos costumam distinguir duas fases no pensamento de Heidegger: a de *Ser e tempo* e a das obras posteriores. Mas ele fez questão de esclarecer que não se trata de duas concepções contraditórias, porque não teria havido a segunda sem a primeira, nem a primeira senão em vista da segunda. A sua relação é semelhante à que há entre uma planta e o seu fruto.

Sobre o pensamento de Heidegger, Mazzantini teceu considerações que nos parecem acertadas: "O ponto crítico da doutrina de Heidegger pode ser reconhecido pelo modo de conceber a relação entre o 'ser' e os 'entes'. É aqui que, a nosso ver, pode surgir, junto com verdades valiosas, um emaranhado de contradições. E a contradição fundamental está em pensar que os entes, não possuindo o ser e, por isso, nem a verdade do ser, possam, apesar disso, aparecer no ser verdadeiramente como são; e que o ser, embora não seja ente ou complexo de entes, seja tal que os ilumine e os faça aparecer ao homem, tornando a 'linguagem humana' a sua 'palavra'. Não é de admirar, por isso, que o revelar-se da verdade dos entes seja considerado *sempre* iminente, mas sempre *somente* iminente (...) Mas, tais aspectos, gravemente negativos, são contrabalançados em parte pela profundeza da análise existencial dos comportamentos humanos".

4. Karl Jaspers

Karl Jaspers nasceu em Oldenburg, na Alemanha, aos 23 de fevereiro de 1883. Em 1913 obteve a habilitação para o ensino da psicologia.

Doutorou-se mais tarde em filosofia e foi por muitos anos professor desta disciplina em Heidelberg. Obrigado pelo regime nacional-socialista a deixar o ensino universitário, retomou-o somente em 1945, para transferir-se, dois anos depois, para Basileia, onde ensinou e residiu até a morte, ocorrida em 1969.

Suas obras mais importantes — são: *Filosofia* (em três volumes), *Orientação filosófica do mundo*, *Explicação da existência*, *Metafísica*, *Razão e existência*, *A fé filosófica*.

A reflexão de Jaspers tem o mesmo ponto de partida que a de Heidegger: a distinção entre *"ser-em-situação" (Dasein)* e *"existência" (Existenz)*.

O *"ser-em-situação"* é a realidade empírica que se mostra e se impõe a todos, filósofos ou não; é o dado puro e simples, o qual pode referir-se a qualquer realidade, humana ou mundana, física ou psíquica. O ser-em-situação é tanto a vida temporal do homem como o desdobramento dos acontecimentos do mundo no tempo e no espaço; ele é, em suma, o que comumente se entende por realidade de fato e que o cientista analisa para descobrir as suas modalidades e as suas leis. O ser-em-situação do homem pertence à mesma ordem que o ser-em-situação universal. Considerado pelo espírito no mesmo nível das coisas do mundo, torna-se também "objeto" entre os outros, matéria a descrever, a estudar e a ensinar. Nascem assim a psicologia e as diversas disciplinas antropológicas, as quais vão pôr-se ao lado das outras ciências da natureza.

Mas o ser-em-situação não é o verdadeiro ser do homem, embora, no estudo da realidade humana, deva-se partir dele. O homem se encontra, de fato, sistematicamente fora de si, além de si mesmo. Este transcender a situação é a *existência*. Esta dimensão do homem não é conceituável nem exprimível por meio de ideias claras e distintas; nem por isso é menos real do que o "ser-em-situação". "A existência não pode ser supressa pelo fato de não se poder obter dela um saber igual ao do *Dasein*". Ela é, com efeito, o que há de mais imediato e direto, de mais íntimo e pessoal em cada um; é o em que "eu me sinto radicado" do modo mais profundo, aquilo que é mais inseparável de mim e mais incomunicável. Não é realidade suposta, deduzida, conclusão. Mas a existência não se apresenta como alguma coisa realizada, acabada: "Ainda não é mas pode e deve ser; se ela atinge o ser — ou se falha — é resultado de escolha, de decisão; não se dá existência senão corno liberdade". Mas, por mais independente, pessoal e irredutível que seja, a existência não vive fora do ser-em-situação; ela não pode nem deve isolar-se dele, já que, por força da sua condição natural, está ligada a ele. O ser-em-situação é o seu ambiente necessário e o seu material. A existência tem no ser-em-situação o seu ponto de apoio, os seus instrumentos de ação, a sua manifestação forçada. A existência é abertura através da realidade empírica do mundo. E, no entanto, esta abertura não conduz para fora do mundo: realiza-se no mundo; se quisesse sair dele, cairia no vazio.

Existem dois perigos mortais para a existência: por um lado, o de dissolver-se, de perder-se no ser-em-situação como se fosse o seu verdadeiro ser, "acorrentando-se, p. ex., às coisas sensíveis, como se fossem decisivamente a sua vida"; por outro lado, o perigo de comportar-se como se o ser-em-situação não existisse, como se não tivesse nenhuma importância, nenhum significado. De um lado, o ser-em-situação, em si mesmo, isolado da existência, é coisa essencialmente incompleta, relativa, evanescente: 'nulidade'. Do outro, premido pelo ser pessoal, o ser-em-situação adquire peso, valor absoluto, 'importância infinita'. Apropriando-se dele livremente, a existência faz dele algo de próprio: torna-se uma coisa só com ele".[10]

Eu sou a existência enquanto não me torno objeto para mim mesmo. Pela existência me reconheço independente, mas sem condições para contemplar o que chamo o meu ser. Vivo graças à sua possibilidade e sou eu mesmo somente pela sua realização.

Existe, porém, horizonte forçado no qual se move o meu eu, o meu *Dasein:* é o horizonte do ser. Ele me rodeia de todos os lados, é o onicompreensivo *(das Umgreifende)*.

O ser é acessível a nós pela compreensão *(Verstehen)*. Esta compreensão existencial não é simples apanhar, nem conviver, no sentido de Dilthey, mas viver: é "o viver *(Erleben)* no devir e o devir no viver"; é experiência na qual a distinção entre sujeito e objeto desaparece, sentindo-se a eu um e outro, porque a experiência da realidade empírica é ao mesmo tempo certeza da união com a transcendência. Nesta experiência, existência e ser são a mesma coisa como, na esfera do espírito, pensar e ser são também a mesma coisa.

---

[10]JASPERS, K., *Philosophie*, Berlim, 1932, 122-123.

O problema do ser está indissoluvelmente ligado ao da verdade. Esta, segundo Jaspers, alcança-se por meio da colaboração, a qual, por sua vez, pressupõe a *comunicação*. Por comunicação não se deve entender comunhão no sentido sociológica; antes, a "massa" chama-a ele "ser sem existência". A existência se realiza, com efeito, mais na solidão do indivíduo, mas somente enquanto a sua solidão entra em comunicação com a solidão dos outros. A solidão do indivíduo se torna então autêntica.

A existência que se exerce na comunicação é existência *histórica* e, por isso, ligada ao tempo. Também a verdade é histórica: é processo que nunca atinge o seu termo. Daqui a conclusão, mais vezes acentuada por jaspers, da impossibilidade para a mente humana de atingir certezas absolutas em qualquer ordem de coisas, especialmente na ordem metafísica. A verdade absoluta é a meta última sempre perseguida pela filosofia, mas nunca atingida. É impossível, portanto, elaborar, com a razão filosófica, uma doutrina sobre Deus. Todo esforço humano para ultrapassar o mundo da experiência só pode conseguir imitar este mesmo mundo, produzindo uma cópia do ser-em-situação e projetando-a no além: "A razão não pode pensar a transcendência a não ser como *Dasein* no próprio plano do mundo (...). A transcendência é então o outro *Dasein*, o do além, o que não se acha aqui".[11] Pensar deste modo é "diminuir Deus".[12]

A razão — que não pode atingir a verdade absoluta — se encontra em um mundo no qual muitas doutrinas podem apresentar pretensões de verdadeiras. Esta situação, segundo jaspers, não obriga a abandonar a comunicação; antes, a confiança na verdade dos outros faz nascer a virtude da "humanidade". Por outro lado, qualquer pretensão de certeza absoluta, da parte de uma filosofia ou de uma religião, torna-se *ipso facto* "não-verdade", e a crença na verdade única torna impossível a comunicação genuína e leva ao fanatismo.

Notemos que, apesar das aparências, a tendência da filosofia de Jaspers não é ateia, mas cristã, de um cristianismo protestante, que se recusa a reconhecer à razão humana qualquer capacidade para as verdades religiosas.

Jaspers afirma, em todo caso, que, embora não podendo atingir a Deus, a razão humana é sistematicamente impelida além dos limites da

---

[11]*Id., ibid*, III, 138.
[12]*Id., ibid*, I, 300.

sua experiência, para a transcendência. Isto acontece principalmente nas situações que ele chama "situações-limite" *(Grenx-Situationen)*. São "situações como a de estar sempre em uma situação, a de não poder viver sem luta e sem dor, a de dever assumir irremediável culpabilidade e especialmente a de dever morrer (...). Elas não sofrem mudanças substanciais, mas somente fenomênicas; em relação ao nosso ser-em-situação *(Dasein)*, têm o caráter de definitividade. Não são transparentes; são imutáveis, definitivas, incompreensíveis, irredutíveis, intransformáveis, podendo ser somente explicáveis. No nosso ser-em-situação não nos é dado descobrir nada além delas. São como recife contra o qual batemos e naufragamos".[13]

De todas as situações-limite a fundamental é a morte. A este respeito, Jaspers distingue entre situação-limite geral do mundo e situação-limite especificamente individual. A morte é, primeiramente, situação-limite geral do mundo: tudo o que é real é mortal, sem nenhuma exceção. Toda experiência, todo estado, todo acontecimento imediatamente desvanece, "e a série se estende assim até à existência do nosso planeta e se prolonga infinitamente".[14] Em segundo lugar a morte é situação-limite especificamente humana: é o "limite-sempre-retornante" que atormenta o homem e o corrói no seu íntimo logo que se constitui como autoconsciência pessoal. "Existe sempre uma relação, única no gênero, entre o homem e a sua própria morte, relação que não é comparável com nenhuma experiência geral ou particular da morte do outro, do próximo".[15] A morte dos outros eu a posso pensar, crer, imaginar. Posso até ter o mais completo conhecimento científico, histórico, filosófico da morte em geral. Mas, com relação a mim mesmo, existe alguma coisa no meu íntimo que não a considera necessária, que não a considera possível. Por outro lado, a razão não oferece nenhuma prova de que o homem possa evitar esta situação-limite: "Para o homem que tem consciência da situação-limite da morte, o intelecto se torna coisa sem sentido para a consideração da imortalidade: por sua natureza, permanece preso ao limitável, ao finito".[16]

A única faculdade humana capaz de revelar o mistério da morte é, segundo Jaspers, o amor. Ele remove até a situação-limite da morte

---

[13] *Id., ibid*, II, 203.
[14] *Id., Psicologia della visione dei mondo*, Roma, 1950, 302.
[15] *Id., ibid.*, 303.
[16] *Id., ibid.*, 305.

e se põe em comunicação com quem está morto. Tal comunicação me dá a certeza de que a morte não é báratro, voragem que me engole ou abismo no qual me precipito. O que se dá é o contrário: é como se, por seu intermédio, eu me reunisse às existências com as quais me comunicava do modo mais íntimo. "O salto (da morte) é como o nascimento de nova vida. *A morte é absorvida pela vida.* A vida se torna garantia da verdade da comunicação, a qual remove a morte porque a vida se realizou como a comunicação requeria e requer agora. A morte cessa então de ser abismo vazio. É como se, não mais abandonado, me agarrasse à existência que se achava na mais íntima comunicação comigo".[17] Jaspers conclui que "a imortalidade não é uma parte do nosso saber, mas a riqueza do nosso amor".[18]

5. Jean-Paul Sartre

Jean-Paul Sartre nasceu em Paris aos 21 de junho de 1905. Estudou filosofia na École Normal Supérieure. Iniciou a carreira literária como jornalista, passando mais tarde para o teatro. Quando começou a segunda guerra mundial, foi chamado às armas, caindo prisioneiro dos alemães em 1940. Nos anos do pós-guerra foi o filósofo mais popular da França e o— mais discutido da Europa. Tentou também, mas sem êxito, formar um movimento político. Aproximou-se mais tarde cada vez mais do partido comunista francês, assumindo em relação a ele o papel de crítico externo, com a intenção de estimulá-lo e melhorá-lo.

As suas obras mais importantes são: *A imaginação; O ser e o nada. Ensaio de uma ontologia fenomenológica; A crítica da razão dialética.* Das obras teatrais recordemos: *As moscas; o diabo e o bom Deus.* Dentre os romances: *A náusea.*

Como o sugere o título da sua obra principal, *O ser e o nada*, Sartre, como Heidegger, concentra a sua análise filosófica no ser, a fim de compreender o seu significado profundo e revelar a sua verdadeira natureza.

Mas a análise sartriana chega a resultados diferentes e até opostos àqueles aos quais chegara o autor de *Ser e tempo*. Para Heidegger, o ser

---

[17] *Id., Philosophie,* II, 221.
[18] *Id., L'immortalité de l'âme,* Neuchâtel, 1958, 51.

é o sol esplendoroso que dá luz, calor e vida às coisas; é a positividade e o valor de todo ente; ele exerce sobre o homem, que é o seu guarda, grande fascinação.

Para Sartre, o ser, que chama de *ser-em-si*, para distingui-lo da consciência, que denomina *ser-para-si*, é massa inerte, informe, inchada, fastidiosa, "enorme marmelada", como está escrito em A *náusea*, coisa desagradável e repugnante. Falando do ser, Sartre diz muitas vezes que é "alguma coisa em demasia", e isto por duas razões. A primeira é que a consciência jamais consegue esgotar toda a sua realidade; a segunda é que o *ser-em-si* dá a impressão de ter mais do que o necessário, como homem muito gordo.

Outra característica fundamental do ser, segundo Sartre, é a *contingência*. O ser não tem nenhuma necessidade. Existir é simplesmente ser; os existentes aparecem, deixam-se encontrar, mas não se deixam deduzir. Não existe nenhum ser necessário que possa explicar a existência; a existência não é feição falsa, aparência que se possa dissipar: é o absoluto e, consequentemente, a perfeita contingência.[19]

Mas a característica do ser na qual Sartre mais insiste é o *absurdo*. No absurdo está a chave da existência de cada coisa. Tudo o que existe é destituído de explicação, é sem sentido; é o em si mesmo e em relação a todas as outras coisas. Por exemplo, a raiz desta árvore é absurda. É absurda em relação às pedras, às moitas de erva amarela, à lama ressecada, à árvore, ao céu, às plantas verdes. "Absurda, irredutível; nada — nem mesmo um delírio profundo e secreto da natureza — podia explicá-la".[20] "O mundo das explicações e das razões não é o da existência".[21]

A CONSCIÊNCIA

O homem se distingue dos outros seres porque é dotado de consciência, ao passo que os outros seres não o são. Esta distinção é fundamental, mais importante em Sartre do que nos outros filósofos, porque ele não se contenta com afirmar que a consciência se distingue do ser, como o fizera Spinoza, nem se limita a contrapor a consciência ao ser, como fizeram antes os israelitas. Sartre aprofunda o contraste:

---

[19]Cf. SARTRE, J.-P., *La nausea*, Turim, 1952, 207ss.
[20]*Id., ibid*, 204.
[21]*Ib., ibid*, 205.

consciência e ser são inimigos e inimigos mortais. O triunfo de um é a morte do outro. Para viver, a consciência tem necessidade de devorar o ser. Esta concepção da consciência como capacidade anuladora do ser é a doutrina mais original do existencialista francês, merecendo, por isso, uma exposição mais aprofundada. Por outro lado, o próprio Sartre tratou o argumento muito amplamente tanto em *La transcendance de l'Ego* como em *L'être e te néant*.

Em *La transcendance de l'Ego* Sartre distingue duas espécies de consciência: a consciência não posicional (ou consciência imediata do objeto, do ser, cuja realidade ou existência é somente conhecida, não posta, não criada) e a consciência posicional ou reflexiva, com função criativa. A criatura da consciência posicional é o eu transcendental, entendido não como substância (Aristóteles), nem como condição transcendental do conhecer (Kant), nem como produto de uma associação de ideias (Hume), mas como hipostatização do objeto da consciência reflexa.

Em *L'être e te néant* Sartre desenvolve a teoria da função anuladora da consciência. Esta, que designa frequentemente com o termo técnico de *ser-para-si*, é, pela sua natureza, o não-ser, o vazio, o nada. Também a sua atividade consiste, portanto, em fazer o vazio, em aniquilar, em devorar o ser. Para sustentar esta tese, Sartre analisa algumas atividades típicas da consciência como o desejar alguma coisa, o afirmar o valor ou a possibilidade de alguma coisa, o reconhecer a existência dos outros.

O desejar atesta que a atividade da consciência é anular-se, falta de ser, já que o desejar não se explica senão como deficiência do ser que deseja, isto é, como necessidade de completamento.

O projetar-se nos possíveis, no qual consiste a maior parte da atividade da consciência, significa somente que ela é constituída pela falta de alguma coisa que a completaria. "O possível é o que falta ao *para si* para que ele seja ele",[22] aquilo que falta ao sujeito para ser objeto e que, por isso, não existe senão como falta ou deficiência.

O mesmo acontece com o valor, que é tal enquanto não é: já que, mesmo quando se encarna ou é intuído em certos entes, está além deles e constitui o limite ou o termo ao qual eles tendem. O valor, como tal, jamais existe, está sempre além daquilo que existe: o seu ser consiste

---

[22] *Id., L'être et le néant*, Paris, 1943, 147.

em ser o fundamento do seu nada, isto é, o fundamento dos atos ou das situações que tendem a ele, mas nos quais ele, como valor, não está.

De modo semelhante a constatação da existência dos outros é negação de que ela seja a minha: esta negação é "a estrutura constitutiva do ser do outro".

A NÁUSEA E A MORTE

A atividade aniquiladora da consciência desemboca necessariamente na náusea. Esta nasce do fato de que a consciência sempre encontra diante de si alguma coisa, alguma coisa demais. O sentimento da náusea foi agudamente examinado por Sartre na obra que traz este título, na qual mostra que o tédio, a náusea, é provocado pela superfluidade, pela absurda superabundância de realidade que existe nas coisas: "Éramos um grupo de existentes retidos e embaraçados em nós mesmos, não tínhamos a menor razão para estarmos ali, nem uns nem outros; cada um dos existentes confuso, vagamente inquieto, sentia-se demais em relação aos outros. *Demais:* era esta a única relação que eu podia estabelecer entre aquelas árvores, aquelas cancelas, aquelas pedras. Procurava em vão *contar* as castanheiras, *situá-las* em relação à Velleda, comparar a sua altura com a dos plátanos: cada um deles se furtava às relações nas quais eu procurava encerrá-los; sumida transbordava. Sentia a arbitrariedade destas relações (...); não tinham mais mordente sobre as coisas. *Demais* a castanheira ali diante de mim, um pouco à esquerda. *Demais* a Velleda. E eu, fraco, enlanguescido, obsceno, digerindo e cheio de pensamentos sombrios — também *eu era demais*".[23]

Houve quem[24] comparasse, e com razão, o sentimento de náusea de Sartre com o sentimento da morte de Heidegger. Na filosofia do existencialista francês a náusea ocupa, de fato, o lugar que a morte ocupa na filosofia do existencialista alemão. Ambos veem na temporalidade uma das estruturas fundamentais da vida humana. Ambos atribuem às estases da temporalidade (passado, presente e futuro) importância totalmente nova na história da filosofia. Mas, enquanto para Heidegger a estase mais importante é a morte (motivo pelo qual a vida humana é toda orientada para a morte), para Sartre a estase mais importante é a do presente, e o

---

[23]*Id., La nausea,* Turim, 1952, 203.
[24]Cf. BOCHENSKI, H., *Europaische Philosophie der Gegenwart,* Berna, 1947, 175.

sentimento predominante do presente é o de náusea. Não se encontra nele aquela angústia por causa da morte, experimentada por aquele que sabe que o seu ser está continuamente ameaçado de ser arrastado para o nada. Nele o que prevalece é o sentimento de quem está constantemente desgostoso das coisas que o cercam.

A LIBERDADE

O que mais distingue os homens dos outros seres é, como vimos, a consciência. Tem-se assim a impressão de que para Sartre a consciência é o constitutivo último essencial do homem. Pode ser verdade, mas Sartre não o diz: prefere afirmar que a essência do homem é a liberdade. Para sermos mais precisos, Sartre diz que aquilo que constitui (produz) a essência do homem é a liberdade, não vice-versa. Com isso ele se opõe à concepção tradicional, que via na liberdade uma das propriedades da essência humana e que tinha prioridade ontológica sobre elas. Sartre é de opinião que esta concepção não explica como os indivíduos, usando sua liberdade, formam personalidades tão profundamente diferentes; uns se tornam santos, outros assassinos; uns, avaros, outros pródigos; uns doutos, outros analfabetos. A personalidade, com todas as características da existência (essência) individual, produze-a a liberdade, na qual é necessário, portanto, fazer consistir o constitutivo fundamental do ser humano.

Como constitutivo último, a liberdade não tem limites. "Eu estou condenado a ser livre. Isto significa que não se pode encontrar para a minha liberdade nenhum limite que não seja ela mesma; ou, se se preferir, que não temos a liberdade de deixarmos de ser livres".[25]

A liberdade não está vinculada a nenhuma lei moral; a sua única norma é ela mesma. Para a liberdade "todas as atividades são equivalentes (...). No fundo é a mesma coisa embriagar-se na solidão ou conduzir os povos. Se alguma destas atividades é superior a outra, não o é por causa do seu escopo real, mas por causa da consciência que ela tem do seu escopo ideal; e neste caso o quietismo do ébrio solitário é superior à vã agitação do condutor de povos".[26]

Mas nem para Sartre a liberdade equivale à libertinagem. Liberdade absoluta só existe para o *projeto fundamental,* para a *escolha originária,*

---

[25]SARTRE, J.-P., *L'être et le néant*, Paris, 1943, 530.
[26]*Id., ibid.*, 721-722.

escolha absolutamente incondicionada. Todas as outras escolhas são condicionadas pela escolha originária, a qual, no entanto, pode ser modificada. A modificação do projeto inicial é possível em qualquer momento. "A angústia que, quando revelada, manifesta à nossa consciência nossa liberdade, atesta a modificabilidade perpétua do nosso projeto inicial".[27] Nós somos constantemente ameaçados de termos anulada a nossa escolha atual, constantemente ameaçados de nos escolhermos e de nos tornarmos assim diferentes do que somos.

Tudo o que acontece no mundo remonta à liberdade e à responsabilidade da escolha originária; por isso nada do que acontece ao homem pode ser tachado de inumano. "As mais atrozes situações de guerra, as piores torturas não chegam a criar nenhum estado de coisas inumanas. Não existe situação inumana: é somente pelo medo, pela fuga ou pelo recurso a comportamentos mágicos que eu decidirei sobre o que é inumano; mas esta decisão é humana, e serei eu o único responsável por ela".[28]

Se fui mobilizado para a guerra, esta guerra é a minha guerra, a minha imagem, e eu a mereço: "Eu a mereço, em primeiro lugar, porque poderia ter-me subtraído a ela pelo suicídio ou pela deserção; estas possibilidades últimas devem estar sempre presentes quando devemos enfrentar uma situação. Não me subtraindo a ela, eu a escolhi: talvez somente por falta de coragem, por fraqueza diante da opinião pública, por preferir certos valores aos da recusa a fazer a guerra. Trata-se, em todo caso, de escolha".[29]

Em *A crítica da razão dialética*, Sartre vê no exercício da liberdade humana atuação da dialética hegeliana da tese, antítese e síntese, que chama de *dialética constituinte, antidialética* e *dialética constituída*.

Na *dialética constituinte* considera-se a liberdade absoluta, absolutamente livre, não determinada por nenhuma causa: a liberdade se manifesta neste momento como *práxis livre*, como *práxis livre constituinte*.

Mas esta liberdade absoluta, sem nenhum condicionamento, não existe. De fato, o homem isolado, separado da sociedade, não existe: existe junto com os outros e cercado pelas coisas materiais. Por isso, a

---

[27] *Id., ibid.*, 542.
[28] *Id., ibid.*, 639.
[29] *Id., ibid.*, 639-640.

ação de cada um, a qual, em abstrato, é livre para se desenvolver, de fato não pode desenvolver-se fora das relações com os outros indivíduos e com a realidade material; a atividade do homem se desenvolve no âmbito do "prático-inerte", como o define Sartre, e sofre as suas consequências. Neste âmbito o homem não é mais livre, se por liberdade se entende a possibilidade de escolha, já que é obrigado a "viver a condição sob a forma de exigência a ser satisfeita mediante a práxis". O homem sofre continuamente a ação dos outros e dos objetos dos quais os outros se servem para agir sobre ele. Este é o segundo momento da dialética da liberdade, a *antidialética*, na qual a liberdade sofre o condicionamento absoluto.

Na *dialética constituída* dá-se a síntese dos dois primeiros momentos. Aqui a liberdade absoluta se revela "como necessidade da necessidade ou, se se preferir, como o seu oposto inflexível".[30]

DEUS

Como para Feuerbach e Nietzsche, também para Sartre Deus não tem existência real, mas é simples hipostatização dos ideais humanos.

No fim de *L'être et le néant*, Sartre afirma que "toda a realidade humana é paixão, uma vez que ela (a realidade humana) mira a perder-se para fundar o ser e, ao mesmo tempo, para constituir o Ser-em-si que escapa à contingência para ser o seu próprio fundamento, o *Ens causa sui* (o 'Ser, causa de si') que as religiões chamam Deus. Assim a paixão do homem é oposta à paixão de Cristo porque o homem se perde enquanto homem para fazer nascer Deus. Mas a ideia de Deus é contraditória, e nós nos perdemos em vão: o homem é paixão inútil".[31]

A paixão do homem é ser-em-si, já que o ser-para-si (ou o ser da consciência) é puro nada. Mas como desejo do ser-em-si (isto é, do ser objetivo de fato), a consciência tende para o ideal de consciência que seja, com a simples consciência de si mesma, o fundamento do seu próprio ser-em-si. Ora, este ideal é o que se pode chamar Deus. "Pode-se dizer assim que aquilo que torna mais compreensível o projeto fundamental da realidade humana é que o homem é o *ser que projeta ser Deus*. Sejam quais forem os mitos e os ritos da religião considerada, Deus é sensível

---

[30]*Id., Critica della ragione dialettica*, Turim, 1968, I, 460.
[31]*Id., L'être et le néant*, Paris, 1943, 708.

em primeiro lugar ao coração do homem como o que o anuncia e define no seu projeto último e fundamental".[32]

O homem é fundamentalmente desejo de ser Deus. Deus não é senão este desejo mal sucedido. O *em si* do mundo e o *para si* da consciência se encontram em estado de perpétua ruptura com relação à síntese ideal que jamais existiu, mas que é sempre indicada, embora sempre impossível.

6. Gabriel Marcel

Gabriel Marcel nasceu em 1887 e faleceu em 1973. Foi seguidor de Hegel e dos outros idealistas. Depois abraçou uma concepção filosófica que acolhia elementos do realismo tomista e do existencialismo. Tomistas são as suas teses de metafísica e de ética, enquanto existencialistas são o método fenomenológico, a aversão ao racionalismo e a insistente referência de toda a problemática metafísica ao homem.

Suas obras principais são: *Journal métaphysique* (1927), *Étre et avoir* (1935); *Homo viator* (1944), *Le mystère de l'être* (1951).

PESQUISA METAFÍSICA

Uma densa página do *Journal métaphysique* esclarece bem o ponto de vista de Marcel sobre a natureza da pesquisa metafísica: "Eis, segundo penso, as linhas gerais do meu livro ou, pelo menos, da introdução: *a)* Não é possível a pesquisa a respeito da natureza do que é metafisicamente primeiro. Esta impossibilidade se prende à pesquisa como tal e ao espírito com o qual é fundamentalmente conduzida. O indagador faz abstração de si; desaparece diante do resultado obtido. Qual é o resultado? Resposta válida para todos, *b)* Eliminar a interpretação segundo a qual a necessidade da metafísica seria curiosidade transcendente; é antes apetite do ser. O ser tende a ser possuído através do pensamento".[33]

Marcel adverte contra dois erros bastante difundidos: o de considerar a pesquisa metafísica como especulação vazia, como curiosidade extravagante; para ele a metafísica é "pesquisa do que é", do ser. Esta pesquisa não pode ser facilmente negligenciada ou posta de lado, por-

---

[32] *Id., ibid.,* 653.
[33] MARCEL, G., *Journal métaphysique,* Paris, 1927, 279.

que o homem "tem fome" do ser. O segundo erro, não menos grave e no qual muitas vezes se cai, é a pretensão de poder conduzir a pesquisa com a mesma objetividade e desapego com os quais se leva a efeito a pesquisa científica. Trata-se de pretensão absurda porque na pesquisa científica o pesquisador pode fazer abstração de si, manter-se fora da área do experimento, em posição de total indiferença, ao passo que o filósofo é envolvido pessoalmente na pesquisa; o seu ser, o seu conhecer, o seu querer são trazidos diretamente para a questão.

Uma das diferenças mais evidentes entre pesquisa científica e pesquisa filosófica é que a primeira pode ser feita por um só em nome de todos, ao passo que a segunda deve ser feita por cada um.

Ninguém pode descobrir o mistério do ser por meio de outro. Quando muito quem já o descobriu pode solicitar, estimular, orientar a pesquisa dos outros, mas não pode substituí-los. Coerente com estes princípios, Marcel diz, em *Le mystère de L'être,* que não pretende, em seus escritos, dirigir-se a inteligência abstrata e anônima, mas a seres individuais, para despertar neles profunda área de reflexão mediante anamnese inspirada no esforço socrático-platônico; neste sentido, se recusa a definir o seu pensamento como existencialista, preferindo a qualificação de *neossocrático* ou de *socrático-cristão*.

Enquanto, pois, a ciência pode falar do real na terceira pessoa, a reflexão filosófica é o reino da pergunta e da resposta, do *eu* e do *tu,* o reino no qual domina a segunda pessoa. Semelhante metafísica está fora daquela ordem de exposições doutrinais, acabadas ou que se pretendem acabadas, no plano lógico; esta filosofia é antes de tudo *de l'ordre de l'appel* ("da ordem do apelo"), apelo de um espírito a outros espíritos para que realizem a "conversão" do mistério. Nesta perspectiva a verdade cessa de ser formalmente *adaequatio rei et intellectus* ("adequação da coisa e do intelecto") para elevar-se a valor vital; mais do que algo enunciado, a verdade se torna algo vivido, experiência pessoal.

Em *Être et havoir* ("Ser e ter"), Marcel ilustra a diferença entre pesquisa científica e pesquisa filosófica em termos de *problema* e *mistério*. "Parece de fato que entre m problema e mistério existe diferença essencial: problema é algo que encontro todo inteiro diante de mim e que posso analisar e reduzir; mistério é algo em que eu mesmo estou empenhado e que, por isso, só pode ser pensado como esfera na qual a distinção do *em mim* e do *diante de mim* perde o seu significado e o seu valor inicial. Enquanto um problema autêntico se justifica segundo certa técnica apropriada, em função da qual se define, um mistério transcende por definição toda técnica imaginável".[34] Pode suceder que um mistério seja degradado a problema; temos então procedimento fundamentalmente vicioso, que se manifesta como corrupção da inteligência.

Outras vezes Marcel explica a diferença entre ciência e metafísica apelando para a diversidade entre *reflexão desagregadora* e *reflexão unificadora (reflexão primeira e segunda)*. A primeira é usada pela ciência, a segunda pela metafísica. Enquanto a reflexão científica tem necessidade de fazer distinções e de seccionar o objeto, a reflexão metafísica tem como tarefa a unificação, o "recolhimento" da realidade. A reflexão metafísica se esforça por restaurar o concreto além das determinações separadas e desarticuladas do pensamento científico". O processo metafísico essencial consistiria, portanto, na reflexão sobre esta reflexão (científica), na reflexão elevada à segunda potência, através da qual o pensamento se estende para a recuperação de intuição que se perde de certa forma à medida que se exerce"; esta reflexão é "reconstruidora", "recuperadora", é "recolhimento".

PRIMAZIA DO SER

Entre todas as realidades passíveis de pesquisa metafísica, a prioridade compete ao ser. Isto porque, segundo Marcel, o ser goza de dupla primazia: em relação ao pensamento e em relação ao ter.

— *Primazia do ser sobre o pensamento*. Esta primazia Marcel a afirma em termos inequívocos depois da sua conversão ao realismo. "Pôr a imanência do pensamento no ser é reconhecer com os realistas que o pensamento, uma vez posto, refere-se a algo que o transcende e que ele não pode pretender reabsorver, sem trair a sua verdadeira natureza". "Pensar a primazia do ser em relação ao pensamento é reconhecer que o pensamento é abrangido pelo ser ou que lhe é de certa forma interno".[35]

Não há e não pode haver passagem do pensamento ao ser; esta passagem é radicalmente impensável; o pensamento já está no ser e não pode sair dele, não pode abstrair dele, a não ser em certa medida: "É

---

[34] *Id., Etre et avoir*, Paris, 1935, 169.
[35] *Id., ibid.*, 49.

necessário, pois, dizer que o pensamento é interno ao ser, que é certa modalidade do ser".[36] "No fundo admito que o pensa, mento é ordenado para o ser como o olho é ordenado para a luz, segundo a fórmula tomista".[37]

— *Primazia do ser sobre o ter.* O ter é o que é objetivável, exponível a outros, é a exteriorização do ser, o seu fazer-se espetáculo; ele é o *coisificar-se* do ser, o seu vir para fora, o seu epifanizar-se, fragmentar-se, mumificar-se. O ter, acentuando a si mesmo, anula o ser; mas, tornando-se instrumento, subirá ao plano do ser. Somente assim poderemos abordar o ser sem transformá-lo em ter, em objeto, em espetáculo; em suma, a relação ser-ter é relação de tensão dialética essencial na qual o ser está sempre ligado ao ter e deve purificá-lo, não deixando-se absorver por ele, mas orientando-o para si.[38]

O HOMEM, SER ENCARNADO E ITINERANTE

Uma das doutrinas mais conhecidas de Marcel é a que afirma que o homem é ser encarnado. Marcel chegou a esta doutrina através da análise do significado da proposição "eu existo"; segundo ele, a reflexão metafísica revela que esta proposição significa "eu sou o meu corpo".

Por corpo deve-se entender não tanto a matéria extensa e visível quanto a intimidade-concretude do eu, isto é, a encarnação ou a individualização do existir. Assim, referida ao homem, a proposição "eu existo" significa: "eu sou encarnado". "Ser encarnado é aparecer como corpo, como este corpo, sem poder identificar-se com ele, sem poder distinguir-se dele; intimidade-concretude, em suma, entre alma e corpo; mistério da fusão de intimidade e concretude, a encarnação exprime exatamente este mistério. Mas a encarnação não exprime somente a individualidade como também a participação. Esta se manifesta antes .de tudo no sentir; o sentir é participação imediata no que nós habitualmente chamamos sujeito, em ambiente no qual não há fronteiras que o separem".[39]

O *ser* se revela como *com-ser*, o "eu existo" se torna "o universo existe", não como soma de objetos, mas como teatro de experiências, de existentes, em diálogo entre o *eu* e o *tu*.

---

[36]*Id., ibid.,* 35.
[37]*Id., ibid.,* 51.
[38]Cf. *Id., ibid.,* 232-244.
[39]*Id., Journal métaphysique,* Paris, 1927, 322.

Outra doutrina muito conhecida de Marcel é a do homem itinerante ou *homo viator*. O homem, já ficou dito, é ser encarnado; é esta a sua natureza; mas a pesquisa neste campo deve orientar-se para a descoberta de um sentido para a vida, o qual é sempre o sentido da *minha* vida; recusar-se a esclarecer o sentido da vida é renunciar à própria identidade profunda, é dissolver-se no ter. Ora, refletindo no sentido da vida, o ser encarnado se revela ser itinerante, *honro viator*.

É aqui, na concepção da vida como peregrinação, que a reflexão descobre a fenomenologia e a metafísica da esperança. A esperança estrutura a vida humana, é a abertura vivida do ser encarnado; tudo o que o ser-no-mundo apresenta pode constituir obstáculo, provação, escândalo, numa palavra, a tentação subjugadora do ter. Ora, a esperança é a grande alavanca que, sem renegar o ser-no-mundo, antes assumindo-o, sublima-o a instrumento de elevação; e o que poderia constituir um convite à desesperança é exorcizado.

Justamente na esperança está a prova do transcendente; com ela se afirma que "há um ser, além de todo dado, além de tudo o que pode fornecer matéria para inventário ou servir de base para cômputo qualquer, princípio misterioso que está em conivência comigo, que não pode não querer o que eu quero, pelo menos se o que eu quero merece efetivamente ser querido e de fato é querido por mim em minha totalidade".[40] Assim o universo tem sentido para mim, e a metafísica se revela, qual é e deve ser, "exorcismo da desesperança".

A transcendência não se chega, porém, por meio de argumentações e de outros processos lógicos, mas pela intuição. O homem é feito para Deus e não pode deixar de reconhecê-lo quando passa na sua proximidade. A atitude que convém ao homem diante de Deus não é a de especulação nem a de interrogação, mas a de adoração, de humilde oração. O filósofo deve falar a Deus, não de Deus.

"É tempo para o metafísico, se quer sair definitivamente dos trilhos da epistemologia, de compreender que a adoração pode e deve ser, pela reflexão, *terra firme* sobre a qual deve apoiar-se, apesar de, como indivíduo empírico, não poder participar dela senão na reduzida medida que a sua indigência natural comporta".[41]

---

[40] *Id., Propositions et approches concrètes du mystère ontologique*, Paris, 1937, 278.
[41] *Id., Du rejus d'l'invocation*, Paris, 1940, 190.

VALOR DAS ANÁLISES EXISTENCIAIS DE MARCEL

Por causa da perspectiva existencialista na qual se desenvolve, falta à obra de Marcel uma reflexão suficientemente aprofundada e rigorosa sobre a *essência* e a natureza do *ser*. Não obstante, as suas análises existenciais são extremamente interessantes por duas razões. Primeiro porque falam de sentimentos e afetos humanos como a esperança, a fé, a alegria, a adoração, que os outros existencialistas em geral ignoraram, Segundo, porque, através do exame das implicações destes sentimentos, Marcel mostra que o homem não está preso à camisa-de-força do desespero, nem votado à morte e ao nada, como queriam Heidegger e Sartre.

BIBLIOGRAFIA

Sobre a fenomenologia e o existencialismo

DE RUGGIERO, G., *La filosofia contemporanea*, Bari, *1941*, 4ª ed., 2 v.; SCIACCA, M. F., *Il secolo XX*, Milão, 1942, 2 v.; IDEM, *La filosofia oggi*, Milão, 1954, 2ª ed.; PAREYSON, L., *Studi sull'esistenxialismo*, Florença, 1943; FABRO, C., *Introduzione all'esistenzialismo*, Milão, 1943; BATTAGLIA, F., *IL problema morale nell'esistenzialismo*, Bolonha, 1949; STEFANINI, L., *Esistenzialismo ateo e esistenzialismo teistico*, Pádua, 1952; PACI, E., *L'esistenzialismo*, Turim, 1953; BREHIER, E., *Gli orientamenti attuali della filosofia*, Nápoles, 1965; SANTUCCI, A., *Esistenzialismo e filosofia italiana*, Bolonha, 1967, 2ª ed.; PIANA, G., *I problemi della fenomenologia*, Milão, 1966; MOUNIER, E., *Introduction aux existentialismes*, Paris, 1947; COPLESTON, F., *Contemporary Philosophy, Studies of Logical Positivism and Existentialism*, Londres, 1956; SPIEGELBERGER, H., *The Phenomenological Movement. A Historical Introduction*, Haia, 1960 BORZAGA R., *Contemporary Philosophy. Phenomenological and Existencial Currents*, Milwaukee, *1966;* FOULQUIÉ, P., *L'existentialisme*, Paris, 1968, 15ª ed.; SINHA, D., *Studies in Phenomenology*, Haia, 1969; ABBAGNANO, N., *Introduzione all'esistenzialismo*, Milão, 1970, 3ª ed.; PRINI, P., *Storia del'esistenzialismo*, Roma, 1972, 2ª ed.

Sobre Husserl

VANNI ROVIGHI, S., *La filosofia di E. Husserl*, Milão, 1938; PEDROLI, G., *La fenomenologia di Husserl,* Turim, 1958; VALORI, P., *IL metodo fenomenologico e Ia fondazione della metafisica*, Roma, 1959; GARULLI, E., *Coscienza e storia in Husserl*, Milão, 1965; RAGGIUNTI, R., *Husserl: dalla logica alla fenomenologia* Florença, 1967; LEVINAS, E., *La théorie de L'intuition dans Ia phénoménologie de Husserl*, Paris, 1930; FARBER, M., *The Foundation of Phenomenology: E. Husserl*, Cambridge (Mass.), 1943; BERGER, G., *Le "cogito" dans Ia phénoménologie de Husserl*, Paris, 1950, 2ª ed.; DIEMER, A., *E. Husserl. Versuch einer systematischen Darstellung seiner Phänomenologie*, Meisenheim, 1956; ROBBERECHTS, L., *E. Husserl. Eine Einführung in seine Phänomenologie*, Hamburgo, 1967; ROLLIN, F., *La phänoménologie au départ. Husserl Heidegger, Gaboriau*, Paris, 1967; KOCKELMANS, J. J., *A First Introduction to Husserl's Phenomenology*, Pinsburg, 1967; BARATTA, G., *L'idealismo fenomenologico di E. Husserl*, Urbino, 1969; POGGI, S., *Husserl e la fenomenologia*, Florença, 1973.

Sobre Heidegger

STEFANINI, L., *L'esistenzialismo di M. Heidegger*, Pádua, 1944; VANNI ROVIGHI, S., *Martin Heidegger*, Bréscia, 1945; CHIODI, P., *L'ultimo Heidegger*, Turim, 1953; COLOMBO, A., M. *Heidegger: il ritorno all'essere*, Bolonha, 1964; PENZO, G., *L'unità del pensiero in M. Heidegger*, Pádua, 1966; MANNO, A., *Esistenza ed essere in Heidegger*, Nápoles, 1967; LANDOLT, E., *Gelassenheit di M. Heidegger*, Milão, 1967; LOEVITH, K., *Saggi su Heidegger*, Turim, 1966; DE WAEHLENS, A., *La philosophie de M. Heidegger*, Lovaina, 1944; *Idem, Chemins et impasses de l'ontologie heideggerienne*, Lovaina, 1953; BIEMEL, W., *Le concept du monde chez M. Heidegger*, Lovaina, 1950; HERRMANN, F., *Die Selbstinterpretation M. Heideggers* Meisenheim, 1964; RICHARDSON, W. J., M. *Heidegger: through Phenomenology to Thought*, Haia, 1964; SEIDEL, G. J., M. *Heidegger and the Presocratics: an Introduction to his Thought*, Lincoln, 1964; MACOMBER, W. B., *The Anatomy of Disilusion*, Evanston, 1967; VATTIMO, G., *Introduzione a Heidegger*, Bari, 1971.

Sobre Jaspers

PAREYSON, L., *La filosofia di K. Jaspers*, Nápoles, 1940; PACI, E., *Introduzione all'esistenzialismo di Jaspers*, Milão, 1940; BATAGLIA, F., *La nuova filosofia di K. Jaspers*, Turim, 1951; MASI, G., *La ricerca della verità in Jaspers*, Bolonha, 1953 DE TONQUEDEC, J., *L'existence d'après K. Jaspers*, Paris, 1945; RICOEUR, P., *G. Marcel et K. Jaspers* Paris, 1947; TILLIETTE, X., *Karl Jaspers*, Paris, 1960; MACQUARRIE, J., *Studies in Christian Existentialism*, Montréal, 1965; KREMER, A. MARIETTI, *Jaspers et la scission de l'être*, Paris, 1967; SCHNEIDERS, W., *Jaspers in der Kritik*, Bonn, 1965; PENZO, G., *Essere e Dio in K. Jaspers*, Florença, 1972.

Sobre Sartre:

FALCONI, C., J. P. *Sartre*, Parma, 1949; PALUMBO, G., *La filosofia esistenziale di J. P. Sartre*, Palermo, 1953 BORELLO O., *La psicanalisi esistenziale e il problema dell'arte in J. P. Sartre*, Nápoles, 1962; *Idem, Studi su Sartre*, Bolonha 1964; PAPPONE, A., *Esistenza e corporeità in Sartre*, Florença, 1969; DESAN, W., *The Tragic Finale: an Essay on the Philosophy of J. P. Sartre*, Cambridge, 1954; JEANSON, F., *Sartre par lui-même*, Paris, 1955; BIEMEL, W., *J. P. Sartre in Selbstzeugnissen und Bilddomenten*, Hamburgo, 1964; WARNOCK, M., *The Philosophy of Sartre*, Nova Iorque-Londres, 1965; SOTELO, J., *Sartre y la razón dialectica*, Madri, 1967; CAVACIUTI, S., *L'ontologia di J. P. Sartre*, Milão, 1969; PAGANO, G. M., *Sartre e la dialettica*, Nápoles, 1970.

Sobre Marcel

ZOCOLETTI, M. A., *La filosofia dell'esistenza secondo G. Marcel*, Pádua, 1942 SCIVOLETTO, A., *L'esistenzialismo di G. Marcel*, Bolonha, 1950; PRINI, P., *G. Marcel e la metodologia dell'inverificabile*, Roma, 1968, 2ª ed.; vv. AA., *Existentialisme chrétien: G. Marcel*, Paris, 1947; TROIS-FONTAINES, R., *De l'existence à l'être: la philosophie de G. Marcel*, Paris, 1968, 2ª ed., 2 v.; GALLAGHER K. T., *La filosofia de G. Marcel* Madri, 1968; PAX, C., *An existential approach to God. A study of G. Marcel*, Haia, 1972.

XI
OS FILÓSOFOS DA LINGUAGEM*

1. Os neopositivistas

A história da filosofia moderna registra três grandes revoluções: a de Descartes, que desviou a filosofia da metafísica e lhe imprimiu uma orientação gnosiológica; a de Kant, que inverteu a noção de conhecimento (entendendo-o não mais como modificação do sujeito, causada pelo objeto, mas como modificação do objeto, causada pelo sujeito); e a revolução do positivismo lógico, que afastou a filosofia do terreno da metafísica e do conhecimento e a orientou para o da linguagem.

Duas são as razões principais da revolução linguística verificada na filosofia: *a)* a convicção de que muitas discussões filosóficas são devidas a insuficiente clareza e à falta de precisão da linguagem; *b)* o desejo de descobrir uma linguagem universal e um critério de significação absoluto, válidos para todas as disciplinas científicas e filosóficas.

Inegavelmente também a importância e o desenvolvimento que a ciência linguística teve no século XX contribuíram para chamar a atenção dos filósofos para a linguagem.

LUDWIG WITTGENSTEIN

O primeiro filósofo que deu à pesquisa filosófica clara orientação linguística foi Ludwig Wittgenstein (1889-1952). No seu *Tractatus logico-philosophicus,* que se tornou célebre pelo seu estilo hermético e sugestivo, escreve: "O verdadeiro método da filosofia seria propriamente este: não dizer nada, a não ser o que pode ser dito, isto é, as proposições científicas — coisas, portanto, que não dizem respeito à filosofia; e toda

---

*No c. X foi apresentada a filosofia da linguagem de Heidegger.

vez que alguém quisesse dizer algo pertencente à metafísica, demonstrar-lhe que nas suas proposições não deu significado a alguns sinais".[1] Nestas linhas estão lucidamente expressos os três cânones fundamentais do neopositivismo ou positivismo lógico. São: *a)* a análise da linguagem pode resolver sozinha os problemas filosóficos ("O verdadeiro método da filosofia seria este"); *b)* só as proposições experimentais ou fatuais ou científicas é que têm sentido ("não dizer nada, a não ser o que pode ser dito, isto é, as proposições científicas"); *c)* as proposições da metafísica, como também as da estética, da religião, da moral etc. não têm conteúdo, uma vez que todo conteúdo provém da experiência, e são por isso destituídas de sentido ("todas as vezes que alguém quiser dizer algo pertencente à metafísica, demonstrar-lhe que, nas suas proposições, ele não deu significado a alguns sinais ").

São estes os postulados sobre os quais se funda a tese central do neopositivismo (que é a mesma tese do positivismo, apoiada agora em razões não mais gnosiológicas, mas semânticas), e ao absurdo (mais exatamente, da não-sensatez) da metafísica, da estética e da religião. Também esta tese é explicitamente enunciada pelo autor do *Tractatus* quando escreve: "A maior parte das proposições e das questões que foram escritas em matéria de filosofia não são falsas, mas não-sensatas. Não podemos, por isso, responder a questões desta espécie, mas somente estabelecer a sua não-sensatez. A maior parte das questões e proposições dos filósofos procedem do fato de não compreendermos a lógica da nossa linguagem (são questões do tipo de se o bem é mais ou menos idêntico ao belo). E não há motivo para admirar-se de que os mais profundos problemas não sejam propriamente problemas".[2]

RUDOLF CARNAP E O "CÍRCULO DE VIENA"

Os germes do neopositivismo semeados por Wittgenstein no seu *Tractatus* foram recolhidos e cultivados pelos membros do *Wiener Kreis* ("Círculo de Viena"): Moritz Schlick, Rudolf Carnap, Hans Reichenbach e Otto Neurath, os quais, por serem judeus, deixaram a Áustria e se refugiaram nos países anglosaxônicos quando Hitler anexou a Áustria. O

---

[1] WITTGENSTEIN, L., *Tractatus logico-philosophicus*, prop. 6, 53. A proposição 6, 522 diz: "Tudo aquilo que pode ser conhecido pode ser expresso nas proposições da ciência. Fora dela, o que existe é a mística, a qual não é exprimível".

[2] *Id., ibid*, prop. 4.

Círculo foi fundado por Moritz Schlick, mas seu teórico mais brilhante foi Rudolf Carnap. Ele afirma resolutamente que a tarefa da filosofia não consiste em construir teorias ou sistemas, mas em elaborar um método, o método da análise lógica ou linguística, e, com ele, joeirar tudo o que é afirmado nos vários campos do saber. Este método tem duas funções: eliminar as palavras desprovidas de significado e as pseudoproposições, e esclarecer os conceitos e as proposições que têm significado, para dar fundamento lógico às ciências experimentais e à física.[3]

Segundo Carnap, a primeira pergunta à qual se deve responder antes de abordar qualquer problema filosófico é a seguinte: "Em que coisa consiste o significado de uma palavra, de uma proposição?" E, para ele, a resposta só pode ser esta: "O significado de uma proposição está no método de sua verificação. Por isso, se uma proposição significa alguma coisa, só pode se tratar de dado empírico. Uma coisa que, por princípio, estivesse além do experimentável não poderia ser dita, nem pensada, nem posta em questão".[4]

O método de verificação consiste, portanto, em traduzir numa série de proposições experimentais a proposição cujo significado se quer determinar. Quando "uma proposição não é traduzível em proposições de caráter empírico (...), ela não é, de forma alguma, asserção e não diz nada, a não ser uma série de palavras vazias; ela é simplesmente sem sentido".[5]

Aplicando o princípio de verificação experimental aos diferentes tipos de linguagem em uso nos vários campos do saber, Carnap chega à conclusão, já enunciada por Wittgenstein, de que é somente a linguagem científica (a das ciências experimentais) que tem significado teórico; as linguagens metafísica, ética, religiosa, estética e literária só podem ter significado emotivo.

Esta filosofia da linguagem óbvia e intencionalmente põe por terra primeiro a metafísica e depois, não menos fragorosamente, também a religião. "Não é possível", afirma Carnap, "nenhuma metafísica que queira inferir da experiência o transcendente, isto é, o que está além da experiência. (...) Não existe, na verdade, nenhuma filosofia como teoria, como sistema de proposições com características próprias, que

---

[3]Cf. CARNAP, R., *Uberwindung der Metaphysik durch logische Analyse der Sprache* in Erkenntnis, 11 (1931-1932) 236-238.
[4]*Id., ibid.*, 236.
[5]*Id., Philosophy and Logical Syntax*, Londres, 1935, 13-14.

possa colocar-se ao lado da ciência".⁶ Não é possível, por isso, nenhuma visão do mundo que alimente a pretensão de ser a última resposta à última pergunta, que possa fornecer a chave para a solução dos chamados problemas últimos, os da existência de Deus, da imortalidade da alma, de norma absoluta do agir, do sentido da história. Também a religião não tem fundamento teorético. Segundo Carnap, a religião, como a metafísica, é apenas uma expressão medíocre do sentimento vital'. O termo Deus, diz ele, pode ser entendido em três sentidos: *a) sentido mitológico:* Deus é um ser corpóreo, em tudo igual ao homem, porém mais poderoso; desta imagem mitológica primitiva passou-se, com o correr do tempo, para outra imagem mitológica, mais avançada, a qual tira de Deus o corpo, mas não o poder de agir no mundo da experiência humana; *b) sentido metafísico:* a preocupação de eliminar do conceito de Deus toda mistura antropomórfica leva a representá-lo como "causa primeira", "ser absoluto" etc.; *c) sentido misto:* aqui a palavra "Deus" é o resultado da mistura dos dois primeiros significados.

Nas três acepções acima o termo "Deus" equivale a conceito semanticamente sem sentido, constituído pela reunião de quatro letras ao acaso, sendo toda proposição em que ele entrar apenas "proposição aparente" *(Scheinsatx).*

ALFRED J. AYER

Em pouco tempo os neopositivistas fizeram numerosos prosélitos, especialmente na Inglaterra, onde acima de todos distinguiu-se a figura de Alfred J. Ayer, o qual, com sua lúcida e brilhante exposição do sistema no célebre ensaio *Linguagem, verdade e lógica*⁸ contribuiu eficazmente para a sua difusão. Partindo dos cânones linguísticos do neopositivismo, também ele nega a possibilidade da metafísica e da religião. A propósito desta última escreve na parte final de sua obra: "Hoje é geralmente admitido, pelo menos entre os filósofos, que a existência de um ser que tenha atributos definidores da divindade de qualquer religião não animista não pode ser provada por via demonstrativa. Para compreendermos que

---

⁶*Id., Uberwindung der Metaphysik durch logische Analyse der Sprache* in Erkenntnis, 11 (1931-1932), 240.
⁷Cf. *Id., ibid.,* 238. Cf. também Carnap, R., *Philosophy and Logical Syntax,* Londres, 1935, 15ss.
⁸Ayer, A. J., *Linguaggio, veritd e logica,* Milão, 1961.

é assim, perguntemo-nos somente quais são as premissas das quais se deduz a existência de semelhante divindade. Para que a conclusão de que Deus existe seja certa é necessário que também as suas premissas sejam certas; isto porque, estando a conclusão do raciocínio dedutivo contida nas premissas, qualquer incerteza a respeito da verdade das premissas passa necessariamente para a conclusão. Ora, se as proposições empíricas não podem ser mais do que prováveis, as proposições *a priori* são logicamente certas. Mas não podemos deduzir a existência de Deus de uma proposição *a priori,* porque, como sabemos, a razão pela qual as proposições *a priori* são certas é que elas são tautológicas. Ora, de um conjunto de tautologias não se pode deduzir validamente nada, a não ser uma tautologia a mais. Segue-se que não existe nenhuma possibilidade de demonstrar a existência de Deus".[9]

Com o termo "Deus" designa-se um ser fora do empírico e dotado de atributos supraempíricos. "Mas a noção de pessoa cujos atributos essenciais sejam não-empíricos não é noção inteligível (...) A pura e simples existência do substantivo basta para alimentar a ilusão de que a ele corresponda uma entidade real ou pelo menos possível. Somente quando nos dedicamos a procurar quais são os atributos de Deus é que descobrimos que o nome 'Deus', neste uso institucional, não é autêntico".[10]

O neopositivismo não tardou a provocar decidida e ampla reação, principalmente na Inglaterra. Filósofos autorizados, como Ewing, Joad, Lewis, Warnock e outros, opuseram-se-lhe e mostraram a sua superficialidade e as suas contradições internas. Mostraram, p. ex., que existe contradição até em um dos cânones fundamentais do sistema, a saber, no que afirma que somente o que pode ser traduzido em proposições experimentais é que tem significado teórico. Este cânone não é verificável experimentalmente, pertencendo, por isso, às proposições metafísicas que os neopositivistas condenam como destituídas de sentido.[11]

---

[9] *Id., ibid,* 149.
[10] *Id., ibid,* 153.
[11] "O princípio de verificação é uma proposição de metafísica e, consequentemente, se se deve crer no positivismo lógico, destituído de sentido" (JOAD, C. E. M., *A Critique of Logical Positivism,* 71). "O critério da verificação experimental é uma redução ao absurdo tanto do conhecimento como do significado (...) porque a intenção de transcender a experiência imediata pertence à essência do conhecimento e do significado" (LEWIS, C. I., *Experience and Meaning* in Readings in Philosophical Analysis, supervisão de H. Feigl e W. Sellars, Nova Iorque, 1949, 133). "Também os vienenses caíram, inadvertidamente, na armadilha da metafísica, por eles tão detestada" (WARNOCK, G. J., *Criticism of Metaphysics* in The Nature of Metaphysics, Londres, 1957, 141). Cf. também EWING, A. C., *Meaninglessness* in Mind 46 (1937).

Carnap e os outros enfrentaram esta crítica procurando elaborar uma formulação mais plausível do princípio de verificação.[12] Mas todas as tentativas resultaram vãs por causa da inconsistência reducionística *(reductive fallacy)* que vicia todo o neopositivismo, o qual pretende aplicar a todos os tipos de linguagem critério de significado que, baseando-se na experiência sensível, dificilmente pode ser válido para a linguagem científica. Em consequência disso, o movimento do positivismo lógico se desagregou rapidamente. O primeiro a abandonar os cânones sobre os quais ele se fundava e a edificar a filosofia da linguagem sobre novas bases foi o próprio Wittgenstein. De fato, nas *Philosophische Untersuchungen*[13] ("Pesquisas filosóficas") desautorizou duas doutrinas que sustentara com firmeza no *Tractatus:* uma delas diz que a linguagem consiste essencialmente em reproduzir, em espelhar, os objetos dos quais se fala; a outra afirma que somente a linguagem científica tem esta propriedade, sendo por isso a única linguagem que tem significado. No lugar da primeira doutrina introduz a teoria segundo a qual a linguagem é essencialmente questão de uso de certos sons; no lugar da segunda propõe a teoria da pluralidade dos jogos linguísticos.

Em primeiro lugar, o significado de uma palavra, de uma expressão, é o seu uso na língua; "fora do uso, de fato, um sinal parece morto (...)vive pelo uso, (...) o uso é a sua respiração".[14] Se não em todos, pelo menos "em *grande* número de casos nos quais se usa a palavra 'significado', pode-se explicar esta palavra do modo seguinte: o significado de uma palavra é o seu uso na língua".[15]

Em segundo lugar, a linguagem não é fenômeno único, mas uma ordem de um número indefinido de "jogos de linguagem" *(Sprachspiele)*. Servimo-nos da linguagem não só para falar, mas também para as coisas mais variadas.[16] Entre os inumeráveis usos daquilo que chamamos "símbolos", "palavras", "frases", "proposições", Wittgenstein recorda: dar ordens, descrever um objeto ou um acontecimento, formular ou

---

[12]Para um apanhado das diversas formulações do princípio de verificação, cf. o fascículo dedicado a *La notion de vérification* in Revue international de philosophie, 241-389, com contribuições de G. Ryle, R. Chischolm, H., Feigl, G. J. Warnock, V. F. Lenzen, T. Czezowski, R., Aron, J. M. Faverge.
[13]Wittgenstein, L., *Philosophische Untersuchungen*, Francoforte, 1960.
[14]*Id., ibid.,* § 432.
[15]*Id., ibid.,* § 43.
[16]Cf. *Id., ibid.,* § 27.

examinar uma hipótese, recitar, cantar estribilhos, perguntar, agradecer, saudar e rezar. A língua é semelhante aos instrumentos na sacola de um operário: nenhum deles tem uso fixo e específico; o mesmo se dá com as palavras.[17] Os jogos linguísticos não são dados imutáveis; novos tipos de linguagem, novos jogos de palavras nascem enquanto outros envelhecem e caem no esquecimento. E só pode ser assim, porque a linguagem pertence à nossa história natural do mesmo modo como passear, comer, beber e jogar";[18] nasce como resposta a certas necessidades, desenvolve-se e se modifica para responder a outras exigências. "Ela age sobre um fundo de necessidades humanas, determinada por ambiente humano".[19]

Apesar dessas profundas inovações em matéria de filosofia da linguagem, o juízo de Wittgenstein sobre o valor da metafísica e sobre as funções da filosofia permanece inalterado. Para ele a metafísica continua sendo um aglomerado de estados patológicos do intelecto.[20] Missão do filósofo é trazer para a luz estes estados patológicos, estas doenças da mente, descrevê-las e, assim, superá-las.[21] O trabalho do filósofo é semelhante ao do que procura mostrar a saída à mosca que caiu dentro de uma garrafa.[22]

2. Os analistas

Das novas doutrinas de Wittgenstein sobre a natureza e a função da linguagem surgiu e se desenvolveu o movimento filosófico chamado *análise linguística*. Uma vez que o epicentro deste movimento é a Universidade de Oxford, recebeu ele o nome de *Oxford-philosophy* ("filosofia de Oxford").

Como Wittgenstein, também os analistas rejeitam a concepção tradicional que atribuía à filosofia a missão de estudar uma esfera da realidade diferente das outras ciências. Segundo eles, a missão da filosofia não é adquirir novas informações sobre alguma realidade sobrenatural, mas esclarecer os conhecimentos adquiridos por outro modo. Todos nós sabemos, por exemplo, que existem relações causais (que o rugido

---

[17] *Id., ibid.,* § 11.
[18] *Id., ibid.,* § 25.
[19] POLE, D., *The Later Philosophy o/ Wittgenstein,* Londres, 1958, 2.
[20] WITTGENSTEIN, L., *Philosophische Untersuchungen,* Francoforte, 1960, § 133.
[21] *Id., The Blue and Brown Books,* Oxford, 1958, 125.
[22] Cf. *Id., Philosophische Untersuchungen,* cit., § 309.

é causado pelo leão, o ovo pela galinha etc.). O filósofo não é o primeiro a descobri-las. Mas uma coisa é saber que existem relações causais, outra analisar a natureza da causalidade ou, o que dá no mesmo, o "significado" da proposição "uma coisa é causa de outra". É para esta análise que o filósofo deve voltar a sua atenção.

Todos os problemas da filosofia, dizem os analistas, podem e devem ser estudados do ponto de vista linguístico: tanto os psicológicos como os ontológicos, tanto os religiosos como os éticos. Temos assim transformações importantes na problemática filosófica. Por exemplo, o problema dos universais vem a ser o problema da possibilidade do uso de termos abstratos como nomes próprios; o problema da lei moral se torna o problema da lógica das proposições imperativas; o problema do ser se resolve no problema das proposições existenciais. Em outras palavras, os problemas filosóficos são problemas do significado de certos termos.

Os analistas estão de acordo com Wittgenstein não só no que se refere à natureza estritamente semântica dos problemas filosóficos, como também quanto à pluralidade dos jogos linguísticos e, por isso, também a respeito da necessidade de rejeitar o critério de verificação experimental como critério supremo de significação. Wittgenstein não introduzira, porém, no lugar deste critério nenhum outro, tendo-se limitado simplesmente a condenar os problemas filosóficos como estados patológicos do intelecto, ao passo que os analistas procuram um novo critério de significação, mais amplo, capaz de isolar o significado exato de uma palavra nos diversos jogos linguísticos. Neste ponto, todavia, eles não chegaram a solução unânime. Alguns querem que a função de critério caiba à linguagem corrente (cotidiana) e entendem a análise filosófica como pesquisa sobre a linguagem comum. Outros atribuem a função de critério a uma linguagem especial, técnica, regulada, institucionalizada. Por linguagem "regulada" entendem eles qualquer linguagem que tenha um complexo suficiente e apropriado de regras. Segundo os analistas deste grupo, compete à análise filosófica verificar se no âmbito das várias linguagens (ética, estética, metafísica, religiosa etc.) é mantem-se a fidelidade às regras próprias de cada uma e, além disso, se e por quais razões as regras de cada uma destas linguagens não concordam com as da linguagem regulada.

Outro critério, bastante usado na análise da linguagem teológica, foi proposto por K. Popper: o *critério da falsificabilidade*. Segundo este critério, "um sistema pode ser considerado científico (empírico) somente se as suas asserções não podem ser eliminadas por meio da observação; um sistema é, pois, científico se é confirmado por tentativas de chegar a tais eliminações, isto é, por tentativas de refutá-lo".[23] Em outras palavras, se não for possível apresentar nenhum caso no qual uma proposição seja falsificável, ela não tem conteúdo empírico, quer dizer, não é científica. Como se vê logo, o critério quer somente traçar uma linha de demarcação entre as proposições da ciência experimental e as proposições pertencentes a outras esferas do conhecimento. Mas, contra as intenções de Popper, foi usado muitas vezes como critério supremo da verdade. Como tal, o critério de falsificabilidade se tornou, nos últimos vinte anos, o centro de debate, nem sempre calmo, entre filósofos e teólogos de língua inglesa, em torno do significado da linguagem teológica.

3. Conclusões sobre a análise da linguagem

Não se pode pôr em dúvida que a análise da linguagem é instrumento indispensável para a pesquisa filosófica. Ninguém se recusaria a subscrever a afirmação de Wittgenstein de que "em filosofia a pergunta 'com que finalidade usamos tal palavra, tal proposição?' conduz sempre a valiosas descobertas".

Observemos todavia, que a análise da linguagem não é uma descoberta tão nova como muitos analistas parecem acreditar. Os filósofos gregos e escolásticos já tinham plena consciência da importância da análise linguística para a filosofia. Entre os gregos, Heráclito, Sócrates, Platão e Aristóteles, e entre os escolásticos, Abelardo, Boaventura, Tomás e Occam foram agudos analistas, pelo menos tanto quanto o foram Austin e Ryle.

Mas não é só. O cânone fundamental da análise linguística não pode ser aceito. Reduzir a filosofia a simples análise da linguagem é cometer uma "inconsistência reducionística" não menos grave do que a dos neopositivistas. Transformar todos os problemas filosóficos em problemas linguísticos leva inevitavelmente à eliminação dos proble-

---

[23] POPPER, K., *The Demarcation Between Science and Metaphysic in* Conjectures and Refutations, Londres, 1965, 256. O critério de falsificabilidade foi proposto, pela primeira vez, por POPPER na sua *Logik der Forschung*, Vienna, 1935, da qual consultem-se os parágrafos 6, 7, 21, 23.

mas que mais preocupam o homem, como os da existência de Deus, da imortalidade da alma, da lei moral, isto é, à eliminação dos problemas que já os neopositivistas haviam posto de lado como destituídos de sentido por serem metafísicos. Mas a seriedade de tais problemas é tal que querer eliminá-los de modo tão simplista só pode dar a impressão de ironia de gosto muito duvidoso.

BIBLIOGRAFIA

Sobre o neopositivismo e a análise linguística

GEYMONAT, L., *Studi per um nuovo raxionalismo,* Turim, 1945; BARONE, F., *Il neopositivismo logico,* Turim, 1953; ANTISERI, D., *Dopo Wittgenstein: dove va la filosofia analitica,* Roma, 1967; URMSON, J. O., *L'analisi filosofica. Origini e sviluppi della filosofia analitica,* Milão, 1966; WILLIAMS, B.- MONTEFIORE, A., *Filosofia analitica inglese,* Roma, 1967; RIVERSO, E., *La filosofia analitica in Inghilterra,* Roma, 1969; ALSTON, W. P., *Filosofia del linguaggio,* Bolonha, 1871; KRAFT, V., *Der Wiener Kreis,* Viena, 1950; CHARLESWORTH, M. J., *Philosophy and Linguistic Analysis,* Pittsburg-Lovaina, 1959; WITZ, M., *Twentieth Century Philosophy: the Analytic Tradition,* Londres, 1966; COPLESTON, F., *Contemporary Philosophy, Studies of Logical Positivism and Existentialism,* Londres, 1956; VON SAVIGNY. E., *Analitische Philosophie,* Friburgo, 1970; PASQUINELLI, A., *Introduzione a Carnap,* Bari, 1972.

Sobre Wittgenstein

BARONE, F., *Wittgenstein inedito,* Turim, 1953; GARGANI, A. G., *Linguaggio ed esperienza in L. Wittgenstein,* Pisa, 1965; ANSCOMEE, G. E., *Introduzione al "Tractatus" di Wittgenstein,* Roma, 1966; ANTISERI, D., *Dopo Wittgenstein: dove va la filosofia analtica?,* Roma, 1967; POLÉ, D., *The Later Philosophy of Wittgenstein,* Londres, 1958; PITCHER, G., *The Philosophy of Wittgenstein,* Englewood Cliffs (N. J.), 1964; HARTNACK, J., *Wittgenstein and Modern Philosophy,* Nova Iorque, 1965; SCHULZ, W., *Wittgenstein. Die Negation der Philosophie,* Pfullingen, 1967; MUELLER, A. W., *Ontologie in Wittgensteins "Tractatus",* Bonn, 1967; NAESS, A., *Four Modern Philosophers: Carnap, Wittgenstein, Heedegger, Sartre,* Chicago-Londres, 1968; SPECHT, E. K., *Die Sprachphilosophischen und ontologischen Grundlagen im Spätwerk L. Wittgensteins,* Colônia, 1963; HALLETT, G., *Witdgenstein's Definition of Meaning as Use,* Bronx (N. L), 1967; DE MAURO, T., *L. Wittgenstein. His Place in the Development of Semantics,* Nova Iorque, 1967; HUDSON, W. D., *L. Wittgenstein. The Bearing of his Philosophy of Religious Belief,* Richmond, 1968; RIVERSO, E., *Il pensiero di L. Wittgenstein,* Nápoles, 1970; MARCONI, D., *Il mito del linguaggio scientifico. Studio su Wittgenstein,* Milão, 1971.

XII
OS ESTRUTURALISTAS

1. Caracteres gerais

O estruturalismo é, essencialmente, reação contra o existencialismo. Como já vimos, a originalidade do existencialismo está em pôr em evidência o valor do indivíduo, a sua independência, a sua liberdade, a sua autonomia em relação ao Estado, à sociedade, ao universal, ao geral, às leis e às estruturas. Cada homem é caso à parte. Ao contrário do que sempre ensinou a filosofia clássica e grande parte da filosofia moderna, não existe uma essência humana igual para todos. Não existem também leis, estruturas e instituições que vinculem o homem a determinado modo de agir. O que existe é somente a situação pessoal, diante da qual cada um é chamado a tomar posição e a decidir.

Esta ênfase excessiva na originalidade e na liberdade do indivíduo não podia, logicamente, tardar a provocar reação em sentido oposto, estimulada ainda pelo fato de que o homem do último decênio, dominado pela ciência, pela técnica e pela máquina, se vê mais lesado na sua liberdade e na sua autonomia e está deixando de ser sujeito para transformar-se em objeto.

Mas os promotores da legítima reação não foram os aristotélicos, e nem os tomistas, nem os kantianos e nem os idealistas, isto é, os tradicionais defensores das essências universais e dos princípios absolutos, mas uma nova leva de filósofos, denominados estruturalistas porque põem as estruturas como fundamento de toda a conduta humana.

Numerosos são os fautores deste movimento. Assinalemos os mais notáveis: Claude Lévi-Strauss, Michel Foucault, Louis Althusser, Jacques Lacan, Noam Chomsky e Jacques Derrida. Na Itália quem mais se interessou pelo estruturalismo foi Umberto Eco (particularmente no ensaio *La struttura assente*)¹ ("A estrutura ausente").

Limitar-nos-emos, no presente estudo, a uma breve exposição do pensamento das duas figuras mais representativas do estruturalismo: Claude Lévi-Strauss e Michel Foucault.

Antes, porém, de começarmos o estudo destes autores não será supérfluo esclarecer em que sentido entendem eles o termo "estrutura" e determinar o quadro epistemológico geral dentro do qual se movem as suas pesquisas.

O conceito de estrutura não é novo na história da filosofia; no passado ele recebeu denominações diferentes, das quais as mais comuns são *forma* e *função*, palavras estas centrais na filosofia de Platão e na de Aristóteles e na ciência dos pitagóricos. Tanto a filosofia como a ciência moderna fizeram uso cada vez mais amplo de tais noções, o que, de resto, é natural, sendo a mente humana inclinada a compreender numa unidade a multiplicidade dos dados e sendo a noção mais geral de forma e função precisamente a de unidade de uma multiplicidade. Por outro lado, a lógica sempre investigou a estrutura do pensamento, e a ciência tende hoje a grau sempre mais elevado de formalização. Nem devemos esquecer que os *gestaltistas* sempre fixaram sua atenção na totalidade estrutural percebida na sensação e que Husserl se esforçou por descrever as estruturas que se apresentam à intuição intelectual.

Não foram, porém, estes precedentes históricos — bastante significativos, aliás, enquanto ilustram como certos problemas sempre se apresentaram à mente humana — os que determinaram imediatamente o surgir do movimento estruturalista. As origens próximas deste movimento devem ser procuradas em outra parte, precisamente em alguns desenvolvimentos recentes do estudo da linguagem; não, porém, nos estudos dos filósofos (e muito menos dos neopositivistas e dos analistas ingleses), mas nos que foram feitos pelos linguistas.

De fato, as origens do estruturalismo se prendem diretamente às teorias expostas por Ferdinand de Saussure no seu *Cours de linguistique générale*.² Neste ensaio o eminente linguista suíço procura tornar a linguística plenamente independente da semântica para fazer

---

¹Cf. Eco, U., *La struttura assente*, Milão, 1968.
²De Saussure, F., *Cours de linguistique générale*, Lausanne, 1916.

dela uma ciência exata, abstrata e geral, capaz de explicar a linguagem pela linguagem.

Para de Saussure a linguagem não é uma sucessão de palavras correspondentes a outros tantos objetos ou ideias, mas uma combinação de sons e sinais equivalentes. O valor dos sinais não depende da sua relação com os objetos ou ideias, mas da sua relação com os sinais que os precedem e os seguem e com todo o resto do campo linguístico do qual eles fazem parte. A linguística pode, portanto, ser uma ciência autônoma se se limitar a tratar esta totalidade e os seus elementos, sem se referir às intenções dos que falam ou aos objetos designados. O seu objeto será, por isso, a linguagem em si mesma (a *língua*) enquanto composta de elementos formais, unidos em combinações variáveis segundo regras precisas, válidas para a comunidade linguística enquanto complexo de convenções por ela estabelecidas a fim de possibilitar a comunicação verbal. A linguagem é considerada uma *estrutura*, sem nenhuma relação com as coisas e as ideias.

Fixado o âmbito da pesquisa linguística, de Saussure deu a seguinte definição de linguagem: a linguagem é formada por determinados sons, os quais constituem um sistema de símbolos imediatamente entendidos pelos que os ouvem. Não se trata, porém, de simples coleção de palavras, mas de totalidade na qual cada elemento é entendido somente em sua relação com o todo. Os sons das palavras são inteiramente indeterminados se considerados fora da sua integração num sistema fonológico. Mas cada língua faz cortes diferentes entre as séries de sons pronunciados e pronunciáveis; por isso, se o fluxo do som significante é tratado à base de um sistema, ele pode ser analisado dentro de número limitado de elementos recorrentes em um número limitado de combinações.

O essencial da teoria linguística saussuriana foi fixado por Lévi-Strauss nos quatro pontos seguintes: *a)* o método fonológico procura passar dos fenômenos linguísticos cônscios para as suas infraestruturas incônscias; *b)* os termos não devem ser tratados como independentes; em outras palavras, a análise deve basearse nas relações entre os Lermos; *c)* o método fonológico trata a linguagem como um sistema, mostrando que existem sistemas fonológicos concretos e descobrindo as suas estruturas; *d)* finalmente procura, seja pela indução, seja pela dedução, chegar ao conhecimento de leis gerais e à formulação de relações necessárias.

O esquema estruturalista elaborado por de Saussure para o estudo da linguagem foi considerado também pelos antropólogos como extremamente sugestivo para o estudo e a solução dos seus problemas.

Devemos notar aqui que existem dois tipos principais de antropologia científica (a qual, por sua vez, se distingue da antropologia filosófica): *física* e *cultural*. A primeira estuda a origem e a evolução do homem; são seus dados os fatos biológicos e fisiológicos passados e presentes, à medida que lançam luz sobre a constituição particular do ser humano. A segunda tem por argumento as relações sociais, em particular, embora não exclusivamente, as dos povos primitivos. Existem numerosas formas de tais relações como as instituições, os costumes, o culto religioso, as associações etc.; e estes fenômenos socioculturais incluem normalmente modelos ou estruturas definidos e regulares, isto é, tendem a formar um sistema.

Foram justamente os antropólogos culturais que se apropriaram do método estruturalista e o aplicaram ao estudo do homem. E dos antropólogos que se dedicaram ao estudo da cultura dos povos primitivos o primeiro a efetuar esta transposição foi Cláude Lévi-Strauss.

2. Claude Lévi-Strauss

Lévi-Strauss nasceu em Bruxelas em 1908. As longas peripécias que o levaram ao estudo da antropologia estão narradas em seu livro *Tristes trópicos* (escrito em 1955).

Depois de obter o doutoramento em filosofia e de ensinar por dois anos em liceus de província, deixou a França em 1935 para ocupar uma cadeira de sociologia na Universidade de São Paulo. Chegando ao Brasil, entrou logo em contato com as populações indígenas do interior e participou de várias expedições científicas ao Mato Grosso e à Amazônia meridional. Retornando à França em 1939, foi chamado às armas. Logo depois do armistício transferiu-se para os Estados Unidos e lecionou em Nova Iorque, onde publicou seus primeiros trabalhos, tornando-se mais tarde adido cultural da Embaixada francesa. Demitiu-se deste cargo em 1947 para dedicar-se inteiramente às suas pesquisas científicas, primeiro no Musée de l'Homme, depois na École des Hautes Études de Paris. Em 1949 escreveu *As estruturas elementares de parentesco,* obra na qual "pela primeira vez alguém toma a sério o caráter estrutural dos fenômenos sociais, tirando deles imperturbavelmente todas as consequências" (Pouillon). Desde 1959 é titular da cadeira de antropologia social no Collège de France.

As suas obras principais, além das já citadas, são: *Antropologia estrutural; O pensamento selvagem* (1962), *O cru e o cozido* (1964); *A origem das maneiras à mesa*.

O estruturalismo de Lévi-Strauss se funda, como dissemos, nas premissas linguísticas de de Saussure, para o qual a língua não é formada de vocábulos, mas de estruturas fonéticas; estas é que tornam possíveis as palavras e os significados. Esta prioridade do estrutural sobre o conteúdo significativo não é, segundo Lévi-Strauss, propriedade exclusiva da língua, mas é comum a todas as manifestações culturais: religião, arte, filosofia, ciência, mito, que são manifestações diferentes de determinadas estruturas elementares do espírito.

Lévi-Strauss chegou a estas conclusões estudando as culturas primitivas. Elas lhe revelaram que todos os fenômenos culturais, que, a seu juízo, têm origem no inconsciente, elevam-se, na linguagem, ao nível de pensamento consciente. A linguística não é, portanto, apenas um exemplo de como se pode passar do estudo dos elementos para a elaboração de um sistema; ela pode também fornecer uma chave ao sistema das categorias lógicas e dos valores morais dos que usam uma linguagem particular e que trazem à luz um ou outro elemento do profundo e secreto trabalho do espírito humano. Em outras palavras, já que a linguagem é o principal elemento da vida cultural, é lógico esperar-se que outras formas culturais revelem uma estrutura' semelhante à da linguagem e que tal estrutura reflita a estrutura primária do espírito humano.

O emprego do método estrutural por parte da antropologia cultural confere-lhe caráter rigorosamente científico: à semelhança de todas as outras ciências experimentais, a sua função consiste em isolar certas propriedades em dada série de fenômenos e em tentar estabelecer relações definidas entre elas.

Isto implica que a cultura pode ser tratada da mesma forma objetiva que a natureza e que, por isso, não se deve estabelecer diferença essencial entre cultura e natureza.

Foi num estudo dos sistemas de parentesco entre os povos primitivos que Lévi-Strauss empregou pela primeira vez este método, chegando aos seguintes resultados: "No estudo das relações de parentesco (e talvez também no estudo de outros problemas), o sociólogo se encontra em situação formalmente semelhante à do linguista fonólogo: como os fonemas, também os termos de parentesco são elementos de significado; também eles adquirem tal significado apenas com a condição de se integrarem em sistemas: os 'sistemas de parentesco', como os 'sistemas fonológicos', são elaborados pelo intelecto no estádio de pensamento incônscio; finalmente, a coincidência, em regiões distantes umas das outras e em sociedades profundamente diferentes, de formas de parentesco, de regras de matrimônio, de comportamentos igualmente prescritos entre certos tipos de parentes etc., induz a crer que, em ambos os casos, os fenômenos observáveis resultam do jogo de leis gerais, mas ocultas: em *outra ordem de realidades, os* fenômenos de parentesco são do *mesmo tipo* que os fenômenos linguísticos".[3]

Foi, portanto, estudando os sistemas de parentesco que Lévi-Strauss descobriu a existência de analogias entre eles e os sistemas fonológicos, no sentido de que ambos se fundam em operações inconscientes da mente e se baseiam em pares de opostos (como pai e filho). Ele acreditou também que podia interpretar o sistema de parentesco como meio de comunicação comparável à linguagem. Entre os povos primitivos as possibilidades de matrimônio entre consanguíneos sofrem restrições que têm a finalidade de assegurar a circulação das mulheres dentro do grupo, do mesmo modo que as regras da linguagem asseguram, a comunicação da mensagem dentro do grupo. O intricado código que regula a troca das mulheres no matrimônio aparece como exemplo de substituição de sistema de parentesco de sangue, isto é, de origem biológica, por sistema de alianças. A proibição do incesto vale como regra positiva para reforçar o dever do dar: *la règle du don* ("a regra do dom").

Os bons resultados conseguidos no estudo dos sistemas de parentesco encorajaram Lévi-Strauss a aplicar este método em larga escala a toda manifestação cultural, de modo a elaborar uma *antropologia estrutural* completa, tendo por objetivo "conseguir, além da imagem consciente e sempre diferente que os homens se formam do seu devir, inventário das possibilidades incônscias, cujo número não é ilimitado".[4]

---

[3]LÉVI-STRAUSS, *Antropologia strutturale*, Milão, 1966, 48.
[4]*Id., ibid.*, 36.

Para Lévi-Strauss, a humanidade no seu todo é como realidade em contínuo devir, no sentido aristotélico; para Aristóteles, o devir é possível porque há substrato que permanece inalterado. O escopo preciso da antropologia estrutural é, pois, trazer à luz o substrato espiritual que torna possível o devir humano: "Mostrando instituições que se transformam, ela permite que se perceba a estrutura subjacente a formulações múltiplas e permanentes através de sucessão de eventos".[5]

A estrutura subjacente exerce, segundo Lévi-Strauss, atividade incônscia, atividade esta que "consiste em impor formas a um conteúdo, formas que são fundamentalmente as mesmas para todos os indivíduos, antigos e modernos, primitivos e civilizados". Consequentemente "é necessário e suficiente atingir a estrutura incônscia subjacente a qualquer instituição ou a qualquer uso para obter um princípio de interpretação válido para outras instituições e para outros usos, contanto que se faça a análise avançar bastante".[6]

Segundo Lévi-Strauss as sociedades não criam nada no sentido próprio e verdadeiro, mas simplesmente escolhem certas combinações dentro de repertório ideal, que pode ser reconstituído; a possível combinação dos elementos é determinada pelas leis formais do funcionamento incônscio da mente.

Com isso a antropologia estrutural levanta a questão fundamental da natureza da inteligência humana como se manifesta ao se exprimir. Que é este *espírito incônscio*, subjacente a todas as estruturas? Talvez o equivalente do *logos* dos estoicos, do *intelecto agente* de Averróis, do eu puro de Fichte, do *espírito absoluto* de Hegel? A impostação científica da especulação de Lévi-Strauss parece excluir estas e outras interpretações de ordem metafísica. Ademais, ele mesmo diz explicitamente: "Devemos considerar o espírito exatamente como coisa entre as coisas".[7]

De todo o conjunto parece que entende por espírito incônscio a mente coletiva da sociedade, mente esta que evolui e se transforma com a mesma sociedade. Efetuando o encontro entre infraestruturas e práticas, ela se torna responsável pela formação das estruturas sociais: "Sem pôr em causa o incontestável primado das infraestruturas, cremos que entre

---

[5]*Id., ibid.*, 34.
[6]*Id., ibid.*, 33-34.
[7]Lévi-Strauss, C., *Le cru et le cuit, Paris,* 1964, 18.

práxis e práticas se insere sempre um intermediário, isto é, o esquema conceitual, por obra do qual uma matéria e uma forma, destituídas de existência independente, se realizam como estruturas; em outras palavras, como seres ao mesmo tempo empíricos e inteligíveis. O que desejamos é justamente dar a nossa contribuição a teoria das superestruturas, apenas esboçada por Marx, que reserva à história, auxiliada pela demografia, pela tecnologia, pela geografia histórica e pela etnografia, o encargo de desenvolver as infraestruturas propriamente ditas, teoria que, de modo específico, só pode ser nossa, já que a etnologia é antes de tudo psicologia".[8]

O resultado mais importante desta interpretação das estruturas sociais, consideradas como causadas e reguladas por leis impessoais e incônscias da coletividade, é que não só os aspectos conscientes da vida humana se devem explicar pelos inconscientes, mas também que a liberdade é produto do determinismo. Em vez de os homens pensarem os seus mitos, deveríamos admitir que os mitos pensam a si mesmos nos homens, os quais não tomam conhecimento deste fato. Os mitos são a linguagem da sociedade, não das pessoas como indivíduos. O sentido do pensamento-linguagem é, pois, que o objeto não o sujeito ou os sujeitos, mas que os sujeitos constitui-os uma espécie de interiorização, da parte da sociedade, da mente objetiva; ou que não são os homens que têm estrutura, mas que éa estrutura que os tem.

3. Michel Foucault

Michel Foucault nasceu em Poitiers aos 15 de outubro de 1926. Fez seus estudos na École Normale Supérieure de Paris. As suas intensas e múltiplas experiências culturais (medicina, filosofia, psicologia, história), amadurecidas durante permanências na Suíça, na Polônia e na Alemanha e através do estudo aprofundado de autores como Georges Dumézil, Jean Delay e Maurice Blanchot, permitiram-lhe colocar-se bem cedo entre os maiores protagonistas da grande revolução cultural e filosófica do último decênio, denominada estruturalismo.

Atualmente é professor no Centro Universitário Experimental de Vincennes e ocupa a cadeira de história dos sistemas de pensamento no Collège de France.

[8]*Id., Il pensiero selvaggio*, Milão, 1964, 146.

Dentre suas obras mais importantes recordemos *História da loucura* (1960); *Palavras e coisas* (1967); *Arqueologia do saber* (1969). Merecem ainda ser mencionadas: *Maladie mental et psychologie* (1954); *Histoire de la folie à l'âge classique* (1961); *Naissance de la clinique* (1963).

Como se pode ver facilmente pelos títulos, as primeiras obras de Foucault são dedicadas à história da medicina, que procura reconstituir não em sentido cronológico, mas em sentido crítico, tentando estabelecer as condições primordiais, transcendentais, estruturais, das quais se desenvolveu a medicina. Esta pesquisa levou Foucault a concluir que a possibilidade última da medicina está ligada "ao fato de que existe a linguagem e de que, nas inumeráveis palavras pronunciadas pelos homens, tomou corpo um sentido que nos excede, que espera, na obscuridade, a nossa tomada de consciência para vir à luz e pôr-se a falar". Disso tirou uma lição epistemológica da maior importância: o que o homem vê e descobre depende de um campo determinado que a sua problemática do momento lhe impede de ver.

Da história da medicina, que lhe mostrara como era possível conduzir uma análise estrutural dos produtos da cultura humana, Foucault passou para pesquisa epistemológica geral, voltada para a descoberta das estruturas fundamentais do conhecimento que estão na base dos vários momentos da história da civilização ocidental moderna. Tal é o objetivo das suas três obras mais importantes. Nelas desenvolve uma teoria estruturalista que se distancia da de Lévi-Strauss em dois pontos importantes.

— Foucault considera a análise estrutural da linguagem de de Saussure não como modelo a transferir para outros campos, como fez Lévi-Strauss, mas como método a ser retomado e desenvolvido no campo da própria linguagem. Por isso levará adiante a análise da linguagem começada pelo linguista suíço, deslocando-a, porém, do nível dos fenômenos para o dos enunciados.

— Foucault concentra a sua atenção mais nas sociedades evoluídas, modernas, do que nas primitivas, selvagens, como fizera Lévi-Strauss.

Em *Palavras e coisas,* Foucault se propõe demonstrar que cada período da cultura tem o seu a priori histórico, que consiste no substrato comum a todas as ciências, artes e ideologias, e que condiciona o pensamento e a atividade dos homens de tal período. Ele usa o termo epistéme para significar o campo particular, o *espaço de ordem* no qual, em dada época, formam-se tais *a priori* históricos. Segundo Foucault, em cada época histórica a *epistéme* é única, ao passo que a sua imagem se reflete inevitavelmente, com nuanças diferentes, em todos os campos aos quais se aplica o pensamento humano, porque ela se encontra sempre na origem do pensamento. Outra característica da *epistéme* consiste em constituir um sistema coerente, porque ela é essencialmente uma estruturas sendo, além disso, um sistema fechado em si mesmo, pelo quê não é possível a passagem de uma *epistéme* a outra. Segue-se que o revezamento das *Weltanschauungen* ("cosmovisões") que caracterizam os vários períodos históricos é provocado por ruptura ou pelo fim de uma *epistéme* e pelo surgir de outra, em âmbito de fenômenos que são quase clandestinos, porque o seu influxo, apesar de proeminente, nunca é percebido pela razão coletiva de modo explícito. Por exemplo, todas as diferenças entre a cultura do século XVI e a do século XVII estão virtualmente na passagem de uma linguagem entendida como sinal natural das coisas para uma linguagem entendida como representação e discurso.

Estabelecidas estas premissas gerais em torno das propriedades do *a priori* histórico que condiciona todas as manifestações culturais de uma época, Foucault se empenha seriamente, em seu livro *Palavras e coisas*, em descobrir a *epistéme* dos principais períodos da história moderna, da Renascença aos nossos dias. Para isso explora as linhas gerais do desenvolvimento comum a todas as ciências num dado período. O que ele nos oferece é uma espécie de pré-história da ciência do Ocidente nos tempos modernos, tendo como temas principais as situações da filosofia e das ciências do homem, as relações entre linguagem e representações, e a situação do homem. Dirige sua atenção preferencialmente para as obras de autores menos conhecidos, para as humildes e perseverantes pesquisas de pessoas que escreveram sobre literatura e gramática, sobre economia e ciências naturais; e o principal indício do lugar da latente *epistéme* ele o encontra na relação, diferente de idade para idade, entre palavra e coisa.

Em *Arqueologia do saber,* Foucault passa resolutamente de pesquisa estrutural das várias atividades e formas de cultura para um estudo sistemático da linguagem segundo critérios estruturalistas. Objeto de suas pesquisas não são, porém (como para de Saussure), os fonemas, mas os enunciados, que examina não para descobrir as intenções do autor, nem para compreender o seu significado, mas para fazer emergir a sua originalidade absoluta em relação aos outros eventos linguísticos que os precedem e os seguem e, ao mesmo tempo, para fazer a descrição pura de tais eventos, com a finalidade de descobrir a unidade que está na sua origem.

Para delimitar com precisão o campo da sua pesquisa, Foucault faz duas importantes distinções.

Em primeiro lugar, a distinção entre análise da língua e análise dos enunciados (ou eventos discursivos). A primeira define as regras que permitem eventualmente formar enunciados diferentes dos iniciais; é conjunto finito de regras que autorizam um número infinito de realizações; constitui, portanto, sistema de enunciados possíveis. A segunda tem por objetivo explorar "só o conjunto sempre finito e atualmente limitado das sequências linguísticas que tenham sido formuladas; podem também ser inumeráveis e, pela sua quantidade, superar toda capacidade de registro da memória ou de leitura; apesar disso, ela é conjunto finito. O problema posto pela análise da língua a propósito de qualquer fato de discurso é sempre o seguinte: com base em quais regras foi construído este enunciado e, por conseguinte, com base em quais regras poderiam ser construídos outros enunciados semelhantes? A descrição dos eventos do discurso propõe uma pergunta completamente diferente: como sucedeu o aparecer deste enunciado e não de outro?".[9]

Outra importante distinção que deve ser levada em conta, quando se empreende a análise estrutural dos enunciados, é a que existe entre história do discurso e análise do campo discursivo. Na primeira, o discurso "é tratado de modo que tenta encontrar, além dos enunciados, a intenção do sujeito que fala, a sua atividade incônscia, o que ele quis dizer, ou o mecanismo incônscio que, contra a vontade dele, veio à luz em meio ao que ele disse ou por entre as fendas quase imperceptíveis das suas palavras manifestas. É necessário, em cada caso, reconstruir outro discurso, encontrar a palavra muda, o murmúrio inexaurível que anima do interior a voz que se ouve, reintegrar o texto imperceptível e impalpável que se estende através dos interstícios das linhas escritas e que, às vezes, as põe em desordem. Na segunda distinção procura-se "apreender o enunciado na limitação e na singularidade do seu evento; determinar as condições da sua existência, fixar com a máxima exatidão

---

[9]Foucault, M., *Archeologia del sapere*, Milão, 1971, 36.

os seus limites, determinar as suas correlações com os outros enunciados que podem ter ligação com ele, mostrar quais as outras formas de enunciação que exclui. Não se procura, de modo algum, sob o discurso manifesto, o imperceptível sussurro de outro discurso; deve-se mostrar por quais razões não pode ser diferente do que é, em que sentido exclui qualquer outro e como, no meio dos outros e em relação a eles, ocupa posição que nenhum outro poderia ocupar. O problema típico desta análise pode ser formulado assim: qual é a existência singular que vem à luz no que se diz e não em outra coisa?".[10]

Precisados deste modo os limites dentro dos quais pretende manter a análise estrutural dos enunciados, Foucault determina com mais exatidão as tarefas desta análise do modo seguinte: "A análise enunciativa não se pode voltar senão para coisas ditas, para frases que foram realmente pronunciadas ou escritas, para elementos significantes traçados ou articulados e mais precisamente, para a singularidade que os fez existir, que os oferece ao olhar, à leitura, a uma eventual reativação, a mil usos ou transformações possíveis, não, porém, como as outras coisas. Ela pode referir-se somente a *performances* verbais realizadas, uma vez que as analisa no nível da sua existência: *descrição das coisas ditas, precisamente enquanto ditas*. A análise enunciativa é, pois, análise histórica, porém mantém-se acima de qualquer interpretação: às coisas ditas não se pergunta o que escondem, o que foi dito nelas e o não dito elas ocultam a contragosto, o emaranhado de pensamentos, de imagens ou de fantasmas que habita nelas; o que se lhes pergunta é como existem, que coisa significa para elas terem sido manifestadas, terem deixado traços e talvez permanecerem como estão para reutilização eventual; que coisa significa para elas terem aparecido justamente elas e não outras no lugar delas".[11]

O que Foucault se propõe fazer é, em substância, uma atenta análise fenomenológica dos enunciados: "Descrição das coisas ditas, precisamente enquanto ditas". Ele quer fazer, no que se refere à linguagem, o que Husserl fez em relação ao pensamento, e Heidegger em relação ao ser (mais exatamente, em relação ao *Dasein*). Mas esta pretensão não seria absurda no caso da linguagem, que é uma realidade *intencional*

---

[10]*Id., ibid.*, 36-37.
[11]*Id., ibid.*, 126-127.

e, portanto, essencialmente correlativa? Foucault rejeita esta objeção. Reconhece que a estrutura significante remete sempre a alguma coisa diferente e que há sempre objetos designados nela: "A linguagem parece sempre povoada pelo outro, pelo alhures, pelo distante, pelo longínquo; é minada pela ausência". E, no entanto, ele é de opinião que "se se quer descrever o nível enunciativo, é necessário tomar em consideração esta própria existência, interrogar a linguagem não na direção para a qual ela remete, e sim na dimensão que a dá; negligenciar o poder que ela tem de designar, de nomear, de mostrar, de fazer aparecer, de ser o lugar do sentido e da verdade, e de deter-se no momento — logo solidificado, logo preso no jogo do significante e do significado — que determina a sua existência singular e limitada. Trata-se de suspender, no exame da linguagem, não somente o ponto de vista do significado (agora é costume fazê-lo), mas também o do significante, para fazer aparecer o fato que, aqui ou ali, esteja em relação com campos de objetos e com sujeitos possíveis, em relação com outras formulações e eventuais reutilizações da linguagem".[12]

Mas a qual resultado pode chegar semelhante análise fenomenológica dos enunciados? Talvez ao isolamento de eventos discursivos inconfundíveis? Não é esta certamente a intenção de Foucault. A sua pesquisa não é orientada para o atomismo linguístico, mas para o estruturalismo. O que ele procura é a explicação última do agrupar-se de certos enunciados em unidade de modo a constituírem *formação discursiva;* ele quer saber, a propósito daquelas grandes famílias de enunciados que se impõem aos nossos hábitos e que são designadas como *a* medicina, *a* economia, *a* gramática, em que se baseia a sua unidade. Ele quer descobrir, de modo particular, qual é o princípio de unificação daquelas zonas discursivas obscuras, não tão bem consolidadas para merecerem o nome de ciência, mas que, apesar disso, já fazem parte da esfera do saber como a alquimia, a frenologia, a rabdomância, o espiritismo e todas as filosofias obscuras "que entulham as literaturas, a arte, as ciências, o direito, a moral e até a vida cotidiana dos homens", das quais Foucault já se ocupara em *Palavras e coisas* e em outras obras anteriores, e às quais, na *Arqueologia do saber,* chama de *positividade.* Ele se propõe mais precisamente "evidenciar as condições de emergência dos anunciados,

---

[12]*Id., ibid,* 129.

a lei da sua coexistência com os outros, a forma específica do seu modo de ser, os princípios com base nos quais eles subsistem, transformam-se e desaparecem".[13]

Segundo Foucault, o princípio supremo de unificação dos enunciados não é o mundo das coisas, nem o sujeito pensante, o eu, mas aquilo que ele chama *arquivo* e que define assim: "O arquivo é antes de tudo a lei do que pode ser dito, o sistema que governa o aparecimento dos enunciados como eventos singulares. O arquivo é também o que faz com que todas as coisas ditas não se amontoem ao infinito em multidão amorfa, não se inscrevam em linearidade ininterrupta e não desapareçam somente em consequência de eventuais acidentalidades externas, mas se agrupem em figuras distintas, se componham umas com as outras segundo relações múltiplas, se conservem ou se atenuem segundo regularidades específicas. (...) O arquivo é aquilo que diferencia os discursos na sua existência múltipla e os especifica na sua duração. (...) Faz com que apareçam as regras de uma prática que permita aos enunciados subsistirem e, ao mesmo tempo, modificarem-se regularmente. É *o sistema geral da formação e da transformação dos enunciados*".[14]

Foucault dá à disciplina que tem por função específica estudar o *arquivo* a designação de "arqueologia do saber". O seu programa é o seguinte: *a)* Definir não os pensamentos, as representações, as imagens, os temas que se ocultam ou se manifestam nos discursos, mas os próprios discursos enquanto prática que obedecem a regras. Em outras palavras, a arqueologia não trata o discurso como *documento,* mas considera-o, na sua própria densidade, como *monumento; b)* o seu problema não é encontrar a transição contínua e insensível que, em passagens graduais, liga os discursos com o que os precede, circunda-os e os segue, mas defini-los na sua especificidade; *c)* a arqueologia não procura restaurar o que pôde ser pensado, querido, ambicionado, experimentado, desejado pelos homens quando proferiam o discurso; ela não é o retorno ao segredo da origem, mas a descrição sistemática de um discurso-objeto, *d)* as áreas do discurso ideais para a pesquisa são as de transição de uma época para outra; a faixa ótima é a que se situa entre a nossa época e a que a precedeu imediatamente: "A análise do arquivo comporta, pois,

---

[13]*Id.. ibid,* 148.
[14]*Id., ibid,* 150-151.

uma região privilegiada, próxima de nós, mas, ao mesmo tempo, diferente da nossa atualidade, região que é a orla do tempo que circunda o nosso presente, está acima dele e o indica na sua alteridade; ela é o que está fora de nós e nos delimita. A descrição do arquivo desenvolve as suas possibilidades (e o domínio das suas possibilidades) a partir dos discursos que mal cessaram de çer nossos".[15]

4. Juízo sobre o estruturalismo

Para julgarmos corretamente o estruturalismo devemos distinguir entre metodologia científica, filosofia da linguagem e filosofia do homem. Julgamos que, entendido como método científico, o estruturalismo pode ser aplicado ao estudo do homem, contanto que não se esqueçam os problemas limitados aos quais está em condições de fazer frente na qualidade de método científico e se evite qualquer pretensão que tenha caráter de universalidade, porque acabaria sempre e inevitavelmente como redutiva. Em particular, parece-nos legítima a tentativa de explorar estruturalmente a linguagem humana, não só no nível dos fonemas, como fizeram os linguistas, mas também ao nível dos enunciados e das formações discursivas. De fato, não se veem bem os motivos pelos quais estes produtos do agir humano devam ser excluídos dos esquemas da cientificidade e pelos quais não se deva consentir que sejam estudadas as suas estruturas fundamentais, isto é, as regras de sua composição e transformação. Por outro lado, a oportunidade de pesquisa estrutural nestas esferas de atividade confirma-a os estudos de Lévi-Strauss, relativos às culturas primitivas, e pelos de Foucault, relativos às culturas modernas. O primeiro mostrou que as estruturas dos primitivos são substancialmente idênticas às nossas; o segundo fez ver a importância notável da pesquisa nas áreas discursivas menores, para a compreensão de determinada época.

Como filosofia da linguagem, o estruturalismo tem o mérito de ter mostrado que a linguagem não é aquele meio fluido, arbitrário, convencional, sempre à nossa mercê, do qual falaram muitas vezes os filósofos do passado; mas que tem consistência estrutural própria e valores e significados até agora insuspeitados. Parece-nos, por isso, parcialmente

[15] *Id., ibid.*, 152.

justificada a inversão da posição cartesiana, que absolutizava o cogito ("penso"). É verdadeira em larga escala a tese do estruturalismo segundo a qual, na linguagem, eu não penso, mas sou pensado; não falo, mas sou falado; não ajo, mas "sou agido".

Mas consideramos absolutamente inaceitável uma análise do discurso humano de tipo *coisístico* como a que pretendem fazer os estruturalistas, porque a linguagem é realidade essencialmente relativa a outras, é essencialmente intencional: ela remete sempre um sujeito que fala, a uma coisa da qual se fala, a outras pessoas às quais se dirige quem fala. Considerá-la unicamente em si mesma, prescindindo do significado, do significante e do interlocutor, seria tão absurdo como pretender compreender a figura do pai sem as da mãe e do filho.

Mas as nossas reservas mais graves se referem ao estruturalismo como filosofia do homem. Os estruturalistas são realmente assaltados pela tentação de transformar o módulo linguístico de princípio hermenêutico da antropologia em princípio arquitetônico: em vez de estudarem as outras dimensões do homem à luz dos resultados que a análise estrutural conseguiu no estudo da linguagem, tendem a construir toda a antropologia sobre a base de estrutura linguística. Temos assim no estruturalismo a absolutização da dimensão linguística, como em Marx tivemos a absolutização da dimensão econômica e em Hegel, a absolutização da dimensão lógica. E os resultados não são menos nefastos. Embora trilhando caminhos diferentes dos de Marx e Hegel (e, poderíamos acrescentar, de Spinoza e Schopenhauer), o resultado final das pesquisas de Lévi-Strauss, de Foucault e dos outros estruturalistas não difere em nada dos deles: mais uma vez o homem é reduzido a simples peão de um grande jogo, o do espírito inconscio (como em Hegel ele o era do absoluto; em Marx, da economia; em Spinoza, da substância e em Schopenhauer, da vontade). O indivíduo, não obstante todas as aparências de liberdade, move-se segundo as regras rígidas e indeclináveis das estruturas, sem possibilidade de libertar-se delas. Mas estas conclusões, que estão em antítese com a experiência pessoal (a experiência interior da liberdade que todos têm em si), fazem nascer a suspeita de que a tese dos estruturalistas seja arbitrária e infundada, consequência de um novo positivismo, de uma ulterior revivescência do cientismo filosófico.

BIBLIOGRAFIA

DEROSSI, G., *Segno e strutura linguistici nel pensiero di F. de Saussure,* Trieste, 1965; LEPSCHY, G. C., *La linguistica strutturale,* Turim, 1966; PIAGET J., *Lo strutturalismo,* Milão, 1968; MORAVIA, S., *La ragione nascosta. Scienza e filosofia nel pensiero di C. Lévi-Strauss,* Florença, 1969; PUGLISI, G., *Che cos'è lo strutturalismo?,* Roma, 1970; GODELIER, M: SEVE, L., *Marxismo e strutturalismo,* Turim, 1970; CHARBONNIER, G., *Entretien avec C. Lévi-Strauss,* Paris, 1961; BASTIDE, R., *Sens et usage du terme structure,* Haia, 1962; SEBAG, L., *Marxisme et structuralisme* Paris, 1964 AUZIAS, J. M., *Clefs pour le structuralisme,* Paris 1967; CRUZ, J., *Filosofia dela structura,* Haia, 1967; FAGES, J. B., *Comprendre le structuralisme,* Toulouse, 1967; SIMONIS, Y., C. *Léva-Strauss ou la "Passion de l'inceste". Introduction au structuralisme,* Paris, 1968; SCHIWY, G., *Der französische Strukturalismus. Mode, Methode, Ideologie,* Hamburgo, 1969; ID., *Strutturalismo e cristianesimo,* Bréscia, 1970; REMOTTI, F., *Lévi-Strauss. Struttura e storia,* Turim, 1971; MOUNIN, G., *De Saussure. La vita, il pensiero, i testi esemplari,* Florença, 1971; SEBAG, L., *Marxismo e strutturalismo,* Milão, 1972.

XIII
OS MARXISTAS REVISIONISTAS

1. Caracteres gerais

O pensamento de Karl Marx teve uma difusão vastíssima no século XX também e principalmente porque algumas das nações mais fortes (Rússia e China) o adotaram como doutrina de Estado. Verificou-se logo, porém, entre os seguidores de Marx, uma profunda cisão. Os que pertenciam aos regimes comunistas se mantiveram rigorosamente fieis à letra do marxismo. Mas, em alguns países (Alemanha, França e Itália, entre outros), vários estudiosos de Marx desenvolveram uma interpretação do seu pensamento que modifica substancialmente algumas teses clássicas do marxismo. Naturalmente os organismos culturais oficiais dos governos comunistas logo condenaram esta interpretação como heterodoxa.

O que mais distingue o marxismo não ortodoxo ou revisionista do marxismo ortodoxo é o modo de entender a dialética. Enquanto para o segundo a dialética rege com leis inderrogáveis todos os eventos da natureza e da história, para o primeiro ela não tem leis e não se refere à natureza, mas ao sujeito singular nas suas relações com a história. Cada sujeito, nas suas relações com a história, é produto dela, podendo, contudo, exercer sobre ela ação própria, especialmente opondo-se à alienação que nela está sempre presente. A dialética é, pois, a tensão e a luta de cada personalidade subjetiva contra as forças objetivas da história, as quais se constituem através da alienação e da coisificação dos sujeitos e das atividades subjetivas. Esta luta é particularmente dura e dolorosa naquelas situações históricas nas quais a desumanização é mais grave, por exemplo, nas sociedades capitalistas; imas ela está presente também nas sociedades nas quais impera o regime comunista, porque também nelas se encontra alienação è coisificação inevitáveis.

Outro ponto no qual os marxistas revisionistas se distinguem dos ortodoxos é a consideração favorável, positiva, que os primeiros têm da religião como importante fator de superação das situações presentes de opressão e de dor nas quais se debate a humanidade, e de apoio às suas aspirações por um mundo melhor. Para os marxistas ortodoxos a religião é simplesmente o ópio do povo, devendo por isso ser destruída.

Dentre os mais qualificados representantes do marxismo revisionista merecem particular atenção Antonio Gramsci, Max Horkheimer, Herbert Marcuse e Ernst Bloch, tanto pela originalidade do pensamento quanto pela influência considerável que exerceram nos movimentos culturais do nosso tempo.

2. Antônio Gramsci

Antonio Gramsci (1891-1937) é sem dúvida a maior autoridade italiana em marxismo. A sua preocupação principal, sob o aspecto filosófico, é encontrar para o problema das relações entre o pensamento e o ser uma solução que seja capaz de evitar o dilema entre o idealismo e o materialismo mecanicista. Segundo Gramsci, é necessário evitar o primeiro porque nele a criatividade do conhecer é entendida de modo solipsista, no sentido de que é o pensamento que cria o mundo externo. E é necessário evitar o segundo porque não reconhece o caráter criativo do conhecer, entendendo-o apenas como reflexo do mundo externo ou, quando muito, como coordenador dos elementos do conhecimento que procedem daquele reflexo.

Para escapar ao dilema, Gramsci acentua o caráter historicista do conhecimento, e também o seu caráter prático, uma vez que põe na sua base a vontade de agir, a atividade prático-política. Daí que os fenômenos não sejam para ele algo objetivo, que exista em si e por si; daí o caráter do conhecimento como atribuição de qualidades que o homem tem em si; daí também a conclusão de que nós não conhecemos nas coisas senão a nós mesmos, e a definição de "objetivo" dada por ele. De acordo com esta definição, "objetivo significa precisamente e apenas o que se afirma ser objetivo, realidade objetiva, a realidade aceita por todos os homens, independente de qualquer ponto de vista meramente particular ou de grupo"[1].

---

[1] GRAMSCI, A., *Il materialismo storico e la filosofia de B. Croce*, Turim, 1948, 54.

Como se vê, Gramsci, em oposição ao materialismo ingênuo e vulgar de certos marxistas (e, no que se refere ao processo cognitivo, do próprio Lenin), quis revalorizar o conceito de criatividade do conhecimento contra o conceito do conhecimento apenas como atividade que "reflete" — como o espelho —, na qual o sujeito seria passivo. Mas, nesta revalorização, não escapa completamente ao perigo do subjetivismo, uma vez que, na sua concepção, a universalidade não se obtém mediante a análise do que há de essencial nas coisas, e sim mediante a projeção, nas coisas, de algumas propriedades ou qualidades do sujeito cognoscente.

Outro ponto no qual Gramsci se distancia do marxismo ortodoxo (e esta é uma consequência lógica da sua concepção do conhecer como atividade criadora) diz respeito à dialética. Ele se recusa a entendê-la em sentido fatalista e mecanicista, para considerá-la como "dialética educativa entre intelectuais e simples".

3. Herbert Marcuse

Herbert Marcuse nasceu em Berlim, em 1898, de antiga família judaica. Frequentou a universidade de Friburgo, onde foi aluno de Heidegger, sob cuja direção preparou sua tese de doutorado, tendo como tema a historicidade em Hegel. Além de Heidegger, Marcuse foi influenciado também por Reich, discípulo de Freud, o qual tentava conciliar o pensamento deste último com o de Marx: segundo Reich era necessário mudar o mundo, a sociedade, para livrar o homem das neuroses.

Marcuse, que era judeu, para evitar a perseguição nazista, deixou a Alemanha em 1933 e se refugiou nos Estados Unidos, onde ocupou cargos de magistério e de pesquisa em várias universidades, entre outras, nas de Harvard, Columbia e San Diego.

Escreveu numerosos livros, alguns dos quais tiveram sucesso imenso, como O *marxismo soviético, Eros e civilização, O homem de uma dimensão, Razão e revolução* e O *fim da utopia.*

O PRINCÍPIO DO PRAZER

A visão filosófica de Marcuse compreende elementos procedentes de três fontes principais: Freud, Hobbes e Marx.

De Freud vem atese segundo a qual o ser profundo do homem consiste no instinto do prazer. O motivo último de toda a atividade humana é o prazer: em tudo que faz, o homem procura o prazer e é tanto mais feliz quanto maior é o prazer que consegue.

De Hobbes vem a distinção de dois estados na vida humana, o estado de natureza e o social. No primeiro há tendência para a plena satisfação do princípio do prazer, mas o homem não pode ceder a ela sem entrar em conflito com os outros homens e sem correr o risco de pôr fim à própria existência. Para evitar este perigo, os homens fazem alianças entre si e se unem em sociedade, estabelecendo limites ao princípio do prazer. Assim tem início o estado social ou civil. Este estado implica a sujeição e o desvio do poder destruidor da satisfação instintiva, a repressão do seu aspecto incompatível com as normas e as relações vigentes na sociedade e, com isso, a transubstanciação do próprio prazer. "A civilização começa quando se renuncia eficazmente ao objetivo primário, isto é, à satisfação integral das necessidades". Mas, também no estado social o princípio do prazer ainda conserva toda a sua força elementar; o que mudou foi somente o modo de exprimir-se e de agir. No estado social "o homem aprende a renunciar a um prazer momentâneo, incerto e destruidor por um prazer sujeito a constrições, diferido, mas 'seguro'". O próprio fato, porém, de o estado social impor aos homens limite à livre satisfação dos impulsos instintivos torna-os, de um lado, conscientes de se encontrarem num estado de repressão e, do outro, fá-los desejar "um paraíso recriado, fundado nas conquistas da civilização".[2]

Apoiado em Freud, Marcuse recorda que a história do homem é a história da sua repressão. "A cultura impõe constrições não só à sua existência na sociedade, mas também à sua existência biológica, e não só a setores da sua existência, mas também à sua estrutura instintual".[3] O progresso só é possível ao preço de muitas constrições e desvios, percebidos nos conceitos psicanalíticos de sublimação, identificação, projeção, repressão, introjeção etc. O fato de a luta pela existência se processar num mundo muito pobre para poder satisfazer a todas as necessidades humanas levou a adaptações mais ou menos dolorosas e a atividades e organizações para remediar às necessidades. "Mas, por mais útil que esta racionalização possa ter sido para o progresso do todo,

---

[2] MARCUSE, H., *Eros e civiltà*, Turim, 1968, 4ª ed., 65.
[3] *Id., ibid.*, 59.

permanece racionalização do domínio, e a vitória gradual sobre a penúria ligou-se indissoluvelmente aos interesses dos indivíduos dominantes e foi forjada segundo os modelos escolhidos por estes últimos".[4] Assim à "repressão fundamental" dos instintos, necessária para o perpetuar-se da espécie humana, acrescentaram-se "repressões adicionais" por obra e conveniência do poder e do domínio social.

  O terceiro componente fundamental da visão filosófica marcusiana tem sua origem em Marx, do qual Marcuse aproveita a perspectiva do materialismo histórico e dialético e a tese de que todas as lutas sociais são devidas essencialmente a razões econômicas. Como Marx, Marcuse não reconhece à realidade fora e acima da matéria no seu devir histórico um devir regido pela dialética dos conflitos entre natureza e sociedade e entre as várias classes sociais. Também para Marcuse, como para Marx, a sociedade está em caminho para fim intramundano e terrestre, e não para fim sobrenatural e celeste. O fim da sociedade é "a realização de existência pacificada para o homem e para a natureza".[5] " 'Pacificar a existência' significa levar para novo plana a luta do homem com o homem e com a natureza, criando condições nas quais as necessidades, os desejos e as aspirações em concorrência não sejam mais devidos a interesses decorrentes do domínio e da escassez".[6] Por isso, "dado que o desenvolvimento e a utilização de todos os recursos disponíveis para a satisfação universal das necessidades vitais é o requisito indispensável para a pacificação, é ele incompatível com a preponderância de interesses particulares que se oponham à consecução deste objetivo".[7] Somente quando o interesse comum prevalecer sobre os interesses particulares e quando se realizar "o emprego planificado dos recursos para a satisfação das necessidades vitais, com o mínimo de fadiga", transformando o tempo reservado às diversões em verdadeiro tempo livre, é que se atingirá a meta da pacificação da luta pela existência.

  Na visão materialista de Marcuse, o inferno existe "num único lugar, a saber, aqui na Terra (…) e foi criado pelo homem (e pela natureza). (…) Toda alegria, toda felicidade dependem da habilidade em transcender a natureza, transcendência na qual o domínio da natureza é também

---

[4] *Id., ibid.*, 80.
[5] *Id., L'uomo a una dzmenstone*, Turim, 1969, 244.
[6] *Id., ibid.*, 3b.
[7] *Id., ind.*, 260.

subordinado à libertação e à pacificação da existência. (...) Em virtude do poder cognitivo e transformador da Razão, a civilização produz os meios necessários para a natureza libertar-se do seu estado bruto, da sua insuficiência, da sua cegueira".[8]

A SOCIEDADE UNIDIMENCIONAL

A tensão entre o estado de natureza e a sociedade, como vimos, faz parte dos postulados fundamentais da filosofia marcusiana. Não é de admirar-se, por isso, que Marcuse encontre esta tensão também na sociedade do nosso tempo. Mas o que é peculiar no seu pensamento é que na época moderna a tensão é resolvida a favor da sociedade. Esta, de instrumento para satisfação das necessidades do homem, transformou-se em realidade autônoma, absoluta, onipotente, fim para si mesma. A nossa sociedade se constituiu em "princípio último" de tudo e, à semelhança da vontade cega e cruel de Schopenhauer, serve-se das inclinações do homem, dos seus instintos e das suas necessidades em proveito próprio, para conservar e desenvolver as próprias estruturas. Para conseguir a adesão dos cidadãos ao seu modo de governar e administrar, ela inventa para eles novas necessidades e novos modos de satisfazê-las e, ao mesmo tempo, persuade-os de que não existe outro tipo de sociedade que tenha feito melhor as coisas.

Marcuse é explicito em afirmar que estas características de absolutismo e repressão pertencem não só à sociedade capitalista do Ocidente, mas também à sociedade marxista do Oriente. Tanto no Ocidente como na União Soviética o homem se tornou escravo da sociedade.

A obra *O homem de uma dimensão* é uma demonstração atenta e exata desta tese. Num exame minucioso da política, da cultura, da linguagem, da filosofia, da educação, dos divertimentos, Marcuse mostra que a sociedade industrial proporcionou ao homem elevado grau de prazer, mas, ao mesmo tempo, privou-o de qualquer estímulo para necessidades superiores; em outras palavras, fez a sociedade ideal coincidir com a sociedade atual. Com isso pôs fim à dialética dos opostos, não havendo mais duas dimensões em luta entre si, mas apenas uma dimensão. A sociedade opulenta se pôs ao abrigo de qualquer ataque, servindo-se para isto da nossa própria liberdade. Nós pensamos que vivemos como

[8] *Id., ibid.,* 247.

homens livres, mas, na realidade, trocamos a nossa liberdade pela prosperidade proporcionada pela industrialização, prosperidade que nos custa a renúncia a pensar e a nos comportarmos de modo diferente daquele que nos é imposto pelos centros de poder que controlam a produção. Esta situação tem poucas possibilidades de saída porque também o proletariado se integrou no sistema, e não se pode mais contar com ele como força revolucionária de ruptura.[9]

É especialmente das necessidades, mais exatamente das necessidades "falsas", que a sociedade se serve para manter-nos no estado de escravidão. Segundo Marcuse, "a maior parte das necessidades de nosso tempo, a necessidade de relaxar-se, de divertir-se, de comportar-se e de consumir de acordo com os anúncios publicitários, de amar e odiar o que os outros amam e odeiam, pertencem a esta categoria de falsas necessidades. Elas têm conteúdo e função sociais, determinados por poderes externos, sobre os quais o indivíduo não exerce nenhum controle; o desenvolvimento e a satisfação delas têm caráter heterônomo. Não importa em que medida tais necessidades possam ter-se tornado próprias do indivíduo, reproduzidas e reforçadas pelas suas condições de vida; não importa até que ponto ele se identifica com elas e se encontra a si mesmo no ato de satisfazê-las. Elas continuam sendo o que foram desde o começo, a saber, produtos de uma sociedade cujos interesses dominantes pedem formas de repressão".[10]

A sociedade industrial é genial para inventar e desenvolver necessidades repressivas. Ela desenvolve "a necessidade obsessiva de produzir e consumir o supérfluo; a necessidade de trabalhar até o embrutecimento quando não é mais necessário; a necessidade de modos de relaxar-se que aliviem e prolonguem tal embrutecimento; a necessidade de manter liberdades ilusórias como a livre concorrência a preços tabelados, uma imprensa livre que censura por si mesma, e a livre escolha entre marcas e mercadorias baratas".[11]

A sociedade industrial é hábil também em fazer com que seus interesses coincidam com os dos cidadãos: "As mercadorias que são usadas para morar, alimentar-se e vestir-se, o fluxo irresistível da indústria do

---

[9] Cf. Id., ibid., 51-52.
[10] Id., ibid, 25.
[11] Id., ibid, 27.

lazer e da informação trazem consigo comportamentos e hábitos prescritos e determinadas reações intelectuais e emotivas que, mais ou menos agradavelmente, vinculam os consumidores aos produtores e, por meio deles, ao conjunto. Os produtos doutrinam e manipulam; promovem uma consciência falsa, imune à própria falsidade. E à medida que estes produtos benéficos são colocados ao alcance de um número cada vez maior de indivíduos, num maior número de classes sociais, a doutrinação veiculada por eles cessa de ser publicidade: ela se torna um modo de viver. Um bom modo de viver — bem melhor do que o de antes — o qual, como tal, opõe-se a uma mudança qualitativa. Emergem, deste modo, formas de *pensamento* e de *comportamento de uma só dimensão*, nas quais as ideias, as aspirações e os objetivos cujo conteúdo transcende o universo constituído do discurso e da ação são rejeitados ou reduzidos aos termos de mencionado universo".[12]

Em conclusão, "a sociedade industrial, que se assenhoreia da tecnologia e da ciência, é organizada para conseguir um domínio sempre mais eficaz sobre o homem e sobre a natureza, a fim de usar os seus recursos de modo cada vez mais eficiente".[13] Para conseguir este objetivo, ela recorre a qualquer meio: à política, à cultura, à educação, à arte, à filosofia, à linguagem. "A linguagem", observa agudamente Marcuse, "torna-se também um instrumento de controle, mesmo quando não transmite ordens mas informações, quando não pede obediência mas escolha, não submissão mas liberdade. O controle é exercido por esta linguagem mediante a redução das formas linguísticas e dos símbolos usados para a reflexão, a abstração, o desenvolvimento, a contradição, e mediante a substituição de conceitos por imagens. Ela nega ou absorve o vocabulário transcendente; não procura, mas estabelece e impõe verdades e falsidades".[14]

A LIBERTAÇÃO

Como pode o homem, escravo da sociedade industrial, romper as suas cadeias e libertar-se do estado repressivo no qual se encontra?

O problema se torna ainda mais árduo devido à eficiência do sistema industrial, que "embota nos indivíduos a capacidade de reconhecer que ele não contém fatos que não sejam veículos do poder repressivo do

[12] *Id., ibid.*, 32.
[13] *Id., ibid.*, 37.
[14] *Id., ibid*, 120.

conjunto".¹⁵ Eles "não sabem mais imaginar um universo de discurso e de ação qualitativamente diferente, uma vez que a capacidade de conter e manipular a imaginação e o esforço subversivos é parte integrante da sociedade".¹⁶ Estão persuadidas de que "o real é racional e que o sistema estabelecido mantém as promessas, apesar de tudo. Os indivíduos são levados a ver no complexo de produção o agente efetivo do pensamento e da ação, ao qual o pensamento e a ação dos indivíduos podem e devem ceder o passo".¹⁷ "Neste universo a tecnologia provê uma racionalização notável da não-liberdade do homem e mostra a impossibilidade 'técnica' de ele ser autônomo, de decidir pessoalmente a respeito de si mesmo. A ausência de liberdade não parece, de fato, ter caráter irracional nem político; ela parece antes devida à submissão à aparelhagem técnica, que aumenta as comodidades da vida, e à produtividade do trabalho. Deste modo a racionalidade tecnológica protege, em vez de abolir, a legitimidade do domínio; consequentemente o horizonte instrumental da razão se abre para uma sociedade racionalmente totalitária".¹⁸

Por isso o primeiro passo para se removerem as cadeias da sociedade industrial seria tomar consciência do estado de escravidão que ela impõe, porque "toda libertação depende da consciência da servidão".¹⁹ Mas é justamente este primeiro passo que parece bastante improvável, e o próprio Marcuse é profundamente cético quanto ao fato de o homem da sociedade opulenta se dispor a dá-lo, já que ele está muito bem integrado no sistema para notar o seu poder repressivo e contestá-lo. Até aquelas áreas da cultura, como a arte e a filosofia, que no passado eram os focos naturais do protesto e da revolta, hoje parecem extintos. "Em nossos dias o aspecto novo é o achatamento do antagonismo entre cultura e realidade social, conseguido com a destruição dos núcleos de oposição, de transcendência, de estraneidade, contidos na alta cultura, em virtude dos quais ela constituía *outra dimensão* da realidade. Esta liquidação da cultura de *duas dimensões* não se efetua mediante a negação e a rejeição dos 'valores culturais', mas mediante a sua inserção em massa na ordem estabelecida, mediante a sua reprodução e exposição em grande escala. Eles podem, de fato, ser usados como instrumento de

---

¹⁵*Id., ibid.*, 31.
¹⁶*Id., ibid.*, 44.
¹⁷*Id., ibid*, 98.
¹⁸*Id., ibid*, 172.
¹⁹*Id., ibid*, 27.

coesão social".[20] "O poder assimilador da sociedade esvazia a dimensão artística, absorvendo os seus conteúdos antagônicos".[21] Até a filosofia se rendeu e se alinhou aos interesses da sociedade industrial. Marcuse censura, por esta servidão, não só a filosofia marxista como também e mais ainda o neopositivismo inglês e americano e a filosofia linguística. Contra esta última escreve ele: "Prestando homenagem (...) ao poder e ao bom senso do falar comum, enquanto bloqueia (como material estranho) a análise daquilo que tal falar diz da sociedade que a ela recorre, a filosofia linguística reprime uma vez mais aquilo que já está continuamente reprimido neste universo de discurso e de comportamento. A autoridade da filosofia dá a sua bênção às forças que *fazem* este universo. A análise linguística abstrai do fato de a linguagem comum, ao falar como fala, revelar a mutilação do homem e da natureza"

Mas, se não existe nenhum modo de sacudir o homem da sociedade industrial para torná-lo consciente do seu estado de escravidão; se, para isto, não é mais possível mobilizar nem a arte nem a cultura nem a filosofia, a quem recorrer para opor "a grande recusa" e abater o sistema? Neste estado de coisas a única esperança de libertação, segundo Marcuse, vem dos rejeitados e dos marginalizados, dos explorados e dos perseguidos de outras raças e outras cores, dos desocupados e dos inaptos. "Eles permanecem fora do processo democrático; a sua presença mostra, como nenhuma outra coisa, o quanto é imediata e real a necessidade de se pôr fim a condições e instituições intoleráveis. Por isso a sua oposição é revolucionária, mesmo que não o seja a sua consciência. A sua oposição golpeia o sistema de fora e assim não se desvia dele; ela é uma força elementar que viola as regras do jogo e que, assim fazendo, mostra que este jogo não tem regras fixas. Quando eles se reúnem e descem para as estradas, sem armas, sem proteção, para pedir os mais elementares direitos civis, eles sabem que vão enfrentar cães, pedras, bombas, prisões, campos de concentração e até a morte. Percebe-se a sua força atrás de cada manifestação política em favor das vítimas da lei e da ordem. O fato de começarem a se recusar a tomar parte no jogo pode marcar o começo do fim de um período".[23]

[20] *Id., ibid*, 76.
[21] *Id., ibid*, 80.
[22] *Id., ibid*, 187-188.
[23] *Id., ibid*, 265.

ASPECTOS POSITIVOS E NEGATIVOS DE MARCUSE

O aspecto mais interessante e mais válido na obra de Marcuse é a *pars destruens* ("parte destrutiva"): a sua crítica aguda, insistente, radical, da sociedade atual, na qual ele expõe com toda a crueza o caráter repressivo, totalitário, imperialista, materialista e unidimensional desta sociedade, caráter não imaginário, mas efetivamente presente e de modo considerável. Muito procedentes são também suas críticas à filosofia contemporânea, particularmente ao empirismo, ao operacionismo e à análise linguística, seja enquanto inadequada do ponto de vista gnosiológico, seja enquanto colocada a serviço de uma concepção política desumana.

Muito menos original e aceitável é a *pars construens* ("parte construtiva"), tanto no seu aspecto antropológico como no social.

Em primeiro lugar, a antropologia de Marcuse, erigida sobre o princípio freudiano do prazer, não consegue explicar atividades estritamente humanas como o estudo, o trabalho, a arte, a técnica, a política e muitas outras, a não ser recorrendo à sublimação.

Em segundo lugar, esta antropologia decididamente materialista não tem condições para garantir a visão pluridimensional da realidade, tão almejada por Marcuse, convicto assertor de um plano transcendente dentro da história. Em nosso parecer, isto não pode assegurar uma base adequada à transcendência, a qual, para merecer este nome, não deve ficar presa dentro dos limites do tempo e do espaço.

Também no que se refere à sociologia, a *pars construens* do pensamento marcusiano é bastante discutível e, em última análise, insustentável. Isto vale tanto para a parte mais utopista, aquela que profetiza a felicidade coletiva para quando os indivíduos estiverem livres da necessidade e do peso de instituições repressivas, quanto para a parte psiquicamente mais míope, a que reduz o pensamento e o gosto humanos a uma expressão dos fatores econômicos. "Marcuse comete o mesmo erro utopista de Marx, ao fixar uma série de absolutos como condições ideais de vida ao alcance do nosso olhar e da nossa vontade, absolutos que, situando-se, nesta altura, fora do jogo dialético (enquanto fins últimos e indiscutíveis da justiça e da verdade), na realidade não têm base. Também por isso tais absolutos são tão nebulosos e genéricos (além de ultrapassados na sua formulação): igualdade e liberdade para todos em todos os níveis, satisfação plena das necessidades, pacificação da existência etc. Assim a contradição é dupla, a saber, tanto com as premissas filosóficas quanto com a realidade experimentada em milênios de história, uma vez que o discurso dos fins se apoia na confiança arbitrária num possível e total aperfeiçoamento da natureza humana (isto é, de cada indivíduo) durante a existência terrena: somente assim é que teria sentido o princípio "revolucionário de converter todos para a bondade. Mas este raciocínio não é filosófico; até uma criança seria capaz de semelhante pensamento. Pena que ele seja contestado pela experiência, e não só em nossos dias".[24]

4. Ernst Bloch

Ernst Bloch nasceu na cidade operária de Ludwigshafen, em 1885. Na juventude foi leitor assíduo e apaixonado de escritos de pensadores ateus e materialistas. Aos treze anos escreveu um ensaio intitulado *Sistema do materialismo*, o qual se abre com esta frase programática: "A matéria é a mãe de todos os seres". Em 1905 transferiu-se para Munique a fim de dedicar-se aos estudos universitários, que concluiu em Wurzburgo, com a dissertação *Indagações críticas sobre Rickert e o problema da doutrina do conhecimento*. Durante a primeira guerra mundial refugiou-se na Suíça, onde compôs *Geist der Utopie* ("Espírito da utopia"), no qual já desenvolve os conceitos e os princípios fundamentais daquela nova visão filosófica à qual dará sistematização definitiva em *Das Prinxip Hoffnung* ("O princípio esperança"). Terminada a guerra, voltou para a Alemanha, mas, com a ascensão de Hitler ao poder, tomou o caminho do exílio e, depois de ter peregrinado por vários países europeus, estabeleceu-se por mais de dez anos (1938-1949) nos Estados Unidos, onde compôs a sua obra principal, *Das Prinzip Hoffnung*. Em 1949 voltou à Alemanha, indo ocupar a cadeira de filosofia na Universidade de Lípsia. Em 1954 publicou o primeiro volume do *Das Prinzip Hoffnung*. A obra recebeu as mais ásperas críticas tanto dos ambientes acadêmicos como do partido e do governo: Bloch foi acusado de revisionismo e de heresia; a obra foi sequestrada, e o autor, destituído da cátedra. Em 1961, quando foi erguido o muro de Berlim, encontrando-se ele na Baviera, aproveitou a oportunidade para não voltar mais para a Alemanha Oriental e aceitou uma cadeira na Universidade de Tubinga. No mesmo ano publicou a sua

---

[24]GIANFRANCESCHI, F., *Teologia elettrica*, Roma, 1969, 58.

mais importante obra especulativa, *Questões filosóficas fundamentais. Por uma ontologia do ainda-não*. Em 1968 publicou outra obra importante, *Ateísmo e cristianismo*.

NOVA CONCEPÇÃO DO HOMEM

Ernst Bloch é um dos maiores representantes do revisionismo. A sua revisão profunda do marxismo consiste principalmente em dois pontos: *a)* no abandono do princípio da dialética, que ele substitui pelo da possibilidade (ou do "ainda-não", como ele prefere); *b)* no centrar a interpretação da história em nova concepção do homem, e não no estudo dos fenômenos econômicos, como fizera Marx.

A alma da nova antropologia elaborada por Bloch é a esperança; atribui a esta dimensão prioridade absoluta sobre as outras: vida, pensamento, vontade, amor etc. Mas, por qual motivo se reveste a esperança de tanta importância para a compreensão do homem? O motivo é que o homem "em forma originária vive voltado unicamente para o futuro; o passado chega somente mais tarde, e quanto ao presente propriamente dito, pode-se dizer que ainda não chegou".[25] Ora, em relação ao futuro, a esperança prevalece sobre todas as outras manifestações da vida humana. Ela desvenda o futuro; age, portanto, sobre todo o modo racional de pensar e de conhecer. Por isso, para a pesquisa filosófica do homem, a esperança é reveladora e, consequentemente, digna de toda atenção. Isto vale especialmente para o caso da filosofia marxista, a qual tem como objetivo primário não contemplar o mundo, mas transformá-lo, sendo assim orientada essencialmente para o futuro. "Somente um pensamento voltado para a modificação do mundo, pensamento cheio da vontade de mudança é que pode referir-se ao futuro (o espaço não fechado que está diante de nós), não como a um obstáculo, e ao passado, não como a um exílio. Por isso, o que é decisivo é o seguinte: somente o saber como práxis-teoria consciente é que tem relação com o devir e com aquilo que nele pode ser decidido; um saber contemplativo, ao contrário, *per definitionem* ("por definição") só pode referir-se ao que já aconteceu".[26]

---

[25] BLOCH, E., *Das Prinzip Hoffnung*, Berlim, 1954, I, 17.
[26] *Id., ibid.*, 18.

FILOSOFIA DA ESPERANÇA DE BLOCH

Bloch põe como fundamento da filosofia da esperança a tese marxista segundo a qual o homem se encontra em estado de alienação. Mas, diversamente de Marx, que atribuíra a alienação a motivos econômicos, Bloch a faz depender de razões ontológicas: o homem é alienado porque, como o universo do qual faz parte, é essencialmente incompleto e tende ao completamento: "O homem é, por essência, a criatura que tende para o possível que lhe está diante".[27]

A raiz suprema de todas as coisas, para Bloch, não é nem o espírito, nem o pensamento, nem a substância, nem o ser; a raiz suprema é o possível, e por possível entende o "ainda-não", o incompleto susceptível de complemento, "abertura que é consequência de condição ainda não totalmente suficiente e, que, por isso, se apresenta mais ou menos inadequada".[28]

Desta raiz suprema, isto é, do possível, desenvolve-se toda a realidade. O desenvolvimento se processa através de dois fatores, um subjetivo, o outro objetivo. A natureza destes dois fatores e as suas relações são assim descritas por Bloch: "O fator subjetivo é a potência inacabada de fazer as coisas evoluírem; o fator objetivo é a potencialidade não terminada da "evolvibilidade", da mutabilidade do mundo no quadro das suas leis, que, sob novas condições, variarão sem perderem, contudo, seu caráter de leis. Os dois fatores estão constantemente entrelaçados um com o outro, em relação de ação dialética recíproca, e é somente com a ampliação exagerada que isole um deles (e com ela o objeto se torna o extremo fetiche) ou o outro (e com ela o objeto, no seu aparente autoprocesso, torna-se o fato extremo) que sujeito e objeto são arrancados um do outro. A potência subjetiva não coincide somente com o que se transforma, mas também com o que se realiza na história, e coincide tanto mais com ele quanto mais os homens se tornam construtores conscientes da sua própria história. A potencialidade objetiva não coincide somente com o mutável, mas também com o realizável na história, e coincide tanto mais com ele quanto mais o mundo externo, independente do homem, é também mundo em relação crescente de mediação com o homem. O elemento realizante se encon-

---

[27] Id., *Cli strati della categoria della possibilità* in Filosofi tedeschi d'oggi, Bolonha, 1967, 35.
[28] BLOCH, E., *Das Prinxip Hoinung*, cit., 245.

tra certa e amplamente difundido, com eficácia selvagem e como uma semente, também no mundo pré-humano e extra-humano. Embora com consciência fraca ou totalmente ausente, ele tem aqui a mesma raiz intensiva da qual se desprendeu depois a potência humanamente subjetiva. O homem, todavia, enquanto elemento realizante — especialmente à medida que a partir do momento no qual não tiver mais falsa consciência — recolhe e faz convergir ainda mais seguramente a potência central para a potência-potencialidade da matéria que entra no processo".[29] "O homem é a possibilidade real de tudo o que se tornou na sua história e sobretudo o que, em progresso ilimitado, pode ainda tornar-se. É, pois, possibilidade que não se esgota como a da fruta enquanto realização conclusiva da árvore, mas possibilidade que ainda não amadureceu a totalidade das suas condições internas e externas e os elementos determinantes de tais condições".[30] "A função utopística do projetar e modificar humanos e conscientes representa a sentinela mais avançada e mais ativa do fatigante tender para a aurora que angustia o mundo: do dia cheio de sombras no qual ainda sucedem e têm lugar todas as cifras do real, isto é, todas as formas do processo".[31]

O ainda-não do ser subjetivo e do objetivo, isto é, o possível, é a matriz última da esperança e da utopia: a primeira exprime a certeza da consecução do fim, a segunda traduz tal fim em figuras concretas.

Em *Das Prinxip Hoffnung* Bloch perscruta em todas as esferas e em todos os aspectos da vida o elemento de esperança e de procura da "Utopia". Ele o traz à luz mediante acurado exame fenomenológico da subjetividade humana como ela se manifesta nos "sonhos com os olhos abertos", na "consciência antecipadora" e nas imagens da esperança que se refletem na literatura, nas fábulas, no teatro, ou no cinema. Este exame revela, de um lado, o abismo que separa o ser atual do homem e do mundo do verdadeiro ser em direção ao qual eles se movem, e, do outro, a pressão exercida pelo futuro sobre o presente. O "vermelho quente" do futuro, como Bloch o chama, impele o homem para o esforço permanente por transcender as situações presentes e os resultados conseguidos, para os conteúdos de esperança que prometem uma "pátria de identidade" por tudo o que aqui se sofre, por que se luta e que se procura. É no "vermelho

---

[29]*Id., Gli strati delia categoria della possibilità*, cit., 68-69.
[30]*Id., Das Prinxip Hoinung*, cit., 255.
[31]*Id., ibid.,* 194.

quente" que deve ser procurada a razão fundamental da existência humana. Ela é a sua "corrente de calor" que anima a esperança inabalável de vida nova, de um *novum ultimum* ("novo último"), de instante ao qual se possa dizer "Para, és belo", ou — em linguagem bíblica — de "um novo céu e de uma terra", aos quais se acrescenta a realidade da promessa: "Eis que eu faço novas todas as coisas".[32]

IMPORTÂNCIA .DA RELIGIÃO NO CAMINHO DO HOMEM

Segundo Bloch, no caminho do homem para a Utopia a religião tem função importante. Ela não é somente a expressão da alienação do homem, como afirmaram Feuerbach e Marx. O homem é realmente alienado quando é constrangido a exprimir a sua existência por meio de conceitos religiosos e da fé em divindades que estão acima e fora deste mundo. Mas a simples eliminação destes conceitos e destas divindades não poderia bastar para pôr fim à alienação do homem. Ela ainda permaneceria e, com ela, também a tendência constante do homem a dirigir o olhar para além de si mesmo e do mundo presente, para estado de completamento e de realização do "ainda-não", do possível. Por isso a religião não é só expressão de alienação, mas também de protesto contra a natureza fragmentária e incompleta da existência. Mais precisamente, a religião, segundo Bloch, é a esfera na qual o ser humano ainda incompleto projeta a sua ânsia perene por existência reconciliada. O que é verdadeiramente essencial para a religião é a projeção do homem no futuro. Ela se funda no caráter de realidade em devir, próprio do homem e do mundo. *Homo homini Deus* ("o homem, Deus para o homem"), dissera Feuerbach, referindo-se ao amor material do eu e do tu. Bloch retoma esta afirmação na frase, típica do seu pensamento, segundo a qual o *homo absconditus* (o "homem oculto"), que pertence ao futuro ainda não encontrado e ainda não afirmado, é "Deus" para o homem atual. Todas as imagens de Deus e do futuro abarcam sempre mais estreitamente o incógnito humano e cósmico, o núcleo de existência que se encontra obscuramente no homem, e o elemento fundamental que obscuramente se encontra no mundo, desenhando deles figuras ultramundanas cada vez mais acuradas e humanas. A religião, enquanto esperança, cessa, por estar

[32]*Apocalipse* 21-5.

completa, somente onde e quando a diferença ôntica do homem, a sua posição excêntrica em relação a si mesmo, e a diferença ôntica do mundo são anuladas na pátria da identidade alcançada. Deste modo "Deus", enquanto imagem e ídolo do homem, não se reduz, para Bloch, à realidade sensível do homem, nem à sua situação social alienada e antagônica, mas ao *"humanum* (humano) futuro e ainda não alcançado". No eu, segundo Bloch, existe uma área profunda, obscura, inacessível; a chama de "espaço utópico". Em sua opinião, Deus não é senão uma tentativa de dar semblante a este elemento obscuro, a este espaço escuro. "Deus — enquanto problema do radicalmente novo, do absoluto libertador, do fenômeno da nossa liberdade e do nosso verdadeiro conteúdo — torna-se-nos presente somente como um evento opaco, não objetivo, somente como conjunto da obscuridade do momento vivido e do símbolo não acabado da questão suprema. O que significa que o Deus supremo, verdadeiro, desconhecido, superior a todas as outras divindades, revelador de todo o nosso ser, "vive" desde já, embora ainda não "coroado", ainda não "objetivado". (...) Aparece claro e seguro agora que a esperança é exatamente aquilo em que o elemento obscuro vem à luz. Ela também imerge no elemento obscuro e participa da sua invisibilidade. E como o obscuro e o misterioso estão sempre unidos, a esperança ameaça desaparecer quando alguém se avizinha muito dela ou põe em discussão, de modo muito presunçoso, este elemento obscuro".[33]

Bloch efetua assim a revalorização da religião em geral. Mas o seu esforço não se detém aqui. Mediante pesquisa minuciosa e penetrante das várias religiões, em particular da religião judaico-cristã, mostra nelas toda uma série de elementos positivos. Assim, por exemplo, mitos como o do Êxodo e ensinamentos religiosos como os dos profetas e de Cristo não são de forma alguma ópio dos povos, mas protesto salutar e incitamento eficaz para condição humana mais justa e mais feliz. Eles não justificam a alienação em ato no momento presente, nem servem de apoio a ideologias particulares que tutelam o interesse da classe dominante, mas são fermentos explosivos de libertação, elementos que protestam contra o presente em nome do Reino futuro, da Utopia.

---

[33]BLOCH, E., *Geist der Utopie,* Francoforte, 1964, 254.

CRÍTICAS À FILOSOFIA DA ESPERANÇA DE BLOCH

De todas as exposições do marxismo, a de Bloch é a mais genial e interessante. Diversamente das outras, a versão blochiana sabe disfarçar habilmente os traços mais rudes do materialismo e incluir dimensões que no passado sempre haviam sido consideradas incompatíveis com ele, como a religião.

Bloch acertou ao observar que existe no homem e na natureza toda uma esfera de ainda-não, de possibilidades ocultas, e que tal esfera é o esteio da esperança. Ele tem razão ao definir o homem como um ser que espera: a esperança é, de fato, traço essencial do homem e pode representar porta segura de acesso a todo o seu ser. Muito apreciável é também a vasta e profunda análise fenomenológica que o autor de *Das Prinzip Hoffnung* faz para mostrar o componente de esperança do pensar e do agir do homem.

Mas, apesar destes e de outros méritos, a construção, no seu todo, é inegavelmente frágil e insustentável. De fato, a tentativa de Bloch de servir-se do princípio da esperança para dar estrutura mais sólida ao marxismo é vã. Inegavelmente nas vestes da esperança o marxismo toma uma forma mais sedutora, mas a esperança resulta monstruosamente desfigurada; desfigurada, em primeiro lugar, no que se refere ao seu fundamento, que é reconduzido à base econômica, como queria Marx, e, em segundo lugar, a esperança é desfigurada quanto à sua meta, porque ou esta "se situa acima das coisas esperadas, finitas — que a esperança antecipadamente delineia — tornando-se então o elemento existencial a-histórico do homem, com o quê o processo vital do mundo se torna um processo sem fim. Mas isto seria abstração da história real; ser na esperança se tornaria uma especificação abstrata do homem. Ou então a esperança que transcende se adapta, em dado momento, a um objeto esperado, definido utopisticamente, e se declara satisfeita, por exemplo, com as conquistas do socialismo, e com isso trai a si mesma".[34]

5. Roger Garaudy

Outro grande representante do marxismo revisionista é Roger Garaudy. Nascido em Marselha em 1913, inscreveu-se, ainda muito jovem,

---

[34] MOLTMANN, J., *Teologia delta speranxa*, Bréscia, 1970, 357.

no partido comunista francês, alternando a atividade político-sindical com o ensino e o estudo da filosofia. Participou da resistência e mais tarde foi eleito deputado e, em seguida, senador. Nos primeiros tertpos as sua posições ideológicas eram rigidamente ortodoxas, mas, com a desestalinização, iniciou uma revisão crítica do seu pensamento. Em consequência de sua atitude acremente polêmica com relação à invasão da Tcheco-Eslováquia, foi excluído do partido comunista francês. Atualmente dedica-se à reformulação, em termos novos, do problema do socialismo na sociedade contemporânea.

Autor de ensaios filosóficos, estéticos, políticos e sociais, é mais conhecido pelas seguintes obras: *A grande reviravolta, Toda a verdade, Do anátema ao diálogo, Perspectivas do homem* e *Reconquista da esperança*.

Desde os primeiros escritos Garaudy assumiu atitude bem pouco marxista diante da religião e do cristianismo, atitude de abertura, de diálogo, de valorização — e não de aversão, de ódio, de condenação reconhecendo à Igreja o mérito de ter efetuado algumas transformações de capital importância na sociedade como a abolição da escravidão e a igualdade da mulher e de ter descoberto os conceitos de pessoa, de amor universal, de liberdade e de transcendência.

O PROBLEMA DA TRANSCENDÊNCIA

Mas, a propósito do conceito de transcendência, Garaudy precisa que só pode ser aceito se for despojado das características sobrenaturais e misticizantes que o cristianismo lhe deu. Transcendência, para ele, é "a consciência da incompletude do homem, a dimensão do infinito".[35] "A transcendência é humanismo *prometeico* ou *faustiano* que rejeita todo dado, sensível ou inteligível, para enfatizar a ação, a criação contínua do homem pelo homem... Assim se abre ao homem horizonte infinito que o define enquanto homem; o homem não é somente o que é: é também tudo o que não é, tudo o que ainda lhe falta; na linguagem dos cristãos, dir-se-ia que é o que o transcende, isto é, que é em potência todo o seu futuro, uma vez que o futuro é a única transcendência que o humanismo conhece".[36]

---

[35]GARAUDY, R., *Come construire la città degli uomini* in Il contemporaneo, supl. di Rina!,cita, Roma, março de 1965, 8.
[36]*Id., Materialisme et transcendance* in L'homme chrétien et l'homme marxiste, La Palatine, Paris, 1964, 24-25.

Segundo Garaudy, essa transcendência não pode ter lugar numa ordenação religiosa, numa igreja, mesmo que fosse ela a Igreja católica, mas somente numa organização política e social. E obviamente, como todos os marxistas, pensa que somente o comunismo é capaz de realizar em concreto as aspirações de transcendência, inatas no coração humano, mediante a edificação daquela sociedade desalienada que será verdadeiro Reino de Deus sobre a terra. Ele sabe, contudo, apreciar e admirar as grandes visões messiânicas da Bíblia, nas quais descobre a prefiguração da sociedade que os comunistas estão construindo. "A teologia cristã, escreve ele, representa para o marxismo o que a alquimia medieval representa para a física nuclear moderna: o sonho impotente de transformação da matéria tornou-se a realidade das nossas técnicas justamente como as exigências escatológicas do amor e da dignidade humana encontram no marxismo as condições da sua encarnação, não mais em outro mundo, desdobramento ilusório do primeiro, mas em nosso mundo".[37] "Nós, marxistas, jamais desprezamos ou ridicularizamos o cristianismo por causa da sua fé, do seu amor, dos seus sonhos, das suas esperanças. A nossa tarefa é trabalhar e combater para que tudo isso não fique eternamente distante ou ilusório. A nossa missão de comunistas consiste em aproximar o homem dos seus sonhos mais belos e das suas esperanças mais sublimes; consiste em aproximá-lo real e praticamente a fim de que os próprios cristãos encontrem em nossa terra início do seu céu".[38] "A função dos marxistas-leninistas consiste em se encarregarem daquelas exigências e em descobrirem os meios de satisfazê-las realmente a fim de fazerem com que o comunismo possa aparecer às massas dos crentes como 'a realização profana' do fundamento humano do cristianismo... O marxismo integra, laicizando-a, a realidade maravilhosa da comunidade dos santos, vendo, porém, nela uma realidade em formação e não uma realidade já acabada, e transferindo do plano escatológico para o plano militante a perspectiva de um reino dos fins que o cristianismo chama reino de Deus".[39]

Mas alguns acontecimentos destes últimos anos (invasão da Tcheco--Eslováquia*, repressão, com violência inflexível, da greve dos operários

---

[37] Id.. *Les fins de la morale marxiste?*, Ed. Sociales, Paris, 1963, 66. Palatine, Paris, 1960, 166.
[38] Id., *Qu'est-ce que la morale marxiste?*, Ed. Sociales, Paris, 1963, 66.
[39] Id., *Come construire la Mtà degli uomini?*, cit., 7-8.
*A U.R.S.S., chefiando as tropas do Pacto de Varsóvia, invadiu a Tcheco-Eslováquia no dia 20.08.1968. N. do T.

poloneses de Gdansk**, processo antijudaico de Leningrado realizado a portas fechadas, campanha de difamação movida sistematicamente contra Soljenitsin e os outros intelectuais russos, réus de não aceitarem as diretrizes dos dirigentes do Kremlin) abalaram profundamente a confiança do filósofo francês no sistema marxista-leninista. Não se trata, afirma Garaudy, apenas de simples "erros", mas de práxis, codificada em lei, que desnaturou a verdadeira essência do socialismo, reduzido, pelos atuais chefes da URSS, a regime despótico, que manipula o poder por meio de aparelho militar e policial rígido.

REVISÃO CRÍTICA DO SOCIALISMO

Numa obra recente, *Reconquista da esperança*,[40] Garaudy convida a rever em termos críticos o problema do socialismo para que reencontre sua credibilidade e se desenvolva em sentido autenticamente socialista, como "democracia direta, não delegada e não alienada". Partindo desta exigência, sustenta que é necessário libertar-se da pesada hipoteca do modelo soviético. Para isso elabora uma estratégia bem planejada, válida para os países industrialmente avançados, a qual deve levar à edificação de socialismo baseado na autogestão e no autogoverno, através de um "bloco histórico" que veja a classe operária unida aos técnicos, aos intelectuais, aos estudantes e a todos os marginalizados pelo desenvolvimento capitalista.

Para que o socialismo se reintegre na sua plenitude, é necessário, segundo Garaudy, que ele, embora não subestimando a profunda diferença, inicie um diálogo com o cristianismo. Isto é possível porque Cristo não é mais, segundo a opinião de Rimbaud, "o eterno ladrão das energias humanas", e também porque está superada a afirmação de Marx segundo a qual a religião é "o ópio do povo". Ter confiança significa afirmar que a vida e a história têm sentido, e isto implica o empenho pela transformação do mundo. Esta dimensão profética deve ser aceita pelo marxismo, o qual poderá assim recuperar o seu primeiro impulso e não decair num dogmatismo pseudocientífico, vítima da ilusão de que, mudado o sistema de propriedade, possa nascer o homem novo. A este

---

**"A greve... de Gdansk" à qual se refere o autor deve ter sido a de dezembro de 1970. N. do T.
[40]SEI, Turim, 1973.

propósito Garaudy reafirma que o homem deve sempre ser inventado e que, por isso, a recordação constante da insuficiência de toda realização histórica, proveniente do cristianismo, "é necessária ao marxismo para que não se feche na autocomplacência de um humanismo estático e para que alargue sempre mais a sua imagem do homem".

6. Max Horkheimer

Max Horkheimer nasceu em Estugarda aos 14 de fevereiro de 1895. Em 1930 foi chamado a Francoforte para dirigir o Instituto de Pesquisas Sociais. Este instituto de sociologia fora fundado em 1927 pelo marxista austríaco Karl Grunberg, que o dirigira por alguns anos. Para suceder a ele foi chamado justamente Horkheimer. Daí por diante o Instituto se tornou o ponto de convergência daquele conjunto de homens e de ideias novas do marxismo ocidental denominado *Escola de Francoforte*. O órgão oficial do Instituto era a *Zeitschrift fur Sozialforschung* ("Revista de pesquisas sociais"). O núcleo da Escola era formado, além de por Max Horkheimer, por Theodor W. Adorno, Herbert Marcuse e Erich Fromm.

Com o advento do nazismo, que, em 1934, decretou a supressão do Instituto, os seus membros mais representativos, inclusive Horkheimer, emigraram para os Estados Unidos. Naqueles anos difíceis Horkheimer conseguiu continuar, em Nova Iorque, na Universidade de Columbia, a obra começada em Francoforte. Graças ao seu interesse e ao seu empenho incansável, Adorno, Marcuse, Fromm, Pollock e outros estudiosos alemães, que haviam emigrado, puderam prosseguir as suas pesquisas e o seu ensino na *New School of Social Research*.

Voltando à Alemanha em 1950, Horkheimer tratou de reabrir o Instituto de Francoforte, adaptando e atualizando o seu programa às novas condições políticas e sociais.

As suas obras principais são: *Eclipse da razão, Crítica da razão instrumental, Teoria crítica* (coletânea de ensaios, em dois volumes), *A nostalgia do totalmente outro;* e, em colaboração com Adorno: *Lições de sociologia, Dialética do Iluminismo.*

A TEORIA CRÍTICA DA SOCIEDADE

Em sua qualidade de diretor, Max Horkheimer imprimiu ao Instituto de Pesquisas Sociais de Francoforte orientação precisa, bastante original e característica, de modo que hoje a denominação "Escola de Francoforte" designa determinada concepção filosófica, à semelhança das denominações "Círculo de Viena" e "Escola de Oxford". E como "Círculo de Viena" indica a filosofia neopositivista, e "Escola de Oxford" a filosofia analítica da linguagem, "Escola de Francoforte" é sinônimo de *teoria crítica da sociedade*.

O sentido desta expressão explica-o o próprio Horkheimer com as seguintes palavras: "A teoria crítica da sociedade tem por objeto os homens enquanto produtores da totalidade das suas forças históricas de vida".[41] Ela se propõe, portanto, oferecer uma compreensão global da sociedade, integrando num único complexo as diversas observações dos especialistas, para formar um quadro unitário da realidade.[42] Ela não quer ser nova filosofia, mas uma teoria complexiva da sociedade. Por isso, o seu programa consiste em "organizar, à base de questões filosóficas, pesquisas atuais, nas quais, em unidade continuada de trabalho, filósofos, sociólogos, economistas, historiadores e psicólogos, usando os mais refinados métodos científicos, se dediquem ao estudo de grandes questões filosóficas".[43]

O programa filosófico da teoria crítica corresponde largamente, como o reconhece o próprio Horkheimer, ao dos ideais alemães: trata-se, em ambos os casos, de promover o progresso da sociedade; mas os meios são diferentes. Para os idealistas, o meio é a atividade do pensamento; para Horkheimer é a atividade do trabalho social. Embora não exclua o pensamento, ela "não tende ao puro aumento do saber como tal, mas à emancipação do homem de relações que o tornam escravo".[44]

Dando absoluta prioridade ao trabalho, à prática, sobre o pensamento e a teoria, Horkheimer professa explícita fidelidade ao pensamento marxista. Outro ponto no qual está perfeitamente de acordo com Marx diz respeito à prioridade da sociedade sobre o indivíduo. O indivíduo é o que é não em decorrência de certas propriedades naturais ou de uma essência intangível, mas em consequência de determinadas relações sociais. "As qualidades humanas são perpetuamente influen-

---

[41] HORKHEIMER, M., *Teoria crítica*, Turim, 1974, II, 187.
[42] *Id., ibid.*, 135-186.
[43] *Id., Die Gegenwärtige Lage der Sozialphilosophie* in Frankfurter Universitätsreden, XXXVII, Francoforte, 1931, 11.
[44] *Id., Teoria crítica*, cit, 189.

ciadas e transformadas pelas mais variadas relações. Até o fato de certos traços humanos não se alterarem deve ser considerado como resultado de processos que se renovam, nos quais os indivíduos são envolvidos, e não a expressão do homem em si e por si".[45] "O indivíduo é determinado, na forma e no conteúdo, pela dinâmica da sociedade no seu todo. Em toda a sua contribuição, seja considerada na sua habilidade, seja no seu material de trabalho, agem não só a sua juventude e a sua educação, mas também todo o modo de condução da economia, as relações de dependência e as relações jurídicas da sociedade e, além disso, também os seus insucessos e as suas oportunidades passadas e possíveis. Em cada ato do indivíduo se entrelaçam indissoluvelmente momentos subjetivos e objetivos; não se pode dizer de nenhuma qualidade humana que já fosse, no estado embrionário, como é agora e que se tenha simplesmente desenvolvido. A contribuição do indivíduo não depende só dele, mas também da sociedade. Esta e o povo ou a nação certamente não são entidades diante das quais os indivíduos sejam puras nulidades. A dinâmica da sociedade pressupõe os indivíduos como *eles se* tornaram na história. Uma coisa é certa, porém: a gênese da capacidade e do trabalho de cada homem deve ser procurada não só nele, mas também no destino da sociedade em seu todo. Ela domina desde o princípio o desenvolvimento pessoal, seja na forma de relações duradouras, seja, de modo intermitente, na forma de eventos menores ou de catástrofes".[46]

Horkheimer se mantém rigorosamente fiel a Marx ainda em outro ponto fundamental, a saber, na negação da metafísica ou de uma esfera do real fora do mundo da natureza e da história. Para ele, como para Marx, a metafísica faz parte de concepção mitológica, pré-científica, do mundo, concepção esta liquidada pelo pensamento científico moderno.[47] Por isso os ideais que devem ser propostos ao homem e à sociedade, como também os critérios de apreciação de fatos e comportamentos, deverão ser procurados não em mundo transcendente, mas no âmbito da história.

Há, porém, alguns pontos significativos nos quais Horkheimer se afasta da interpretação oficial do pensamento marxista. Como Marcuse e

---

[45] *Id., ibid.,* cit, I, 198.
[46] *Id., ibid,* 217-218.
[47] *Id., ibid,* 31-66.

Bloch, também ele separa nitidamente o socialismo da política do partido comunista e critica este último como um grave obstáculo para a consecução do ideal da justiça social e das liberdades. Atribui, além disso, à dialética domínio mais vasto do que o que Marx lhe havia atribuído. Este domínio compreende, além das relações econômicas, também as culturais e inclui não só o trabalho, mas também o saber. Por fim, especialmente nos escritos mais amadurecidos, Horkheimer assumiu, em relação à religião, atitude de interesse e de apreço, rejeitando o juízo totalmente negativo de Marx e da maior parte dos seus seguidores.

CRÍTICA DA SOCIOLOGIA TRADICIONAL E DO ILUMINISMO

Na expressão "teoria crítica da sociedade", Horkheimer enfatiza o termo crítica porque a sua intenção não é oferecer descrição do estado atual da sociedade, mas denunciar as distorções, as injustiças, as opressões, os males que a sufocam e procurar as suas causas últimas. Pode-se comparar o seu trabalho com o de Kant; mas, enquanto o filósofo de Kõnigsberg submete ao tribunal da razão a metafísica e a religião, o filósofo de Francoforte aplica o crivo da crítica à sociedade.

Horkheimer não se limita, porém, a criticar as situações sociais; critica também as suas interpretações, isto é, as várias formas de sociologia, tanto as de cunho empirista e naturalista, desenvolvidas por Comte e pelos seus discípulos, como as de cunho idealista e espiritualista, elaboradas por alguns pensadores católicos e protestantes. A filosofia de Horkheimer é crítica em dois sentidos: por um lado critica a sociedade e a sociologia enquanto meras "naturalidades", "faticidade", à luz de um "dever ser" que não se encontra na realidade efetiva e que, como tal, só pode ser determinado por meio dos instrumentos conceituais da razão teorética; por outra lado, ela critica uma razão simplesmente abstrata que não leva em consideração os condicionamentos concretos do próprio pensamento filosófico — inaugurando assim um novo estilo de filosofar que se situa dentro da própria realidade histórica como tomada de consciência das suas contradições e ao mesmo tempo como projeto de libertação do homem.

Opondo-se aos estreitos limites de sociologia "positiva", calcada no modelo das ciências naturais, a qual se limita à constatação dos fatos, à sua classificação e à definição de leis objetivas, Horkheimer mostra a insuficiência deste método, inadequado para colher a "totalidade" dos fenômenos sociais e, especialmente, incapaz de projetar o modelo de sociedade mais justa e mais livre, diferente da atual.

O ponto de partida das críticas de Horkheimer à sociologia tradicional é precisamente a afirmação segundo a qual o seu objeto, a saber, a sociedade, não é redutível a fato natural, mas é evento histórico que, enquanto tal, é susceptível de transformações que escapam aos métodos da pesquisa empírica. Essencialmente aberto para o futuro, o devir histórico implica, além de um olhar retrospectivo sobre o passado, um conhecimento objetivo dos fins. À medida que a sociologia se limita à observação dos fatos, rejeitando como não científica toda apreciação crítica da ordem existente, ela se fecha para a possibilidade de projetar fins diferentes dos que imperam no sistema.

A função principal da sociologia, segundo Horkheimer, é, como já vimos, oferecer interpretação complexiva da sociedade entendida como fenômeno histórico e dinâmico. A sociedade não é produto natural, nem alguma coisa que se tenha constituído de improviso; ela é o resultado de longo processo histórico. A sua compreensão exige, portanto, conhecimento adequado dos fatores históricos que a precederam e determinaram.

Partindo deste pressuposto elementar, Horkheimer (junto com seu colega e amigo Theodor Adorno) fez estudo acurado sobre as origens da sociedade contemporânea. Em sua opinião, ela estende suas raízes até o Iluminismo; é da concepção iluminista do conhecimento e da existência que lhe advém suas qualidades e seus defeitos.

Na definição de Kant, o Iluminismo é "a saída do homem do estado de menoridade, do qual ele mesmo é culpado. Menoridade é incapacidade de servir-se do próprio intelecto sem ser guiado por outrem".[48] Na maturidade, o homem se guia unicamente pela razão. O primeiro inimigo do iluminismo é, pois, o mito em todas as suas formas; por isso, o iluminismo tende a suprimi-lo e a substituí-lo pela ciência. Mas, ao combater o mito, o iluminismo — por jogo dialético paradoxal — toma, também ele, a forma de mito. Para cada mito que abate, "incorre, por sua vez, no encantamento mítico: o mito passa para o iluminismo".[49] Isto acontece porque o poder arrancado aos mitos é assumido pelo saber. O saber é a

---

[48]Cit. em HORKHEIMER, M.-ADORNO, Th., *Dialettica del'Illuminismo*, Turim, 1966, 90.
[49]*Id., ibid.*, 19-20.

nova forma de poder: "poder e conhecer são sinônimos".⁵⁰ Elevando-se acima do mundo, o saber iluminista toma a forma de hierarquia olímpica dos deuses míticos. E, uma vez entronizado nas esferas hierárquicas da divindade, o pensamento consumou definitivamente a sua separação do mundo: agora pode considerar o mundo, senão como sua criação, pelo menos como matéria para a sua manipulação. Este é o último ato da distorção iluminista, o qual em seguida se torna manifesto no pensamento classificador e calculador da técnica: "Por último, na ciência atual da sociedade industrial, o ser é visto pelo aspecto de manipulação e administração. Tudo se torna processo repetível e substituível, simples exemplo dos módulos conceituais do sistema: também o indivíduo".⁵¹

Na opinião de Horkheimer, a manipulação, a exploração, a opressão que se verificam em nossa sociedade são a consequência direta da concepção iluminista do saber e do múnus que o iluminismo quis atribuir ao saber.

Mas, segundo Horkheimer, a razão não é somente artífice, mas também vítima dos males provocados pelo iluminismo. De fato, em consequência do processo de subjetivação verificado a partir de Descartes, a razão perdeu a dimensão teorética, objetiva, transcendente, que tinha no pensamento clássico. Em decorrência disso, cessou de procurar os fins últimos, que conferem significado à vida humana, e se transformou em simples instrumento de cálculo e de coordenação de meios e fins imediatos, de qualquer natureza. Nesta perspectiva, consideram-se "racionais" comportamento, coisa, ideia quando servem para outra coisa, isto é, quando são meio adequado para o escopo a conseguir; mas não existe a possibilidade de avaliar a racionalidade do fim como tal: "Nenhum fim é racional em si, e não há sentido em procurar estabelecer, entre dois fins, qual deles é o mais 'racional'; do ponto de vista subjetivista, semelhante comparação só. É possível quando dois fins servem a terceiro, superior a ambos, isto é, quando não são fins, e sim meios".⁵² Na instrumentalização radical da razão, tudo se torna intermediário, num processo indefinido que relativiza todos os valores: "Nada — sequer a prosperidade material, que parece ter substituído

---

⁵⁰ *Id., ibid.*, 13.
⁵¹ *Id., ibid.*, 93.
⁵² HORKHEIMER, M., *Eclisse della ragione*, Turim, 1969, 13.

a salvação da alma como fim supremo do homem — tem valor em si; nenhum fim, enquanto tal, é melhor do que outro".⁵³

Aparentemente a transformação da razão objetiva em razão subjetiva assinala o triunfo do eu, como vem descrito no "super-homem" de Nietzsche: desobrigado de toda lei moral, pode realizar-se na afirmação incontrolada dos próprios instintos vitais, sacrificando os fracos, os pobres, os doentes, os analfabetos, transformados agora em objeto de domínio e de exploração dos mais fortes, dos "animais ferozes". Nietzsche teve o mérito de proclamar em voz alta, sem justificações hipócritas, qual é a moral vigente de fato na sociedade burguesa. Na realidade, porém, a libertação do homem de toda norma ética levou à subordinação do indivíduo às forças cegas da natureza e à lógica irracional do aparelho e, com isso, desaguou na manipulação e no domínio do homem sobre o homem.⁵⁴

SOCIEDADE IDEAL

A pesquisa filosófica de Horkheimer não se esgota nesta crítica rigorosa aos fundamentos iluministas da nossa sociedade. Ela exerce função positiva, perseguindo os mesmos objetivos que o iluminismo procurara, mas que depois inexplicavelmente traíra, como a libertação do homem dos poderes constituídos, dos mitos do passado, do medo da morte e do além etc. De fato, o seu pensamento crítico, que se põe dentro do processo da razão iluminista para denunciar os seus limites e as suas aberrações, não é nem quer ser retorno a formas irracionais, que hoje voltam a pulular no seio da cultura contemporânea; ele deseja ser realização da instância fundamental do iluminismo, a de liberdade e felicidade.

O ideal que Horkheimer propõe à sociedade é "a felicidade de todos os indivíduos" neste mundo.⁵⁵ A realização deste objetivo se obtém pela adequação da vida social às necessidades da generalidade, "uma forma social na qual os homens organizem conscientemente o seu trabalho de acordo com os seus interesses e fins, readaptando-se a eles constantemente. A transparência e a adequação da relação entre o agir do indivíduo e a vida da sociedade bastam por si mesmas para motivar

---

⁵³*Id., ibid*, 14.
⁵⁴*Id., ibid*, 87.
⁵⁵*Id., Teoria critica*, cit, II, 191.

a existência individual. A racionalidade desta relação é o único sentido do trabalho. Se for realizada e se a multiplicidade de ações aparentemente livres for substituída pela sociedade dedicada conscientemente a proteger e desenvolver a própria vida contra a ameaçadora potência natural, esta atividade de homens livres não poderá ser motivada de modo mais profundo. A vida da sociedade enquanto resultado intencional do trabalho comum de todos não pode ser reduzida à aceitação livre de destinação eterna e não realiza nenhum sentido. Quando satisfazem seus desejos e suas necessidades mutáveis e quando se defendem da morte, os homens o fazem certamente não por pensarem que assim agindo obedecem a exigência absoluta, mas por continuarem aspirando à felicidade e tendo horror à morte. A ideia de poder protetor exterior à humanidade desaparecerá no futuro. Uma vez que as relações entre os homens não serão mais mediadas pela fé neste conforto, mas pela consciência deles de estarem abandonados, estas suas relações se tornarão imediatas. Quando a relação dos homens com o próprio trabalho for reconhecida como relação recíproca deles e como tal organizada, os preceitos morais estarão "superados". No passado o seu pressuposto era a divisão de interesses na sociedade. Não que a preocupação por causa da finitude dos indivíduos e da humanidade tenha perdido a sua razão de ser; mas porque à medida que desta finitude resultam energias, elas não vão mais no sentido da metafísica, esta miragem de segurança gerada pelo pensamento, mas confluem todas para a luta social prática por segurança real contra a miséria e a morte".[56]

Como se vê da passagem que acabamos de citar (e que data de 1935), ao determinar as finalidades últimas do indivíduo e da sociedade, Horkheimer se atém à concepção rigorosamente historicista, imanentista e materialista do marxismo tradicional: a vida humana (do indivíduo e da sociedade) tem sentido pleno e acabado dentro do arco do tempo, e não é necessário apelar para outro mundo (metafísico e religioso), nem para outra vida (espiritual e eterna) para conferir-lhe justificação adequada.

ABERTURA TEOLÓGICA

A nostalgia do totalmente Outro (1970), um dos últimos escritos de Horkheimer, deixa transparecer mudança significativa de atitude

[56] *Id., ibid.,* I, 201.

diante do tema religioso: nesta obra ele se mostra propenso a aceitar uma abertura para a transcendência absoluta, isto é, uma abertura teológica. Não no sentido positivo ou de afirmação explícita de Deus, mas apenas no sentido negativo; nem por isso, contudo, menos importante, já que se trata de encaminhamento bem preciso para a Transcendência.

O pensamento humano, enquanto histórico e finito segundo Horkheimer, não só não pode conhecer adequadamente a realidade infinita de Deus como também não pode pronunciar-se sobre a sua existência. E no entanto, é possível perceber na própria contingência do mundo, na injustiça que domina a história humana, a exigência de realidade absoluta, de justiça infinita: "Teologia significa aqui a consciência de que o mundo é fenômeno, de que não é a verdade absoluta, a qual é somente a realidade última. Teologia é a esperança de que, não obstante esta injustiça que caracteriza o mundo, não acontecerá que ela, a injustiça, seja a última palavra".[57]

Como Kant, Horkheimer parece admitir, com base em postulado da vida moral, a necessidade de Valor absoluto: "Todas as tentativas de fundar a moral sobre uma sabedoria deste mundo, em vez de sobre a referência de um além — também Kant não contradisse sempre esta inclinação — repousam em ilusões de concordâncias impossíveis. Tudo o que entra em relação com a moral remete, em última instância, à teologia. Toda moral, pelo menos nos países ocidentais, funde-se na teologia — apesar de envidar todos os esforços para se manter devidamente distanciada dela".[58]

A consciência moral se revolta diante da perspectiva de que o algoz possa ter sempre razão contra a vítima. Ainda que o sofrimento dos pobres, dos explorados, dos oprimidos devesse servir para a edificação de uma sociedade mais justa, isto não justificaria as injustiças cometidas: "Nostalgia de justiça perfeita e consumada. Esta jamais se realizará na história; de fato, ainda que uma sociedade melhor substituísse a atual desordem social, jamais seria reparada a injustiça passada, nem eliminada a miséria da natureza circunstante".[59]

Nesta confissão da exigência insuprimível de justiça suprema, diante da qual serão chamadas a se apresentar todas as consciências individuais,

---

[57] Id., *La nostalgia del totalmente altro*, Bréscia, 1972, 74-75.
[58] Id., ibid, 74.
[59] Id., ibid, 82.

Horkheimer superou implicitamente os limites de perspectiva historicista e imanentista. Trata-se, porém, somente de sentimento — o termo "nostalgia" é significativo — que não pode ser justificado racionalmente: "Não podemos apelar para Deus. Podemos somente agir com o sentimento interior da presença de Deus em nós".[60] O apelo a Deus é, pois, em Horkheimer, como também em Kant, apenas postulado do agir humano, postulado da ordem moral e da liberdade. Este postulado é aceito em nome de fé cega num sentido último da existência humana, excluindo-se categoricamente que se possa traduzi-lo nas categorias lógicas da razão: "A questão central para mim é que Deus não é representável e que, não obstante, este não-representável é objeto da nossa nostalgia".[61]

Assim, neste ponto como em outros, Horkheimer continua vítima daquele mesmo preconceito iluminista que criticou, tão aguda e duramente, o preconceito que relega a fé para o reino dos mitos e das superstições, incompatíveis com a autonomia de uma razão que encontrou na evidência das ciências matemáticas e na verificabilidade das ciências positivas o seu modelo e o seu limite.

A teoria crítica da sociedade elaborada por Horkheimer e pelos outros membros da Escola de Francoforte suscitou grande interesse e recebeu o consenso de muitos, principalmente pela denúncia do caráter expressivo da nossa sociedade, pela indicação das causas deste estado de manipulação dos indivíduos e das consciências, na concepção iluminista do saber, e pela tentativa de impedir que os homens se percam nas ideias e nos modos de comportamento que a sociedade lhes oferece através de sua organização.

As teorias de Horkheimer, ao lado das de Marcuse e Adorno, elevaram-se a ideologia de uma geração e constituíram o fermento principal da revolução estudantil de 1968 na França.

É lícito e imperioso, contudo, perguntar se os pressupostos historicistas, imanentistas e materialistas dos quais parte Horkheimer oferecem base adequada à sua crítica radical à sociedade atual. Com efeito, a negação de uma ordem absoluta, objetiva e transcendente torna bastante precária a missão da "razão crítica". De fato, se os nossos conceitos e os nossos valores de justiça, igualdade e liberdade são históricos e relativos,

---

[60] *Id., ibid*, 85.
[61] *Id., ibid*, 91.

condicionados pela estrutura econômica da sociedade na qual surgiram, qualquer tentativa de negar a irracionalidade da ordem constituída, de sanar "a ruptura entre ideia e realidade", adequando o real ao ideal, mostra-se, por sua vez, aleatória e destituída de fundamento objetivo. E se acaba reincidindo naquela instrumentalização da razão subjetiva que o próprio Horkheimer criticou com tanta penetração.

Em seus últimos escritos, como vimos, Horkheimer se deu conta de que uma crítica radical e conclusiva exige a superação do círculo da imanência e da história e declarou que "a teoria crítica contém ao menos uma remissão ao teológico, ao Outro".[62]

7. Theodor W. Adorno

Quando se fala de Horkheimer não se pode deixar de fazer referência a Adorno, como ao se falar de Marx não se pode omitir uma palavra sobre Engels. Trata-se, em ambos os casos, de amigos que não se limitaram a se encontrar frequentemente, a participar das mesmas alegrias e das mesmas dores, trocando ideias, discutindo programas e formulando teorias. Eles pensaram e escreveram juntos, de modo que, em muitos casos, não é possível estabelecer com exatidão qual deles é o autor de um escrito ou de uma tese.

Horkheimer e Adorno são cofundadores do célebre Instituto de Pesquisas Sociais de Francoforte. As duas obras fundamentais *Dialética do Iluminismo* (1947) e *Lições de sociologia* (1956) trazem a assinatura de ambos. Mas a sua colaboração abrange muitos outros escritos e iniciativas. Também a sua odisseia interior passou pelas mesmas metamorfoses. Marxistas convictos até o refúgio nos Estados Unidos, durante a perseguição nazista, renegaram mais tarde e desaprovaram abertamente o pensamento de Marx como ideologia e como filosofia.

O interesse especulativo de Theodor Adorno se estende à sociologia, à estética e à gnosiologia. Na obra *Kierkegaard. A construção da estética*, Adorno não analisa o problema da arte em si mesma, isto é, a sua essência e as suas características fundamentais, mas as características psicológicas do sentimento estético. Em *Filosofia da música moderna*, ele expõe a tese segundo a qual a filosofia fala ao filósofo em termos

---

[62]*Id., ibid*, 90.

musicais, enquanto a música, por sua vez, fala ao músico numa linguagem filosófica. A pesquisa nasce de uma fenomenologia complexa da linguagem musical, numa perspectiva de intensa participação na crise cultural moderna. Em *Sobre a metacrítica da gnosiologia. Estudos sobre Husserl e sobre as antinomias fenomenológicas,* aborda ele o problema do conhecimento e o resolve em sentido mais hegeliano do que marxista. Adorno reconhece tanto a Hegel como a Husserl a afirmação do princípio idealista segundo o qual o sujeito resolve em si o objeto do conhecimento e toda a realidade: o real, para ser pensado, deve ser concebido.

Nas obras escritas em colaboração com Horkheimer, Adorno estuda problemas fundamentais como os relativos à estrutura da sociedade, à natureza do progresso, ao valor da ciência etc. Além do que dissemos atrás, quando estudamos Horkheimer, desejamos sublinhar aqui os pontos seguintes:

A "TEORIA CRÍTICA" DE ADORNO

A teoria social elaborada por Adorno não tem a intenção de oferecer um quadro global da sociedade em sentido absoluto, mas uma compreensão provisória da realidade social num determinado momento histórico. Ela é essencialmente crítica enquanto não se propõe explicar e ratificar a realidade existente, mas procurar a meta perseguida pelo homem de uma sociedade mais racional. A "teoria crítica" se apresenta intencionalmente como teoria do fragmento histórico, isto é, como teoria fragmentária. Excluindo a totalidade, Adorno não quer cair no fragmentarismo. Com a teoria crítica, seu objetivo é integrar num único complexo as diversas observações dos especialistas para ter um quadro unitário da realidade.

É duro o ataque de Adorno à ciência. Ao modelo científico (que é o modelo constantemente patrocinado, do Iluminismo em diante) move ele a acusação (certamente não infundada) de ter assumido, no conjunto da sociedade, a forma direta da exploração e da manipulação, a forma do *domínio*. Isto se deu especialmente através da elaboração dos grandes sistemas ideológicos que pedem o sacrifício do homem, do indivíduo. É o totalitarismo do sistema ideológico. O indivíduo como tal é sacrificado e, cedo ou tarde, sentir-se-á apenas uma nulidade; a grande obra da sociedade moderna, apesar de servi-lo e justamente servindo-o, faz-lhe sentir que a obra pode muito bem prescindir dele, ao passo que ele não pode prescindir da obra. E assim precisamente o indivíduo, o único do qual depende o essencial, teve sua posição invertida, tornando-se dependente do inessencial. O essencial é a liberdade. Não, porém, a liberdade de fazer ou de ser isto ou aquilo, isto é, a liberdade, por assim dizer, de especificação, a liberdade categorizada, mas a liberdade transcendental, que equivale à própria individualidade.

Esta defesa apaixonada e corajosa da liberdade como valor absoluto da pessoa humana, que não pode ser subordinada nem instrumentalizada por nenhum corpo social, deve ser incluída entre as contribuições mais significativas de Adorno ao pensamento filosófico do nosso tempo.

BIBLIOGRAFIA

Sobre Gramsci

TOGLIATTI, P., *Gramsci*, Roma, 1948, 2ª ed.; LENTINI G., *Croce e Gramsci*, Palermo-Roma, 1967; POZZOLINI, A., *Che cosa ha veramente detto Gramsci*, Roma, 1968; CAMMETT, J. M., A. *Gramsci and the Origins of Italian Communism*, Stanford, 1967; NARDONE, G., *Il pensiero di Gramsci*, Bari, 1971; ORMEA, F., *Gramsci e il futuro dell'uomo*, Roma, 1974.

Sobre Marcuse

PERLINI, T., *Che cosa ha veramente detto Marcuse*, Roma, 1968; VIANO, C. A., *Marcuse o i rimorsi dell'hegelismo perduto*, in Rivista di filosofia, 1968, n. 2; CARANDINI, P., *La dimensione di Marcuse*, in Quaderni di sociologia, 1968, n. 4; FAGONE, V., *La critica della ragione tecnica nella filosofia di Marcuse*, in La civiltà cattolica, 1970, II, 340-353.

Sobre Bloch

HOLZ, H., *Il filosofo Ernst Bloch e la sua opera* in BLOCH, E., *Dialettica e speranza*, Florença, 1967; FURTER, P., *L'espérance selon E. Bloch* in Revue de théologie et philosophie, 1965, 286-301; MONDIN, B., *I teologi della speranza*, Turim-Bolonha, 1974, 2ª ed.; vv. AA., *Ernst Bloch zu ehren. Festschrift zum 80, Geburtstag*, Francoforte sobre o Meno, 1965.

Sobre Horkheimer

RUSCONI, G. E., *La storia critica della società*, Bolonha, 1968; Schmidt, A.-RUSCONI, G. E., *La Scuola di Francoforte. Origini e significato attuale*, Bari, 1972; FAGONE, V., *Max Horkheimer e l'origine della Teoria critica della società* in La civiltà cattolica, 1974, II, 527-543.

XIV
OS EPISTEMÓLOGOS
(relação entre filosofia e ciência)

Desde quando Augusto Comte negou à filosofia uma esfera própria e lhe atribuiu como tarefa específica o estudo das ciências, a determinação dos seus objetos e das suas competências, a sua divisão e coordenação, os filósofos voltaram a sua atenção cada vez mais para a ciência, que se tornou para muitos o tema principal e central de análise.

De resto, uma pesquisa mais atenta e aprofundada das características e das funções do saber científico era reclamada não só pela orientação positivista da filosofia como também pelos imensos desenvolvimentos e pela importância extraordinária que a ciência viera adquirindo nos últimos dois séculos como saber extremamente fecundo e prático.

Dessas situações originou-se uma disciplina especial denominada filosofia da ciência ou epistemologia. Ela se identifica "com a crítica metodológica da ciência à medida que tal crítica tende à explicitação consciente e sistemática do método e das condições de validade dos juízos — particulares, singulares e universais — emitidos pelos cientistas e procura assim 'reconstrução racional', convencionalmente qualificada de empírico pragmática, do conceito de conhecimento científico".[1]

As interrogações às quais a epistemologia se propõe responder são as seguintes: "Que é conhecimento científico? Em outras palavras, em que consiste propriamente o trabalho do cientista? Que coisa faz ele como cientista? Interpreta, descreve, explica, prevê? O que ele diz são somente conjecturas ou são asserções (gerais ou singulares) que refletem fielmente traços (gerais ou singulares) dos fatos? E quando o cientista explica, que coisa explica dos 'fatos'? A função, a origem, a gênese, a essência, a finalidade? Qual é o *status lógico* das leis para a ciência? São

---

[1]PASQUINELLI, A., *Nuovi principi di epistemologia*, Milão, 1964, 56.

elas o resultado de processos indutivos (e que significa *indução*, para a ciência?) ou conjeturas da fantasia científica, que deverão ser submetidas a uma terrível luta (provas empíricas) pela existência? Mais: em que sentido se fala de *causalidade* (e de causas) nas ciências empíricas? Quando é que podemos dizer que uma teoria é 'melhor' do que outra? E que coisa se deve entender quando dizemos que as ciências empíricas são *objetivas*? Qual é o papel da experiência na pesquisa científica? São interrogações estas que brotam da pergunta inicial: *que é conhecimento científico*".[2]

Elas começaram a impor-se à atenção dos filósofos pelos fins do século XIX, com Boutroux, Poincaré, Duhem, Mach e outros, quando o otimismo confiante e a exaltação cega da ciência cedeu o lugar a atitude do ceticismo comedido e da crítica penetrante diante do conhecimento científico. É justamente à tomada de consciência da problemática de tal conhecimento (consciência que ainda estava ausente em Descartes, Newton, Kant, Comte, Spencer e outros) que se deve o nascimento e o desenvolvimento da filosofia da ciência ou epistemologia.

Os primeiros resultados significativos desta nova disciplina situam-se no campo da matemática e no da geometria, as quais não são mais consideradas como ciências reais, como representações de situações objetivas, mas como construções formais, como sistemas fundados em postulados escolhidos arbitrariamente e construídos com a técnica da dedução lógica das consequências que tais postulados comportam. Assim, por obra de Hilbert, Poincaré, Peano, Riemann, Frege, Russell e outros estudiosos, a matemática e a geometria tomam consciência da sua especificidade como ciências do possível, distintas da física, que é ciência do real.

Quanto à física e às ciências experimentais em geral, passa-se da visão estática e mecanicista para visão dinâmica, probabilista e relativista das leis da natureza. Esta mudança foi motivada pela descoberta da entropia, da radioatividade, da relatividade, dos *quanta* etc. Em consequência de tais descobertas, os conceitos de espaço e de tempo absolutos, como também os de simultaneidade, perderam todo o seu valor. A ideia de espaço curvo toma a ideia euclidiana de espaço retilíneo; a ideia de relações necessárias de causalidade é substituída pela ideia de indeterminação.

---

[2]ANTISERI, D., *La filosofia del linguaggio*, Bréscia, 1973, 95.

No começo do século XIX adquire relevo, nas ciências da natureza, uma série de questões filosóficas relativas ao caráter e à função do conhecimento experimental. As ciências naturais figuram no campo do saber não mais como conhecimento absoluto, alimentado por pretensões imperialistas, mas como forma singular de conhecimento, com características e limites próprios. O seu campo é a quantidade. Deste modo a física adquire perfil matemático, relegando para segundo plano as intenções ontológicas e os elementos sensíveis. Daqui a tendência a reduzir o conhecimento experimental a puros dados métricos e ao esquema relacional de tais dados. Este esforço de quantificação e matematização da física acentua os traços que a distinguem tanto do conhecimento comum quanto do filosófico.

Quanto à filosofia da ciência propriamente dita, teve desenvolvimento considerável no século XX, dando origem a três importantes movimentos: o neopositivismo, a interpretação metafísica e o racionalismo científico.

1. O neopositivismo: Russell e Popper

Tratamos, no capítulo anterior, da origem, do desenvolvimento e dos caracteres gerais do neopositivismo. Como dissemos na oportunidade, ele se propõe efetuar a revisão de todo o saber humano a partir da ciência experimental, dando a ela valor absoluto e deixando de lado todas as outras formas de conhecimento, em particular a metafísica e a religião.

Os neopositivistas dividem as ciências em dois grandes grupos: a) ciências lógico-matemáticas, b) ciências experimentais. As primeiras constituem-nas proposições analíticas ou tautológicas, e as segundas, proposições fatuais. As proposições lógicas e matemáticas, destituídas de conteúdo, não são mais do que regras para a utilização dos símbolos e para a disposição das proposições. As proposições experimentais ou fatuais são as que podem ser verificadas empiricamente: para isto elas devem ser traduzíveis em proposições de caráter empírico.

Além de Schlick, Wittgenstein, Carnap e Ayer, dos quais falamos no capítulo XI, os mais destacados representantes do neopositivismo são Bertrand Russel e Karl Popper.

BERTRAND RUSSELL

Bertrand Russell (1872-1970) é, sem dúvida, o filósofo mais célebre do nosso século: graças a um engenho multiforme, à participação ativa e corajosa na vida política e à popularidade dos seus escritos, adquiriu fama que supera de longe a que normalmente consegue o filósofo de profissão. A maior parte das suas obras foi traduzida em todas as línguas europeias e nas línguas orientais mais importantes. Recordemos, dentre elas, as mais significativas: *The Principles of Mathematics*, Cambridge, 1903; *Principia mathematica* (em colaboração com A. N. Whitehead), Cambridge, 1910-1913, 3 v.; *Philosophical Essays*, Londres, 1910; *Introduction to Mathematical Philosophy*, Nova Iorque, 1919; *Why I am not a Christian*, Londres, 1927; *A History of Western Philosophy*, Nova Iorque, 1945; *An Inquiry into Meaning and Truth*, Nova Iorque, 1940; *Human Knowledge: its Scope and Limits*, Londres, 1948.

Russell foi espírito profundamente inquieto e jamais satisfeito com as soluções adquiridas; seu pensamento estava em constante evolução. Aderiu sucessivamente ao idealismo, ao realismo, ao neopositivismo, à análise linguística, ao fenomenismo. Se existe um autor do qual se possa dizer que para ele a filosofia não consiste na descoberta da verdade, mas na sua constante e jamais terminada procura, este é Russel. Mas, apesar da perene instabilidade e das mudanças, às vezes radicais, de pontos de vista, de teorias, de sistemas, há uma perspectiva de fundo à qual ele sempre se manteve fiel durante sua quase centenária existência: a perspectiva própria da filosofia inglesa, a qual se caracteriza por forte apego à experiência e por acentuado interesse pelas questões de ordem epistemológica e moral, e não metafísica e teológica. Os setores aos quais deu contribuição singular são, pois, logicamente os da filosofia, da ciência e da linguagem, da gnosiologia e da ética.

Em *Principia Mathematica* (obra escrita em colaboração com outro eminente filósofo e matemático inglês, A. N. Whitehead), Russell levou a termo pesquisa iniciada por George Boole (1815-1864), Gottlob Frege (1848-1902) e Giuseppe Peano (1858-1932), mostrando que a matemática é redutível à lógica, no sentido de que pode desenvolver-se de premissas puramente lógicas e de conceitos que podem ser definidos em termos lógicos. Isto não significa, obviamente, que na prática se possa tomar ao acaso uma fórmula complicada de matemática e traduzi-la imediatamente em simples termos lógicos. Mas, em linha de princípio, toda a matemática pura pode ser tirada de premissas lógicas, porque, segundo ele, a matemática é a medula da lógica.

PROBLEMA LÓGICO

Na lógica são importantes as considerações de Russell em torno da definição dos indivíduos, das classes, dos tipos e das "descrições" *(descriptions)*. A propriedade dos indivíduos é serem membros de uma classe, enquanto é propriedade das classes serem membros de um ou mais tipos. E como um indivíduo não é membro de si mesmo, também uma classe não é membro de si mesma, mas somente de classe superior, isto é, de um tipo (p. ex., Pedro é membro de clube local de artistas; o clube local, por sua vez, é membro da sociedade nacional de artistas).

Outra observação importante refere-se à diferença entre significação e denotação. Os nomes de indivíduos não só significam, mas também denotam alguma coisa, isto é, designam uma entidade real. Já as classes e os tipos são dotados somente de significação. Russell os chama por isso, de símbolos incompletos (são completos somente os que têm significação e denotação). Com essas fórmulas, Russell faz sua a clássica posição aristotélica — a que reconhece existência somente aos indivíduos — e rejeita a posição platônica, que afirma a existência também das classes e dos tipos (Ideias universais).

Também as descrições *(descriptions)*, os títulos (p. ex., "o prisioneiro de Santa Helena", "o vencedor de Lepanto", "o herói dos dois mundos", "o autor de *Os Lusíadas*" e outros) não têm, segundo Russell, valor de nomes próprios e, por isso, não denotam necessariamente entidades reais. Os nomes próprios (Sócrates, Platão, Cícero e outros) são, sem dúvida, denotativos e têm objeto real correspondente. Já uma expressão descritiva, não sendo nome, pode não corresponder a nenhum objeto real; em todo caso, sua função numa proposição não é denotar. Por isso também as descrições são símbolos incompletos.

Todos os símbolos incompletos têm em comum a propriedade de privar da função denotativa as proposições nas quais figuram. As proposições nas quais se encontram não dizem nenhuma coisa verdadeira ou falsa, mas somente alguma coisa sensata ou não sensata, conforme sejam os símbolos incompletos aplicáveis ou não ao sujeito ou ao predicado ao qual são referidos.

A teoria russelliana (a respeito do valor puramente significativo e não denotativo) das descrições provocou muitas discussões. Observou-se que, aplicada de modo absoluto e universal, ela conduz a uma consequência paradoxal, a saber, que também a expressão "o autor dos *Princípios da matemática*" é destituída de valor denotativo. Mas Russell tem razão em insistir que muitas expressões descritivas como "a montanha de ouro" são destituídas de denotação. Com a teoria das "descrições" ele se propõe varrer certas entidades fantásticas com as quais os filósofos superpovoaram o universo. Ela tem o mesmo escopo que a célebre "navalha de Occam".

PROBLEMA GNOSIOLÓGICO

Após aderir sucessivamente às posições idealistas (de Alexander e Bradley) e realistas (de Moore), Russell se firmou definitivamente, em gnosiologia, na posição empirista. O conhecimento o resolve em puros dados sensoriais *(sense-data)* : tanto o mundo do conhecimento comum como o da ciência são construções lógicas tiradas dos dados sensoriais. Desta regra não escapa nem o sujeito. Russell o considera à maneira de Hume, isto é, como feixe de sensações, às quais prefere dar a designação de "classes de particulares", entendendo obviamente por "particulares" os dados sensoriais. O mesmo vale para a pessoa. "Uma pessoa é certa série de experiências"[3] cujos membros têm certa relação R entre si, de modo que uma pessoa pode ser definida como a classe de todas as experiências que estão unidas entre si pela relação R. Também o corpo e a alma define-os Russell em termos de classes de dados sensoriais: trata-se, em ambos os casos, de construções lógicas tiradas de particulares que não são nem mentais, materiais, mas neutros.

Para entender retamente o pensamento de Russell neste ponto é necessário ter presente a seguinte observação de Copleston: "A teoria das construções lógicas não pretende que se renuncie a falar de mentes, de um lado, e de objetos materiais, do outro. Dizer, p. ex., que uma proposição na qual se fala de mesa pode, em linha de princípio, ser traduzida em proposições nas quais se faz referência somente a dados sensoriais, desaparecendo a palavra 'mesa', não equivale a excluir a utilidade de se falar de mesas. Com efeito, no contexto da linguagem habitual e para as

---

[3]RUSSELL, B., *Logic and Knowledge,* Londres-Nova Iorque, 1956, 277.

suas finalidades, é perfeitamente verdadeiro que existam mesas, embora, do ponto de vista do filósofo analítico, a mesa seja construção lógica tirada de dados sensoriais *(sense-data)*. A linguagem da física atômica, p. ex., não torna ilegítima a linguagem corrente. Para os fins da vida diária, somos perfeitamente autorizados a continuar falando de plantas e de pedras; não devemos fazer uso da linguagem dos átomos. E se a análise filosófica nos leva a considerar as entidades da ciência física, p. ex., os átomos, como construções lógicas, isto não torna ilegítima a linguagem da ciência física. Os diferentes níveis da linguagem podem coexistir e são usados para fins diferentes, em contextos diferentes. Não deveriam, por isso; ser confundidos; um nível não exclui os outros".[4]

PROBLEMA DA VERDADE

Na concepção "atomística" do conhecimento que segue Russell, o problema da verdade resolve-se segundo a doutrina clássica da correspondência *(adaequatio intellectus et rei*, "adequação do intelecto com a coisa"): entre os juízos e as proposições, de um lado, e a realidade objetiva e os eventos, do outro. Proposição que afirma ou que nega um fato é verdadeira ou falsa; é a relação com o fato que a torna verdadeira ou falsa. Numa linguagem logicamente perfeita (na qual todas as partes da proposição estivessem no lugar que lhes compete), "as palavras da proposição deveriam corresponder, uma a uma, aos elementos constitutivos do fato do qual se trata — exceptuando-se apenas palavras como 'ou', 'não', 'se', 'portanto', as quais têm outra função".[5] Como se vê, fazendo sua a teoria exposta por Wittgenstein no *Tractatus*, Russell é de opinião que numa linguagem perfeita há identidade de estrutura entre o fato afirmado ou negado e a sua representação simbólica, a proposição. Por isso, se existem fatos atômicos, deve haver proposições atômicas. Segundo Russell, é possível, partindo de tais proposições atômicas, desenvolver linguagem perfeita e completa que seja a representação simbólica de todo o universo.

Mas nem sempre seguiu Russell esta concepção "dualista" da verdade. Em *Analysis of the Mind* (1921) abandona a distinção entre sensações e objetos externos para aceitar teoria monista segundo a qual

---

[4]COPPLESTON, F., *History of Philosophy*, Westminster, 1966, VIII, 442-443.
[5]RUSSELL, B., *o.c.*, 197.

tanto as sensações como os objetos externos são construções lógicas tiradas de eventos particulares, que não são nem mentais, nem materiais, mas neutros. Aceitando, porém, a monismo, Russell deve aceitar também o solipsismo. E, na verdade, não hesita em afirmar que, embora — a minha experiência me induza a crer na existência de outras mentes, "seria possível para mim, de ponto de vista puramente lógico, ter estas mesmas experiências, ainda que não existissem outras mentes".[6] Mas, ainda que logicamente possível, o solipsismo dificilmente poderá ser aceito. Se for considerado como implicando a afirmação dogmática de que "só eu existo", ninguém acreditará em nós. Se ele for tomado como asserção das teses segundo as quais não existem razões válidas para afirmar ou negar que exista alguma coisa fora da minha experiência, a coerência exige que se duvide de ter havido passado e de que haverá futuro. Porque os motivos para crermos que tivemos experiências no passado não são mais fortes do que os que temos para crer em objetos externos. As duas crenças dependem de argumentações indutivas. E se pomos em dúvida a existência de objetos externos, devemos pôr em dúvida o nosso passado. Mas "nenhum solipsista chega a este ponto".[7] Em outras palavras, nenhum solipsista é coerente até o fim.

PROBLEMA DA LINGUAGEM

Outro problema do qual Russell se ocupa frequentemente em seus escritos é o da linguagem. Dá a maior importância à filosofia da linguagem: "podemos, pelo estudo da sintaxe, obter conhecimento considerável da estrutura do mundo".[8] "Conclusões metafísicas muito importantes, de caráter mais ou menos céptico, podem-se de considerações sobre a relação entre a linguagem e as coisas".[9]

Nesta matéria a posição de Russell está tão próxima da dos neopositivistas que muitas vezes foi e ainda é confundida com ela. Existem, de fato, vários pontos em comum entre ele e os neopositivistas: a mesma elevação da linguagem científica a linguagem ideal, a mesma absolutização da experiência sensível, a mesma negação do valor objetivo das linguagens metafísica, ética e religiosa. Russell se afasta, contudo, dos

---

[6]*Id., My Philosophical Development*, Londres-Nova Iorque, 1959, 195.
[7]*Id., ibid.*
[8]*Id., Human Knowledge: its Scope and Limits*, Londres-Nova Iorque. 1948, 347.
[9]*Id., ibid*, 275.

neopositivistas num ponto de capital importância, o do critério de significação. Rejeita o critério neopositivista de verificação experimental, o qual implica duas coisas: a) o que não pode ser constatado como verdadeiro ou falso não tem sentido; b) duas proposições verificadas do mesmo modo têm o mesmo significado. Russell rejeita e contesta a ambas. Em relação à primeira, afirma que as proposições mais seguras, isto é, os juízos de percepção, não podem ser verificadas "porque estes juízos constituem a verificação de todas as outras proposições empíricas que de algum modo podem-se conhecer. Se Schlick tivesse razão, estaríamos expostos a um regresso ao infinito".[10] Quanto à segunda, a hipótese de que as estrelas existam continuamente e a de que existam somente quando eu as vejo são idênticas no que se refere às consequências verificáveis, mas não têm o mesmo significado.

Querendo propor um critério próprio de significação, Russell distingue primeiramente entre sentido *(meaning)* e significação *(significance)*: dotadas de sentido são as palavras; de significação, as proposições. Mas as palavras têm sentido somente se denotam objeto real. As proposições, ao contrário, têm significação se são logicamente corretas, ainda que as palavras que as compõem não sejam denotativas. Mas como estabelecer se as palavras têm sentido, isto é, se se referem efetivamente a objetos reais? Para isto Russell propõe critério behaviorista: uma palavra significa um objeto "se a presença sensível do objeto causa a proferição, tal palavra, e se o ouvir aquela palavra causa efeitos, de certo modo, análogos à presença sensível do objeto".[11]

PROBLEMA ÉTICO

A instabilidade do pensamento que, como vimos, é um dos traços mais característicos de Russell, manifesta-se sobretudo na ética. Neste campo, enquanto no primeiro tempo afirma a objetividade dos valores e dos princípios morais, a sua universalidade e a sua evidência absoluta, e aceita a doutrina de G. E. Moore (1873-1958), segundo a qual o bem e o mal, fundamentos supremos da moral, são qualidades indefiníveis, mais tarde recusa-se a considerar a moral como verdadeira ciência: "Não creio, estritamente falando, que exista algo como conhecimento

---

[10] *Id., An Inquiry into Meanning and Truth*, Londres-Nova Iorque, 1940, 308.
[11] *Id., Human Knowledge*, cit., 85.

ético".¹² O que distingue a ética da ciência é mais o desejo *(desire)* do que forma especial de conhecimento. "Alguns fins são desejados, e boa conduta é aquela que a eles conduz".¹³ Também conceitos de bem e de mal são tirados do desejo. Mas, seguindo Hume, Russell precisa que o desejo não é o deste ou daquele indivíduo, mas o da sociedade. Nós atribuímos a palavra "bom" às coisas que o grupo ao qual pertencemos deseja.

No campo religioso a posição de Russell é das mais conhecidas. Abandonou aos dezesseis anos a religião cristã, na qual fora batizado e educado. Qual o motivo? A razão principal parece ter sido o mal e— A dor que afligem a humanidade: em sua opinião, estes tremendos fenômenos são incompatíveis com a existência de um Deus apresentado como bom e onipotente. Por outro lado, segundo as ideias gnosiológicas, fenomenísticas e antimetafísicas de Russell, qualquer prova da existência de Deus, baseada na causalidade eficiente ou final, torna-se improponível. Julga, contudo, coerentemente, que é também impossível elaborar uma prova verdadeira e própria da não existência de Deus. Logo, em matéria religiosa, a posição de Russell é agnóstica: em seu parecer, a mente humana não tem argumentos decisivos nem a favor nem contra a existência de Deus. Não faz nenhuma objeção contra a fé em Deus em si mesma: considera-a exemplo de crença em entidade hipotética que não torna o cidadão necessariamente pior do que os que não creem. Os seus ataques, muitas vezes virulentos e também injustos, dirige-os contra as igrejas cristãs, as quais, em sua opinião, causaram mais mal do que bem, e contra a teologia, que, sempre em sua opinião, foi uma das causas principais das guerras religiosas e das perturbações das consciências e um dos maiores obstáculos à liberdade interior e à tranquilidade dos espíritos.

KARL POPPER

Karl Popper foi, no primeiro tempo, um dos expoentes mais qualificados do "Círculo de Viena" e do neopositivismo, mas depois se afastou das posições de Schlick, Carnap e Wittgenstein, aderindo a uma filosofia que, embora permanecendo essencialmente na linha do empirismo lógico, rejeitava, subvertendo-as, algumas de suas teses fundamentais.

---

¹²*Id., Principles of Social Reconstruction,* Londres, 1916, 37.
¹³*Id., ibid.,* 40.

Suas obras principais são: *The Open Society and its enemies,* Londres, 1945; *Conjectures and Refutations,* Londres, 1953; *The Logic of Scientific Discovery,* Londres, 1959.

As inovações mais notáveis de Popper no campo epistemológico são duas: uma se refere à concepção da ciência, a outra ao critério de demarcação entre teorias científicas e não científicas (ou, mais exatamente, entre teorias empíricas e não empíricas).

SUA CONCEPÇÃO DA CIÊNCIA

Quanto à concepção da ciência, recusa-se a seguir a teoria indutiva de Bacon e de quase todos os modernos, segundo a qual a ciência seria o resultado da extrapolação de uma série mais ou menos longa de experiências. "A epistemologia empirista tradicional e a historiografia tradicional da ciência" — escreve Popper — "são profundamente influenciadas pelo mito baconiano de que toda ciência parte da observação para, em seguida, caminhar lenta e cautelosamente para as teorias".[14] Mas não é assim. O *primum* ("primeiro") (lógico e genético) na edificação da ciência são os problemas e, com eles, as hipóteses e as conjeturas, e não a observação. Nós observamos sempre de um ponto de vista, sempre sob o estímulo de um problema. Todos os nossos conhecimentos, afirma Popper, com Gadamer e outros epistemólogos contemporâneos, são respostas a interrogações anteriores. Os conhecimentos que adquirimos são os que nos servem para resolvermos as nossas interrogações, os nossos problemas. As teorias científicas não são, portanto, acúmulos de observações, mas sistemas de arriscadas e temerárias conjeturas. A ciência é antes de tudo invenção de hipóteses; a experiência (isto é, a observação e o experimento) — cujo âmbito será delimitado pela hipótese exerce o papel de controladora das teorias.

ESSÊNCIA DO MÉTODO CIENTÍFICO

A essência do método científico é fixada pelo próprio Popper nos seguintes pontos:

1) Todo conhecimento científico é hipotético ou conjetural.

2) O aumento do " conhecimento, especialmente do conhecimento científico, consiste em aprendermos dos erros que cometemos.

---

[14]POPPER, K., *Conjectures and Reputations,* Londres, 1965, 2ª ed., 137.

3) O que podemos chamar de método da ciência consiste em aprendermos sistematicamente dos nossos erros; em primeiro lugar, ousando cometê-los, isto é, propondo audaciosamente teorias novas, e, em segundo lugar, indo sistematicamente à procura dos erros que tivermos cometido: isto é, indo à procura deles mediante a discussão crítica e o exame crítico das nossas ideias.

4) Entre os argumentos mais importantes usados nesta discussão crítica estão os argumentos tirados dos controles experimentais.

5) Os experimentos são constantemente guiados pela teoria, por meias-ideias teoréticas, das quais o experimentador muitas vezes não tem consciência, por hipóteses sobre possíveis fontes de certos erros experimentais, por esperanças e conjeturas em torno do que será experimento frutuoso; isto é, por meias-ideias *teóricas* de que o experimento de certo tipo será teoricamente frutuoso.

6) A chamada objetividade científica consiste somente na aproximação crítica; no fato de que, se temos preconceitos em relação à nossa teoria favorita, algum amigo ou colega nosso (ou, na falta deles, algum cientista da geração sucessiva) estará ansioso por criticar-nos, isto é, por refutar, se puder, a nossa teoria favorita.

7) Este fato pode encorajar-vos a tentardes refutar, por vós mesmos, as vossas teorias; e pode impor-vos certa autodisciplina.

8) Não obstante isso, seria erro pensar que os cientistas são mais 'objetivos' do que os outros: o que nos faz tender para a objetividade não é a objetividade nem o desapego deste ou daquele cientista em particular, mas a própria ciência, ou aquilo que podemos chamar de cooperação ao mesmo tempo amistosa e hostil dos cientistas entre si, isto é, a prontidão para se criticarem reciprocamente.

9) Para o dogmatismo e os preconceitos dos cientistas existe até justificação metodológica. Já que o método da ciência é o da discussão crítica, é extremamente importante que as teorias criticadas sejam defendidas tenazmente. É somente deste modo que podemos saber qual é o seu poder real; e é somente se as críticas encontram resistência que percebemos toda a força da argumentação crítica.

10) A parte fundamental que as teorias ou hipóteses ou conjeturas têm na ciência faz com que seja importante distinguir entre teorias controláveis e teorias não controláveis ou não falsificáveis.

11) Uma teoria é controlável somente se afirmar ou implicar que certos eventos concebíveis não acontecerão de fato. O controle con-

siste em tentarmos com todos os meios de que pudermos dispor, fazer acontecer precisamente os eventos que a teoria nos diz que não podem acontecer.

12) Pode-se dizer assim que toda teoria que pode ser submetida a controles se opõe a que certos eventos aconteçam.

13) Logo toda teoria pode ser posta na forma 'esta coisa assim e assim não acontece'. Por exemplo, a segunda lei da termodinâmica pode ser posta na seguinte forma: não existe a máquina do movimento perpétuo do segundo tipo.

14) Nenhuma teoria pode dizer-nos alguma coisa a respeito do mundo empírico, a não ser que, em linha de princípio, não esteja em condições de entrar em colisão com o mundo empírico; e isto significa exatamente que ela deve ser refutável.

15) A controlabilidade tem graus: uma teoria que afirme mais e que, assim, assuma riscos maiores, pode ser mais bem controlada do que outra que afirme muito pouco.

16) Analogamente os controles podem ser graduados segundo sejam mais ou menos rigorosos. Por exemplo, os controles qualitativos são, em geral, menos rigorosos do que os controles quantitativos, e os controles das predições quantitativas mais precisas são mais rigorosos do que os controles das predições menos precisas.

17) O autoritarismo na ciência estava ligado à ideia de fundar, isto é, de provar ou de verificar as suas teorias. A aproximação crítica está ligada à ideia de submeter a controles, isto é, de tentar confutar, ou falsificaras suas conjeturas".[15]

CRITÉRIO DE FALSIFICABILIDADE

Nos parágrafos 10-16 do texto fundamental que acabamos de citar, Popper apresenta o seu novo critério de demarcação entre conhecimentos empíricos e conhecimentos não empíricos: o *critério de falsificabilidade*. Com ele, quer oferecer uma alternativa ao critério neopositivista de verificação experimental, critério muito pretensioso e cientificamente indemonstrável.

Em resumo, o *critério de falsificabilidade* estabelece que uma teoria pode ser considerada científica somente quando satisfaz a duas

[15] *Id., Scienxa e filosofia,* Turim, 1969, 130-138.

condições: *a)* ser falsificável, isto é, poder ser, em linha de princípio, desmentida ou contradita; *b)* não ter sido ainda achada falsa de fato. Escreve Popper: "Toda vez que um cientista pretende que a sua teoria seja apoiada pela experiência e pela observação, deveríamos propor-lhe a seguinte pergunta: 'Podes descrever alguma observação possível que, se efetivamente realizada, confutaria a tua teoria? Se não o podes, torna-se claro que a tua teoria não tem o caráter de teoria empírica; de fato se todas as observações concebíveis concordam com a tua teoria, não tens o direito de pretender que uma observação particular ofereça sustentação empírica a ela. Ou, em poucas palavras, somente se podes dizer-me de que modo a tua teoria pode ser confutada ou falsificada é que posso aceitar a tua pretensão de que ela tenha o caráter de teoria empírica".[16] "Uma teoria que não pode ser confutada por nenhum evento concebível não é científica. A inconfutabilidade de uma teoria não é (como muitas vezes se pensa) uma virtude, mas um de feito... Pode-se resumir tudo isto dizendo que *o critério para saber se uma teoria é científica, é a sua falsificabilidade* ou confutabilidade ou controlabilidade".[17] O critério de demarcação entre teorias científicas empíricas e teorias que não são empíricas (como as metafísicas, as teologias da história, algumas teorias psicanalíticas etc.) não é a sua *verificabilidade,* mas a sua *falsificabilidade.* De fato, uma lei científica jamais poderá ser completamente verificada, ao passo que pode ser totalmente falsificada.

A este critério de demarcação entre teorias não empíricas e teorias que têm caráter empírico "eu chamei", esclarece Popper, "também critério de falsificabilidade ou de confutabilidade. Ele não implica que as teorias inconfutáveis sejam falsas e nem que não tenham significado. Mas implica que, enquanto não pudermos dar uma descrição do aspecto que torna possível uma confutação da teoria, tal teoria estará fora da ciência empírica. O critério de confutabilidade ou falsificabilidade pode ser chamado também *critério de controlabilidade.* De fato, controlar uma teoria ou a parte de um maquinismo significa tentar apanhá-los em falta. Assim, uma teoria, da qual saibamos antecipadamente que não pode ser apanhada em falta ou que não pode ser confutada, não, é

---

[16]*Id., ibid.,* 130-138.
[17]*Id., Il critério della rilevanxa scientifica* in 11 neopositivismo, sob a supervisão de A. Pasquinelli, Turim, 1969. 702-703.

controlável. (...) As observações e os experimentos só podem ser aceitos como sustentáculo de uma teoria (ou de uma hipótese ou de uma asserção científica) se puderem ser descritos como rigorosos controles desta teoria; em outras palavras, se forem o resultado de sérias tentativas de confutar a teoria ou de apanhá-la em falta no ponto no qual, à luz de todo a nosso conhecimento e do conhecimento das teorias rivais, pudermos esperar que ela falhe".[18]

CRÍTICAS AO PRINCÍPIO DE FALSICABILIDADE

Que dizer deste princípio de demarcação entre teorias empíricas e não empíricas? Está ele em condições de superar os obstáculos que aconselharam o abandono do critério de verificação experimental? Parece-nos que não. O princípio de falsificabilidade pode distinguir somente entre teorias falsas e teorias falsificáveis, não entre teorias científicas e não científicas (metafísicas, éticas, religiosas etc.). As teorias falsas são aquelas que, submetidas aos devidos controles, caíram por terra (talvez depois de terem sido aceitas como verdadeiras por muitos séculos); as segundas são aquelas que continuam a resistir.

Pertencem à esfera das teorias falsificáveis todos os conhecimentos humanos tidos por verdadeiros: os científicos e os comuns, os históricos e os religiosos, os metafísicos, os éticos e os jurídicos. Trata-se, em todos os casos, de conhecimentos que não têm nenhum caráter absoluto e que comportam uma notável dose de opinabilidade. Isto é verdade especialmente das hipóteses metafísicas. Também elas são falsificáveis, como aconteceu com quase todas as metafísicas elaboradas no passado. E são falsificáveis, como bem mostrou Hick, também as doutrinas religiosas.

É, pois, totalmente paradoxal tomar como critério de demarcação entre o que é científico e o que não o é um princípio como o de falsificabilidade, o qual não pode indicar senão que não é científico aquilo que foi demonstrado falso (mesmo que antes fosse considerado científico, como, p. ex., a concepção ptolemaica). Quanto ao resto, ele não tem condições de apresentar nenhum argumento de que seja falsificável ou não, devendo, por isso, deixar a porta aberta para a hipótese da falsificabilidade. Quem pode, com efeito afirmar de um

---

[18] *Id., Scienxa e filosofia*, cit., 131ss.

conhecimento humano qualquer — comum, científico ou filosófico — que ele não é falsificável? Aquele que não tiver estabelecido previamente (de modo totalmente arbitrário) que certas áreas do conhecimento humano são falsificáveis e outras não, se levar em conta a falibilidade, a finitude, a pluralidade de aspectos, a historicidade do nosso conhecimento, não poderá afirmar que a propriedade da falsificabilidade pertence exclusivamente ao conhecimento científico, mas deve admitir que ela é ma propriedade do nosso conhecimento como tal, abrangendo, por isso, também o conhecimento histórico, o metafísico, o ético e o jurídico.

2. Concepção metafísica da ciência: Meyerson e Eddington

Em oposição radical ao neopositivismo coloca-se a concepção metafísica da ciência. Ela afirma que a ciência implica uma metafísica e que somente na metafísica tem o seu fundamento. Segundo esta concepção, a obra da ciência se apresenta ou como descoberta progressiva da realidade ou como automanifestação do espírito humano através da pesquisa científica. Trata-se, nos dois casos, de uma concepção metafísica; no primeiro, realista; no segundo, idealista.

Um dos mais autorizados expoentes do realismo metafísico é o francês *Emile Meyerson* (1859-1933). Ele afirma que a ciência "não é *positiva* e que não contém nem mesmo dados positivos, no sentido preciso dado a este termo por A. Comte e pelos seus seguidores, isto é, no sentido de dados totalmente desprovidos de ontologia. A ontologia está unida com a ciência e não pode ser separada dela".[19] É o realismo do senso comum, que, segundo Meyerson, se prolonga na ciência, sem solução de continuidade. A ciência, avançando na direção do senso comum, cria essências cujo caráter real não só não é eliminado, como também se intensifica.

Quanto à interpretação metafísica idealista da ciência, teve ela grande defensor no inglês *Arthur S. Eddington* (1882-1944). A ideia central deste pensador é a "seleção", que ele mesmo denomina "seletivismo subjetivo". Na sua epistemologia, a ideia de seleção ocupa o lugar ocupado, na epistemologia realista, pela ideia de abstração. A

---

[19]MEYERSON, E., *Identité et réalité*, Paris, 1926, 438-439.

seleção corresponde a uma atividade do nosso intelecto, a qual surge espontaneamente e da qual o cientista inglês se compraz em acentuar a subjetividade. Deste modo, ao conceito de descoberta ele opõe o de *criação,* entendida em sentido idealista, como apreensão do próprio trabalho intelectivo no universo.

Nas leis físicas, Eddington distingue as que ele chama "leis epistemológicas". A sua característica particular é a de serem deduzíveis somente pelo estudo dos nossos métodos de observação. Estas leis necessárias, universais e exatas constituem o elemento *a priori* da física e das outras ciências experimentais.

3. O racionalismo científico: Bachelard

Segundo outro grupo bastante denso de autores, a ciência é obra da razão humana, uma espécie de máquina criada por ela, cujas estruturas e leis internas devem ser descobertas. Enquanto o interesse da interpretação metafísica se dirigia para a infraestrutura ontológica da ciência e o do neopositivismo, para os seus conteúdos como tais, tomados no seu grau máximo de cristalização objetiva, o esforço do racionalismo científico pretende esclarecer o sentido do *opus rationale* ("obra racional") que constitui a ciência.

O principal expoente desta interpretação é o francês Gaston Bachelard (1884). Segundo este estudioso, a filosofia da ciência dos nossos dias não pode aceitar nem a solução realista nem a idealista, mas deve colocar-se numa posição intermediária entre realismo e idealismo, na qual ambos sejam retomados e superados: "um realismo que se uniu com a dúvida científica não pode mais ser da mesma espécie que o realismo imediato... um racionalismo que corrigiu os juízos *a priori,* como aconteceu com as novas ramificações da geometria, não pode mais ser um racionalismo fechado".[20]

Na sua gnosiologia, Bachelard põe na base de todo conhecimento humano a dupla experiência-razão. Não se trata, porém, de um condomínio de forças iguais, porque o elemento teórico se manifesta com mais vigor. É ele, de fato, que exerce a função de direção: "O sentido do setor epistemológico nos aparece bastante claro. Ele vai certamente do

---

[20] BACHELARD, G., *Le nouvel esprit scientifique,* Paris, 1949, 5ª ed., 2-3.

racional ao real e não inversamente, do real ao geral, como professaram todos os filósofos, de Aristóteles a Bacon".[21]

O processo científico se configura, portanto, como "realizante", enquanto realização do racional e do matemático. É assim que certo matematismo se apodera do pensamento de Bachelard, até à dissolução da realidade na matemática; com isso. o real acaba por apresentar-se apenas como um caso particular do possível. Neste sentido a posição filosófica de Bachelard poderia ser definida como um "nacionalismo aplicado", no qual a primazia cabe à diretriz que vai da razão à experiência e que corresponde à supremacia da física-matemática. Enquanto o empirismo, segundo Bachelard, é a filosofia do conhecimento vulgar, o racionalismo responde às instâncias do conhecimento científico. Também ele, como Gadamer e o último Popper, julga que a observação científica se realiza sempre a partir de uma teoria precedente e preparadora, e não vice-versa.

Existe notável convergência entre a posição de Popper e a de Bachelard: para ambos a filosofia da ciência não só exerce a função de coordenadora das ciências, mas tem também função constitutiva fundamental: ela põe as bases tanto da experiência como da ciência.

CONCLUSÃO

O homem continuará a filosofar, sempre com resultados alternados

Esta breve resenha das posições dos epistemólogos contemporâneos mostrou que também neste setor da filosofia a razão humana não conseguiu atingir uma solução satisfatória a respeito da qual todos estejam de acordo. Também na filosofia da ciência sucederam-se as alternativas clássicas: idealismo ou realismo? Racionalismo ou positivismo?

Nesta situação pouco confortável poder-se-ia sentir a tentação de atirar longe a esponja e abandonar o quadro da pesquisa filosófica. Mas esta decisão não seria sábia e, pensando bem, nem possível, porque o homem é filósofo por natureza: ele é dotado de razão para dar a si mesmo a razão das coisas, isto é, para encontrar uma explicação profunda, geral e exaustiva para elas, uma explicação filosófica.

Será necessário, portanto, também no futuro, continuar filosofando sobre todos os aspectos da realidade e sobre todos os setores do

[21]*Id., ibid.*, 9.

conhecimento e do agir. E também no futuro os resultados se alternarão como no passado.

BIBLIOGRAFIA

Riverso, E., *Il pensiero di B. Russel*, Nápoles, 1958; Schilpp, P., A., (supervisor), *The Philosophy of B. Russell*, Nova Iorque, 1946; Schilpp, P. A., (supervisor), *The Philosophy of K. Popper*, La Salle, 111. 1973(?); Whittker, E. T., *From Euclid to Eddington*, Nova Iorque, 1949; Sciacca, M. F., *La filosofia oggi*, Milão, 1954, 2ª ed., II, c. 8; Hempel, C. G., *Filosofia delle scienze naturali*, Bolonha, 1968; Nagel, E., *La struttura della scienza*, Milão, 1968; Braithwaite, R. B., *La spiegazione scientifica*, Milão, 1966; Albergamo, F., *La critica della scienza del Novecento*, Florença, 1950; Genat, L., *Il pensiero scientifico*, Milão, 1954; Pasquinelli, A., *Nuovi principi di epistemologia*, Milão, 1964; Baldini, M., *Epistemologia e storia della scienza*, Città di Vira, Florença, 1974; Clarck, C., B. *Russell's philosophy of language*, Haia, 1969; Granese, A., *Che cosa ha veramente detto Russell*, Roma, 1971; Corsaro, A., *Introduzione a Russell*, Manduria, 1972; Bonfantini, M., *Introduzione a Whitehead*, Bari, 1972; Deregibus, A., *Ragione e natura nella filosofia de Whitehead*, Milão, 1972; Antiseri, D., *K. R. Popper. Epistemologia e società aperta*, Roma 1972.

TEMAS PARA PESQUISAS E EXERCÍCIOS

1. Os filósofos contemporâneos estão muitas vezes em desacordo sobre a função que deve ser atribuída à filosofia. Alguns lhe atribuem a função especulativa (estudo do ser, do conhecer, da linguagem; coordenação das várias ciências etc.) ; outros, uma função eminentemente prática de sustentáculo e guia da ação política, revolucionária. Como entenderam a função da filosofia Fichte, Hegel, Marx, Comte, Croce, Wittgenstein, Heidegger e Horkheimer?

2. Além de discordarem sobre a função específica da filosofia, os filósofos contemporâneos estão muitas vezes em desacordo também sobre o método da pesquisa filosófica. Quatro são os métodos mais seguidos: o dialético, o positivo, o fenomenológico e o estruturalista. Como se caracterizam estes métodos e quais são seus respectivos autores?

3. O método dialético é seguido tanto pelos idealistas como pelos materialistas; mas é entendido de modo diferente por uns e outros. Como entendem o método dialético Hegel, Croce, Marx e Horkheimer?

4. Para os idealistas o fundamento único e último da realidade é o pensamento. Qual é a concepção do Absoluto de Fichte, Schelling e Hegel? Como explicam eles o devir do Absoluto? E qual é o fim último do seu devir?

5. A primazia da vontade, afirmada em psicologia por alguns autores medievais (Duns Scot e Occam), adquire significado metafísico com Schopenhauer e Nietzsche, os quais, porém, no seu voluntarismo, têm objetivos totalmente opostos. Quais são os objetivos do voluntarismo de Schopenhauer e do de Nietzsche?

6. Por motivos óbvios, uma das constantes do pensamento contemporâneo é o interesse pela história. De fato, com o desaparecimento da dimensão metafísica, transcendente, toda a realidade se resolve necessariamente na história, a qual se torna o objeto único da reflexão filosófica. Mas as interpretações que os filósofos contemporâneos dão da história são bastante divergentes, tanto no que se refere ao seu elemento constitutivo fundamental (pensamento ou matéria? trabalho ou cultura?) como no que diz respeito à sua evolução. Como interpretam estes dois aspectos da história Hegel, Marx, Comte, Heidegger e Horkheimer?

7. Na filosofia contemporânea a pesquisa sobre o homem não é mais conduzida de acordo com os procedimentos da metafísica, característica do período clássico e moderno, mas de acordo com os procedimentos da ciência e da fenomenologia. Que imagem do homem obtiveram com tais procedimentos Darwin, Freud, Heidegger, Marcel e Marcuse?

8. A liberdade é uma propriedade essencial do homem e, ao mesmo tempo, um bem que deve ser conquistado ou, pelo menos, defendido. Qual é o ensinamento de Hegel, Mata, Freud, Nietzsche, Marcuse, Heidegger, Horkheimer e Sartre sobre a liberdade?

9. Enquanto a filosofia antiga e a moderna estudavam o homem na sua individualidade, os filósofos contemporâneos, notando que o homem é essencialmente social e que o indivíduo é profundamente marcado pelo social, estudam o homem na sua dimensão social. Como entendem as relações entre o indivíduo e a sociedade os marxistas, os psicanalistas, os neotomistas e os estruturalistas?

10. Rejeitadas as soluções religiosas propostas pela filosofia cristã, o problema da dor, do mal e da morte adquiriram, na época moderna, acentos particularmente angustiantes. Como são abordados e resolvidos estes problemas por Schopenhauer, Nietzsche, Freud, Jaspers, Heidegger e Bloch?

11. Muitos filósofos contemporâneos dedicaram muita atenção ao problema religioso. Alguns (Feuerbach Marx, Comte, Freud, Nietzsche Russell) fizeram uma crítica radicalmente desmistificadora do fenômeno religioso. Outros (Kierkegaard, Bergson, James, Blondel, Marcel, Jaspers) consideram a dimensão religiosa essencial para o homem e julgam o fenômeno religioso fundamental para a cultura. Quais são os motivos nos quais se baseiam as críticas dos desmistificadores da religião?

12. O problema da natureza e da função da arte e a questão das suas relações com a filosofia, a moral, a política e a religião foram estudados especialmente pelos idealistas. Quais são as ideias de Schelling, Hegel e Croce no campo estético?

13. O problema metafísico (isto é, o problema do ser), de tanta importância na filosofia clássica e medieval, caiu praticamente no esquecimento, na filosofia contemporânea. Registram-se .raras exceções: Rosmini, Gioberti, Gilson, Heidegger. Que dizem estes autores sobre o ser? Que é o ser? É cognoscível? Como?

14. Existem duas versões importantes do marxismo, uma ortodoxa, e outra, revisionista. Quais são os marxistas revisionistas e em que pontos se distinguem dos ortodoxos?

15. A filosofia americana seguiu desde o começo uma orientação própria, menos abstrata, menos especulativa e menos metafísica do que a europeia; uma orientação eminentemente pragmática. Como se caracteriza o pragmatismo de Peirce, James e Dewey?

16. No século XX a filosofia assumiu uma orientação decididamente linguística, especialmente no neopositivismo, na escola de Oxford e no estruturalismo. Quais são as interpretações da linguagem destas correntes filosóficas?

17. Nos tempos atuais surgiu um novo e importante ramo da filosofia, o da epistemologia ou filosofia da ciência. Ela deseja indicar à pesquisa científica seus objetivos, seus métodos e seus critérios de verificação. Quais são as teorias de Comte, Carnap, Reichenbach, Russell e Popper a este respeito?

18. Existencialismo e estruturalismo, além de serem dois modos opostos de filosofar, são duas concepções antitéticas do homem. Quais são as teses mais significativas destes dois "sistemas" filosóficos?

19. Os filósofos contemporâneos estudaram o problema ético sob diversos pontos de vista. Alguns se ocuparam do fundamento da ética, outros do método para estabelecer os princípios da moral, outros do fim último da vida humana, outros do sentido das asserções morais. Quais são, a respeito da ética, as ideias de Rosmini, Nietzsche, Freud, Bergson, Croce, Russell, Sartre e Horkheimer?

20. Numa época de acentuado nacionalismo como a nossa é natural que o problema político tenha suscitado o interesse também dos filósofos. Qual é a natureza e quais são as funções do Estado segundo Hegel, Marx, Croce, Russell e Marcuse?

Índice analítico-sistemático dos termos mais importantes

Organizado por Mariella Baranttini

(Os números remetem às páginas do texto)

Absoluto

SCHELLING: princípio único de toda a realidade, síntese perfeita dos opostos, do eu e da natureza, do sujeito e do objeto, do espírito e do mundo 27; natureza do a. 28; HEGEL: o princípio ontológico é o a. 38, o a. é a realidade suprema, origem de todas as outras realidades 38, a realidade do a. consiste em um contínuo devir 38, escopo do devir do a. é manifestar-se a si mesmo 38, a história é manifestação do a. 39; JAMES: existência de um a. transcendente e pessoal 156.

Alienação

HEGEL: intuição-mãe de todo o sistema hegeliano, a qual consiste no afastar-se do real em relação ao ideal, do particular em relação ao universal, do homem em relação a Deus 34.

Angústia

KIERKEGAARD: a vertigem da possibilidade da liberdade. É um sentimento obscuro de temor pelo que poderá acontecer 74; HEIDEGGER: sentimento de temor: tomada de consciência da sujeição do homem à morte, *principium individuationis* 190.

Ascese

SCHOPENHAUER: é a superação completa do individualismo, com a renúncia a tudo aquilo a que nos prendem as paixões 66.

Ato puro

GENTILE: ideia que se manifesta como espírito e é essencialmente espírito, sem nenhuma distinção entre as várias atividades, em perpétuo devir 177, a atividade do A. p. tem um processo triádico: arte, religião, filosofia 178.

Atualismo

GENTILE: sistema filosófico que se inspira na visão idealista de Hegel e Croce, propondo, porém, que se entenda o absoluto como Ato puro (p. v.) 176.

Autoktise

GENTILE: ato pelo qual o pensamento atual põe a si mesmo 177.

Autossíntese

ARDIGÒ: associação de dados psíquicos que constituem a consciência do eu 124.

Behaviorismo

corrente filosófica americana que, partindo das posições do empirismo inglês e das doutrinas de Pavlov sobre os reflexos condicionados, propõe-se oferecer uma explicação científica do comportamento humano 164.

Capitalismo

MARX: estrutura econômica que implica necessariamente a exploração do trabalhador 103.

Ciência

COMTE: todas as ciências devem ser elevadas ao estado positivo 116, deve ser elaborada uma c. dos fenômenos sociais, isto é, uma física social 115, a c. suprema é a filosofia porque dirige todas as c. 116, função da c. 116, as c. fundamentais são a física, a biologia e a sociologia 116; MILL: todas as c. são empíricas 120; BOUTROUX: a c. não pode enquadrar toda a realidade em leis necessárias 129, a verdadeira c. deve contentar-se com leis contingentes e relativas 130, distinção de dois tipos de e. 130; DILTHEY: dois grupos de c.: da natureza e do espírito 147; MARITAIN: metateoria da c. 143; HORKHEIMER: valor da c. para a sociedade 255; ADORNO: crítica da c. por ter ela assumido a forma de domínio da sociedade 260; POPPER: essência do método científico 271, critério de falsificabilidade 274; MEYERSON: concepção metafísica da c. 275; BACHELARD: a c. é obra da razão humana 276.

Conhecimento

ROSMINI: o elemento *a priori* objetivo do conhecimento é a ideia de ser 52; dois momentos do c.: intuição e afirmação 53, abstração: terceira atividade cognitiva 53; GIOBERTI: o objeto do c. é a realidade, o ente 57, as três fases do c. do ser divino: intuição, reflexão, revelação 57, em todo conhecimento está presente o conhecimento fundamental: "o ente cria o exisc. objetivo e subjetivo 72-73; MARX: o C. não tem nenhum valor 101; GRAMSCI: revalorização do conceito de criatividade do c. 234; STUART MILL: a experiência é a única fonte de c. 120; BOUTROUX: dois tipos de c.: o espírito científico e a razão 130; JAMES: o c. é de tipo irracional 155, para se estabelecer a validade do c. consideram-se os resultados 157; DEWEY: no c. o sujeito e o objeto são um todo único 157; GENTILE: o c. é puro 178; HUSSERL: caráter do c.: intencionalidade 184, os três elementos do c.: *nóesis* (momento subjetivo), *hyle* (dados sensíveis), *nóema* (significado ideal da coisa) 184-185, momentos do c.: redução eidética, redução transcendental 185; HEIDEGGER: três modos de c.: sentir, entender, discorrer 184; RUSSEL: posição empirista 266, o c. é resolvido em puros dados sensoriais 266, doutrina da correspondência entre juízos e proporções, realidade objetiva e eventos 266.

Consciência

SARTRE: capacidade do homem anuladora do ser 199, duas espécies de c.: não posicional e posicional ou reflexiva 199, criatura da c. é o eu transcendental 199, atividade da c. 199, a c. leva ao nada 199.

Deus

STIRNER: D. é a essência do homem sublimada, o egoísmo humano hipostatizado na transcendência 91; FEUERBACH: D. (a ideia) é criado pelo homem: elaboração da fantasia 93, a origem da ideia de D. tem o caráter de hipostatização 93, D. é uma superestrutura 102; SPENCER: D. é a realidade absoluta e incognoscível 119; LONDEUS D. é identidade entre real e ideal 139, justificação da fé em D. 139; SARTRE: D. não tem existência real, ele é uma simples hipostatização dos ideais humanos 204; CARNAP: D. é um conceito semanticamente sem sentido 213, o temo D. pode ser tomado em três sentidos: mitológico, metafísico e misto 213.

Dialética

HEGEL: único método adequado para o estudo de uma realidade em contínuo devir 40, momentos do método dialético: tese (momento do ser em si), antítese (momento do ser fora de si) e síntese (reunião das partes) 41.

Ditadura do proletariado

LENIN: forma necessária para a passagem do estádio do capitalismo para o do comunismo 108.

Dogmatismo

FICHTE: um dos dois sistemas filosóficos possíveis, o qual afirma a existência da coisa em si como realidade fundamental, como causa do pensamento 21.

Douto

FICHTE: ele deve promover o progresso da humanidade, servindo-se para isso da filosofia pura, da ciência filosófico-histórica e da ciência histórica 24-25.

Empiriocriticismo

corrente filosófica antipositivista, a qual propõe uma revisão crítica da experiência: não se pode fundar sobre ela a validade da ciência positiva 122.

Ente

GIOBERTI: o ser infinito real, Deus. É o primeiro ontológico e o primeiro lógico 58.

Epistéme

FOUCAULT: o campo particular, o espaço de ordem no qual se formam os *a priori* históricos 226, características da e. 226.

Epistemologia

crítica metodológica da ciência para uma "reconstrução racional do conceito de conhecimento científico 262, resultados da e. 262, a e. dá origem ao neopositivismo (q. v.), à interpretação metafísica 275, e ao racionalismo científico 275.

Epoché

HUSSERL: redução fenomenológica: momento no qual o objeto é isolado de tudo o que lhe é próprio para poder revelar-se em toda a sua pureza 184.

Espírito

RENOUVIER: o e. é a única realidade, é liberdade e espontânea atividade criadora 128, a matéria é degradação do e. 128; CROCE: *circularidade do e.*: a unidade do Espírito, enquanto devir com atividade, coexistindo ambas em todos os momentos do seu desenvolvimento e em relação de recíproca influência 222, atividades do e.: estética, lógica, econômica e ética 171, lei das atividades do e.: dialética dos opostos 171, relação entre as várias atividades do e. 171.

Espiritualismo

corrente filosófica que apela para atividades espirituais não redutíveis à razão e que a elas atribui um alcance metafísico, isto é, a capacidade de apreender a profundidade e a essência do real e do Espírito 127.

Estética

HERDER: teoria da relatividade da noção de belo 11; SCHELLING: atividade e.: o único, verdadeiro e eterno órgão da filosofia para se compreender o absoluto 32, a obra de arte é manifestação do infinito em forma finita 32, o gênio artístico é o único criador 32; HEGEL: a arte é uma das atividades supremas do espírito 43, função da arte 43, identificação da arte com o belo 43, fases da história da arte 43; SCHOPENHAUER: a arte é desapego do egoísmo em relação às coisas, mediante a contemplação desapaixonada delas 66; KIERKEGAARD: o estádio estético é o primeiro do devir do homem 70; DEWEY: integração da atividade e. com outras atividades humanas 159; CROCE: e. como atividade do espírito 171, arte: intuição lírica do particular 171, arte: síntese de matéria e forma 172, valor da arte: não prático e intelectualístico, mas teorético 173, autonomia da arte 173; GENTILE: a arte é o momento subjetivo, a forma imediata do espírito absoluto 178.

Estrutura

MARX: é o conjunto dos modos de produção próprios de uma determinada sociedade: a e. fundamental é a econômica 99, a e. econômica geral é determinada pela distribuição dos meios de produção: terreno, instrumentos, trabalho 102, a e. econômica determina a e. social 102.

Estruturalismo

movimento de reação contra o existencialismo, coloca o fundamento da conduta humana na estrutura 219-220, origem do e. 222; Lévi Strauss: o e. se funda em premissas linguísticas de de Saussure 222, análise das sociedades primitivas 23, antropologia estrutural 223, objeto da pesquisa são os fenômenos 223; Foucault: análise das sociedades evoluídas 226, a análise e. de de Saussure é considerada um método a ser retomado e desenvolvido no campo da linguagem 226, cada período da cultura tem um seu *a priori* histórico 226, objeto da pesquisa são os enunciados 226, distinção entre análise da língua e dos enunciados 229, arquivo 229, arqueologia do saber 230.

Eu empírico

Fichte: sujeito pensante que se originou de uma ação primordial, incônscia e imediata do pensamento e do Eu puro. Ele existe como contraposto ao não-eu (q. v.). É divisível e multiplicável 24, o fim último do E. e. é a consecução do Eu puro 24.

Eu puro

Fichte: o Eu infinito, livre atividade representativa, que realiza infinitamente a si mesma como fonte de toda realidade 23, existe por si mesmo e é indivisível 24.

Evolução criadora

Bergson: o devir ou o próprio ser da realidade, categoria suprema das coisas 135, direções da e. c. 135.

Evolucionismo

teoria científica que admite a procedência de organismos mais diferenciados e mais complexos de outros menos diferenciados e menos complexos; Darwin: possibilidade do e. 118, extensão da evolução 118, vantagens e leis do e. 118; Spencer: o e. de Spencer se refere a toda a natureza e é causa da ordem cósmica 119, aplicação das leis do e. à vida psíquica e social do homem 119.

Existente:

Gioberti: a procedência de todas as coisas de Deus 58.

Existência

Kierkegaard: O processo do devir, a mutabilidade, a contingência 71, a e. é irredutível à lógica 69, três estádios da e. do homem: estético, ético e religioso 70; Jaspers: a e. é o verdadeiro ser do homem, isto é, fora dele, além dele 194.

Existencialismo

corrente que entende a especulação filosófica como uma análise minuciosa da experiência humana cotidiana 182; aspectos do e.: método fenomenológico 182, ponto de partida antropológico 182, tentativa de incluir as dimensões irracionais do homem numa dimensão mais compreensiva 182.

Fé

Kierkegaard: o elemento decisivo da experiência religiosa, um risco 72, a aceitação da f. não é racional 72.

Fenomenologia

Hegel: estudo científico de todas as manifestações do Espírito, levado a efeito percorrendo-se de novo os vários graus de consciência de si que o Espírito produz no seu desenvolvimento histórico 36-37; Husserl: o estudo daquilo que é manifesto, isto é, do objeto na sua realidade efetiva, absolutamente pura 183, dois momentos do método f.: negativo e positivo 183.

Filosofia

Gentile: síntese do momento subjetivo e do objetivo, realizada na história 179, f. como síntese dos opostos 179.

Filosofia da natureza

Hegel: o objeto da f. d. n. é a alienação da ideia de si mesma, isto é, da natureza 42, a f. d. n. se divide em três partes: mecânica, física e biologia 42.

Filosofia do espírito

Hegel: a forma na qual a ideia se realiza plenamente é o espírito 42, a f. d. e. se divide em 'três partes: psicologia, história e saber absoluto 43.

Filosofia da experiência

GALLUPPI: a experiência primitiva é toda *a posteriori*. Ela revela a realidade interior e espiritual, o eu, e a realidade física e exterior, o fora do eu 65.

Fórmula ideal

GIOBERTI: "O ente cria o existente": esta proposição exprime todo o real e todo o cognoscível e mostra a perfeita correspondência de um com o outro 76.

Grande Ser

COMTE: a humanidade em todas as suas manifestações, primeiro elemento da trindade positivista 117.

Grande Fetiche

COMTE: a Terra, segundo elemento da trindade positivista 117.

Grande Meio

COMTE: o espaço, terceiro elemento da trindade positivista 117.

Heterossíntese

ARDIGÒ: associação dos dados psíquicos que constituem a consciência do não-eu, isto é, do mundo externo 124.

História

HERDER: a h. é uma revelação divina 12, natureza e h. trabalham para a educação da humanidade 13; MARX: as épocas da h. segundo as estruturas econômicas são: comunismo primitivo, escravidão, capitalismo, comunismo futuro 102; COMTE: fases principais da h.: religião, filosofia e ciência, 17; DILTHEY: preocupação para determinar as relações entre a filosofia e a h. 147, a única filosofia verdadeira é a h. 147, motivos da identificação da filosofia com a h. 148; CROCE: identificação da filosofia com a h.: historicismo 174, definição de historicismo 175, racionalidade da h. 175.

Historicismo (Princípio do)

HEGEL: toda a realidade se resolve na história; a história e o absoluto são a mesma coisa 40, o que acontece na história tem caráter racional 44, otimismo de Hegel 44.

Homem

h. contemporâneo: características (instabilidade, antidogmatismo, secularização, praxisticidade, utopia, angústia, socialidade, historicidade) 6-7, revirevolta antropológica da filosofia moderna 8, o homem como ser social 8; ROSMINI: o homem é síntese de finito e infinito 54, inquietação do h. 54; NIETZSCHE: estados da vida do h.: fraqueza, força, inocência 76; FICHTE: o h. é o ser no qual o absoluto adquire consciência de si mesmo, tornando-se espírito 31; HEGEL: o h. deve tornar-se um universal concreto 35; STIRNER: o h. singular, livre e autônomo, é a única realidade verdadeira, o único 91; BAUER: o h. é o novo deus do h. 92; FEUERBACH: o h. criou Deus, não Deus criou o h. 93; BLOCH: o h. é a possibilidade real do que ele se tornou na história e do que pode ainda tornar-se 243; COMTE: a humanidade (ou o grande ser) é o único Deus ao qual devemos prestar culto 116; HEIDEGGER: O h. não é um ente qualquer 188, estudo do h. mediante o método fenomenológico 188, traços fundamentais do h. ou existenciais 189, o h. é guarda do ser 190; MARCEL: o h. como ser encarnado 206, doutrina do h. itinerante 207.

Humanismo

MARITAIN: h. ateu 143, h. integral 143; GARAUDY: h. prometeico ou faustiano ou transcendência 249.

Idealismo

corrente filosófica do século XIX, essencialmente alemã; parte do Eu como princípio dinâmico, criador não só da forma, mas também do conteúdo. Nega, por isso, o mundo numênico 19; várias formas de i. na história 19, i. ético de Fichte 20-21, i. estético de Schelling 21, i. lógico de Hegel 21-33.

Impulso vital

BERGSON: impulso dinâmico, princípio de evolução criadora de todas as formas de vida 134, elementos e não graus do i. v.: torpor vegetativo, instinto, inteligência 134, o i. v. é o objeto da filosofia 134.

Indistinto psicofísico

ARDIGÒ: absoluto original, princípio primeiro de toda evolução 124.

Inocência

KIERKEGAARD: o estado original do homem, consiste na ignorância do bem e do mal 73.

Intuição

BERGSON: método da filosofia capaz de colher a realidade em toda a sua vitalidade e em todo o seu dinamismo 132.

Instrução educativa

HERBART: a educação deve ser dada através da instrução. A i. e. tem seu móvel no interesse 64.

Liberdade

SARTRE: aquilo que constitui a essência do homem 201, a l. não tem limites e não está vinculada a leis morais 201, dá-se l. absoluta somente para o projeto fundamental 201, no exercício da l. humana está presente a dialética hegeliana (dialética constituinte, antidialética, dialética constituída) 202; STIRNER: a única qualidade que torna o homem homem 91, a l. é anulada na realidade de Deus 91; ADORNO: a l., valor absoluto da pessoa humana 261.

Libido

FREUD: instinto predominante, é o instinto sexual; move o subconsciente á ação 84, fases da l.: amor narcisista, amor edipiano, crise da puberdade 84, a l. tem na atividade onírica uma espécie de compromisso 85.

Linguagem

HERDER: origem e natureza da l. 13, l. como expressão espontânea da subjetividade 13, l., fator da construção sintética da consciência 14. HUMBOLDT: a l. não é obra acabada, mas atividade 16, l. como documento de identificação da nação, forma espiritual da humanidade 16; MARCUSE: a l. é instrumento de controle do homem pela sociedade unidimensional; WITTGENSTEIN e CARNAF: só a l. científica tem significado teorético 212; as l. metafísica, ética religiosa, estética e literária têm apenas significado emotivo 212, jogos linguísticos 215; analistas: todos os problemas da filosofia devem ser estudados sob o aspecto linguístico 216; DE SAUSSURE: l. como combinação de sons e sinais equivalentes 220, explicação da l. 220; HEIDEGGER: a sua filosofia da l. 191; função ontológica da l. 192, duas espécies de l.: originária e derivada 192; RUSSELL: exaltação da l. científica e ideal 268, negação do valor objetivo das l. metafísica, ética e religiosa 268, ele se distingue dos neopositivistas pelo critério de significação 268.

Lógica

HEGEL: a ideia em si é objeto da lógica, a qual estuda o que pertence ao desenvolvimento da fase teorética do absoluto: ser, não-ser, devir 42; DEWEY: a l. tem sentido universal 159, teoria da pesquisa 157; RUSSELL: definição dos indivíduos, das classes, dos tipos, das "descrições" 265, diferença entre significação e denotação 266, valor puramente significativo das descrições 266.

Mais-valia

MARX: ganho superior ao de uma normal atividade de troca 103.

Materialismo dialético

MARX: concepção da matéria como contínuo processo do devir 100; ENGELS: Concepção que vê na história a evolução da humanidade segundo um movimento e que tem por escopo reconhecer as leis deste movimento 95; MARX: concepção da história para a qual o fator fundamental para a existência humana é o econômico 101.

Melhorismo

DEWEY: v. Moral.

Metamorfose

Nietzsche: m. do espírito: camelo 76, leão 77, menino 78-79.

Mitologia

SCHELLING: o realizar-se progressivo de Deus na natureza e na religião natural. 33.

Moral

SCHOPENHAUER: a vida moral consiste na renúncia à própria individualidade, mediante a arte (q. v.), a simpatia e a ascese 66; KIERKEGAARD: o estádio ético é o segundo do devir do homem 70, forma característica do estádio ético é o matrimônio 70; COMTE: a humanidade é guiada por uma única lei moral: viver para os outros 117; MILL: m. do tipo teleológico: tem por fundamento o bem, a felicidade 122, o bem supremo está no prazer da sociedade 122; BERGSON: m. fechada e m. aberta 136; DEWEY: a m. tem por função oferecer diretrizes à atividade prática, individual e social, com o objetivo de levar a humanidade a estádios de perfeição cada vez mais elevados (melhorismo) 159; GENTILE: a m. procede da vontade do estado e é atividade do espirito como vontade divina 179; ROSMINI: a m. parte da ideia do ser 55, -primeiro imperativo da lei m. 55; NIETZSCHE: a suprema e única norma ética do homem forte é o triunfo da própria personalidade 78; RUSSELL pensamento instável em m. 269.

Não-eu

FICHTE: o objeto pensado originado do Eu puro numa ação primordial, inconsciente e imediata. É divisível e multiplicável 24.

Natureza

SCHELLING: a forma objetiva que o absoluto toma a fim de adquirir maior consciência da própria subjetividade 30, diferença entre o conceito de n. de Schelling e o de Fichte 31; GENTILE: a n. é o ato de pensar subjetividade do real 177.

Náusea

SARTRE: ponto ao qual chega necessariamente a atividade anuladora da consciência, provocada pela absurda superabundância de realidade nas coisas 203.

Neopositivismo

orientação filosófica que leva a filosofia do terreno da metafísica e do conhecimento para o da linguagem 210, cânones do neopositivismo 211.

Neorrealismo

corrente que quer reafirmar a realidade e a consistência objetiva do mundo externo, sem, contudo, resolvê-lo exclusivamente no princípio material 161.

Neotomismo

movimento filosófico católico de inspiração tomista 140, importância da filosofia para a religião 140, iniciativas do n. 140; MARITAIN: o mais autorizado representante -do n. 142.

Ontologismo

ROSMINI: a ontologia tem por objeto o ser como ele é conhecido e atuado pelo homem 53, o o. trata do ente na sua essência e nas três formas de existência do ente: ideal, real e moral 53; GIOBERTI: conhecimento objetivo das coisas em Deus 57, o o. se opõe ao psicologismo 57.

Pecado

KIERKEGAARD: o pecado reduz o homem à sua extrema individualidade, é a consciência da individuação, a categoria existencial por excelência 74.

Política:

FICHTE: toda nação tem uma missão a cumprir neste mundo, missão que exige a sua independência política 21; HEGEL: o espírito se serve do Estado para se manifestar na história, diversas hegemonias dos povos 45; GIOBERTI: a supremacia da

Itália sobre os outros povos 59; CUOCO: a unidade política e a espiritual de uma nação são inseparáveis 60; ROMAGNOSI: importância da tradição para o povo 60, a civilização é produto da razão 61; MAZZINI: existe uma nação quando existe um pensamento, um direito, um fim comuns 61; MARX: várias fases da sociedade humana 103, características da sociedade comunista: abolição da propriedade particular, igualdade, justiça, continuação dos processos dialéticos 104; MARCUSE: sociedade unidimensional 237, o homem se tornou escravo da sociedade industrial 310-311, crítica da sociedade atual 242; SAINT-SIMON: a sociedade moderna está em fase de dissolução 114, é necessário resolver a crise colocando-se na direção da sociedade grandes industriais e cientistas 114; GENTILE: o Estado é a encarnação suprema do Espírito, é, pois, a vontade soberana 179, o Estado enquanto realização do indivíduo no seio da sociedade histórica 180; MARITAIN: teórico cristão da edificação de uma verdadeira democracia 142, características da democracia de inspiração cristã: pluralismo, infravalência do temporal, liberdade da pessoa, autoridade delegada, colaboração 144-145; GARAUDY: revisão crítica do socialismo 250.

Positivismo

"luta contra todas as metafísicas, contra todos os transcendentalismos e idealismos", a qual vê na ciência a única forma de conhecimento 112, laços do positivismo com o romantismo, o iluminismo e o materialismo 113, méritos do p. 125.

Possível

BLOCH: a raiz suprema de todas as coisas, o incompleto susceptível de completamento 244.

Pragmatismo:

movimento filosófico americano de oposição ao positivismo e ao materialismo positivista: atribui à ciência um valor prático e econômico; PEIRCE: primeira formulação do p. 152, caráter intelectualista e racionalista do p. 153; JAMES: caráter voluntarista do p. 154, definição do p. 154; DEWEY: o p. de Dewey é chamado instrumentalismo 158.

Práxis

MARX: a ação humana em todas as suas manifestações que modificam as condições dos homens; ela submete à prova a validade do conhecimento, isto é, da teoria (q. v.) 100; MAO-TSE-TUNG: valor "teorético" da p. 109; HORKHEIMER: prioridade da p. (trabalho) em relação à teoria (pensamento) 252.

Prazer

MARCUSE: o ser profundo do homem consiste no instinto do p. 236, também no estado social o princípio do p. conserva toda a sua força 237.

Princípio de contradição

HEGEL: não existe na realidade nada idêntico a si mesmo, tudo está sujeito à dialética da afirmação e da negação 38.

Princípio de identidade

FICHTE: princípio fundamental da filosofia de Fichte, para o qual o pensamento se identifica consigo mesmo, e toda a realidade procede de um único princípio 23; BOUTROX: o p. d. i. é a única lei necessária, lei do pensamento e não das coisas 129.

Princípio de identidade do ideal e do real

HEGEL: tudo o que é racional é real e tudo o que é real é racional 37, a lógica e a metafísica se identificam 37.

Princípio de mediação

HEGEL: o absoluto se manifesta não imediatamente, mas mediatamente 39.

Princípio de relação

HEGEL: se uma coisa não pode. ser idêntica a si mesma, mas é simultaneamente (ela mesma e) o seu oposto, existe uma relação entre os dois momentos, positivo e negativo 39.

Princípio de uniformidade da natureza:

MILL: o futuro será como o passado 121.

Psique:

FREUD: a p. se compõe de três estratos: id ou subconsciente, ego e superego 83, divergência permanente entre subconsciente e superego 83.

Religião:

HEGEL: segundo momento do saber absoluto 43, evoluções da religião 43; MARX: a r. é uma superestrutura destinada a desaparecer 104, a r. deve ser combatida porque constitui uma ilusão necessária para compensar formas de vida insuportáveis 134; BLOCH: a r. tem um papel importante na caminhada do homem para a utopia 246, r. como expressão de protesto contra a natureza fragmentária e incompleta da existência 246; COMTE: r. da humanidade 115; BERGSON: r. estática e dinâmica 136; JAMES: o fundamento da r. não é a razão, mas a fé, o sentimento 156; GENTILE: a r. é antítese da arte, o momento objetivo 179, função fundamental da r. no desenvolvimento do espírito 179; NEOPOSITIVISTAS: a r. não é possível 211-213; HORKHEIMER: abertura teológica nos últimos escritos 257; RUSSEL: posição agnóstica 270.

Representação

SCHOPENHAUER: o mundo dos fenômenos (ou da r.) se identifica com o da razão 64.

Repressão adicional

MARCUSE: à repressão fundamental dos instintos, necessária para o perpetuar-se da espécie humana, ajuntaram-se as repressões adicionais, por obra do poder e do domínio sociais 236.

Revisionismo

BLOCH: abandono do princípio da dialética 243, a interpretação da história se inspira numa nova concepção do homem 243.

Romantismo

princípios do r.: 1) o reino da natureza é maior do que o da cultura 10, 2) o sentimento e a fantasia podem perceber dimensões da realidade que escapam à razão 10, 3) o indivíduo não é uma ilha, mas uma parte de um grande organismo (nação, povo, pátria) 11; evolução do r. 11, princípio do r. em comum com o iluminismo: prioridade da subjetividade em relação à objetividade, à criatividade do sujeito, ao princípio da imanência 22.

Semântica

parte da lógica que se ocupa das relações dos sinais com aquilo de que se fala 214.

Sentimento fundamental

ROSMINI: a consciência fundamental que cada sujeito tem de si. O sentido do próprio corpo 52.

Ser

HEIDEGGER: aquilo que faz presente o ente e o ilumina, que se faz presente ao ente e se manifesta 191, natureza inefável do s. 191; SARTRE: o s. (em si) é uma massa informe, inchada, fastidiosa 198, características do s.: contingência e absurdidade 198; MARCEL: o s. é anterior ao pensamento 205, o s. é antes do ter 205.

Ser-em-situação

HEIDEGGER: o ser aqui, no mundo, numa situação 188, também o homem é ser-em-situação 188; JASPERS: o ser-em-situação é a falsidade empírica que se mostra e se impõe a todos 194, o ser-em-situação se contrapõe à existência 794.

Ser ideal

ROSMINI: o s. i. é a possibilidade do ser, distinta do ser real 53, o s. i. é o primeiro lógico e ontológico 53.

Síntese primitiva

ROSMINI: o elemento a priori ou a ideia de ser é objetivo e não subjetivo, como em Kant 51.

Sociedade

HORKHEIMER: teoria crítica da s. 251-252, o trabalho social promove o progresso da s. 252, prioridade da s. sobre o indivíduo 252, os ideais da s. se encontram no âmbito da história 253, estudo das origens da s. contemporânea 254, crítica dos fundamentos iluministas da nossa s. 254-255, s. ideal 256; ADORNO: teoria crítica da s. 260.

Sociologia

HORKHEIMER: crítica da sociologia tradicional 253, função da sociologia 254.

Superestrutura

MARX: são as ideias, as categorias, os princípios, determinados por particulares situações históricas, que refletem as situações econômicas. São transitórias, uma vez que as forças produtivas estão em constante crescimento 99, são superestruturas a família, o Estado, a religião, o direito 102, as s. são formadas para beneficiar as classes dominantes e tendem a conservar-se 103.

Tempo

HERGSON: o tempo não é atômico, mas durável 131, t. como algo contínuo e extenso 131, o t. é a sucessão dos estados da consciência e não pode ser reduzido à especialidade 132.

Teologia natural

ROSMINI: ciência que faz parte da metafísica e cujo objeto é o modo pelo qual o ser se atua em Deus 53.

Teoria

MARX: a especulação que se opõe à ação, isto é, à práxis (q. v.), à qual se subordina 100.

Transcendência

GARAUDY: consciência da incompleteza do homem, dimensão do infinito 249, a t. encontra atuação numa organização política e social 249.

Transferência

FREUD: fase do método psicanalítico que consiste em transferir para um objeto o potencial afetivo de atração ou de repulsão 85.

Utopismo

interpretação da história que prevê para o futuro uma época de paz, justiça e felicidade para todos os homens 9.

Voluntarismo

corrente filosófica que, querendo eliminar as pretensões do pensamento puro, reivindica uma instância irracional e que implica mais ou menos o fator "volitivo" 63.

Vontade

SCHOPENHAUER: a realidade suprema, a essência única, irracional e cega, origem de todas as coisas 65, os indivíduos são objetivações da v. 65, para atingir seus fins, a v. usa, nos seres inferiores, o instinto, no homem, a razão 66; JAMES: a v. é a principal faculdade do homem 155.

SUMÁRIO

5   *Introdução*

11 **I. Os Românticos**

11 1. As condições políticas, sociais e culturais do começo do século XIX
12 2. Evolução do romantismo
13 3. Johann Gottfried Herder
16 4. Wilhelm von Humboldt

22 **II. Os Idealistas**

22 1. Origens do idealismo
24 2. Johann Gottlieb Fichte
30 3. Friedrich Wilhelm Schelling
38 4. Georg Wilhelm Hegel
54 5. Os discípulos de Hegel: a direita e a esquerda hegeliana
54 6. As reações contra o idealismo

57 **III. Os filosofos italianos na primeira metade do século XIX: O realismo crítico**

57 1. Pasquale Galluppi
58 2. Antônio Rosmini
65 3. Vincenzo Gioberti
69 4. Vincenzo Cuoco, Gian Domenico Romagnosi e Giuseppe Mazzini

73 **IV. Os voluntaristas**

73 1. Johann Friedrich Herbart
74 2. Arthur Schopenhauer
77 3. Eduard von Hartmann
78 4. Sõren Kierkegaard
87 5. Friedrich Nietzsche
95 6. Sigmund Freud
100 7. Os discípulos de Freud: Alfred Adler e Carl jung

V. Os materialistas

- 104 V. Os materialistas
- 106 1. Max Stirner e Bruno Bauer: de discípulos a críticos de Hegel
- 107 2. Ludwig Feuerbach: a ideia de Deus se originou do homem
- 109 3. Friedrich Engels: o criador do materialismo moderno
- 111 4. Karl Marx
- 124 5. O marxismo ortodoxo: Lenin o primeiro expoente
- 126 6. Mao-tse-tung

VI. Os positivistas

- 129 VI. Os positivistas
- 129 1. Caracteres gerais do positivismo
- 131 2. Os positivistas franceses
- 135 3. Os positivistas ingleses
- 143 4. Os positivistas alemães e os empriocriticistas
- 144 5. Os positivistas italianos
- 144 6. Conclusões sobre o positivismo: seus erros e seus méritos

VII. Os espiritualistas

- 146 VII. Os espiritualistas
- 146 1. Caracteres gerais
- 147 2. Félix Ravaisson, Charles Renouvier, Jules Lachelier
- 148 3. Emile Boutroux
- 150 4. Henri Bergson
- 158 5. Maurice Blondel
- 161 6. Os neotomistas
- 163 7. Jacques Maritain
- 167 8. Hermann Lotze, Wilhelm Wundt, Heirich Rickert
- 169 9. Wilhelm Dilthey

VIII. Os filósofos americanos

- 174 VIII. Os filósofos americanos
- 174 1. Caracteres gerais
- 175 2. Charles Sanders Peirce
- 177 3. William james
- 181 4. John Dewey
- 185 5. Os neorrealistas
- 189 6. Os behavioristas: John B. Watson e George H. Mead

IX. Os neoidealistas

- 192 IX. Os neoidealistas
- 192 1. Caracteres gerais
- 193 2. Octave Hamelin
- 193 3. Francis H. Bradley
- 194 4. Josiah Royce
- 194 5. Benedetto Croce
- 202 6. Giovanni Gentile

209	**X. Os existencialistas**
209	1. Caracteres gerais
210	2. Edmund Husserl
214	3. Martin Heidegger
222	4. Karl Jaspers
227	5. Jean-Paul Sartre
234	6. Gabriel Marcel
241	**XI. Os filosofos da linguagem**
241	1. Os neopositivistas
247	2. Os analistas
249	3. Conclusões sobre a análise da linguagem
251	**XII. Os estruturalistas**
251	1. Caracteres gerais
254	2. Claude Lévi-Strauss
258	3. Michel Foucault
265	4. Juízo sobre o estruturalismo
268	**XIII. Os marxistas revisionistas**
268	1. Caracteres gerais
269	2. Antônio Gramsci
270	3. Herbert Marcuse
279	4. Ernst Bloch
285	5. Roger Garaudy
289	6. Max Horkheimer
299	7. Theodor W. Adorno
302	**XIV. Os epistemologos**
304	1. O neopositivismo: Russel e Popper
317	2. Concepção metafísica da ciência: Mayerson e Eddington
318	3. O racionalismo científico: Bachelard
321	Temas para pesquisas e exercícios
324	Índice analítico-sistemático dos termos mais importantes